정치깡패와 깡패정치인

김두한 출세기

정치깡패와 깡패정치인

김두한 출세기

초판 1쇄 인쇄일 2015년 11월 16일
초판 1쇄 발행일 2015년 11월 20일

지은이 김상구
펴낸이 양옥매
책임편집 육성수
디자인 이윤경
교   정 조준경

펴낸곳 도서출판 책과나무
출판등록 제2012-000376
주소 서울특별시 마포구 월드컵북로 44길 37 천지빌딩 3층
대표전화 02.372.1537 **팩스** 02.372.1538
이메일 booknamu2007@naver.com
홈페이지 www.booknamu.com
ISBN 979-11-5776-118-0(03300)

이 도서의 국립중앙도서관 출판시도서목록(CIP)은 서지정보유통지원 시스템
홈페이지(http://seoji.nl.go.kr)와 국가자료공동목록시스템
(http://www.nl.go.kr/kolisnet)에서 이용하실 수 있습니다.
(CIP제어번호 : CIP2015030602)

정치깡패와
깡패정치인

김두한
출세기

1918   *1972*

김 상 구 지음

책나무

| 목차 |

기묘한 존재
김두한

김두한은 참 묘한 존재다. 그는 무학(無學)에 가까운 학벌에 물려받은 재산도 없었지만 국회의원을 두 번이나 역임했고, 정통 무예 혹은 별다른 호신술을 익힌 바 없음에도 종로와 명동을 넘어 대한민국을 대표하는 주먹이 되었다.

사람들은 대부분 그를 '협객'이라고 부르고 있는 모양이다. 김두한이 이정재나 임화수 같은 정치깡패의 범주를 벗어나 정치가 내지 협객, 심지어 항일투사로까지 불리게 된 배경 중 하나는 대중의 말초신경을 자극하여 한몫 챙기자는 대중매체의 힘이있었다. 그 이전에 장군의 아들, 즉 김좌진이란 독립운동 명망가의 후손이라는 후광이 큰 힘으로 작용했다. 덧붙여 정치권과 언론의 책임도 묻지 않을 수 없다.

김두한에 대한 조명이 강렬할수록 그만큼 그에 대한 시비가 끊이질 않는다. 정말 장군의 아들이 맞느냐고 묻는다. 더욱이 김두한과 그의 자식들인 김을동, 김경민은 붕어빵처럼 닮아있는데, 김좌진과 김두한은 전혀 닮지 않았다고 시비를 건다.

▲ 백야 김좌진, 김두한

　김두한 유족들이 그가 김좌진의 아들이라고 주장하는 근거는 대략 세 가지 정도다. 첫째, 신안동 김씨 문충공 상용파의 족보에 김두한이 올라가 있다. 즉, 안동김문에서 김두한을 인정한다는 것이다. 둘째, 김을동이 초등학교에 입학하기 전, 김좌진 장군의 모친을 비롯하여 장군의 부인 오숙근 여사, 김두한 의원의 부인 이재희 여사와 함께 4대가 오붓하게 처마 밑 마루에 앉아 오붓하게 함께 찍은 오래된 흑백사진이 결정적 증거다. 즉, 김좌진의 모친과 본처가 인정했다는 것이다.

▲ 좌로부터 김을동, 김두한 부인 이재희, 김좌진의 모친 한산 이씨, 처 오숙근

　셋째, 정부가 인정한다. 즉, 국가보훈처에서 김두한 일가를 김좌진의 유족으로 인정하여 「독립유공자 예우에 관한 법률」에 의하여 연금 등 보상을 하고 있는 것이다.

　이처럼 유족들은 가문과 본처 등이 김두한을 장군의 아들로 인정하고 나아가 정부까지도 확인해 주고 있는데, 더 이상 사자의 명예를 훼손하지 말라고 한다. 하지만 이 모든 것이 오해의 결과라면 우리는 어떻게 해야 할까? 김좌진과 김두한의 관계는 개인의 가족사이지만 김좌진이라는 이름이 주는 무게는 한 가정의 문제를 넘어 역사이기도 하다. 역사는 정직하고 확실하게 기록되어야 할 것이다. 만약 김두한이 김좌진의 아들이 아니라면, 정부와 김두한의 유족 그리고 일부 언론과 역사학자들이 오히려 사자의 명예를 훼손하는 셈이 아닌가.

지적하고 싶은 것은 우리에게 너무나 친숙한 김좌진이란 이름이 알려진 만큼 그 일생이 정확하게 알려지지 않은 인물도 드물다는 사실이다. 김좌진에 대한 전기는 차고 넘친다. 그러나 그의 일생이나 이념, 그리고 독립운동 방략 등에 대한 학계의 논문은 거의 없는 것으로 알고 있다. 이 책은 김좌진의 본 모습을 조명함과 동시에 사후의 에피소드, 즉 김좌진의 후예를 자처했던 인물에 대한 소묘이다.

무엇보다 해방공간에서의 김두한은 이미 역사의 한 페이지에 기록된 인물이다. 그는 당시 최대 극우청년단체의 하나인 대한민청 감찰부장으로서 중앙극장 폭파사건, 철도파업진압, 전평본부 습격, 경성전기 파업진압, 조선기계제작소 파업진압, 남로당 대회장 습격 등 정치적 사건에 깊이 개입했다.

김두한은 여운형·송진우 암살 등에 관련 있는 비밀 테러집단 백의사와도 관련이 있으며, 미군CIC 그리고 미군정 경무부장 조병옥, 수도경찰청장 장택상 등은 김두한의 후원자였다. 게다가 김두한은 한국 정치계의 거물 김구·이승만과도 각별한 관계를 유지한 인물이었다.

사형선고를 받았던 김두한의 출옥 후 모습 그리고 정치가로 변신하는 과정도 흥미롭다. 그는 6번 출마하여 2번 당선되었다. 해방공간에서 친일모리배와 정치가 김구 및 미군정의 하수인으로서 한갓 정치깡패 중의 한 명이었던 김두한이 자유당·노농당·진보당·한독당·신민당 등 수없이 많은 정당을 전전하는 가운데 국회의원 선거에서 두 번이나 당선되었다는 것은 그가 엄연한 정치인으로 변모했음을 증명해준다.

　노동운동 파괴에 앞장섰던 김두한이 한국노동계의 최고 지도자가 된 과정도 연구대상이며, 반탁운동 등 좌우대립에서 반공투쟁 전선의 최선두에 섰지만 반공법으로 옥고를 치렀던 것 역시 검토할 사안이다.

　김두한의 의정 생활 중 특히 돋보이는 것은 삼성과 박정희 정권을 비판하며 국무위원 등에게 오물을 투척한 사건이다. 소위 '국회 오물 투척사건'으로 알려진 이 해프닝은 많은 국민들에게 카타르시스를 안겨 주었고, 김두한을 독재정권에 항거한 민주투사의 반열에까지 올렸다. 그러나 이 사건에 대해서는 좀 더 면밀한 조사가 필요하다. 5·16 쿠데타 군부세력의 군정 연장을 적극 지지했으며, 김종필계와 깊은 인연을 맺은 김두한이 삼성재벌의 밀수사건에 오물을 끼얹은 과정은 그리 간단치 않다. 무엇보다 국회 오물 사건으로 인해 차관을 이용한 정치비자금조성, 즉 박정희 정권과 재벌의 유착관계를 끊을 수 있는 절호의 기회를 놓치게 한 것은 필히 짚고 넘어가야 할 역사적 사건이다. 그리고 한국 최대의 재벌 삼성가의 후계자가 장남 이맹희에서 삼남 이건희로 바뀌게 된 사연도 이 사건과 무관하지 않다.

　이제 김두한의 일생도 역사에 편입되어야 할 시점이다. 신화화된 김두한의 이미지를 넘어 이제 김두한의 실체를 보아야 할 시점이다. 의적이든 협객이든 폭력의 해악에 대해서 무감각해지거나 모방을 하는 풍조는 대한민청·서북청년단·백의사 등 청년단체들의 살인과 테러, 한국전쟁 전후의 민간인학살, 1980년도의 광주학살 그리고 박정희와 전두환의 쿠데타 등 독재정권과 군인들의 불법적인 무력행사마저 용인하는 사회풍조를 낳게 할 우려가 있다. 정치가와 폭력배의 야합 역시 문제다. 대표적인 경우가 김두한의 예다. 이 책을 계기로 김좌진과 김두한에 대한 연구가 좀 더 활발했으면 한다.

2015년 김상구

제1부

김두한은
장군의 아들인가

1 9 1 8   *1 9 7 2*

장군의
아들 신드롬

　2001년도는 조폭영화의 전성시대였다. 곽경택 감독이 《친구》가 한국 영화 최초로 800만 명의 벽을 깼으며, 그 뒤를 이어 《신라의 달밤》, 《조폭마누라》, 《달마야 놀자》, 《두사부일체》 등이 흥행에 성공했다. 조폭영화는 《친구》 이전에도 1990년 《장군의 아들》, 1993년 《투캅스》, 1998년 《약속》, 1999년 《주유소 습격사건》 등이 한국 영화의 역사를 새로 쓰게 만드는 기폭제 역할을 했으며 이러한 향수 때문인지 《가문의 영광(2002)》, 《박수건달(2012)》, 《범죄와의 전쟁(2012)》 등을 통하여 꾸준히 맥을 이어 가고 있는 중이다. 그중에서도 몇몇 작품은 시리즈물이 되어 《투캅스》와 《장군의 아들》은 3편, 《친구》는 2편까지 제작되었으며 특히 《조폭마누라》와 《가문의 영광》은 5편까지 제작되는 기염을 통했다. 이 정도면 가히 '조폭영화 신드롬'이라 부를 만하다.

김두한 출세기

조폭영화의 가장 큰 문제점은 조폭을 의리 있고 '멋있는 존재'로 만들고 있다는 것이다. 반면에 뒷북만 치는 경찰과, 비리의 온상인 검찰은 항상 무능한 존재로 나온다. 사회의 정의를 대변하는 경찰과 검찰을 시원하게 혼내 주는 조폭이 마치 정의를 상징하는 듯 되어 버렸다. 물론 행간의 뜻은 다를 수 있다. 경찰과 검찰로 대변되는 무소불위의 권력에 대하여 조폭을 통하여 대리만족을 느끼는 소시민의 소극적인 저항을 표현하는 것이라고 볼 수도 있다.

하지만 완전히 성숙되지 않은 청소년은 시각적으로 멋있게 묘사된 조폭을 우상으로 생각할 수 있다. 모방범죄의 우려가 있다는 뜻이다. 실례가 있다. 《친구》가 개봉되었던 2001년, 학교 폭력에 시달리던 부산의 한 고교생이 수업 도중 교사와 급우들이 지켜보는 가운데 흉기로 급우를 찔러 살해한 충격적인 사건이 발생했다. 경찰 조사에 의하면 이 학생은 영화 《친구》를 극장과 컴퓨터를 이용해 40여 차례 본 뒤 용기를 얻어 살해하기로 결심을 굳혔다고 한다.[1] 감수성이 예민한 청소년에게는 폭력적이거나 폭력을 미화하는 영상물들이 나쁜 영향을 미친다는 것을 실증적으로 보여 주는 예다.

조폭물의 제작은 어제 오늘의 일이 아니지만, 아무래도 그 효시는 김두한을 주인공으로 등장시킨 작품일 것이다. 1969년 김효천이 감독한 《팔도사나이》가 탄생했다. 김 감독은 이 작품에서 김두한의 실명을 거론하지 않고 암시만 하였다. 그러나 그 후의 작품부턴 아예

---

1) 고교생 수업 중 급우 살해…폭행-따돌림에 앙갚음, 「동아일보」, 2001.10.13

실명을 사용했고 이대근이 김두한 역의 단골이 된다. 《실록 김두한》
(감독: 김효천, 김두한 역: 이대근)이 1974년에 방영되었고, 이듬해인
1975년에는 《협객 김두한》(감독: 김효천, 김두한 역: 이대근)이 상영되었
다. 같은 해인 1975년, 고영남 감독이 같은 배우(이대근)를 등장시켜
《김두한》 3부와 4부를 제작하는 모험을 시도하기도 하였다. 이대근
은 1981년에도 김두한 역을 맡았다. 이번에는 《김두한과 서대문 일번
지》라는 영화다. 감독은 이혁수가 맡았다. 이대근의 시대는 여기까
지였다.

　　김두한 영화의 원조 김효천 감독은 《김두한 형 시라소니 형》에 이
강조를 김두한으로 분장시켜 《김두한과 서대문 일번지》에 맞불을 놓
았다. 그 후 10년 정도 잠잠하다가 1990년에 임권택 감독이 《장군의
아들》이란 제목으로 김두한 신드롬을 다시 점화시킨다. 그렇다면 이
번에는 김두한 역을 맡은 배우들을 살펴보자.

　　MBC 드라마 《제1·2·3공화국》(1981년·1989년·1993년, 강인덕),
KBS 드라마 《무풍지대》(1989년, 김영인), MBC 드라마 《왕초》(1999년,
이훈), KBS 드라마 《동양극장》(2001년, 장태성), SBS 드라마 《야인시대》
(2002년, 곽정욱·안재모·김영철), EBS 드라마 《명동백작》(2004년, 강
인덕), KBS 드라마 《경숙이 경숙아버지》(2009년, 김성태), 영화 《팔도
사나이》(1969년, 장동휘), 《실록 김두한》(1974년, 이대근), 《장군의 아들
1·2·3》(1990년·1991년·1992년, 박상민) 등이다. 이와 같은 영상물뿐
이 아니다. 홍성유의 소설 『인생극장』을 비롯하여 만화, 음반, 게임
등 장르를 가리지 않고 김두한은 우리 사회 이곳저곳에서 등장하고
있다.

김두한을 말할 때, 협객·항일주먹·백색 테러리스트 등의 수식어를 사용하고 있지만, 가장 흔하게 사용하는 용어는 '장군의 아들'이다. 아무래도 영화《장군의 아들》의 영향이 크다. 하지만 김두한의 출생이나 활동에 대하여 아직도 이견들이 많이 나오고 있다. 따라서 '항일주먹'과 '장군의 아들'은 역사적 사실 규명을 거쳐야 할 용어다. 신화와 역사가 혼재된 김두한의 일생 중 신화를 벗겨내고 역사적인 인물로 정립하기 위하여 논쟁들을 살펴보는 것이 이 책의 과제다.

1918　　　*1972*

장군의 아들에
대한 논란

국회의원 김을동과 도올 김용옥의 기 싸움

　제19대 국회의원 선거가 열리기 6개월 전인 2011년 11월, 김을동 의원(미래희망연대)은 "김두한은 김좌진 장군의 아들이 아니라고 주장했던 도올은 역사 앞에 사죄하고, 진실을 바로 잡으라!"라는 제하의 성명서를 발표했다. 아래에 그 전문을 소개한다.

　　현재(EBS의 기획특강 – 도올 김용옥의 '중용')의 갑작스러운 중단이 논란의 대상이 되고 있는 상황에서 EBS 심의실에 어떠한 외압이 있었나의 진실 여부를 떠나, 그동안 도올의 행적을 미루어 짐작컨대 '드디어 올 것이 왔구나'라는 생각이 듭니다. 저 역시 한때 도올 선생을 지성인이라 생각하고 존경한 적도 있었지만, 그가 얼마나 근거 없이 편향된 사람인지, 악의를 가지고 진실을 왜곡하며 심한 막말을 일삼고 있는 사람인지에 대해 잘 알고 있습니다. 대부분의 사람들은 제가 김좌진 장군의 손녀이며, 장군의 아들로 흔히 알려진 김두한 의원의 딸이라는 것을 아실 것입니다.

그러나 도올 김용옥 선생은 1990년 「신동아」라는 잡지를 통해 '김두한은 김좌진 장군의 아들이 아니다'라고 밝히면서 "김두한은 개성에서 자라난 부모를 모르는 고아이며, 선천적으로 재능을 부여받은 쌈꾼인데, 서울로 올라와서 거지왕초에게 붙들리어 거지소굴에서 컸다. 다리 밑 거지에서 조선일대를 제패하는 깡패두목이 되기까지의 과정은 그가 김좌진의 아들이라는 픽션과는 전혀 무관한 것이며 그 외에 어떠한 논리도 가식이다. 감옥은 사람을 키운다. 그리고 상상의 기회를 준다. 김두한에게 감방살이는 그의 삶에 정치성을 부여했던 것이다. 단언컨대, 김좌진의 신화는 일제하의 김두한의 성장과는 전혀 무관한 것이며, 김좌진의 신화가 신화로서 사회적 의미를 지니게 된 것은 오로지 해방 후 그의 애국심이 잘못 전도된 반공투쟁의 행각과 더불어 시작된 것임을 못 박아 둔다."라고 하였습니다.

즉, 김두한이 감방살이를 하면서 상상으로 스스로를 김좌진의 아들로 만들었다고 주장하였습니다. 그러나 기자가 도올에게 그 주장의 근거에 대해서 물어보자 대답을 피했습니다. 그가 왜 기자의 답변을 피했겠습니까? 한마디로, 어떠한 역사적 근거도 없이 허위사실을 떠들어 댔다는 것을 자신도 인정하기 때문이 아니겠습니까?

그러나 그의 명성이나 인기 때문에 그런 말도 안 되는 주장은 계속 번져 나갔고, 인터넷에는 아직도 제가 당시 DNA 검사를 하지 않았다며 "김두한이 김좌진 장군의 아들이라는 것은 날조된 사실이며, 따라서 김을동도 김좌진 장군의 손녀가 아니다."라는 글들이 유령처럼 떠다니고 있습니다.

저는 이제까지 살면서 특이한 가족사로 인해 많은 우여곡절을 넘겼습니다만, 그중에서도 도올의 이러한 근거 없는 발언과 발표로 인해 받은 고통과 피해는 이루 말로 다 표현할 수가 없습니다. 인간이라면 누구나 자신의 뿌리인 핏줄을 의심받고서 가만히 있을 수 있겠습니까? 마침 그간 잊고 있었던 도올 선생의 이야기가 나온 김에 제 가족과 관련한 이 문제를 확실히 밝히겠습니다. 우선 상식적으로 생각해 보아도 도올의 주장은 말이 안 됩니다.

첫째, 일제의 서슬 퍼런 감시 하에 있던 1920~1930년대에 도대체 누가, 그것도 어린아이가 무슨 정신으로 '나는 독립군의 자손이요, 김좌진 장군의 아들이다'라고 얘기하고 다녔겠습니까?

두 번째로, 저는 6살까지 김좌진 장군의 어머니인 증조할머니와 김좌진 장군의 부인인 오숙근 여사와 함께 살며 할아버지와 아버지에 대한 이야기를 직접 들으며 자랐습니다. 김좌진 장군이 순국하신 해는 해방 15년 전이었고, 제 아버지 나이 13살 때였습니다. 할아버지는 아버지가 뱃속에 있을 때 만주로 망명을 떠나셨고, 장군의 어머님, 즉 저의 증조할머니는 할아버지가 만주로 가신 지 2년 후에 만주로 들어가셨기 때문에 아버지 2살 때까지 서로 보고 왕래를 하시다가 만주로 가셨다고 들었습니다.

그러나 만주에서 장군님이 돌아가신 후, 할머니는 다시 서울로 와 10년 만에 신문사를 통해 손자를 찾아 나서게 되었습니다. 이러한 내용은 제가 증조할머니와 할머니로부터 직접 들은 사실입니다. 또한 김좌진 장군이 돌아가시니까 그 가족에 대해 언론과 세간의 관심도 많았고, 그렇기에 보시는 바와 같이 신문기사들도 많이 있습니다. 1930년 2월 18일 「중외일보」에 김좌진 장군 슬하에 두한이라는 아들이 있고, 5년 전, 즉 1925년 만주에서 장군과 두한 군이 만났다라는 기사가 있습니다.

같은 해 3월 18, 19일, 9월 15일에도 「조선일보」와 「매일신보」에 이와 같은 내용의 기사가 있고 김두한 씨의 사진도 실렸습니다. 또한 1930년 5월 20일 「중외일보」에 "김좌진 유고로 안동 김씨 회합, 두한 군을 위하여"라는 기사에서는 장군이 돌아가신 후 안동 김씨가 모여 두한 군의 장래교육을 논의했다라는 기사가 있습니다. 또한 갑자기 웬 깡패청년이 자기가 장군의 아들이요 주장한다고 해서 어떤 가문에서 인정하겠으며, 가문에 대한 자부심이 강한 안동 김씨 가문에서 가능한 일이겠습니까? 우리 할머니가 손자도 몰라보는 청맹관입니까?

제 할아버지의 독립운동 방식이나 아버지의 정치적 행동들이 도올의 학자적 사상과 맞지 않을 수는 있습니다. 그렇다면 그

부분에 대해 비판도 할 수 있다고 생각합니다. 그러나 아무리 싫고 밉더라도 아무런 근거도 없이 가족사를 부정하는 것이 지식인이며 학자라는 사람이 할 수 있는 일입니까?

우리는 생활 속에서 말이 얼마나 무섭고, 한번 뱉어 낸 말은 주워 담을 수 없다는 것을 잘 알 것입니다. 저 역시 말로 인해 혹시 누군가에게 상처가 되거나 피해가 갈까 봐 늘 조심하며 행동하고 있습니다. 그런데 도올의 막말은 방송용어로서 점입가경입니다. EBS 심의실 자료에 의하면 '개판, 소인새끼, 개구라', "수학 잘하는 놈부터 펀드 매니저, 법관이 이 세상을 개판치는 거야."라고 했고, 정치인, 법관 등을 지칭하면서 이놈들이 나라를 팔아먹는다고 막말을 퍼부어 댔습니다. 제 아버지를 비하하는 말로도 '김두한의 입이' 아니라 '김두한의 아구가'라고 표현했습니다. 시대의 지성인이라 불리며 많은 추종자를 거느리는 학자가 이래서야 되겠습니까?

또한 학자라면 언제나 역사적 사실에 근거하여 진실만을 이야기하여야 합니다. 그러나 도올 선생은 그렇지 않았습니다. 무슨 이유에서건 그는 근거도 없이 국가가 인정한 독립운동가와 그 집안의 명예에 크나큰 오점을 남겼으며, 그 가족들에게 깊은 상처를 주었습니다. 지금도 제 가족과 관련한 유언비어들은 트위터나 다른 매체를 통해 계속 퍼져 나가며 도배되고 있습니다. 저도 한때 도올 선생을 명예훼손죄로 고소할까 생각했지만, 참았습니다. 그러나 그 후에도 그는 어떠한 해명도 없었으며, 오히려 이 무책임하고 편향된 한 사람의 발언이 일파

만파가 되어 사회적 파장을 일으키고, 계속해서 확대 재생산
되며 개인과 국가, 역사에 부정적인 영향을 미치고 있습니다.
설령 아무리 김좌진 장군이 마음에 들지 않고, 김두한 씨가 밉
다고 해도 아무런 근거 없이 진실을 왜곡하고 역사를 날조해서
야 되겠습니까? 그의 이런 말들이 진실로 굳어지고 후세에 역
사로 전해진다면, 그 사람은 진실된 역사의 죄인이 되는 것입
니다. 이런 사람이 학생들을 가르치고, 대중에게 그의 생각을
설파하는 것에 대해 심각한 우려가 드는 것이 사실입니다. 이
러고도 학생들이 균형 있는 사고와 역사관을 가질 수 있겠습니
까? 비단 저뿐만 아니라 더욱 많은 피해자가 있을 수도 있다고
생각합니다.

오늘 이후 제가 한 말에 대해서 도올과 그의 추종자들이 또 어
떤 기상천외한 괴변을 늘어놓으며 저를 비난할지 모르지만,
저는 이것만이 진실이기에 그것을 감수하면서라도 밝히는 것
입니다. 도올이 학자로서, 인간으로서 조그만 양심이라도 남
아 있다면 자신이 무책임하게 내뱉은 잘못된 정보를 스스로 수
정하는 것은 물론, 가족사를 난도질당한 저의 집안에 대해서
진심어린 사과를 해야 할 것입니다.[2]

무려 20여 년 전에 김용옥이 「신동아」에 기고했던 것을 문제로 삼은

---

2) 김좌진 장군의 손녀, 김두한 의원의 딸 국회의원 김을동, 〈김두한은 김좌진 장군의 아들이
    아니라고 주장했던 도올은 역사 앞에 사죄하고, 진실을 바로 잡으라!〉, 2011.11.2

글이다.3) 김용옥의 글을 소개하고 난 뒤 이야기를 계속하기로 하자.

내가 김두한에 관해 출간된 모든 정보를 대강 다 훑어보고 난 후에 내린 하드 팩트(Hard fact)의 핵심은 다음과 같다. 그는 개성에서 자라난 부모를 모르는 고아다. 열 살 때 서울로 내려와서 거지노릇을 하다가 왕초라 하는 거지대장에게 붙들려 장차구다리(청계천을 말함)밑 거지 소굴에서 컸다. 그런데 김두한은 선천적으로 재능을 부여받은 탁월한 쌈꾼이었다. 그 쌈질이란 무슨 일본인의 무술(유도나 가라테)을 배운 것도 아니고 조선 전통의 무술을 배운 것도 아닌 순 경험적 체득의 기술인데, 김두한이 주먹질보다는 다리질에 탁월했다는 것은 그의 쌈질이 조선 전통의 태껸과 무의식적인 연속성을 지닌다는 것을 말해 주는 것이다(태껸은 원래 발길질의 놀이다). 그는 움직였다하면 사람의 키만큼 붕 떠서 상대방의 아구를 질러 버린다.

다시 말해서 그가 장차구다리 밑의 거지에서 종로일대를 제패하는 깡패두목이 되기까지의 과정은 그가 김좌진의 아들이라는 픽션과는 전혀 무관한 사태이며, 김두한 자신에게도 의식된 족보의 사실일 수가 없으며, 오로지 쌈꾼의 실력, 그야말로 적나라한 "실력" 하나로 주먹계의 패자가 된 인물이었다. 그 이외의 어떠한 논리도 가식이다. 그런데 단 하나 간과할 수 없

---

3) 김용옥은 1990년 「신동아」 8월호에 "장군의 아들 마유미 남부군"이라는 제목으로 기고하고 난 뒤, 같은 해 11월 신동아에 게재되었던 칼럼을 묶어 통나무에서 『도올세설』이라는 제목으로 단행본을 출간했다.

김두한 출세기

는 사실이 있다. 그는 16세부터 일경의 예비검속 대상이 되었다는 사실이다. 예비검속이란 "요주의 인물"을 이유 없이 정기적으로 구속하는 것으로, 영장이 없이 구속하는 것이기 때문에 형무소엘 가지 않는다. 그래서 한 번의 예비검속으로 시내의 8개 경찰서(종로서→동대문서→용산서→마포서→영등포서→성동서→본정서→서대문서)를 29일씩 순회해야만 한다(29일 8=232일). 이것을 당시 은어로 "통돌림"이라고 한다. 김두한은 이유도 모르는 예비검속을 삼 년에 한 번씩 당했고 일제하에서 이 곤욕을 다섯 번 치렀다. 그런데 이 경찰서 유치장은 문자 그대로 생지옥이었다. 가장 참을 수 없는 것은 빈대라는 독충이었다. 빈대 때문에 밤이 되면 열 사람이 벽을 타고 다니면서 빈대를 죽여야만 나머지 열 사람이 겨우 눈을 부칠 수 있었다. 감방의 벽은 먹지 못한 수인들의 핏자국으로 검게 물들었던 것이다. 감옥은 사람을 키운다. 그리고 상상의 기회를 준다. 김두한에게 이 예비검속은 "사실"이었고, 이 운명적 사실이야말로 그의 삶에 정치성을 부여했던 것이다. 그러한 과정에서 그의 애국심, 호협심, 그리고 김좌진의 신화는 점차 형성되어 갔다. 단언컨대 김좌진의 신화는 일제하의 김두한의 성장과는 전혀 무관한 것이며, 김두한의 신화가 신화로서 사회적 의미를 지니게 된 것은 오로지 해방 후 그의 애국심이 잘못 전도된 반공투쟁의 행각과 더불어 시작된 것임을 못 박아 둔다. 4)

---

4) 김용옥, 『도올세설』, 통나무, 1990, pp.273-300

두 사람 주장의 옳고 그름에 대해선 이 책을 전개하면서 차츰 검토하기로 하고, 도무지 이해되지 않는 의문 몇 가지만 먼저 제기한다. 첫째, 김을동은 20년 동안 참고 있다가 왜 선거철이 되어서야 이와 같은 성명서를 발표했을까? 둘째, 거의 협박 수준인 김을동의 요구에 대하여 김용옥은 왜 반응을 하지 않았을까?

한홍구와 김성환의 견해

'장군의 아들'에 대한 세간의 관심이 커질수록 진위여부에 대한 논란도 확대될 수밖에 없다. 김용옥처럼 "일고의 가치도 없는 신화"일 뿐이라고 단정을 짓는 것과 달리, 김두한의 일생을 다른 각도로 조명하는 이도 있다.

한홍구는 "확증도 없이 김두한이 장군의 아들이 아니라고 주장하는 것은 부질없는 일이다."라고 전제하면서 그 이유로 김좌진 장군의 부인 등 유족들이 김두한을 장군의 아들로 인정하고, 안동 김씨 일가들 역시 김두한을 높이 평가하지는 않지만 일가로 받아들이는 것을 주저하지 않고 있음을 든다. 그리고 김옥균을 자신의 양할아버지로 묘사하고 있는 대목 등을 예로 들면서 "김두한이 정말 김좌진 장군의 아들이 맞느냐는 의심이 자꾸 제기되는 것도 따지고 보면 그의 회고록이 말도 안 되는 이야기들로 가득 차 있기 때문일 것이다."라고 결론을 내린다.[5]

한홍구의 견해처럼 확실한 증거도 없이 김두한이 장군의 아들이 아

---

5) 한홍구의 역사이야기, 「한겨레21」, 제33호, 2002.11.6.

김두한 출세기

니라고 주장하는 것은 부질없는 일을 너머서 위험할 수도 있다. 김두한에 관한 일은 이제 개인사가 아니고 우리 역사의 한 부분이기 때문이다. 그러나 한홍구의 지적은 모순을 지니고 있다. 왜냐하면 이해의 당사자인 유족과 안동 김씨 일가의 견해만을 채택하고 있기 때문이다. 만약 김두한이 장군의 아들이라는 단정으로 인해 피해를 입은 사람이 있다면, 누구나 인정할 수 있는 객관적 증거를 유족과 안동 김씨 일가 등이 제시해야하지 않을까? 주장하는 측 역시 확실한 증거를 내놓아야 한다는 뜻이다.

한홍구의 견해를 일부 인정하면서 좀 다른 각도로 "김두한은 장군의 아들이 맞다"고 피력하는 이가 있다. 「월간 말」지 기자 김성환은 "'장군의 아들'이 넘나드는 끝없는 거짓말의 경계선"이라는 제목의 기고문에서 김용옥과 한홍구의 견해를 먼저 소개하면서 "결론적으로 김두한은 장군의 아들이 맞다."라고 주장한다.[6]

김성환은 상궁의 딸이 아닌 기생 김계월이 김두한의 모친이라는 점을 가장 강조하고 있는 듯하다. 물론 김성환 역시 자신의 출생과 어린 시절과 이후 활동에 관해 터무니없는 거짓말로 일관했던 김두한의 회고록과 라디오 대담을 지적하고 있다.

예를 들면 김좌진이 김옥균의 양아들이라고 주장한 것, 김좌진이 백정들의 결사체인 형평사 초대회장을 지냈다는 주장, 해방 뒤 북의 김일성이 육군 소장 제복을 보내왔다는 등의 예화를 들며 실소를 넘어 폭소가 터진다고 썼다. 그러면 김성환은 왜 "김두한은 장군의 아

---

6) 김성환, '장군의 아들'이 넘나드는 끝없는 거짓말의 경계선, 「월간 말」, 2003년 5월호

들이 맞다"라는 결론을 내렸을까?

그가 제시한 근거는 「동아일보」와 「조선일보」의 기사다. 김성환은 1930년 2월 13일자 「동아일보」, 1930년 3월 17일부터 2회에 걸쳐 신문에 연재한 「조선일보」 개성특파원 최문우 기자의 기사 등을 근거로 "김두한의 모친은 기생 김계월이 맞다"라고 하면서 김두한이 거짓말을 한 이유를 "자신의 불우한 가족사를 감추고 싶었을 것"이라는 결론을 내렸다.

김성환의 주장에 대해선 글을 진행하면서 그가 제시한 증거에 대한 반박 의견들을 차츰 거론하겠지만, 우선 한 가지만 먼저 살펴보겠다. 당시 「동아일보」는 김성환이 인용한 기사와 전혀 다른 논조의 내용도 보도했는데 왜 그러한 기사는 인용하지 않았을까? 지금까지 김두한, 김을동, 김용옥, 한홍구, 김성환의 견해를 간략하게 소개하였다. 과연 누구의 주장이 참일까? 지금부터 여러분들은 진실게임의 퍼즐을 맞추는 작업을 시작하게 될 것이다.

1918   1972

나의 아버지는 김좌진,
할아버지는 김옥균이오

　소설, 영화, 드라마 등의 인기 덕분인지 많은 이들이 김두한의 가족사에 대하여 궁금해 하고 있는 모양이다. 하지만 아쉽게도 신뢰할 만한 자료는 극히 드물다. 먼저 당사자인 김두한의 주장부터 요령부득이다. 도저히 믿어지지 않는 발언으로 실소를 자아내게 한다. 자신의 가족에 대한 김두한의 발언을 아래에 정리해 보았다.

[표1 김두한의 가족]

출처	할아버지	할머니	아버지	어머니	외할머니	외할아버지
피로 물들인 건국전야(1963)	김옥균(김좌진의 양부)	–	김좌진	박계숙	박(상궁)	–
명인 옥중기(1966)	김옥균(김좌진의 양부)	–	김좌진	박계숙	박(상궁)	–
노변야화(1969)	김옥균	–	김좌진	–	–	–
내가 휩쓸던 거리와 골목길(1970)	김옥균	–	김좌진	–	–	–

자료마다 표현과 내용이 조금 다르지만 할아버지는 김옥균이고 아버지는 김좌진 그리고 박상궁의 딸 박계숙이 자신의 어머니라는 것이 김두한의 주장이다. 김옥균에 대한 김두한의 기술 내용을 좀 더 자세히 살펴보기로 하자.

> "나는 고균 김옥균을 조부로 백야 김좌진을 부(父)로 모신 세도
> 가 당당했던 이른바 명문 안동 김씨의 피를 받고 세상에 태어
> 났다. 나의 아버님께서 일찍이 고균 할아버지에게 양자로 가
> 셨기 때문에 나는 법률상으로 고균의 직계가 된다."[7]

김두한의 주장은 첫머리부터 믿을 수 없는 스토리로 전개된다. 김좌진이 김옥균의 양자로 들어갔다는 발상은 자신만의 생각이었는지 혹은 누군가로부터 전해들은 이야기인지 진실은 알 수 없다. 다만 확실한 것은 상기 내용 중 정확한 것은 두 사람이 안동 김씨(신파)라는 사실뿐이다.

김옥균은 익히 알려진 대로 1884년 갑신정변 실패로 망명 중 1894년 중국 상해서 홍종우에 의해 암살되었다. 그 후 조선에 도착한 그의 시신은 강화도 양화진에서 공개적으로 능지처참(陵遲處斬)을 당하고, 머리는 저잣거리에 효시된 후 실종되었고, 효시(梟示)된 그의 목에는 '모반(謀反) 대역부도(大逆不道) 죄인 옥균(玉均) 당일 양화진두(楊

---

7) 김두한, 『김두한 자서전』, 1, 메트로서울홀딩스, 2003, p.34《『피로 물들인 건국전야』(서울: 연우출판사, 1963)를 2003년에 『김두한자서전』1, 2로 재출간했다. 본고에선 2003년 본을 활용했다.》

김두한 출세기

花津頭) 능지처참'이라고 적힌 커다란 천이 나부끼고 있었다고 한다. 그러나 1895년 11월 갑오개혁으로 개화당 내각이 들어서자 법무대신 서광범과 총리대신 김홍집의 상소로 사면·복권되었고, 아관파천 후 복권이 취소되었다가 순종 때인 1910년 다시 복권되어 규장각 대제학에 추증되었다.[8]

김옥균이 복권된 후 안동 김씨 가문은 김영진[9]을 양자로 삼고 족보에 다시 등재하였다. 김옥균의 족보는 다음과 같다.

김옥균의 족보, 김영진이 양자로 기록되어 있음을 확인할 수 있다.

---

8) 김삼웅, 『친일정치100년사』, 동풍, 1995, p.43

9) 김영진(金英鎭, 일본식 이름: 金子英鎭, 1876-1947)은 대한제국과 일제 강점기의 관리며 조선총독부 중추원 참의를 지냈다. 김옥균의 아들(김옥균이 일본인 부인과의 사이에서 낳은 아들이라는 설이 있음) 혹은 양아들이다.

일단 김좌진이 김옥균의 양자가 아니라는 것을 확인하였다. 이왕 족보를 거론하였으니 김좌진과 김옥균이 어느 정도 연관이 있는지 살펴보자. 아래에 김좌진, 김두한의 가족 계보도를 소개하였다. 김좌진의 아버지 김형규10)와 김옥균은 (신)안동 김씨 상용파로 같은 항렬이다. 하지만 9대조 위에서 갈렸으므로 촌수로는 18촌 정도가 된다.11) 김옥균 가문과 김좌진 가문이 왕래·접촉한 흔적은 없다. 그러므로 그저 같은 문중의 먼 친척이라고 보아야 할 것이다. 아무튼 김좌진이 김옥균의 양자로 갔고 자신은 고균 김옥균의 직계라는 김두한의 허황된 주장은 명문가의 일족임을 내세우고자 하는 그의 염원이 표출된 것으로 보여 쓴웃음을 짓게 만든다.

안동 김씨 가문 그리고 족보를 편찬하는 사람이 아니더라도 김좌진과 김옥균의 생애에 조금이라도 관심이 있는 사람이라면 김두한의 주장이 얼마나 황당한 것임을 알았을 터이다. 하지만 김두한 생존 시 누구도 이의를 제기하지 않았고, 김두한은 1963년 그의 자서전을 출간한 이후 1970년 회고록을 투고할 때까지도 김옥균이 자신의 (양)할아버지라고 말해 왔으니, 어떻게 보면 불가사의한 일이기도 하다.

---

10) 갑신정변이 실패하고 김옥균이 일본으로 망명한 뒤 역적으로 몰리자, 안동 김씨 문중에서는 김옥균 항렬의 돌림자를 균(均)에서 규(圭)로 바꾸었다. 김형규(金衡圭)의 구명은 명균(命均)이다

11) 족보 상에는 18촌이나 혈통(생가)를 따져보면 10촌이라는 주장이 있다. 이에 따르면 김좌진과 김옥균은 11촌이 된다.

[표2 김좌진, 김두한의 계보도]

[김좌진 계보도, 신안동김씨 상용파]

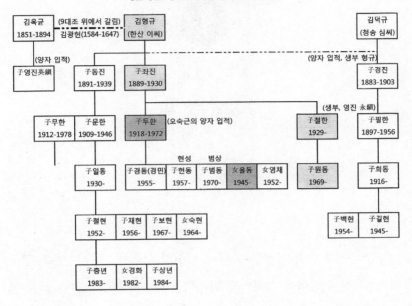

[김좌진/김두한 가족 관계도]

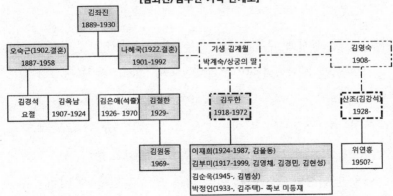

1918 *1972*

기생과
상궁의 딸

양할아버지 관련 발언뿐 아니라 자신의 모친에 관한 증언은 김두한 말의 신뢰를 더욱 사라지게 만든다. 명인 옥중기에 실린 글을 살펴보자.

어느 날 선친께서는 지금의 서울 근교 야산(野山)에서 동지들과 회합을 가지셨다. 이 회합에는 백린(白麟), 윤성(尹誠)씨 등 30여 명의 독립투사들이 집결하여 이색적인 산상회담을 열고 있었는데 일경(日警)은 이 정보를 미리 알고 2중 3중으로 회담 장소를 포위하고 포위망을 착착 압축해 왔다고 한다.

당황한 산상의 동지들이 어쩔 줄을 모르고 있을 때 아버님은 "내가 일경(日警)을 유인할 터이니 동지들은 어서 속히 몸을 피하여 먼저 대륙으로 망명하시오."라고 말하면서 일경(日警)들

김두한 출세기

앞에 홀연히 자태를 나타내시었다고 한다.

부친께선 두 손을 들고 일경(日警) 앞에 항복하는 양 꾸미고 수갑을 채우려는 일경(日警) 3명을 한꺼번에 때려눕혔다. 그리고 그들이 소지했던 권총을 낚아채어 수 연발을 공중 발사하여 적을 자신에게 집중시킨 후 산상의 동지들에게 대피로를 마련해 주고서, 자신도 피하기 위하여 달아날 수 있었다.

발악하는 추격대들을 뒤로하며 허둥지둥 문안에 들어선 아버님은 갈 곳이 없었으나 지금의 사직동에 자리 잡고 있던 당시의 양반촌에 들어가셨다는 것이다. 1초를 다투는 위기에서 아버님은 어떤 양반집의 담을 뛰어넘고 안에 들어가셨다.

그 운명의 집이 나의 산실(産室)이었다. 내 외조모(外祖母)께서는 궁정의 상궁(尙宮)이셨고 딸이 한 분 계셨는데, 그분이 내 생모(生母)가 되신다. 호각 소리가 사방에서 울리고 밖은 철통 같은 경비망이 퍼졌다. 나의 선친께서 뛰어든 방은 규중처녀 박상궁(朴尙宮)의 딸 박계숙(朴桂淑)의 공부방이었다. 놀란 어머님께서는 강도가 침입한 줄 알고 안채에 연결된 요령줄을 흔드시려는 찰나 선친께서

"내가 김좌진이요."하고 말했다. 그러자 모친께서는 흔들려던 요령줄을 멈추고 방 안에 선친을 들어오게 하신 후 책을 넣어두는 책장을 열고 선친의 몸을 감추어 주었고 방 안에 남겨진 신발 자국을 말끔히 닦았다. 선친의 뒤를 쫓아 방문 앞에 다다른 일경(日警)이 검문을 하겠다고 하자 모친께서는 서슴지 않고 책장의 열쇠를 꺼내어 여는 시늉을 태연자약하게 연출하셨

다. 이것을 본 일경(日警)은 모친의 선수에 눌리어 때마침 들려온 추격대 호각 소리에 따라 물러갔기 때문에 위기일발의 난을 면한 부친과 모친은 안도의 숨을 함께 내쉬었다는 것이다.

그리고 난 뒤에 나의 외조모(外祖母)와 모친께서는 이 사실을 감추기 위하여 궁리 끝에 데리고 있던 하인들을 재산상의 이유를 달아 즉일로 하향시키고 모녀가 손수 부친의 시중을 드신 모양이다. 이때 생겨난 운명아가 바로 나 김두한(金斗漢)이다. 그러니까 부친께서 이렇게 6개월 동안 피신 생활을 한 뒤 홀연 도만(渡滿)하실 때에 모친께서 이미 태아(胎兒)가 있음을 고하자 부친은 아들을 낳으면 '두한(斗漢)'이라 이름하고 딸을 낳으면 '두옥(斗玉)'이라 부르라고 하시면서 집을 떠나셨다고 후일 나의 모친께서 말해 주셨다.[12]

이 글은 상궁의 딸과 혁명가의 로맨스라는 거의 통속소설 수준의 설정이라는 비판을 받고 있으며 김두한의 날짜 착오로 더욱 신빙성을 잃게 만든다. 그의 주장을 같은 책에서 조금 더 인용하겠다.

"다만 일곱 살 때까지, 그러니까 교동 보통학교 2학년에 다니던 때까지는 그래도 외조모님과 어머님의 알뜰한 사랑 속에서 클 수 있었다. 그러나 저 세계 전사상 희귀한 청산리 대첩(靑山里 大捷)이 있자 일경(日警)은 즉각 외조모(外祖母)님과 모친을

---

12) 『名人獄中記』, 希望出版社, 1966, pp.53-55

김두한 출세기

투옥했다. 그래서 나는 말 그대로 천애 고아가 됐던 것이다. 그리고 열 살 되던 해에 불망(不忘)의 독립군대장(獨立軍 大將) 인 부친의 별세를 전해 듣고 울었다."

김두한은 1918년생으로 주장해 왔다. 그렇다면 그가 일곱 살이던 해는 1924년이다. 즉, 김두한의 주장에 따르면 1920년 10월에 발생한 청산리 대첩이 1924년의 일로 역사가 수정되어야만 한다. 게다가 1930년에 작고한 김좌진은 김두한이 열 살 되던 해, 즉 1927년에 살해를 당한 것으로 되어 버린다.

물론 어릴 적의 일이라 착각할 수도 있다. 하지만 날짜 착오만이 아니다. 김두한의 주장에 의하면 청산리 전투 이후 일제는 그의 모친과 외할머니를 투옥했고 그 뒤로 천애고아가 되었다고 했다. 그의 증언은 일제가 청산리 전투의 보복으로 모친과 외조모를 투옥했으며, 고문에 의해 혹은 후유증으로 작고했다는 뜻으로 해석된다. 하지만 그러한 말도 이의가 제기된다.

일제가 흉악했다는 것은 확실하다. 그러나 일제가 독립지사 명망가의 첩과 장모되는 사람을 살해했다는 기록은 필자의 과문함 때문인지 아직 발견한 바 없다.[13] 더욱이 김좌진의 모친 이씨와 본처 오씨 그리고 두 번째 처인 나씨가 해방 공간 때까지 생존했음을 기억하

---

13) 서중석은 "1920년 중반 경에는 일본 관헌들이 만주나 북경, 상해로 간 독립운동 가족들을 감시는 했지만, 김좌진 장군이 어디 있는지 캐묻기 위해서 그들 부녀를 고문했다는 것은 소설적인 냄새가 난다"고 했다. 《서중석, 『인물로 보는 항일 무장투쟁사』 – 홍범도와 김좌진, 역사비평사, 1995, p.76》

면, 김두한의 주장이 옳지 않음을 알 수 있다.

더욱이 김두한의 어머니가 상궁의 딸이라는 주장은 사기인지 무지로 인한 결과물인지 헷갈리게 한다. 김두한은 조선시대의 상궁은 결혼을 할 수 없었다는 사실을 몰랐음에 틀림없다. 예외적으로 궁을 나왔다 해도 상궁이나 궁녀 출신들은 평생 수절을 해야 한다는 것이 조선시대 궁녀, 상궁들의 삶이었다. 김두한이 1918년생이므로 그의 모친이 그를 임신한 시기는 1917년경이 되고 그때 모친의 나이를 20세 정도로 보면, 박상궁이 김두한의 모친을 가졌을 때는 대략 1900년 전후가 된다. 아직 조선 왕조가 완전히 망하기 전이라는 뜻이다. 고종 혹은 순종을 모시던 전직 상궁이 딸을 낳았고, 그 딸과 김좌진이 관계를 맺은 결실이 김두한이다?

서정주의 김좌진 장군전

이해를 할 수 없는 것은, 자신은 그렇게 주장하면서 다른 사람들이 김계월 기생설을 유포해도 전혀 아랑곳하지 않았다는 점이다. 서정주가 쓴 『김좌진장군전(金佐鎭將軍傳)』이 대표적인 경우다. 이 책에도 김좌진과 기생 김계월의 일화가 실려 있다.[14]

서정주는 머리말에서 글을 쓰는 데 도움을 준 사람으로 장군의 모당(母堂)과 미망인(未亡人) 그리고 4촌 형 해진(海鎭), 이범석 장군, 김상덕, 유진산 및 김장군 추모회 본부 등을 거론한 바 있다.[15] 하지만

---

14) 서정주, 『김좌진장군전』, 을유문화사, 1948, pp.136-142

15) 서정주, 『김좌진장군전』, 을유문화사, 1948

이 책은 당시 (대한)민주청년동맹 위원장인 김두한의 부탁으로 썼다
16)고 하는 것이 정설이다. 아무튼 김두한도 틀림없이 이 책을 보았을
터이다. 그러나 그는 이 책의 내용을 문제 삼지 않았다.

상궁의 딸인 양반가 규수 박계숙과 기생 김계월, 신분의 차이도 현
격하지만 더욱이 성조차 다르다. 김두한은 생존 시에 자신의 모친이
상궁의 딸이라는 주장을 철회한 적이 전혀 없다. 출신에 대한 열등감
을 갖고 있던 김두한이 김옥균, 김좌진 혈통에 덧붙여 아예 왕실의
피를 섞고자 한 어처구니없는 발상인지 혹은 국회의원을 역임한 자
신의 신분과 기생의 자식이라는 설정이 어울리지 않는다고 생각해선
인지, 이유는 확실히 알 수 없다.

김두한 자신이 회고록, 대담 등을 통하여 너무나 강력하게 "나의
모친은 상궁의 딸이었다."라고 피력하다 보니, 학계와 유족 측의 고
민은 깊어질 수밖에 없었을 것이다. 김두한을 장군의 아들로 만들기
위해선 무엇보다 일차사료의 증명이 필요한데, 유일한 근거라 할 수
있는 당시 신문에는 한결같이 김두한의 모친이 기생 김계월로 보도
되었기 때문이다. 결국 김좌진기념사업회를 비롯한 김두한의 유족측
은 김두한의 주장을 무시하고, 김두한의 모친은 기생 김계월로 결론
내린 것으로 짐작된다. 그렇다면 기생 김계월이 김두한의 진짜 어머
니일까? 지금부터 어떤 과정을 거쳐 김좌진의 애첩, 김계월이 등장
하게 되었는지 추적해 보기로 하겠다.

---

16) 박호영, 『서정주』, 건국대학교출판부, 2003, p24

「매일신보」의 첫 보도, '기생 김계월의 아들 김두한'

김두한이 장군의 아들임을 증거 하는 자료로 늘 제시되는 것이 당시의 언론보도이다. 제2장에서 소개한 김을동의 성명서에도 「중외일보」, 「조선일보」, 「매일신보」 등을 거론했다. 일단 인용의 정확성 문제는 나중에 검토하기로 한다. 김두한·김계월 모자가 최초로 등장한 것은 1925년 9월 15일자 「매일신보」의 기사이다. '金佐鎭과 金桂月' 그리고 '八年만에 異域에 邂逅—오래 동안 서로 그리우든—정랑정부가 서로 맛낫다'라는 제목을 선택한 기사는 다음과 같이 시작된다.

1925년 9월 15일자 「매일신보」

영고탑(寧古搭)에 근거를 두고 노령 방면으로 활동을 하고 있는 과격파의 수령 김좌진은 자기의 정부(情婦) 전한성권번기생 김

계월(27세)과 그 사이에 나은 김두한(7세)을 데려가기 위해 온갖
수단을 다 써 보았으나 국경의 경계가 삼엄하여 오늘까지 뜻을
이루지 못하였다. 김계월도 정랑 김좌진을 생각하고 번민하고
있던 중 지난 9일에 자기 모친 박씨와 자식을 데리고 가산도구
를 정리하여 여비를 만들어 경성역을 출발하여 무사히 목적지에
이르러 8년 만에 부부와 부자가 반갑게 대면하게 되었다더라.[17]

이 기사가 참이라면 김두한은 대략 1919년생 정도가 되며 그의 모
친은 1899년생, 직업은 전직 기생이다. 그리고 김두한은 7살 때에
어머니, 외할머니와 함께 아버지 김좌진을 만주 길림성 영고탑에서
처음으로 만난 게 된다. 이 기사는 김두한의 증언과 상당히 유사하
다.[18] 문제가 되는 것은 상궁의 딸 박계숙이 아니라 전직 기생 김계
월이라는 신분 차이다.

기생 김계월 기사를 경쟁적으로 보도하다

이 보도 이후 김계월과 김두한은 전혀 등장하지 않다가 1930년 1월
김좌진의 서거 이후, 갑자기 김계월 모자 이야기가 몇몇 신문을 중
심으로 폭주하기 시작한다. 첫 보도는 1930년 2월 12일자 「조선일보」
다. 하지만 이 신문은 김두한(金斗漢)이 아닌 김두환(金斗煥)을 등장시
키는 실수를 하게 되는데, 「매일신보」가 그다음 날 김두한 기사를

---

17) 金佐鎮과 金桂月, 「매일신보」, 1925.9.15
18) 『김두한 자서전』 1, p.47

기고하자 15일자 신문에는 재빨리 김두한으로 정정하는 센스를 보여 준다.

1930년 2월 12일자 「조선일보」, '斗煥'으로 표기되어 있다.

비명으로 횡사한 김좌진 씨에게는 그의 애첩이었던 김계월의 몸에 난 두환(斗煥)이란 십여 세 된 소년이 있는데 방금 안성 지방에 있다 하며 김계월은 원산에 가 모 요리점에 있다 하는데, 그가 만주에 있을 때에 일본의 토벌대에게 쫓기어 만주를 버리고 시베리아로 떠나갈 때에 그의 애녀인 열여섯 살 옥남(玉南)이가 아버지의 소매에 매어달리고 울며 아버지의 뒤를 따라가겠다고 몸부림을 하는 것을 그는 어린 딸의 소매부리를 떨쳐 길가의 눈 위에 넘어진 것을 내려다보고는 "아비가 성공을 하고 돌아온 뒤에는 좋은 데에 시집을 보내 주마." 하는 한

김두한 출세기

마디를 남기고는 홀연히 떠나갔다는데 그 뒤에 옥남이는 아버지의 돌아오는 날만 손꼽아 기다리다가 거친 만주 벌판에서 애처로운 고혼이 되었다 한다.19)

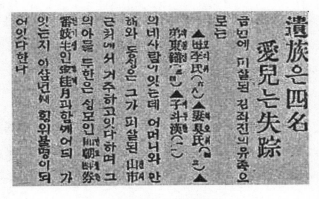
1930년 2월 13일자 「매일신보」

유족은 4명 애아(愛兒)는 실종 금번에 피살된 김좌진의 유족으로는 ▲모이씨(母李氏)(68) ▲처오씨(妻吳氏)(45) ▲제동진(弟東鎭)(34) ▲자두한(子斗漢)(11)의 네 사람이 있는데 어머니와 아내와 동생은 그가 피살된 산시(山市) 근처에서 거주하고 있다 하며 그의 아들 두한은 생모인 전조선권번기생(前朝鮮券番妓生) 김계월(金桂月)과 함께 어디 가 있는지 이삼 년째 행위불명이 되어 있다 한다.20)

---

19) 눈싸힌 만주벌판, 「조선일보」, 1930.2.12
20) 유족은 4명 애아는 실종, 「매일신보」, 1930.2.13

「매일신보」와 「조선일보」의 기사는 김두한의 이름뿐 아니라 내용면에서 몇 가지 다른 점이 있다. 김두한과 그의 모친 김계월이 이삼 년째 행방불명이라는 「매일신보」와 달리 「조선일보」의 보도는 "김두한은 안성에 거주하고 있으며, 김계월은 현재 원산의 모 요리점에 있다."고 한 점이다. 그리고 「매일신보」는 유달리 전조선권번기생(前朝鮮券番妓生)을 강조하고 있는데, 아무래도 의도적인 것으로 짐작된다. 물론 「조선일보」와 「중외일보」도 향후 기사에서 김좌진과 기생 김계월의 밀월을 경쟁적으로 보도하게 된다.

한편, 「조선일보」 기사를 자세히 살펴보면, 이미 요절한 김좌진의 딸 이야기가 등장함을 알 수 있다. 허필일·김송죽의 연구에 의하면 김좌진의 본처 오숙근은 아들과 딸 2자녀를 두었다. 아들 경석은 일찍 죽고 딸 역시 16세 되던 1924년에 죽었다.[21] 그 딸의 이름이 '옥남'이다. 「조선일보」는 김좌진의 애첩과 김두한 이야기를 하다가, 문맥에 맞지 않게 갑자기 이미 오래전에 죽은 딸과 김좌진의 안타까운 이별 이야기를 등장시킴으로써 독자를 어리둥절하게 만들고 있다. 이러한 요인으로 인해 이들 기사는 취재로 인한 결과물이 아니고 여기저기 떠돌던 풍문을 활자화하지 않았나 하는 의문이 든다.

「매일신보」는 1930년 2월 13일자 보도 이후 김좌진에 대하여 일절 보도하지 않았다. 반면, 「조선일보」, 「중외일보」, 「동아일보」는 경쟁적으로 김좌진 기사를 특집으로 거의 매일 보도하였다. 「매일신보」는 어떤 신문인가? 알다시피 이 신문의 전신은 영국인 베델이 발행하던

---

21) 박영석, 백야 긴좌진 장군 연구, 「국사관 논총 제51집」, p.188

「대한매일신보」이다. 하지만 1910년 한일 병합 조약이 체결된 직후 이 신문의 소유권은 경성일보와 조선총독부로 넘어가는데, 특히 조선총독부가 주식의 과반수를 소유했다. 더 이상 설명하지 않아도 「매일신보」는 조선총독부와 일제의 통치에 협조적인 관제 일간지였다는 사실을 알 수 있으리라 본다. 참고로, 「매일신보」의 주주신문이며 일어판 기관지인 「경성일보(京城日報)」는 김좌진을 '악마'라고 지적했으며[22], 「매일신보」는 '과격파' 즉 '빨갱이의 수령'[23]이라고 표현한 것으로 미루어 보아, 이 두 신문의 논조를 짐작할 수 있다.

지금까지 거론한 김두한 모자에 관한 내용을 표로 정리해 보았다.

[표3 김두한과 김계월에 관한 정보]

날짜	출처	김두한의 나이	김두한의 거주지	김두한이 아버지를 처음 만난 시기와 장소	김계월의 거주지
1963년	자서전	1918년생	개성	7살(1924), 모란강★ 역두	−
25.9.15	매일신보	7세(1917)	−	영고탑(8년 만에 재회, 1925)	−
30.2.12	조선일보	십여 세(두환)	안성	−	원산
2.13	매일신보	11세(1920)	행방불명	−	행방불명

22) 沒落し行く新民府と北滿の惡魔金佐鎭, 「京城日報」 1928.7.25

23) 金佐鎭과 金桂月, 「매일신보」, 1925.9.15

★ 滿洲(만주) 吉林省(길림성)에 있는 "牧丹江(목단강)"을 모란강으로 칭했음

다음은 김두한 관련 「조선일보」의 두 번째 기사다.

1930년 2월 15일자 「조선일보」

고 백야 김좌진 씨에게는 칠십 노령의 편모가 있고 슬하에는
아직 십여 세 먹은 딸이 만주에 남아 있고, 소실에서 나온 십
여 세의 김두한이 지금 원산에 있다는데, 그는 원래 여러 가지
일을 위하여 자기 한 몸을 바치고 가정생활에는 극히 냉정한
터이라 가산이라고는 조금도 없고 글자 그대로 극빈여세하야,
뜻밖에 불행을 당하여서도 장례준비에 곤란할 뿐 아니라 앞으
로 그의 유족들이 생활하여 나아갈 길도 망연하다는 바 해내해
외에서 그와 함께 고생을 나눠 오던 친지들은 물론 평소에도

김두한 출세기

그를 사모하던 사람들은 그 참상에 동정하야 다만 얼마간이라
도 부의금을 모집하는 중이라더라.[24]

아무튼 「조선일보」는 「매일신보」의 보도경향에 맞추어 기사화한다.
유의해서 볼 것은 사흘 전인 2월 12일 기사에는 김두환(김두한)이 안
성에 있다고 했으나, 15일자에 의하면 김두한의 소재지는 원산으로
바뀌게 된다. 그리고 16세에 아버지와 생이별을 한 뒤 만주벌판에서
고혼이 되었다는 김좌진의 딸(김옥남)이 이번 호에선 만주에서 살아
있는 것으로 보도되었다. 무엇보다 눈에 띄는 것은 아직은 김계월의
신분을 기생으로 표현하지 않았다는 점이다.

　그러나 이 보도 이후부터 김좌진 관련 기사는 거의 소설 수준으로
변하게 된다. 1920년 10월 청산리 전투 이후 김좌진에 관한 보도는
인기 기사였다. 국내의 신문뿐 아니라 미주한인들이 발행한 「신한민
보」, 중국 거주 한인들이 발행한 잡지, 신문 등도 김좌진의 활약상
에 대해서 지면을 자주 할애하였다. 문제는 김좌진 사후의 언론 보도
태도이다. 묘한 것은 해외의 언론들이 김좌진의 암살 배후에 초점을
맞춘 것과 달리 국내의 신문들은 김좌진의 가족사에 매달렸다는 점
이다. 특히 「중외일보」와 「조선일보」는 '김좌진의 애첩', '김좌진의 정
부', '한성 기생 김계월', '경성다동권번 기생 김계월' 등 선정적 제목
으로 활자를 뽑았다. 가장 열성적으로 보도했지만 문제의 소지가 가
장 많은 「중외일보」의 기사 전문을 소개한다.

---

24) 노모와 유아 두고 적빈여사한 가정, 「조선일보」, 1930.2.15

1930년 2월 18일자 「중외일보」 기사

실의시대의 삽화 – 짧은 로맨스의 일면

이제 붓대를 잠깐 돌리어 그가 만주로 망명하기 전의 생활의
일단을 소개하건대 그가 삼 년 동안 철창생활을 마친 뒤로부터
광복단 사건이 폭로되어 만주의 거친 길을 밟을 때까지의 몇
해 동안은 그에게 있어서 가장 실의의 시대였다.

얼마간 있던 가산은 그동안 학교와 고아원 일등 공공사업에 송
두리째 다 집어 넘기고 늙은 어머니와 그의 부인을 데리고 시

내 중학동 어느 삭월세집을 빌려가지고 간구한 살림을 몇 해 계속하였다고 한다. 이 동안에 있어서 그는 한편으로 고달픈 생활을 하는 반동으로 굳은 지조와 무쇠간장을 가진 무골한으로서의 그에게도 청춘인지라 사랑을 속살거린 짧은 로맨스 한 편을 남겼다.

주인공은 김계월 – 그러나 이 역시 일장춘몽

그 주인공은 당시 청진동에 살던 김계월이란 기생이었으니 종로 네거리에 법석대던 사람들이 흩어지고 고요한 밤공기가 장안의 거리를 사고 돌 때 그는 동지들의 까다로운 눈을 피해 가면서 홍등(紅燈)의 그림자를 찾아 청진동 뒤 골목으로 애인의 집 뒷문을 두드린 적도 적지 않았다고 한다.

이런 경우에 흔히 쓰는 옛말을 빌려 옮긴다면 가슴에 큰 뜻을 품은 남아가 어찌 아녀자의 가벼운 사랑에 몸을 그르치겠으리오. 그의 일생을 통하여 가장 진귀한 기회도 불과 며칠이요 한 마당 봄꿈이었다. 그러나 이상하게도 그는 짧은 기회에 엷은 인연으로 만난 그에게 사랑의 씨를 퍼뜨리고 운명에 불린 몸이 되어 창황히 망명의 길을 밟았다. 그리하여 그에게서 나은 아들이 금년에 열다섯 살 난 김두한 군이라고 한다.

십 년 후 부자상봉 – 두한 군이 찾아가서

지금으로부터 오 년 전에 두한 군이 그의 할머니와 함께 아버지를 찾아 만주로 갔을 때에 그는 출산되는 것도 보지 못한 자기 아들을 십 년이 지난 후에 그리운 젊은 그날을 추억하면서 손목을 처음으로 잡았다고 한다. 두한 군의 어머니되는 김씨는 그 후 사정이야 있건 없건 작별 말 한마디 없이 떨치고 간 낭군을 원망할 새 없이 그 아들을 아홉 살 될 때까지 기르고, 풍운아 남편을 원망만 하며 지금은 서울을 떠나 원산에 있는 그의 친척집에 가서 만주벌로부터 불러오는 찬바람을 한스럽게 쏘이고 있다 한다.

기미년에 군정사 – 창립하고 활동 개시

그가 만주에 발길을 들여 놓은 후 두어 해 동안은 정처 없는 방랑생활을 계속하였는바 창졸간에 아무 준비도 없이 망명의 땅을 밟은지라 급작이 평소에 이상하던 군사기관 같은 것도 착수치 못하고 동서로 유랑하면서 당시에 남북만주에 흩어져 있던 동지를 규합하기로 노력하였다고 한다. 그는 이듬해 기미년을 당하여 선내해외에 독립운동이 맹렬히 이러나고 조선 내로부터 망명객들이 만주를 향하여 물밀듯 밀려나오고 원래부터 그곳에 근거를 두고 있던 각 무력파들이 손을 잡고 근거 있는 운동을 일으키려 할 때 그는 여준, 이상룡 등 그곳서 군사운동에 우이(牛耳)를 잡고 있는 유력한 인물들과 악수하여 군정사를 창립하고 그 가운데 십 년 동안 때때로 놀라운 소식을 전하는 군사운동의 기초를 만들었다. 25)

---

25) 기미년에 군정서사 창립, 「중외일보」, 1930.2.18

읽어 본 분들은 느끼겠지만 한편의 연애소설이다. 혁명가와 기생의 로맨스가 바로 이 「중외일보」로부터 시작된다. 「조선일보」가 김좌진 가족의 애달픈 삶에 방점을 두었다면, 「중외일보」는 비극으로 끝난 남녀상열지사에 초점을 맞춘 듯싶다. 한편, 이 신문은 김좌진이 망명 후 두어 해 동안 정처 없는 방랑생활을 했다는 등 기자의 작위적인 내용도 다수이나, 이 글에선 역사적 사실의 오류 부분은 일단 논외로 한다. 하지만 김계월 모자를 다룬 내용은 지적하지 않을 수 없다. 지금까지 김두한과 김좌진 그리고 김계월에 관하여 거론한 내용을 아래에 표로 정리해 보았다.

[표4 김두한과 김계월에 관한 정보]

날짜	출처	김두한의 나이	김두한의 거주지	김두한이 아버지를 만난 시기와 장소	김계월의 거주지
1963년	자서전	1918년생	–	7살(1924), 모란강★ 역두	–
25.9.15	매일신보	7세(1917)	–	영고탑(8년 만에 재회, 1925)	–
30.2.12	조선일보	십여 세(두환)	안성	–	원산
2.13	매일신보	11세(1920)	행방불명	–	행방불명
2.15	조선일보	십여 세(두한)	원산	–	–
2.18	중외일보	15세(1916)	–	만주(10년 후 상봉, 1925경)	원산

★ 滿洲(만주) 吉林省(길림성)에 있는 "牧丹江(목단강)"을 모란강으로 칭했음

1918   *1972*

부자
상봉

    김두한의 주장에 의하면 그는 1918년생이다. 그러나 지금까지 소개한 언론보도에 의하면 1916년생(중외일보)부터 1920년생(매일신보)까지 편차가 꽤 크다. 그가 아버지를 만났다는 장소는 모란강, 영고탑 등 만주지역으로 비슷하지만, 상봉 시기의 나이는 상당히 차이가 난다. 「매일신보」에 의하면 김두한이 7세 무렵 그리고 「중외일보」에 의하면 10세 무렵이다.

    과연 어떤 정보가 진실일까? 김두한과 김계월의 거주지 역시 행방불명에서 안산, 원산 등으로 뒤죽박죽이다. 한 가지 동일한 것은 "김좌진과 기생 김계월 사이에 김두한이라는 사생아가 태어났다."라는 주장뿐이다. 김두한 출생의 비화는 「매일신보」로부터 시작되었지만 「조선일보」를 거쳐 「중외일보」에서 절정을 이룬다. 아래는 같은 해 3월 19일의 기사다.

1930년 3월 16일자 「중외일보」 기사

검푸른 압록강을 건너 거친 들 만주를 동서로 달리던 장사(壯士) 김좌진이 김일성(金一星)의 독수에 걸려 비장한 최후를 마친 지도 월여나 되었다.

그가 운동자로서 남기고 간 자취는 어떠한 것이든가 함에 대해서는 여기서 새삼스럽게 우리가 추구할 것이 없으나 인간으로서의 그가 남기고 간 인생의 편린 속에는 눈물겨운 이야기가 있으니, 그가 운동에 몸을 던지기 전에 김계월(金桂月)이라는 연인이 있고 그들 사이에는 금년 열두 살 되는 두한(斗漢)이라는 귀여운 아들이 있는데, 김좌진이 그 최후를 마친 후에 세상에서 제일 궁금하게 여긴 것은 우선 이 같은 사변을 그의 애인과 애자가 아느냐 모르느냐와 그렇다면 그들은 어느 곳에 있느냐는 것이어서 김계월이가 연전에는 경성 인사동 모처에서 살았는데 그 뒤 소식을 모른다는 등 마포 모처에 가 있었다는 등 함흥 모처에 가서 있었다는 등 자못 풍설이 구구하였는바 이제야 그들의 소재는 확실히 판명되었으며 그에 따른 눈물겨운 이야기의 실마리도 풀리게 되었다.

김계월과 김좌진 그가 서로 밀월의 인연을 맺기는 지금으로부터 십오 년 전의 일이었으니, 그때 계월은 경성 다동 권번에 기적을 두었었고 김좌진 그는 환경의 불만을 가지고 세상일은 내가 알 바가 아니라는 듯이 돌아다니며 놀던 때가 있었으며 지금 있는 두한 소년도 그때 두 사람의 정겨운 수확이었다.

그러다가 김좌진 그는 어떠한 기회에 마음을 새로이 도사리고, 들(野)에서 오른 해(日)가 다시 들로 지는 만주로 건너가서 비바람에 머리를 감으며 발분망식을 하게 되고 보니 그에게 애인과 애자를 돌보아 줄 여가가 있을 수 없었다. 그리하여 계월은 늙은 친정모 박취향(朴聚香)과 어린 두한을 이끌고 쓰라린 생활을 얼마 동안 하다가 사랑에 바친 몸이 그대로 있을 수 없다하여 섬약한 여자의 몸으로 남편을 찾아 북만으로 가서 해림 목단강(海林 牧丹江)이라는 곳에 집을 정하고 밖에서 운동하는 남편에게 조금이라도 뜻있는 내조를 하였으나, 호방한 김좌진 그는 잔약한 애인의 안타까운 내조를 받고 싶어 하지 아

니 하였으며 동시에 그것을 받을 겨를조차 없도록 분주한 몸이
었다.

그럭저럭 그곳에서 수년을 지내는 동안에 계월의 모친은 수토
불복으로 마침내 중병에 걸려 목숨이 서산에 기운 해와 같이
되어 그는 죽은 백골이나마 고국산천에 묻히도록 하여 달라는
간청을 함으로 계월은 병든 어머니와 함께 다시 탐탁치 아니한
고국에 돌아오지 아니 할 수 없게 되었으니, 그 경우를 당하여
제일 어려운 문제는 두한이의 양육문제이었다.

여기에 대하여 두한의 부친 김좌진 그는 만주에 두어서 자기가
길러야 사람다운 자식을 만들겠다는 것이었고 계월의 모녀는
자기네가 데리고 가서 키우겠다는 것이어서 피차에 주장을 세
우다가 마침내는 계월 모녀의 주장이 서게 되어 여섯 살 먹은
두한은 다시 부친과 떨어지게 되었다.

고국에 돌아온 계월은 경성부 인사동 일백칠십육 번지에다가
집을 정하고 늙은 어머니의 신병을 요양하여 그의 병은 나았
고, 두한은 충실히 자라났으나, 남편 김좌진에게서는 소식이
끊어지고 한쪽으로 닥쳐오는 것은 생활고의 핍박이었다. 그럭
저럭 생활고와 싸워 가며 지내던 계월은 견디다 못하여 작년
십일월에 개성으로 내려와서 서본정 이백오십삼 번지에서 살
며 생업을 이어 왔으나 뜻대로 되지 않아 하는 수 없이 지난봄
에는 늙은 어머니와 어린 아들을 개성에 남긴 채로 함경남도
홍원(洪原)에 가서 기생들을 모아서 조합 비슷한 것을 하여 가
며 다달이 얼마간의 수입을 개성으로 보내서 가족들의 생활비

를 대는 중이라 한다.

개성 서본정으로 계월의 모친을 방문한 적, 그는 눈물을 머금은 얼굴로 "두한이가 어느 날 「중외일보」 한 장을 가지고 들어와서 '할머니! 아버지가 돌아가셨대요!' 하고 목이 메어 신문을 읽어 나에게 들려주더니 다 읽고 나서는 그만 목을 놓고 웁디다. 그러더니 한 열흘 동안이나 밥을 아니 먹고 울며불며 하여서 그 꼴을 보니 내 가슴이 미어집디다. 그래서 할미와 손자가 눈물로 날을 보냈습니다. 그게 참말입니까? 꿈이라면 어서 깨어나기나 했으면 좋겠습니다."라고 하여 만주의 비극을 보는 듯이 방불케 하더라.

〈개성지국기자〉 사진은 김좌진, 김계월, 김두한 소년(위에서부터 차례로)26)

풍설이 난무했다는 김계월의 거주지도 확실하게 파악했다고 했으며 무엇보다 김두한을 직접 취재한 탐방 기사임을 강조하고 있다. 상기 기사와 이미 거론했던 [표4 김두한과 김계월에 관한 정보]와 비교해 보기로 하자.

---

26) 운동의 배후에 숨은 눈물, 신문 들고 통곡하는 소년, 여섯 살에 생이별 한 부친이 마침내, 하염없는 이 세상의 영결이었다고, 고 백야 김좌진 遺孤 哀話, 「중외일보」, 1930.3.16

[표5 김두한과 김계월에 관한 정보]

날짜	출처	김두한의 나이	김두한의 거주지	김두한이 아버지를 만난 시기와 장소	김계월의 거주지
1963년	자서전	1918년생	개성	7살(1924), 모란강★ 역두	-
25.9.15	매일신보	7세(1917)	-	영고탑(8년 만에 재회, 1925)	-
30.2.12	조선일보	십여 세(두환)	안성	-	원산
2.13	매일신보	11세(1920)	행방불명	-	행방불명
2.15	조선일보	십여 세(두한)	원산	-	-
2.18	중외일보	15세(1916)	-	만주(10년 후 상봉, 1925경)	원산
3.16	중외일보	12세(1919)	개성	해림 목단강 수 년 거주, 6살(1924) 때 다시 이별	개성 함남 홍원

한 달 전인 2월 18일 기사와 비교하면 상당히 다듬어진 내용임을 알 수 있다. 김두한의 나이는 15세에서 12세로 수정되었고, 거주지는 개성으로 보도했다. 다만 그의 모친은 개성과 원산을 오가며 아들과 모친(김두한의 외조모)를 부양한 것으로 정리하여 글의 신뢰성을 얻고자 한 모양이다. 「중외일보」가 보도한 김두한 일가의 이주 이력은 다음과 같다.

"십오 년 전(1915년경) 김좌진과 다동 권번 기생 김계월의 밀월

★ 滿洲(만주) 吉林省(길림성)에 있는 "牧丹江(목단강)"을 모란강으로 칭했음

→ 김좌진 망명 → 김두한 출생(1919년경) → 계월은 늙은 친정
모 박취향(朴聚香)과 어린 두한을 이끌고 쓰라린 생활을 얼마
동안 함 → 해림 목단강에서 김좌진, 김계월, 김두한, 박취향
이 함께 수년 동안 거주 → 박취향의 풍토병으로 인해 김계월,
김두한, 박취향이 고국으로 돌아옴(1924년 경, 김두한 6세) → 경
성부 인사동에 거주함 → 작년(1929년) 11월 개성으로 이주 →
지난봄(1930년 3~4월) 김계월은 함남 홍원과 개성을 오가며 자
족을 부양함 → 김두한,「중외일보」에 게재된 부친의 부고 기
사를 보고 할머니(박취향)와 함께 눈물로 날을 지샘"

김을동 측이 김두한이 장군의 아들이라고 내세울 때 가장 먼저 제
시하는 것이 앞서 소개한「중외일보」1930년 2월 18일자 기사다. 김
을동의 육성을 다시 들어 보자.

"저는 6살까지 김좌진 장군의 어머니인 증조할머니와 김좌진
장군의 부인인 오숙근 여사와 함께 살며 할아버지와 아버지에
대한 이야기를 직접 들으며 자랐습니다. 김좌진 장군이 순국하
신 해는 해방 15년 전이었고, 제 아버지 나이 13살 때였습니
다. 할아버지는 아버지가 뱃속에 있을 때 만주로 망명을 떠나셨
고, 장군의 어머님, 즉 저의 증조할머니는 할아버지가 만주로
가신 지 2년 후에 만주로 들어가셨기 때문에 아버지 2살 때까
지 서로 보고 왕래를 하시다가 만주로 가셨다고 들었습니다.
그러나 만주에서 장군님이 돌아가신 후, 할머니는 다시 서울

로 와 10년 만에 신문사를 통해 손자를 찾아 나서게 되었습니다. 이러한 내용은 제가 증조할머니와 할머니로부터 직접 들은 사실입니다. 또한 김좌진 장군이 돌아가시니까 그 가족에 대해 언론과 세간의 관심도 많았고, 그렇기에 보시는 바와 같이 신문기사들도 많이 있습니다. 1930년 2월 18일 「중외일보」에 김좌진 장군 슬하에 두한이라는 아들이 있고, 5년 전, 즉 1925년 만주에서 장군과 두한 군이 만났다라는 기사가 있습니다."

김을동의 주장과 1930년 2월 18일자 「중외일보」 그리고 3월 16일에 보도된 기사 내용을 비교해 보면 다음과 같다.

▶저의 증조 할머니는 아버지 2살 때까지 서로 보고 왕래를 하시다가 할아버지가 만주로 가신지 2년 후에 만주로 들어갔다.

• 김좌진 망명 몇 년 후 한산 이씨가 아들 김좌진을 찾아간 것은 맞다. 그러나 김두한이 2살 때까지 서로 보고 왕래를 했다는 것을 입증할 자료는 없다. 한산 이씨와 김계월이 동거했다는 증거를 김을동 측은 제시하지 못하고 있다.

▶만주에서 장군님이 돌아가신 후, 할머니는 다시 서울로 와 10년 만에 신문사를 통해 손자를 찾아 나서게 되었다.

• 한산 이씨가 10년 만(1940년 경)에 신문사를 통해 김두한을 수소문했다는 것 역시 입증할 신문기사나 문서 등 자료가 없다.

▶1930년 2월 18일 「중외일보」에 김좌진 장군 슬하에 두한이라는 아들이 있다.

• 1930년 2월 18일 자 「중외일보」는 김두한의 나이가 15살(1916년생)로 보도하여 김두한의 출생연도(1918년)와 2년 정도 차이가 난다.

• 3월 16일 자 「중외일보」에 의하면 김두한은 1919년생이 된다.

▶5년 전, 즉 1925년 만주에서 장군과 두한 군이 만났다라는 기사가 있다.

• 1930년 2월 18일자 「중외일보」는 "지금으로부터 오 년 전, 즉 김두한이 열 살 무렵인 1925년경에 출산되는 것도 보지 못한 자기 아들을 십 년이 지난 후에 만났다."고 보도하였다.

• 3월 16일자 「중외일보」는 "출생 후 얼마간 떨어져 살다가 외조모, 모친, 부친과 해림 목단강에서 수년간 함께 살았다. 그 후 김두한이 6살 되던 1924년 경 외조모의 풍토병으로 인해 귀국한 뒤 개성에서 부친의 죽음을 알게 되었다. 이 무렵 김두한의 나이는 12세였다."고 보도하였다.

김을동은 아버지 김두한의 주장, 즉 "나의 어머니는 상궁의 딸이었다."라는 발언을 부인하는 위험을 무릅쓰고 자신이 장군의 손녀임을 증명하기 위해, 김좌진 사망 무렵 보도된 각종 언론을 제시함으로써 신뢰를 얻고자 했던 것으로 짐작된다. 그러나 "출생 10년 후인 1925년 무렵 아버지를 처음으로 만났다(1930년 2월 18일)."라는 보도와

"목단강 인근에서 함께 살다가 6살 되던 해 이별한 뒤 아버지를 영영 만나지 못했다(1930년 3월 16일)."고 하는 차이에 대한 설명이 필요하다. 물론 이들 보도기사는 같은 「중외일보」의 기사다.

「중외일보」로서는 "한 달 전의 기사를 좀 더 심층 취재하여 보도한 것뿐이다."라고 변명할 수 있겠지만, 김을동 측은 3월 16일자 「중외일보」를 인용하지 않는다. 그러나 이 기사도 의문투성이인 것은 마찬가지다. 무엇보다 이상한 것은 삭제된 사진이다(상기 53쪽 인용사진 참조). 김좌진과 김계월, 김두한의 사진 설명이 있지만 정작 사진은 온데간데없다. 왜 이 사진은 사라졌을까? 다른 사진은 놔두고 유독 이 사진만이 보도 검열에 걸렸을까? 아니면 훗날 모종의 음모에 의해 삭제처리 되었을까? 만약 이 사진이 지금도 있었더라면, 우리가 알고 있는 김두한과 「중외일보」에 등장하는 사진을 전문가가 분석하여 동일 인물 여부를 판단할 수 있는 유력한 근거가 될 수 있었을 터이다. 김두한과 김계월의 인물 사진을 누가, 왜 삭제했는가는 향후 우리가 풀어야 할 숙제 가운데 하나이다.

「매일신보」와 「중외일보」 그리고 「조선일보」의 기사가 일치하고 있는 점은 두한의 모친이 기생이라는 것 그리고 외할머니의 성씨가 박씨라는 것 정도다. 아무튼 「매일신보」, 「중외일보」, 「조선일보」의 기사가 참이라면 김두한의 모친은 무조건 기생출신이어야 한다. 그러나 김두한의 조작 주장 이전에 일제 강점기 당시 조선총독부의 사주 그리고 「매일신보」와 「조선일보」, 「중외일보」 등 언론사들의 협조 하에 김계월, 김두한이란 인물을 창작했을 수도 있다는 의심을 거둘 수 없다.

1930년 2월 19일 「중외일보」, 김좌진이 만주로 가기 전에 최후로 살던 가회동 집

한편, 1930년 2월 19일자 「중외일보」를 보면 '장거한 김좌진 일생 4'라는 제목과 사진은 남아있는데, 기사 내용은 통째로 사라졌음이 확인된다. 사진은 김좌진이 만주로 가기 전에 최후로 살던 가회동 집이라고 설명되어 있다. 사라진 사진, 삭제된 기사 등은 당시 「중외일보」의 기사를 신뢰할 수 없다는 생각이 든다.

「중외일보」가 김좌진 관련 기사를 쏟아내고 있을 무렵, 「조선일보」 역시 뒤처지지 않았다. 더욱이 「조선일보」는 「중외일보」와 달리 기사가 삭제되지도 않았고, 김계월과 김두한의 사진도 뚜렷이 게재되어 있었다.

「중외일보」가 개성에서 취재했다고 보도한 다음 날인 3월 17일 그리고 18일, 「조선일보」는 '김계월 애화'라는 특집기사를 2회에 걸쳐 연재한다.

이 중 김계월과 김두한에 관련된 내용만 살펴보자.

"그가(김좌진) 가장 사랑하던 애첩 김계월(26)의 몸에서 출생한 두환(斗煥, 12)이란 아들이 현재 홍성에 잇느니 혹은 경성 시외에 잇느니 하야 그 확실한 소재처를 아지 못할 뿐 안이라 애첩 김계월이가 원산 방면에서 료리업을 한다고 보도되엇거니와 그는 모다 오보이엇스며 허설이엇고 정작 김좌진 씨의 아들 두

62

김두한 출세기

1930년 3월 17일자 「조선일보」

한(斗漢)이 잇는 곳은 아버지가 잇는 바람 거친 그곳과는 정반
대로 고요한 조선의 옛 도읍 개성에 잇다. 그는 목하 개성 서
본뎡(西本町) 이백오십사 번지에서 자긔의 조모와 가치 쓸슬한
그날그날을 소일하고 잇다."

"김좌진의 애첩 김계월(26)은 원래 김상회 김참판(金參判)이란
명문의 집 딸로 태어낫스나 변하는 시대에 부닥기어 기울어지
는 가세는 것잡을 사이도 없이 파산에 이르러…나이 십오 세에

우연한 긔회로 당시 시국에 대한 만강의 불평을 품고 홀연 고
향을 떠나 중앙무대로 진출한 김좌진을 처음 만나게 되었스니
비로소 첫 남편으로 머리를 언지어 춘후 이래 삼 년간이나 동
거하엿스나…"[27]

「중외일보」는 3월 16일자 기사에서 "이제야 그들의 소재는 확실히
판명되었으며 그에 따른 눈물겨운 이야기의 실마리도 풀리게 되었
다."라고 자신들의 보도가 진실이라고 강변했다. 3월 17일자 「조선일
보」 역시 지금까지의 보도는 모두 오보였으며 허황된 이야기였다고
한다.[28] 그러면 이들 기사는 과연 얼마나 신뢰할 수 있을까?

먼저 눈에 띄는 것은 김계월의 아버지가 참판을 지낸 김상회라는
내용이다. 하지만 참판의 딸이라는 「조선일보」의 보도 역시 믿을 수
없는 설정이다. 참판은 종2품의 높은 벼슬이다. 그러나 『조선왕조실
록』, 『비변사등록』, 『승정원일기』, 『각사등록』, 『고종시대사』 등의 자
료를 검색해도 조선 말기에 참판을 역임한 김상회라는 인물은 찾을
수 없다.

다음으로 검토할 것은 김계월의 나이다. 「조선일보」 기사에 의하
면 1930년도에 김계월의 나이는 26세(1905년생)다. 그리고 김두한은
12세(1919년생)다. 그러면 13세 무렵에 김두한을 임신하여 14세에 낳
았다고 보아야 한다. 게다가 3년간이나 동거하였다고 했으니, 12세

---

27) 가인장사의 월하감몽, 「조선일보」, 1930.3.17
28) 이 두 신문이 일치하는 것은 김두한이 개성에서 살고 있다는 주장이다.

무렵부터 김좌진과 관계를 맺었다는 주장이 된다. 손님을 받을 수 없는 교육기간 중에 머리를 얹었다는 무리한 설정이 된다.[29]

15세에 김좌진을 처음 만났다는 구도도 황당하기는 마찬가지다. 이 주장에 의하면 동거 기간을 감안할 때 17, 18세에 김두한을 낳았다는 말이 된다. 김좌진의 망명 시기를 고려하면 더욱 어리둥절해진다. 나중에 별도로 검토하겠지만 김좌진의 망명 시기는 대략 1916년부터 1918년 사이다. 「조선일보」의 보도에 의하면, 김계월의 나이 17세 때는 1921년경이다. 이 무렵의 김좌진은 만주에 있을 때다.

도저히 앞뒤가 맞지 않는다. 이러한 혼란은 기사를 작성한 이가 "아들을 낳으면 두한이라 하고 딸이면 두옥으로 이름 지어라."하고 홀연히 망명을 떠났다는 흔히 알려진 예화를 채용하지 않았기 때문일 것이다. 계속해서 3월 18일자 기사를 보도록 하자.

> …육년 전 고국의 땅을 밟은 그들은 경성에 도착하야 인사동 일백칠십삼 번지에 류숙하며 생활을 하여나가기 위하야 계월이가 다시 기생으로 나오려 하엿스나 김좌진 씨의 낫을 본다거나 친척들의 낫을 본들 엇지 다시 기생으로 나오겟느냐는 친척들의 반대로 친척으로부터 얼마식 보조해 주는 돈으로 그날그날의 생활을 이어 가며 두한의 장래만 믿고 만단의 곤란을 무

---

29) 통상적으로 기생은 대개 소녀 시절부터 교육을 받으며, 15세가 되면 성년식을 치르고 본격적인 기생의 업무에 종사하게 된다. 기생은 보통 정년이 50세로, 20세가 넘어도 활동하는 기생도 있었다고 하나, 20대 중반만 해도 이미 '노기'로 취급받았다고 한다. 일제강점기 시절도 비슷했다.《기생, 위키피디아》

릅쓰고 교동 공립보통학교에 입학을 식히엇스나 갈수록 생활이 곤란하여질 뿐 아니라 빚만 늘어감으로 할 수 업시 경성을 떠나 개성으로 기생노릇을 하러 나왓든 것이다.

그러나 나려와 보니 모든 것이 뜻과 가티 되지 안흠으로 또다시 사랑하는 아들과 어머니를 리별하고 기생 두 명을 다리고 함흥 방면으로 료리영업을 하러 갓스나 그곳조차 시원치 안흠으로 또다시 홍원 읍내에서 료리점을 하여 가며 얼마 수입되는

1930년 3월 18일자 「조선일보」

돈으로 어머니와 아들의 생활만은 보장하고 잇스나 두한은 원래 지도자가 업슬 뿐만 아니라 넉넉지 못한 생활을 함으로 학교까지 다니지 못하고 유유도일을 하고 잇스나 자긔 부친의 긔품을 타고 난 관계인지 총명한 두뇌와 범연치 아니한 긔질의 소유자로 그는 동리 아희들과 작란할 때에도 전쟁 흉내만 내어 죽장으로 총과 칼을 만드러 가지고 자긔가 대장이 되어 아츰 밥만 먹고 나면 온종일 동리 아희들을 모아가지고 내(川)를 건너고 산을 넘어 뛰어 도라다니며 싸움하기를 조와

한다 하여 동리에서 '싸흠대장'이라는 별명까지 드러 동리 계

김두한 출세기

집애들은 두한이만 보면 도망한다 하며, 동리 사람들이 너의 아버지는 지금 어데 잇스며 무엇을 하느냐고 무르면 우리 아버지는 멀고면 청국에 잇는데 머리를 길게 길러느린 사회주의자인데 나도 열네 살만 되면 아버지를 따라가서 훌륭한 사람이 된다고 호언을 하야 사람들을 웃긴다고 한다.

어린 맘에도 아버지와 가튼 사람이 되겟다는 긔대와 희망이 컷던 것만은 맛고 미덧든 자긔 아버지가 엇더한 흉한에게 참살을 당하엿다는 신문을 어더 본 어린 가슴속에도 원한에 타오르는 불길을 억제치 못하야 자긔 아버지가 참살을 당하엿다고 긔재된 신문을 들고 드러와 할머니 압헤 업듸어 밤새도록 울엇다 한다.

어린 가슴속에 사무친 원한은 영원히 사러지지 안엇슬 것이며 타오르는 분로의 불길은 항상 기회를 엿보고 잇슬 것이나 지도자와 공부를 못하는 그의 장래야말로 엇지나 전개될 것인가. 다만 삼척 지하에 고요히 누어 잇는 김좌진 씨의 령혼이 잇다면 어린 가슴속에 긔대와 희망이 사러지지 안토록 축수할 것이다.(개성 특파원 최문우 기자)**30)**

「조선일보」의 내용은 「중외일보」와 상당부분 일치한다. 홀로 김두한을 키우다가 북만으로 가서 목단강 인근에서 모친을 모시고 김좌진과 함께 살다가 모친의 병으로 인해 할 수 없이 귀국하게 되었다는

---

30) 부친 흉보난 신문들고 종야 통곡한 유자 두한, 「조선일보」, 1930.3.18

이야기는 「중외일보」의 기사와 거의 유사하다. 몇 가지 다른 내용은, 김두한에 관한 소개 정도다. 특히 김좌진을 사회주의자로 생각하고 있다는 내용이 이채롭다.

「조선일보」는 기사의 신뢰성을 높이기 위해 김계월과 김두한의 사진을 소개했다. 하지만 가장 큰 문제점은 김계월과의 인터뷰가 없었다는 점이다. 「중외일보」도 마찬가지지만 「조선일보」는 왜 김계월 대신 늙은 노모와 어린 두한만을 취재했을까?

그리고 상기 인터뷰 정도의 내용이라면 아무리 어릴 적 기억이라도 평생을 지배할 체험이었을 것이다. 하지만 김두한은 아버지의 죽음을 신문을 보고 알았고[31] 할머니와 밤새도록 슬피 울었다는 따위의 증언을 한 적이 없다. 앞에서 지적한 김참판의 딸 이야기도 마찬가지다.

사실 따지고 보면 그리 어릴 때도 아니다. 「중외일보」(3월 16일)와 「조선일보」(3월 17일)는 김두한의 나이가 12세였다고 했다. 앞 장에서 소개했지만 김두한은 "일곱 살 때 일경에 의해 외조모님과 모친을 잃어 고아가 되었고, 10살 때 부친의 별세를 전해 듣고 울었다."라고 증언했다. 생계를 위해 어머니와 떨어져 살 수밖에 없는 상태에서 아버지의 흉보를 신문을 통해 알았다는 그 무렵 김두한의 나이는 12세였다는 「조선일보」의 기사와 외할머니와 어머니를 모두 일경에 의해 잃어 고아상태였던 10살 무렵 아버지의 별세 소식을 전해 들었다는 김두한의 주장, 달라도 너무 다르다.

---

31) 대개 김두한은 문맹으로 알려져 있다.

김두한과 안동 김씨 가문
그리고 족보와 호적

「조선일보」는 '김계월 애화'를 1930년 3월 18일
자로 끝을 맺고 더 이상 김두한 모자에 관한 기
사를 싣지 않는다. 「중외일보」 역시 4월 22일(고
백야 김좌진 사회장 성대 거행, 중국 관공서 대표와 각
단체 참석, 중동선산시점에서), 5월 20일(김좌진 遺
孤로 안동 김씨 회합, 두한 군을 위하여), 5월 21일(북
만의 ○○운동, 공산운동으로 전화, 밀정혐의자 다수
총살, 김좌진 피살 후의 정세)의 기사 이후 김좌진
에 대해서 더 이상 언급하지 않았다. 눈여겨볼
것은 5월 20일자 「중외일보」 기사다.

1930년 5월 20일자 「중외일보」, 김두한의 장래를 위해 안동 김문에서 회합을 가졌다고 보도했다.

이 기사는 김을동 측이 안동 김씨 가문 역시 김두한을 인정했다는 자료로 흔히 사용되고 있다. 김을동의 성명서를 다시 인용한다.

"또한 1930년 5월 20일 「중외일보」에 '김좌진 유고로 안동 김씨 회합, 두한 군을 위하여'라는 기사에서는 장군이 돌아가신 후 안동 김씨가 모여 두한 군의 장래교육을 논의했다라는 기사가 있습니다. 또한 갑자기 웬 깡패청년이 자기가 장군의 아들이요 주장한다고 해서 어떤 가문에서 인정하겠으며, 가문에 대한 자부심이 강한 안동 김씨 가문에서 가능한 일이겠습니까? 우리 할머니가 손자도 몰라보는 청맹관입니까?"

이 기사가 참이라면 안동 김문은 그 당시 김두한을 왜 족보에 올리지 않았을까 하는 의문을 제기할 수 있다. 김두한의 주장에 의하면 그가 입적된 것은 생후 20년 후인 1940년경이다.[32] 그리고 「경향신문」의 추적에 의하면 "김두한은 28세 무렵(1945, 6년경) 호적에 올랐다. 그가 등재되기 전의 호적에는 김철한이 김좌진의 독자였으나 김두한이 등장함으로써 차자로 밀리게 되었다."고 보도하였다.[33] 그렇다면, 28세 이전 김두한의 호적은 어떤 내용이 기록되었을까 하는 의문이 들 수 있다. 하지만 아쉽게도 지금으로선 알 수 없다. 무호적자, 즉 신원불명의 상태로 있었는지 혹은 별도의 부모가 있었는지 그

---

32) 김두한, 「김두한 자서전」 1, 메트로서울홀딩스, 2003, p.43
33) 나는 김좌진 장군의 장손, 「경향신문」, 1986.4.7

김두한 출세기

저 궁금할 따름이다.

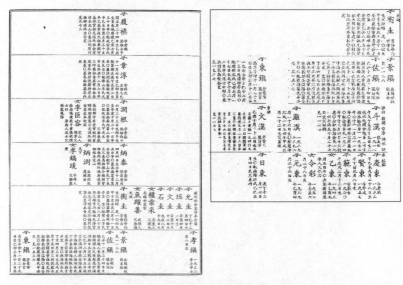

안동 김씨 대동보 제8간 갑자보(甲子譜, 1984)

족보 이야기를 좀 더 하겠다. 1984년에 발간된 안동 김씨 대동보에
는 김두한 일가가 분명히 올라가 있다.[34] 현재의 (신)안동 김씨 가문
은 김두한을 김좌진의 적자로 인정하고 있다는 뜻이다. 그러나 아래
에 소개하는 자료를 보면 김좌진 생존 시 혹은 사후 무렵에도 인정했
을까 하는 의문이 든다.

---

34) 안동 김씨 대동보소, 『안동 김씨 대동보』 권5, 농경출판사, 1984(갑자), 1986(병인)재
   인쇄

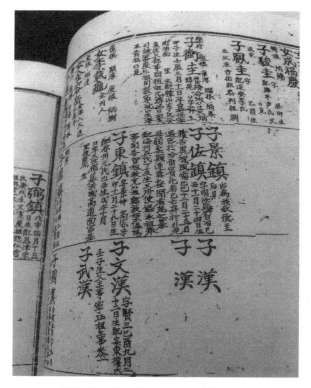

안동 김씨 대동보 제5간 병인보(丙寅譜, 1926)

　김두한 자신도 인정했지만 일제강점기 시기에 안동 김씨 가문이 김두한을 김좌진의 적자로 인정한 흔적은 없다. 인용한 대동보는 1930년 이후에 작성된 것으로 보인다.

　왜냐하면 안동 김씨 대동보 제5간 병인보(丙寅譜, 1926)는 1926년에 출간되었지만, 1929년 12월 25일(음)에 작고한 김좌진의 이력이 기록되어 있는 것을 보아 김좌진 사후에 일부를 수정하여 재인쇄 했을 것으로 추정된다. 어쨌든 김두한은 이 족보에 실려 있지 않다.

조금 걸리는 것은 항렬(漢)만 기록된 아들(子) 두 사람의 정체다. 이들 중 한 명이 김두한이 아닌가 하는 의문도 들 수 있다. 족보 전문가의 견해를 물어보아도 희귀한 사례라 하며 그 연유를 모르겠다고 한다. 하지만 다음과 같이 추측해 볼 수 있다.

첫 번째 한(漢)은 본처 오숙근 소생의 아들(경석)인 것으로 짐작된다. 그리고 두 번째는 다음 장에서 거론할 예정인 나혜국의 아들 철한일 것이다. 이 두 사람의 온전한 이름이 실리지 않은 것은 경석의 경우 일찍 요절했고, 철한의 경우는 족보 편집 무렵 너무 어렸던 탓에 정식 이름이 정해지지 않았기 때문에 안동 김씨 문충공위상용파 27손의 항렬인 '한(漢)'만 기록한 것으로 짐작된다. 실제 김철한은 1929년 2월 26일(음) 생으로, 김좌진 작고(1929년 12월 25일)시 채 돌이 되지 않았던 유아(幼兒)였다.

반면 김두한은 1918년 생으로, 가문이 그를 인정했다면 족보에 실리지 않을 이유가 없었다. 생각해 보라. "김두한의 장래를 위해 안동 김문에서 회합을 가졌다."고 보도한 「중외일보」의 보도가 진실이라면, 왜 족보에 올리지 않았겠는가? 이러한 의문 때문에 「중외일보」의 기사는 신뢰를 잃는다. 실제로, 「중외일보」 보도 이후 안동 김문에서 김두한을 양육하거나 교육에 성의를 보였다는 흔적은 찾아볼 수 없다.

아무튼 이 기사를 끝으로 김두한과 김계월이란 정체불명의 인물에 대한 기사는 더 이상 보도되지 않는다. 신문뿐 아니라 잡지 등의 잡문에도 전혀 등장하지 않던 김두한 관련 기사가 1932년 12월 23일, 「중앙일보」에 딱 한 번 더 보도되었다.

1932년 12월 23일 「중앙일보」(중외일보 폐간 후 재창간한 신문) 기사,
김좌진 유족의 비참한 생활을 보도하고 있다.

　기사의 주 내용은 김좌진 사후, 그의 부인 오씨가 시어머님을 모시
고 눈물겹게 비참한 생활을 하고 있다는 내용이다. 자신의 소생은 아
니지만 부군의 아들 두한 군도 보고 싶지만 그것도 여의치 않다는 내

용을 덧붙였다.[35]

1932년이라면 김두한의 나이는 15세 정도였을 때이다. 이때의 김두한이라면 청계천 거지 생활을 딛고 깡패로 입신할 무렵이다. 어떤 이유로 김두한을 만나지 못하고 있는지 그 이유를 짐작할 수 없다. 오숙근은 나혜국의 소생 김은애와 김철한을 분명히 알았을 것이다. 그런데 기자는 김철한은 전혀 언급하지 않고 뜬금없이 김두한을 보고 싶다는 오숙근의 발언을 인용하고 있다. 상기 보도 이전에 오숙근이 김두한을 만난 적이 있다는 자료는 전혀 없다. 그런데 왜 김좌진의 아들로 김두한을 등장시켰을까?

이러한 사실들은 「매일신보」, 「중외일보」와 「조선일보」 그리고 「중앙일보」에 등장하는 김두한이란 인물과 우리가 알고 있는 김두한이 동일한 인물이라고 믿기 어렵게 만든다.

---

35) 만주에서 함께 살았던 나혜국과 그녀의 소생인 은애(석출), 철한을 언급하지 않았다는 점이 기사의 신뢰성에 의문을 가지게 만든다.

양자 김문한과
적자 김철한

1986년 4월 7일자 「경향신문」

1986년 4월 "나는 김좌진 장군의 장손"이라는 제목의 뜬금없는 기사가 「경향신문」에 보도되었다.

"나는 백야 김좌진 장군의 장손입니다. 때늦었지만 가계를 바로잡고 싶습니다." 어쩌면 홍두깨 같은 느닷없는 주장을 하고 나선 대전에서 복덕방을 하고 있는 김일동 씨(58). 김일동 씨의 주장에 의하면 그의 아버지 김문한(작고)은 백야장군의 양자로서 백야의 장례 때 엄연히 상주 노릇을 했다는 것.

"다른 뜻은 없습니다. 다만 백야의 양자라고 왜경의 몹쓸 고문에 못 견디어 돌아가신 아버지에게 '독립투사의 아들'이었다는 명예만이라도 찾아드리고 싶기 때문일 뿐입니다."

어렸을 적엔 철이 없어서, 젊었을 때는 먹고살기 바빠서 엄두도 못 내다가 이제야 가계 바로잡기에 나섰다는 김일동 씨 주장에 김좌진 장군의 미망인을 비롯한 측근 가족들은 "장군의 아들은 두한(전 국회의원, 작고) 철한(58)형제뿐"이라고 부인하고 있다. 현재 가족은 장군의 미망인과 두한 씨의 딸 을동(TV 탤런트) 및 철한 씨의 아들(18) 등.

그러나 김일동 씨는 자신이 백야 김좌진 장군의 직계 장손임을 입증하기 위해 1930년 2월 13~14일자 「동아일보」의 김좌진 장군의 북만주 피살사건 기사를 증거로 제시했다. 「동아일보」는 56년 전 백야 장군의 피살사건을 보도하면서 당시 안성에 살고 있던 양자 김문한 씨가 장례 준비를 위해 북만주로 출발하던 모습까지 기사로 밝혀 놓았다. 김좌진 장군에게 아들이 없자 장군의 동생 김동진 씨의 장남인 김문한 씨가 양자로 들어갔다는 것. 그러나 김씨의 이 같은 주장을 뒷받침할 만한 법적 기록은 전혀 없다. 백야 장군 피살 당시 보도되었던 「동아일보」 기사 이외에는 호적이나 김씨네 족보에도 양자 사실에 대한 아무 기록도 전해지고 있지 않다.

호적에는 28세(1946년) 때서야 백야 장군의 장남으로 입적된 김두한 씨의 기록만 있을 뿐 그보다 훨씬 앞서 양자로 입적되었다는 김일동 씨의 아버지 김문한 씨의 기록은 없다. 다만 호적기록 자체가 애매한 점이 있다면 아버지 김좌진, 어머니 오숙근 씨 사이에서 태어난 김두한 씨를 28년이나 지난 뒤에야 호적에 입적시킨 점과 같은 부부 사이에서 태어나 호적상 장남으로 이미 입적되었던 김철한 씨를 김두한 씨의 입적과 동시 차남으로 뒤바뀐 점이다.

서울 서대문구 북아현1동 153의 1에 살고 있는 백야 장군의 부인 나혜국 씨(86, 둘째 철한 씨의 생모)는 "일동의 아버지 문한 씨가 양자로 장군의 장례 때 상주 노릇한 것만은 사실이다. "철한이가 1세 때였고, 두한이는 집에 없을 때였기 때문에 상주 노릇을 할 사람이 없어 조카인 문한이를 양자로 내세워 상주 노릇을 시켰었다."고 했다.

중풍 증세로 병석에 누워 있는 백야 장군의 차남 철한 씨 부인은 "17세 때 집을 나가 고향땅엔 한 번도 돌아오신 적 없는 장군이신데 언제 무슨 양자냐."고 반문했다. 측근들의 증언과 당시 신문보도 내용이 엇갈리고 있어 김일동 씨가 주장하는 "김좌진 장군의 직계 장손, 독립군 아들의 후예" 규명은 더 많은 자료와 시일이 걸려야 규명될 것 같다. 김일동 씨는 현재 대전시 중구 변동에서 복덕방 영업을 하고 있다.[36]

「경향신문」이 비교적 크게 다루었으나 결국 이 기사는 해프닝으로

---

36) 나는 김좌진 장군의 장손, 「경향신문」, 1986.4.7

김두한 출세기

끝나고 말았다. 김좌진의 호적이나 안동 김씨 족보에 김문한이 김좌진의 양자로 입적되었다는 기록이 없었기 때문이다. 족보에 기록된 김문한의 이력을 보면, 1940년 9월 23일 종로서에 피체된 사실이 나온다. 아마 이러한 점을 근거로 아버지의 독립운동 이력을 찾아내어 서훈을 받고자 했던 것이 김일동의 목적이었던 것으로 짐작된다.

사건이 해프닝으로 종결된 것은 김일동의 잘못이 크다. "돌아가신 아버지에게 '독립투사의 아들'이었다는 명예만이라도 찾아드리고 싶었다."는 것이 그의 원래 목적이었다면, 김문한이 김좌진의 양자요 장손이었다는 점을 부각시키기보다는 김좌진의 장례식 때 상주 역할을 했다는 점을 강조했어야 했다. 그다음 차례로 김문한과 김좌진과의 관계 그리고 김문한의 이력을 밝히는 순서를 택했어야 했다. 양자 혹은 장손 문제는 무엇보다 족보가 중요하다는 사실을 그는 왜 몰랐을까?

김좌진의 장손 해프닝과 별도로 상기 기사는 김좌진 가족사를 규명하는 데 중요한 연결고리를 제공해 주고 있다. 무엇보다 김문한, 김동진, 나혜국, 김철한 등 「매일신보」·「중외일보」·「조선일보」에 등장하지 않았던 인물들이 대거 소개되었다는 점이다.

다시 김좌진 작고 무렵인 1930년대로 돌아가자. 「매일신보」, 「조선일보」, 「중외일보」 세 신문과 달리 「동아일보」에는 김두한과 김계월이 전혀 등장하지 않는다. 당시 「동아일보」의 기사를 아래에 소개한다.

1930년 2월 13일자 「동아일보」

칠십 노모와
슬하엔 幼子뿐
가족의 의지할 곳도 없다
양자는 안성에 거주

김좌진 씨의 양자는 안성에 거주하고 있고 그의 가족은 지금
전부 길림성 모처에 있다 한다. 그의 70세 노모와 그의 아내,
그의 아우 김동진 씨를 합하여 세 식구가 있다 하며, 김동진
씨의 아들로 김좌진 씨의 양자가 된 김문한 씨는 목하 안성읍
내 그의 외조모 오세선 씨의 집에 있으며 김좌진 씨의 백씨인

김두한 출세기

고 김경진 씨의 가정은 지금 시내 연건동 278번지에 있는데, 김경진 씨도 수년 전에 별세하고 그의 장남 김필한 씨의 가족이 산다고 하며 시외 모처에 씨의 서자 한 사람이 있을 뿐이라는데 만주에 있는 그의 가족들은 의지할 곳도 없게 되었다 한다.

흉보 듣고 악연실색
양자 김문한 씨
평소 성격은 매우 원만했다

김좌진 씨가 별세하였다는 흉보를 가지고 안성읍내 외조모 집에 묵고 있는 김좌진 씨의 양자 김문한 씨를 찾은즉, 김문한 씨는 전혀 그런 소식을 못 들었다는 기색으로 깜짝 놀라며 "내게는 아직 아무 소식이 없습니다. 편지가 오랫동안 오지 않아 어떻게 된 일인가 하고 매우 궁금해하며 지내던 중입니다. 여하간 빨리 상경하여 좀 자세히 알아보겠습니다마는 어떤 자의 저격으로 그가 사망하였다고 하니 가친께서는 좀처럼 남에게 감정을 사시는 일이 없기 때문에 그럴 것 같지는 않습니다. 반대파의 저격설은 믿을 수 없는 일입니다."라고 말하였다.[37]

「동아일보」에 상기 기사가 보도되기 하루 전인 2월 12일, 「조선일보」는 십여 세의 김두한이 안성에서 살고 있다고 했고, 「매일신보」는

---

37) 슬하엔 幼子뿐, 양자 김문한 씨, 「동아일보」, 1930.2.13

같은 날 기사에서 김두한은 행방불명이라고 보도했다. 비슷한 시기의 조선, 동아 두 신문을 비교해 보면, 「조선일보」는 다분히 추측 및 세간의 풍문에 의거해 쓰여 진 기사라는 느낌이 들지만, 「동아일보」는 취재처를 직접 방문하여 쓴 글이라는 것을 알 수 있을 터이다. 김좌진의 동생인 김동진의 근황과 그의 아들인 김문한을 김좌진의 양자라고 소개하며 인터뷰까지 했음을 알 수 있는데, 다음 날인 14일 자에는 사진까지 실려 있다.

1930년 2월 14일자 「동아일보」, 김좌진의 동생 김동진과 김문한의 사진이 실려 있다.

본문 중 "시외 모처에 씨의 서자 한 사람이 있을 뿐"이라는 기사가 보이는데, 이를 두고 그 서자가 바로 김두한이라고 많은 이들이 주장하고 있는 모양이다. 하지만 이러한 주장은 나혜국의 아들 김철한

김두한 출세기

을 간과하고 있다. 김철한은 1929년 2월 26일생으로[38] 김좌진 작고 시 첫 돌도 되지 않은 갓난아이(幼兒) 상태였으며, 게다가 첩의 아들 이었다.

그러므로 김좌진 장례식 때에는 고인의 동생인 김동진의 아들인 김 문한(1909년생)을 상주로 삼았던 것이다. 이러한 사실은 "일동의 아버 지 문한 씨가 양자로 장군의 장례 때 상주 노릇한 것만은 사실이다. 철한이가 1세 때였고, 두한이는 집에 없을 때였기 때문에 상주 노릇 을 할 사람이 없어 조카인 문한이를 양자로 내세워 상주 노릇을 시켰 었다."[39]라고 한 나혜국의 증언과도 정확히 일치한다.

「동아일보」의 기사 내용은 상당히 정확한 것으로 보인다. 김좌진 의 모친(한산 이씨), 본처(오숙근), 아우(김동진), 김동진의 아들 김문 한, 작고한 형(김경진), 김경진의 아들(김필한) 등에 관한 내용이 구체 적이며 사실과 부합되고 있다. 소개한 사진 중 오른편은 김문한임에 틀림없고, 좌측 김동진이 안고 있는 사진은 김동진의 둘째 아들 무 한(1912년생)일 것이다.[40]

흥미로운 사실이 하나 있다. 「동아일보」에 의하면, 김좌진의 양자 역할을 했던 김문한의 거주지는 안성이다. 그리고 2월 12일 「조선일 보」는 김두한이 안성에 살고 있다고 보도했다. 아마 「조선일보」로서 는 가슴이 뜨끔했을 것으로 짐작된다. 결국 「조선일보」는 김두한의

---

38) 제6장에서 소개한 안동 김씨 대동보 제8간 갑자보(甲子譜, 1984) 참조

39) 나는 김좌진 장군의 장손, 「경향신문」, 1986.4.7

40) 김동진이 망명하기 전 찍은 사진으로 추측된다.

거주지를 바꾸게 된다. 2월 15일에는 원산 그리고 3월 16일 기사에는 개성으로 확정한다. 반면 「동아일보」는 기사 내용을 바꾼 적이 없다. 이러한 사실은 무엇을 의미하겠는가?

1918　　　*1972*

김좌진의 두 번째 처
나혜국의 등장

「매일신보」와 「중외일보」, 「조선일보」가 '장군과 로맨스'라는 주제로 김계월과 김두한 모자 기사에 주력했다면, 「동아일보」는 김좌진 본가 주변을 주로 기사화했다. 그런데 이들 언론들이 모두 외면한 사람이 있다. 나혜국과 그녀의 자녀들이다. 김좌진의 실질적인 부인 역할을 했던 나혜국을 모두들 약속이나 한 듯 다루지 않은 이유는 무엇 때문일까? 아마 그녀가 본처가 아니고 첩의 신분인 탓으로 짐작된다. 하지만 그녀는 유령이 아니었다. 일간지들이 모두 외면했지만 잡지에서나마 나혜국은 기어코 등장하였다.

일제하 최고인기 잡지였으며 최장수 발행을 자랑하는 「삼천리」는 1932년 3월 1일, 5월 1일 그리고 1935년 9월 1일 등 세 차례에 걸쳐 김좌진의 유족 근황에 대하여 집중 취재하였다. 「매일신보」, 「조선일보」, 「중외일보」에서 주로 다뤘던 기생 김계월과 그의 아들 김두한의 이야기도 아니고 「동아일보」에서 거론한 김좌진의 양자 김문한의 소식도 아니었다. 그렇다고 김좌진의 모친이나 본처 오씨의 참담한 생활도 아니었다. 「삼천리」는 김좌진의 두 번째 처 나혜국과 그녀의 소생 두 남매에 대한 이야기를 보도하였다. 「삼천리」에 소개된 이야기를 하기 전에 1992년 11월 나혜국이 작고하고 난 뒤 그녀의 삶을 소개한 「동아일보」의 특집기사를 소개하는 것이 순서일 듯싶다.

1992년 11월 29일자 「동아일보」

…나여사가 김장군을 만난 것은 청산리 대첩이 2년이 지난 1922년, 나여사는 독립투사로 김장군과 교분이 두터웠던 부

　　　　　　　　　　　　　　　　　　　　김두한 출세기

친 나병수를 통해 김장군을 알게 되어 백년가약을 맺고 슬하에 딸 석출 씨(70년 사망)와 아들 철한 씨(63) 두 남매를 두었다.… 1930년 나여사는 공산주의자 청년의 손에 남편 김장군을 잃고 청상과부의 삶을 시작했다.

나여사는 39년 만주사변(중일전쟁의 오기)이 일어나자 피난민 동포들을 따라 두 남매들을 데리고 고국으로 돌아왔다. 서울에 발을 들여놓자마자 서울역에 잠복 중이던 일본 경찰에 붙잡혀 심한 고초를 겪고 풀려난 나여사는 이후 일제의 갖은 탄압과 감시 때문에 신분조차 제대로 알리지 못한 채 1년이면 10여 차례씩 남의 집을 전전하는 고달픈 생활을 해왔다.…조국광복이라는 남편의 유지를 신앙처럼 받들어 온 나여사는 귀국 때 신발 속에 숨겨 와 소중히 간직해 온 김장군 장례식 조사를 지난 84년 독립기념관에 기증하기도 했다.…**41)**

이해할 수 없는 것은 언론의 보도 행태다. 김좌진과 7년간의 결혼 생활을 했으며 그 후 그녀의 삶의 궤적을 생각해 보면, 나혜국은 김좌진의 행적에 대해서 누구보다 더 귀중한 증인이라고 할 수 있을 것이다. 그러나 1947년 1월 16일, 해방 후 처음 열린 김좌진 추도식에서 그녀의 흔적은 찾아볼 수 없었다. 어떤 연유에선지 김두한의 생존 시 한국의 어떤 언론도 그녀를 기사화하지 않았다.

---

41) 타계한 김좌진 장군 미망인 나혜국 여사, 「동아일보」, 1992.11.29

나혜국을 김좌진의 미망인으로 소개한 1977년 2월 28일자 「동아일보」 기사

　김두한이 작고한 지 5년이 지난 1977년경부터 제한적이나마 조금
씩 그녀를 조명하다가 1992년 11월 나혜국은 쓸쓸히 우리 곁을 떠났
다. 장군의 아들임을 내세우며 해방공간을 휩쓸었고 국회의원도 2번
이나 역임한 김두한과 너무나도 대조적인 나혜국의 삶이었다. 물론
그녀가 남긴 딸(김석출)과 아들(김철한)도 마찬가지였다. 이제 「삼천리」
의 나혜국 인터뷰 기사를 소개할 차례다.

김두한 출세기

日氣는 느즌 봄 가태서 음녁 설을 마지하는 서울 장안 사람들의 긔분을 한층 더 명랑스럽게 하드니 갑작이 하늘빗치 곱지 못하고 거리에 침울한 氣色이 떠돌면서 찬눈비가 석겨 나리든 — 음녁설이 지난 지도 이틀을 격한— 날이엿다.

오―바의 에리를 노피 올니고 음산한 거리를 거처 臥龍洞 뒷골목에 잇는 雲泥洞 21番地―몃칠 전에 歸國하신 金佐鎭氏 未亡人 羅惠國 女史―를 訪問하든 때는 正午도 지나서 오후 2시 반이나 되는 때엿다.

대문안에 들어서니 한 세간이나 두 세간이 사는 집 갓지 안코 여러 살님이 모혀 산다는 것을 알 수가 잇섯슴으로 마당에 서 잇는 웬 부인에게 몃칠 전에 滿州에서 오신 부인이 여기 잇느냐고 물엇드니 내가 서 잇는 곳과 제일 거리가 갓가운 방을 가리키면서 바로 그 방이라고 손짓한다. 의심 업시.

「게심니까?」하고 주인의 대답을 기다리든 나의 기대와는 어그러젓스니 다―떠러진 조희문 창구녁에 트러박은 검정 헌겁을 살짝 빼고 웬 사람의 눈동자만 깜아케 보엿슬 뿐이고 아모 대답도 업다. 記者는 또 한 번 다시.

「게심니까?」 하고 소리를 첫다. 그제야 문이 좁게 열니면서 어린애를 안은 부인이 드러오라는 허락을 내리운다.

문턱에 발을 디려노차마자 피난민이라는 늣김을 직감적으로 가지게 되엿스니 그것은 내가 예측햇든 몃 배 이상의 빈곤한 공기를 발견햇섯습니다.

日氣 관계도 잇겟지만 방도 별노 밝지 못한데다가 창구녁이 무

러진 곳에 검정 헌겁을 틀어 막은 것 등이 더 한층 방안을 음산하게 만드러 노앗다. 거긔다가 두 어린애기까지 호역으로 알코 잇스니 방안의 침울성은 더 이야기하려고도 하지 안는다.

「머―ㄴ길에 어린애를 다리고 오시느라고 엇더케 수고하섯습니까?」記者는 다 안다는 드시 이러케 첫말을 건늬엿다.

부인은 쾌활한 말씨로「뭘 괜찬엇습니다. 참 누구신지요?」하고 記者의 얼골을 치다본다.

한 장의 명함을 내여서 듸렷드니.

「그럿습니까. 추으신데 이러케 오서서 황송합니다. 그런데 우리 사실을 잡지에 내실여고 그러심니까?」

記者의 대답이 더듸게 되엿드니.

「잡지에 발표하시면 안 됩니다.」하고 겻헤 안즈신 노인을 처다보면서 호호호 하고 우스신다.

「저 노인은 누구심니까?」

「저의 친정 어머님니다.」

「그런데 언제 京城에 도착하섯습니까?」

「한 열흘 될까요. 그런데 어린애들이 이러케 알어서.」하면서 말을 마치지도 안코 근심스러운 얼골을 지으신다.

「참 안되엿습니다. 그런데 朝鮮을 떠나시기는 언제 떠나섯나요?」

「제가 떠난 지는 한 10년 되지만은 金선생은 한 15년 된대요.」하는 말세가 金씨의 事情은 잘 모르는드시 이약이를 마처 버린다.

「안이 처음 떠나실 때에 함께 가시지 안엇댓나요?」

「사실은요 지금 내가 아오님 보고서 이약이 하지요만은 나는

咸鏡北道 會寧 태생으로 식집 갓다가 남편이 죽으니 부모님과 함께 北間島로 뛰여갓지요. 北間島에서 몃 해 살다가 北滿州에 이사햇는데 그때에 처음 金선생하고 알게 되엿담니다.」

「아! 그럿슴니까. 지금으로부터 몃 해 전임니까?」

「금년까지 8년째 되엿지요.」

「金선생님은 어듸 출생이신지요?」

「京畿道 安城임니다.」

「그런데 김선생님을 맛나서부터 지금까지의 風霜을 격그신 이야기를 자세히 들녀주십시오.」

「아이구 그것을 엇더케 일일이 이야기함닛가. 너무나 파란을 만히 격고 나니 머리가 멍한 거시 이상하게 되고 엇던 때는 히스데리나 안인가 생각하는 때도 만슴니다. 그러기 때문에 금방 한 일도 깜박깜박 이저버리는 때가 만슴니다. 그리고 더구나 내 입으로서 그런 이야기를 하고 십지도 안코요. 滿州에서 떠날 적부터 잇덧턴 모ー든 사실을 세상에 발표할여고 하지 안엇슴니다. 우리가 이곳에 와 잇다는 말을 듯고 신문 記者나 잡지 記者들이 차저올 줄 알엇슴으로 앗가 밧게서 차즈실 때에도 남자분이면 거절할여고 햇든 것임니다.」

길ー게 이야기를 계속하시든 夫人의 몹시 총명해 보이는 눈동자가 흐려지며 얼골이 붉어지드니 눈에 눈물이 핑그르 떠도랏다. 그러면서도 말을 이어서(13行略ー원문) 하고는 기ーㄴ 한숨을 휘ー내뿜는다. 나는 氏의 이야기를 드르면서 보통 여성과 다른ー이의 안해가 다르다는 늣김을 마지 안엇다.

「金선생님이 被殺 당하든 때가 바로 어느 때든가요?」

「벌서 오라지요. 재작년 섯달 스므닷새날 이엿습니다.」

「어느 곳에서엿지요?」

「우리가 지금까지 살다 떠난 햌림에서 한 60리나 격한 山市라는 곳에서.」 기가 막힌다는 드시 고개를 푹 수기면서 말을 맛치지 못하신다.

「도라가실 때에 그 광경을 목격하섯습니까?」

「보지 못햇서요. 아츰에 末月山氏(친구)와 함께 정미소(우리가 經營하든)에 나가 보신다고 나가시드니 오후 두시나 되여서 그러케 되엿다는 말을 듯고 뛰여 나갓드니 벌서 세상을 떠나섯드람니다.」

「정미소와 宅의 거리가 머럿든가요?」

「좀 머ㅡㅁ니다. 그랫기 때문에 총소리도 못 드럿습니다.」

「그래 그 현장에 宋氏 밧게 사람이 업섯슬까요?」

「안이요. 사람은 만헛습니다. 정미소의 일하는 사람들도 이섯고 또 언제나 다리고 다니시는 保安隊도 셋이나 다리고 나가서도 무기를 가지고 안 나갓기 때문에 대항도 못햇지요. 그리고 총을 쏠 때 뒤로 쏘앗습듸다. 왼쪽 등을 마젓는대 탄환이 바른쪽 가삼을 풀코 나왓서요. 엇더케 强氣 잇는 양반이엿든지 총을 마즈시구도 몃 거름 뛰여 가서 누가 나를 쏘느냐고 소리를 치다가 그 자리에 쓰러지드람니다.」

夫人의 이야기를 듯고 잇는 내 가삼은 몹시도 두군거렷다.

「그런데요. 총쏜 사람은 누구든가요?」

「共産黨員 박상실이라는 사람입니다.」

「그 사람을 붓잡지 못하섯나요.」

「아이구 말슴 마십시요. 그놈을 잡으려고 엇더케 애를 썻는지 그 이야기를 하자면 말담이 업는 나로서는 엇더케나 하면 자세하게 해 드릴는지요. 지금 스믈셋 먹은 내 녀동생이 잇서요. 이번에 함께 오다가 長春와서 떠러젓지요. 그 동생과 함께 2년 동안이나 차자 다니는데 두 살 먹은 어린 것을 업고 밤길도 만히 거럿지요. 한번은 '영고탑'이라는 데서 그놈이 잡혓다는 풍설이 들니기에 나 혼자 어린애를 업고서 떠낫지요. 城門에까지 이르러서 드러가기를 청하니 문을 지키는 軍人들은 드러가지 못하게 합니다. 아모리 애걸을 하여도 共産黨員들께서 돈을 만히 바더 먹은 중국 군인들은 내가 드러가기를 禁하겟지요. 엇절 수 업서 어린애를 업고서 人家도 업는 그 城 밧게서 하로밤을 새웟습니다. 밝은 날에 또다시 나는 군인들을 보고 싸왓습니다. 被告가 드러가는 곳에 原告가 웨 못드러 가느냐고요. 그랫드니 總司令部에 전화를 거러 보고 드러가라는 승낙을 나리우겟지, 總司令部에 드러가서 모—든 이야기를 죄다—하고 被告를 死刑에 處하기를 청하엿스나 돈을 만히 먹은 그들은 역시 내 말을 잘 듯지 안엇습니다. 나는 끗까지 노력해 볼 양으로 그곳 중국 여관에 투숙하면서 總司令部에 드러가서 매일 가치 이야기를 하엿습니다. 共産黨員들은 나를 맛나면 죽이라는 삐라—를 돌엿담니다. 좀 무서웟스나 그러타고 해서 용기를 일치 안엇습니다. 내가 그곳 영고탑에 잇슬 때 金氏의 동지들이 감옥

에서 고생하는 분이 만엇슴으로 나는 배곱흐면서도 만주를 몃
개식을 날마다 차입해 듸렷슴니다. 이려케 하면서 지나는 동
안이 어느듯 두 달이나 되엿섯슴니다. 결과를 볼 때까지 잇서
보려고 햇지만 그놈이 붓삽히지 안엇다고 함으로 밤 3시나 되
여 영고탑을 떠나서 60리 되는 밤길을 거러서 집으로 도라온
일도 이섯슴니다. 그후 얼마 지나서 우리 형제는 엇더케 하든
지 그놈을 복수하려는 생각에서 中國總合令部에 드러가서 또다
시 고소하엿슴니다. 겨우 그놈을 잡어서 奉天에 보내여 死刑에
까지 處하게 만드럿는대 그 뒤에 日中衝突이 이러나게 되여서
엇더케 되엿는지요.」

「그런데 金선생님 장례식은 몃츨만에 하섯슴니까?」

「석 달만에 햇지요.」

「아이구 그러케 오래잇다가 하섯슴닛가.」

「사회장을 하겟스닛가 각지에 흐터진 동지들이 다―오기까지
기다리느라고 그러케 오랏슴니다.」

「그랫스면 葬禮式 때에 굉장하섯겟슴니다.」

「퍽 떠드럿지요. 각국에 흐터저 잇는 동지들도 만히 왓거니와
못 오시는 분들이나 또는 단체에서 보내 주는 만장도 1백50여
장이엿스며 金額도 2,000여 원이나 드러왓슴니다. 그리고 葬
禮式 當日― 喪輿가 떠날 때에 수십 명의 중국 군인이 열을 지어
압서서 나갓슴니다.」

「중국 군인은 엇더케 되여서 나가게 되엿슴닛가?」

「金氏가 생존에도 어듸 가실 때면 우리 保安隊 외에 중국 司令部

에서 내여주는 保安隊가 잇섯담니다.」

「김선생님 압흐로 군인이 몃 명이나 잇섯나요?」

「各地에 퍼저 잇는 군인들을 죄다―합하면 500여 명이지요. 그
런데 도라가신 후에 안된 것은 군인들입되다. 소위 누구라고
하는 분이업스닛깐 그러케 용감하든 그들은 맥을 탁 일허버리
고 죄다 떠나겟다고 한담니다. 그래서 葬禮式에 나문 金額으로
旅費를 주어서 돌여보내엿지요.」

「김선생님 도라가신 후에도 山市에서 살님을 하섯슴닛가?」

「안이요. 그 이듬해 中東省 핼림에 이사하엿지요.」

「생활은 엇대케 하섯슴닛가?」

「도라가신 후에도 살님은 그러케 곤란하지 안엇서요. 어머님과
나는 논을 부처서 타작을 하구요. 또 내동생이 학교 교원 노릇
을 하여서 한 달에 쌀 세 부대와 돈 5원 또 課外로 한 100여원
되는 돈이 나왓기 때문에요.」

「그러시면 그곳 게섯든 편이 오히려 낫지 안엇을가요.」

「생활에 잇서서는 나엇지만은 엇더케 견대 낼 수가 잇서야지
요. 無智한 중국 군인들이 엇더케도 우리 朝鮮 사람을 못살게
구는지요. 눈이 껌벅껌벅 하는 산 사람을 업듸여 노코 독기로
목을 찍어 가는 일까지 이섯스니 더 말해서 무엇함닛가. 그러
기 때문에 굴머죽어도 朝鮮 나와서 죽을여고 떠낫습니다마는
정작 와 보니 장차 엇더케 사는지 압히 캄캄합니다.」

「歸國하신 후에 살님은 엇더케 하심닛가.」

「滿州서 떠날 때부터 京城까지 오는 동안에 旅費는 金氏 동무들

이 어더 주어서 왓는데 오고 나니 한푼이나 나멋겟슴닛가? 밥
도 해 먹지 못하고 방만 어더 가지고 이러케 잇는데요. 밥도
애 사촌이 사다 주어서 먹슴니다.」하면서 무릅에 안은 어린애
를 물끄럼이 내려다보시다가 다시 말을 이어서「굼든지 먹든지
이것들 둘을 中學校 공부까지만 시키엿스면 하는데요?」
「압흐로 서울서 사실 모양이심닛가?」
「글세요. 참 엇더케 하면 조흘가요. 내 아우 가트니 꺼리 업시
살 방침에 대한 具體案을 상의해 보고 십슴니다.」
물에 빠저 떠나려 가논 사람이 볏집 한 대라도 붓잡을여고 애
쓰는 것과 꼭 가튼 경우에 이른 氏에게 同情하지 안을 수 업섯
다. 記者 입에서 말이 떠러지기도 전에 氏는 다음과 가튼 이야
기를 계속한다.
「나는 재봉틀 하나만 월부로 마터서 어린애들 양복 가튼 것이
나 지을여고 함니다. 그리고 이번에 長春서 떠러진 동생이 직
업만 잇스면 곳 나오겟다고 지금 날마다 편지만 기다리고 잇슬
텐데. 그애가 엇더케 직업을 엇게 되엿스면 근근히 사러 나갈
것 가튼데요. 어듸 적당한 직업이 업슬는지요. 그러치 안코는
도저히 살길이 업슬 것 가태요. 金氏의 고향—安城으로 간다면
一家들이 거나려 주지 안으면 살 수가 업겟구요. 나는 어적게
도 하도 답답해서 滿州 동포에게 慰安品을 보내주는 某會社 압
헤 가서 한참 섯섯담니다. 옷은 이 모양으로 입고 검정 보선에
흙이 잔득 무든 고무신을 신고 거리로 왓다 갓다 하니 곱게 입
고 곱게 차린 서울 부인들이 눈이 빠지도록 구경 삼아 서서 본

김두한 출세기

담니다. 그러타고 그것이 부끄럽다는 것은 안닙니다. 내 양심에 부끄럽지 안은 일이면 조곰도 부끄러울 거야 잇습닛가? 滿州에 잇슬 때 朝鮮에도 金氏의 동지가 만히 잇다고 들엇드니 와보니 한 분도 업는 것 가터서 퍽 쓸쓸함니다. 나는 어적게도 동생한테 편지하기를 감옥에 가친 것보담 더 답답하고 더 아득하니 장차 엇지면 조겟는지 눈물밧게 업다고 하엿담니다.」

氏의 눈에는 여전히 눈물이 돌고 잇다. 할머님이 안은 큰 따님 恩愛가 목이 말으니 배 좀 사달나고 조르며 울고 잇스나 사줄 넘은 못하고 어린애를 달내기만 하시니 지갑에 돈 한푼 업는 記者의 맘은 압푸고 조리여서 한 번 더―방문하기를 약속하고 문턱을 너머섯다. 바람이 차서 피부를 어이는 것 가햇다만은 보담 더 컴컴한 방에서 어린 것에 성화를 밧는 羅氏의 情形이 눈압헤 떠도라서 가슴이 압헛다. 이러한 처지에 억매어 우는 이 엇지 이 未亡人 한 분일까?[42]

향후 검토할 예정인 김좌진의 죽음에 관한 문제점을 파악할 때에도 참고할 중요한 증언이기 때문에, 상당히 길지만 전문을 인용하였다. 「삼천리」는 이 기사 외에도 "불상한 고아들"[43], "다시 만주벌판 헤매는 김좌진 부인 나혜국 여사"[44] 등의 제목으로 나혜국 일가의 고달픈

42) 男便 金佐鎮의 招魂, 未亡人 羅惠國女史의 訪問記, 「삼천리」 제4권 제3호, 1932.3.1

43) 불상한 孤兒들, 「삼천리」 제4권 제5호, 1932.5.1

44) 靑春에 寡守된 新女性記, 다시 滿洲벌판 헤매는 金佐鎮夫人 羅惠國女士, 「삼천리」 제7권 제8호, 1935.9.1

삶을 조명하였다.

  기사의 주 내용은 김좌진과의 인연, 암살 당시의 상황, 남편의 원수 박상실 추적 그리고 철한과 은애 두 남매의 곤궁한 삶 등이다. 나혜국의 삶은 범인으로선 이해할 수 없을 정도로 남편의 죽음과 복수에 집착을 보였다. 남겨진 아이들과 자신의 모친을 부양해야 할 의무를 잠시 외면할 정도로 남편에 대한 사랑이 컸기 때문이었을 것으로 짐작된다. 나혜국의 자식 중 딸 은애는 1970년 작고했고, 아들 철한은 김두한보다 앞서 호적에 올랐다. 그러나 김두한이 갑자기 등장 하면서 김철한은 장자의 자리를 빼앗기게 되는데, 그때의 심정은 어떠했을까?

1918   *1972*

기생 어재하와
기생 김계월

지금까지 진행된 글에서 김좌진의 여인으로 등장한 인물은 본처인 오숙근(1887-1958), 김계월, 박계숙, 나혜국(1901-1992) 등이다. 이들 중 상궁의 딸 박계숙은 만들어진 인물이었다는 것은 의심의 여지가 없다. 그렇기에 장군의 손녀임을 내세우는 김을동도 김계월을 그녀의 할머니라고 주장하는 것이다. 김두한이 장군의 아들이냐 아니냐 하는 논란을 잠재우기 위해선 당사자, 즉 김계월과 김좌진의 고백이나 증언이 가장 중요하다. 하지만 김계월의 정체는 지금까지 오리무중이다. 물론 김좌진도 생시에 김계월과의 관계에 대하여 언급한 바 없다.

그렇다면 김계월은 유령인가? 동일인물인지는 불명확하나 김계월 이란 기생이 존재하기는 했던 모양이다. 송상도도 『기려수필』[45]에서

---

45) 기려자 송상도(1871-1946)가 대한제국 말기부터 일제강점기에 걸쳐 애국지사들의 사적을 수집하여 지은 것을 1955년 국사편찬위원회가 간행한 책

'한성명기 김계월'이라고 표현하기도 했다.46) 김좌진의 애첩 김계월
과 동일한 인물이라고는 할 수 없지만, 김계월이라는 장안 명기가 실
제로 있었던 것이다.

1924년 6월에 발간된 「개벽」지를 보면 재미있는 글이 한 편 실려 있
다. 누구는 곰보고 누구는 이빨도 닦지 않으며 또 어느 누구는 축첩
질에 여념이 없거나 잔소리가 많다는 등 소위 명망가들을 풍자한 글
이다. 의사, 교육자, 언론계 인물, 은행가, 작가, 변호사, 여성계의
저명인사뿐 아니라 일본으로부터 작위를 받은 이완용(후작), 민영기
(남작), 이항구(남작), 송병준(백작) 등 당시 경성의 저명인사들을 대부
분 거론했다. 이 글에 기생 김계월이 나온다.

> 학교 선생님을 妓生에 比하는 것은 미안하지만은 先生이나 妓生
> 이나 生은 一般인즉 比해 말하야도 무관할 듯하다. 그로 만일
> 기생의 裵竹葉, 金桂月, 昌寧 富豪 河在鳩의 愛妾된 金翠紅, 요새
> 이 또 기생 나오랴고 들먹들먹한다는 尹玉葉 등과 一席에 會合
> 하야 춤을 한번 춘다 하면 그들의 兩袖은 南山, 北岳의 소나무

---

46) …初佐鎭有一男曰斗漢, 辛酉(1921년)斗漢年六, 其母 金桂月 將斗漢, 往滿洲之海林牧
丹江, 父子始相見, 桂月者乃漢城名妓也, 初佐鎭見桂月生子斗漢, 桂月至滿洲, 其母 偶
病, 與其母將欲歸國, 佐鎭曰斗漢將置此教育, 方來爲可人, 不欲出送, 桂月曰, 吾不可
離此兒, 遂將歸, 佐鎭父子又相離, 先是佐鎭至吉林, 先是佐鎭至吉林, 爲軍務署督辨,
俄陞北滿軍政署總司令, 至是在新民府軍事委員長, 庚午正月二十四日, 爲部下金一星
所害, 時年四十二, 初有金一星者, 自咸南之洪原至海蔘威, 見金佐鎭請爲軍人, 佐鎭遂
許之, 是時佐鎭往山市站精米所, 見其機械有故障, 看立移時, 一星自背後射拳銃, 中背
胸殺之, 遂亡去, 及葬同志九十五人, 會中東線山市驛議社會葬, 初佐鎭有六十老母及夫
人, 又有一女, 皆至吉林居焉…(宋相燾, 〈金佐鎭二〉(騎驢隨筆) pp.316-319)

가지를 툭툭 치고 그림자는 漢江鐵橋에까지 비칠 것 갓다.47)

　교육계의 인사들을 비판하기 위한 양념으로 기생을 등장시킨 글이다. 아무튼 김계월이란 기생은 상기 글에 인용될 정도로 유명했던 모양이다. 실제로 김계월은 1929년 5월 「중외일보」 이리지국이 주최한 독자위안 가극대회에 이소행, 설중월, 김행산, 최설중매, 김옥진 등과 함께 당대의 명기로 초청받은 적이 있다.48) 전해인 1928년에는 서울 종로에 위치한 권상장내광무대(勸商場光武臺)에서 남도명창으로 유명한 예기 문명화, 하농옥, 김계월 등이 공연을 하여 갈채를 받았다는 내용도 있다.49) 한편, 위에서 소개한 김계월과 같은 인물로 추정되는 기생이 형사를 사칭하는 인물들에게 위협받았다는 기사도 있다.50) 아무튼 김계월은 당대의 명기이자 꽤 유명인물이었다는 것은 사실로 보인다. 물론 이 기생 김계월과 「매일신보」 등에 등장하는 김계월이 동일인일 확률은 극히 적다.

　가진 자의 노리갯감 혹은 요즘의 연예인 역할이 당시 기생에 대한 보편적 인식이다. 그러나 치열하게 독립운동을 했고 신여성으로서의 역할을 마다하지 않았던 기생도 있다. 대표적 인물이 정칠성(1897~1958?)

---

47) 觀相者, 京城의 人物百態, 「개벽」 제48호, 1924.6.1

48) 독자위안, 가극대회, 본보지국 주최, 「중외일보」, 1929.5.23

49) 권상장의 신구극, 「동아일보」, 1928.10.24

50) 忠北 千肇錫 金基溶이 刑事라 自稱하고 樂園洞 金桂月기생집에 들어가 위협 중에 잡히어, 「동아일보」, 1921.5.23

이다. 그녀의 치열했던 삶은 생략한다.[51] 주목할 인물은 어재하(魚在何)다. 그녀의 생몰연대는 미상이다. 그러나 일제의 재판기록에 등장하는, 분명히 실재했던 인물이다. 1910년대 일제의 간담을 서늘하게 만들었던 광복회 사건 주역 중의 한 명이 바로 기생 어재하였다.

광복회 관련 공주지방법원예심(1918), 경성복심법원(1919), 대구복심법원(1920), 경성고등법원(1920)의 판결문과 1921년에 작성된 권영만 신문조서 그리고 광복회사건을 정리한 보고서(1934) 등의 기록은 인사동 어재하의 집이 광복회 회원들의 활동거점이었음을 알려 준다. 광복회 회원들은 어재하뿐 아니라 기생 오송월(吳松月)의 집도 숙박지로 이용한 것을 보아 그 무렵의 일부 기생들은 독립지사들을 음으로 양으로 도와줬던 모양이다. 어재하의 집은 김좌진의 출국 송별 장소로도 사용되었다. 광복회 회원이었던 김재풍(金在豐, 1884-1960)이 남긴 『호석수기』에 다음과 같은 장면이 등장한다.

> 만주에 양병(養兵)학교를 건립하여 전사(戰士)를 양성키로 백방으로 운동하던 중 동년(1917년) 8월경에 경성 남문 밖 남문여관 어재하 방에서 김좌진과 모임을 갖고 6만 원을 최준(崔俊)에게 의뢰하고, 여비 약간은 어재하가 제공하여 김좌진을 만주로 보내어 양병학교 경영을 착수케 하고 전별시 한 수씩을 지었다.[52]

---

51) 김성동, 『꽃다발도 무덤도 없는 혁명가들』, 박종철출판사, 2014, pp.249-258 참조
52) 이성우, 『김좌진』, 역사공간, 2011, pp.62-63

광복회 회원들의 주요 거점은 종로통(鍾路通) 청년회관 뒤 기생 오송월의 집, 경성 남대문 밖 남문(南門)여관, 황금정(黃金町) 남일(南一)여관, 인사동(仁寺洞)의 어재하(魚在河) 집 등이었다. 인용문에서 '경성 남문 밖 남문여관 어재하 방'으로 표현한 것을 보면, 남문여관의 소유자가 어재하이거나 어재하와 관련이 있는 사람의 소유였던 것으로 짐작된다. 어쨌든 김좌진의 출국 송별연에 어재하가 참석했다는 기록물은 있지만 김계월에 대한 기록은 보이지 않는다.

　이러한 사실은 김좌진과 김계월 두 사람의 로맨스는 조선총독부의 사주 하에 일부 언론들이 창작물을 만든 것으로 추측할 수 있게 한다. 광복회와 기생들과의 인연이 깊었던 점을 착안하여 당시 유명했던 김계월이란 기생의 이름을 차용하여 장군과 기생과의 연애담을 만들었을 수 있다.

1918　*1972*

김좌진 가문의
가족 사랑

　김좌진기념사업회뿐 아니라 평전 등에 기록된 김좌진의 연보를 보면 망명시기가 대부분 누락되어 있음을 알 수 있다. 김좌진의 망명 날짜는 김두한이 그의 아들인가, 아닌가를 판별하는 데 중요한 요소가 된다. 만약 1917년 7월 15일 이전에 김좌진이 출국을 했고 국내에 다시 들어온 흔적이 없다면, 김두한의 친자논란은 의미가 없게 된다. 왜냐하면 임신 기간을 고려할 때 김두한은 결코 김좌진의 아들이 될 수 없기 때문이다.

　《호석수기》에 의하면 김좌진의 망명 시기는 1917년 8월경이다. 「동아일보」[53], 일제의 판결문[54] 등도 그 무렵 김좌진이 망명했음을 증

---

53) "기미운동이 일어나던 전전해에 만주로 탈출하여…", 「동아일보」, 1930.2.13. "그가 두만강을 건너 조선을 탈출한 때는 지금으로부터 14년 전인 1917년이었다.", 「동아일보」, 1930.2.16

54) 1917년 3월 28일 경성지방법원이 이기필, 감익룡, 신효범, 김좌진, 최익환, 성규식, 강

명해 주고 있다. 그러므로 김좌진의 망명 시기로 인한 논란은 의미가 없는 듯하다. 짚고 넘어가야 할 것이 있다. 김좌진과 가문 및 가족 간의 끈끈한 유대관계다. 김좌진의 아버지 김형규(金衡圭)는 1892년 3월, 28세의 젊은 나이로 세상을 떠났다. 형 경진(景鎭, 1883-1903)이 10살, 좌진이 4살, 동생 동진(東鎭, 1891-1930)은 태어난 지 돌도 되지 않았을 때다.55) 경진이 15촌 아저씨인 김덕규(金德圭, 판서 역임)의 양자로 서울로 떠났기 때문에 좌진은 어릴 적부터 집안의 가장 노릇을 할 수밖에 없는 처지였다. 그러한 처지에 있던 김좌진이 홀로 만주로 망명을 떠났던 것이다. 고향에는 홀어머니 한산이씨 그리고 외동딸 옥남과 처 오숙근 등이 가장의 무사함을 기원하고 있었을 것으로 짐작된다.

1917년 8월경 출국하고 난 뒤 적어도 1년가량은 연락이 두절되었던 것으로 보인다. 소식을 궁금해하는 가족들의 모습이 『지산외유일지56)』에 묘사되어 있다. 이 일지 가운데 1918년 12월 29일(양력 2월 2일57) 분을 보면, 김좌진과 정원택이 처음 만나는 장면이 그려져 있다. 아래에 소개한다.

석룡, 성욱환 등에 관하여 남긴 판결문이다. 이 문서에 의하면 상기 8인은 서울과 경북일대에서 자금모집을 하다가 1917년 3월경 체포되었고, 이후 이기필, 감익룡, 신효범 등 3인은 재판에 회부되었으나 김좌진 등 5인은 예심에서 면소판정을 받고 풀려났다고 기록되어 있다.《이기필 등 8인 판결문, 경성지방법원, 1917년 3월 28일, 공훈전자사료관》

55) 안동 김씨대동보소, 『안동 김씨대동보』 권5, 농경출판사, 1984(갑자), 1986(병인)재인쇄

56) 지산(志山) 정원택(鄭元澤, 1890-1971)이 작성한 1911년부터 1920년지의 일지. 날짜 등 오류가 다소 있으나 상해 동제사의 활동 등을 알려 주는 귀중한 자료다.

57) 실제로는 1919년 1월 30일이다. 정원택의 날짜 계산 착오다.

저녁에 학주는 망년회를 베풀고 초청하는지라. 남파와 동반하여 참석하니 모인 객이 10여 명이었다. 태반은 면식이 없었다. 이때에 내가 생각하니 지난날 서울에서 출발할 때에 김필한(金弼漢)이 부탁하기를 "자기의 숙부 김좌진(金佐鎭)이 북으로 망명하여 갔는데, 길림(吉林)에 있다고는 하나 소식이 두절되었으니, 형이 그곳에 가거든 탐문하기를 바라노라" 하였다. 내가 생각하건대 이 좌석에는 반드시 그가 있는 것 같았다. 주인 학주 선생이 낱낱이 소개하여 각기 서로 통성명하나 김좌진 그 사람은 없고, 인사 중에 자칭 홍종순(洪鍾淳)이라고 하는 사람의 용모며 체격이 전날 김필한이 말한 사람과 흡사하였으므로, 내 때때로 주목하였으나 실례될까 하여 발언하지 못하고, 술잔이 나에게로 돌려질 때에 잔을 들면서 소리 질러 말하기를 "내 서울로부터 올 때에 우인 김필한이 자기의 숙부 김좌진이 길림에 있으니, 형이 길림에 가거든 탐문하기를 바란다 하였는데, 이 좌석에는 그러한 분이 있지 않으니 이상하다." 하고 홍을 주시하니 홍이 웃음을 참지 못하는지라. 내 말하기를 "나의 판단이 틀림없다. 홍종순이 즉 김좌진이 아닌가?" 하니 좌석이 크게 웃는지라. 내 술잔을 들어서 김에게 건너면서 "어른을 속이는 자는 벌이 없을 수 없느니라." 김이 문득 술잔을 들어 마시고 잔을 돌리면서 말하기를 "어떤 객이 돌연히 와서 감히 좌중의 비밀을 깨뜨리니 또한 벌이 없을 수 없다." 내가 잔을 받으면서 "비밀을 깨뜨린 벌은 달게 받으려니와 어디에서 온 객의 말투가 심히 불경일세." 하고 이날 저녁은 이로써 정

김두한 출세기

적을 깨고 즐겨 마신 뒤에 헤어졌다.[58]

여기에 등장하는 김필한(1897-1956)은 좌진의 형 경진의 양자다.[59] 나이 차는 그리 크지 않지만 어쨌든 족보 상 김좌진의 조카가 된다. 정원택과는 막연한 사이였다. 정원택은 남양군도 외유를 마친 후 서울에 도착했을 적에 종암리(鍾岩里, 현 종암동) 김필한의 집을 방문했다고 한다.[60] 날짜는 1918년 4월 5일(음)이다. 아마 이 때 숙부 김좌진의 소식을 알아 달라는 부탁을 받았던 모양이다. 양자로 들어온 조카가 숙부의 소식을 그리는 모습을 보면, 그들 가족 간의 우애를 엿볼 수 있다. 다음에 소개하는 자료 역시 김좌진 가문의 가족애를 보여 준다.

金佐鎭은 수년 전부터 吉林에 가 있었으나, 대정 七년 가을에 金東鎭에게로 중국인의 넓은 토지를 빌려 농사일을 하기로 하였으나, 중국인이 가족과 동거하라고 말하고, 자기도 혼자서는 불편하므로 가족을 데리고 와 달라. 또 농사일을 할 자금도 필요하므로 돈도 조달하여 와 달라고 하는 편지가 金佐鎭으로부터 왔다는 것으로써 金東鎭은 형의 처와 딸을 데리고 京城까지 왔던 바, 京城에서 金東鎭은 병에 걸리고, 동인의 처가 향리

---

58) 鄭元澤, 『志山外遊日誌』, 탐구당, 1983, pp.175-176

59) 표2; 김좌진, 김두한의 계보도 참조

60) 鄭元澤, 『志山外遊日誌』, 탐구당, 1983, p.143

에서 사망했으므로 金佐鎭의 처자를 京城에 두고 金東鎭은 귀향
하였다. 나는 그 무렵 대서인의 보조일을 하여 생활하고 있었
다. 그 후 대정 八년 三월에 만세소동이 일어났기 때문에, 교
통이 불편하게 되었으므로 金佐鎭의 처는 계속 京城에 체류하
고 있었는데, 어느 날 나에게 중국에 데려가 달라, 그리하면
자기가 힘써 노력해서 중국에서 생활할 수 있게 해 준다고 하
므로 나는 중국에서 생활할 생각으로 金佐鎭의 처자를 데리고
갔던 것이다.[61]

1920년 독립운동 군자금 사건으로 피체된 김준한(金畯漢, 1897년
생?)의 신문조서다. 이 문서에 김좌진 가족의 망명과정이 기록되어
있다. 김준한은 김좌진 동진 형제의 9촌 조카뻘이며 어릴 때부터 아
는 사이였다. 김준한에 의하면 김좌진은 수년 전부터 길림에 거주하
고 있었으며, 1918년 가을 무렵 동생 김동진에게 처와 딸을 만주로
데려달라고 부탁했다고 한다.[62]

동진은 형수, 조카와 함께 길을 떠났으나 경성에 도착했을 무렵 병
에 걸리고 게다가 고향에 두고 온 처가 사망하는 불행한 일이 겹쳐
홀로 귀향할 수밖에 없었던 모양이다. 결국 친족(親族) 김준한의 도움

---

61) 《金畯漢 신문조서, 韓民族獨立運動史資料集32(獨立軍資金募集1), 작성일; 대정10년
   (1921년) 10월 26일》

62) 수년전이라는 표현을 미루어 보면 김좌진의 망명 시기는 1917년 8월 훨씬 이전이 되는
   데, 김좌진은 1915-1916년경부터 만주를 드나들다가 1917년 중반 이후 완전히 망명
   한 것으로 추측된다.

김두한 출세기

으로 오숙근 모녀는 김좌진의 곁으로 무사히 갈 수 있게 되었다. 대략 1921년경이다. 이때 김좌진의 모친 한산 이씨가 동행했는지는 불분명하다. 다만 이강훈, 오항선 등의 증언[63]과 김좌진의 처 오숙근의 이후 행적을 살펴보면 한산 이씨도 이 무렵 오숙근 모녀와 동행한 것으로 짐작된다.

아무튼 확실한 것은 김좌진 일가가 만주로 이동할 시에 김계월 혹은 김두한을 언급한 사람은 아무도 없었다는 점이다. 김좌진 및 그의 형제와 가문 일족 중 김두한 모자에게 관심을 보인 사람이 아무도 없었다는 것은 무엇을 말하는가? 두 가지로 생각해 볼 수 있다. 첫째, 김좌진과 기생 김계월 사이에 밀월이 있었다는 이야기는 조작된 삽화일 수 있다. 둘째, 설령 일부 언론의 보도대로 김계월과의 로맨스가 있었다고 가정을 하더라도, 김좌진은 김계월을 그리 애틋하게 여기지 않았고 김좌진 가문은 김두한의 존재 자체를 인정하지 않았을 수 있다.

그보다 중요한 것은 김좌진이 처해진 상황문제다. 그러면 그 무렵 김좌진의 형편은 어떠했을까? 「중외일보」와 「조선일보」 등이 보도한 대로 동지들 몰래 기생집 출입을 하면서 젊음의 고뇌를 풀면서 도피 생활을 했을까? 「중외일보」의 기사를 다시 인용한다.

"그 주인공은 당시 청진동에 살던 김계월이란 기생이었으니
종로 네거리에 법석대던 사람들이 흩어지고 고요한 밤공기가
장안의 거리를 사고 돌 때 그는 동지들의 까다로운 눈을 피해

---

63) 다음 장에서 좀 더 자세히 다룰 예정이다.

가면서 홍등(紅燈)의 그림자를 찾아 청진동 뒤 골목으로 애인의 집 뒷문을 두드린 적도 적지 않았다고 한다. 이런 경우에 흔히 쓰는 옛말을 빌려 옮긴다면 가슴에 큰 뜻을 품은 남아가 어찌 아녀자의 가벼운 사랑에 몸을 그르치겠으리오. 그의 일생을 통하여 가장 진귀한 기회도 불과 며칠이요 한마당 봄꿈이었다. 그러나 이상하게도 그는 짧은 기회에 엷은 인연으로 만난 그에게 사랑의 씨를 퍼뜨리고 운명에 불린 몸이 되어 창황히 망명의 길을 밟았다. 그리하여 그에게서 나은 아들이 금년에 열다섯 살 난 김두한 군이라고 한다."(1930년 2월 18일)

이 기사에 의하면 김두한은 1916년생이 된다.

"그가 운동자로서 남기고 간 자취는 어떠한 것이든가 함에 대해서는 여기서 새삼스럽게 우리가 추구할 것이 없으나 인간으로서의 그가 남기고 간 인생의 편린 속에는 눈물겨운 이야기가 있으니 그가 운동에 몸을 던지기 전에 김계월(金桂月)이라는 연인이 있고 그들 사이에는 금년 열두 살 되는 두한(斗漢)이라는 귀여운 아들이 있는데…"(1930년 3월 16일)

이 기사는 김두한이 1919년생이라고 주장한다.

두 기사의 차이와 모순점에 대해선 앞글에서 이미 지적했다. 그러나 이 기사가 옳다고 가정할 때, 김좌진은 망명 직전 독립운동 자체에 회의와 좌절을 느꼈고 그 반작용으로 기생집을 출입한 것이 된다. 과연 그러한가? 1920년 이후, 김좌진의 자료는 차고 넘친다. 청산리의 영웅 김좌진에 대해선 언론뿐 아니라 일제로서도 요주의 시찰 인물이었기 때문이다. 그러나 청산리 이전의 자료는 극히 드물다. 망명 전후 김좌진의 행적을 최대한 추적, 발굴하여 정리해 보았다.

① 1915년 7월, 광복회 출범
② 1915, 6년경 김좌진 만주로 이주함[64]
③ 奉天城 밖 중국인 숙소에서 梁載勳, 朱眞守, 金佐鎭, 孫一民, 李弘柱, 權寧穆, 禹利見 등 七명이 회합함[65]
④ 1916년, 滿洲 망명 중의 盧伯麟, 金佐鎭, 申鉉大, 申斗鉉, 尹洪重 등이 光復會에 참가하여 다시 그 명칭을 光復團이라 개칭하고「吾等은 大韓獨立과 國權을 光復하기 위하여 死로써 결의하고 仇敵 日本을 완전 구축하기로 천지신명에게 誓함」이라는 선서문을 발표하고 수백 명의 단원을 확보하다.[66]
⑤ 1917년 3월, 군자금 모집 사건으로 체포되었으나 면소판정을 받고 풀려남[67]
⑥ 1917년 4월, 중국지폐를 위조해 거사 자금으로 사용하려는 계획

---

64)《崔益煥 訊問調書, 韓民族獨立運動史資料集5(大同團事件 Ⅰ), 작성일; 대정8년(1919년) 5월 25일》
65)《禹利見 신문조서(제三회), 韓民族獨立運動史資料集 32 32권 獨立軍資金募集 1》
66)《일제침략하 한국36년사 3권》
67)《이기필 등 8인 판결문, 경성지방법원, 1917년 3월 28일, 공훈전자사료관》

추진68)

⑦ 1917년 5월 말, 이석대(이진룡) 체포됨69)

⑧ 이진룡의 후임으로 만주 길림의 군대 사령관으로 김좌진이 임명됨70)

⑨ 1917년 8월경, 어재하의 집에서 김좌진의 망명 환송연이 열림71)

⑩ 1917년 가을, 중국인에게 토지를 임차하여 동생 김동진과 함께 농사를 지을 계획을 시도함72)

⑩ 1917년 겨울, 최익환이 만주의 안동현에서 김좌진을 만남73)

⑪ 1918년 가을, 동생 김동진에게 처와 딸을 만주로 데려달라고 부탁함74)

⑫ 1919년 2월, 국외대표 39인 중의 일인으로 대한(무오)독립선언서 발표함

⑬ 1920년 10월, 청산리 전투에 참가함

⑭ 1921년, 처와 딸을 상봉함

---

68) 이성우, 백야 김좌진의 국내민족운동, 「호서사학」제44집, pp.72-73

69) 大賊魁逮捕의 苦心 – 만용무쌍의 이진용을 잡던 이야기, 「매일신보」, 1917.6.17

70) 軍隊 總司令長官을 推薦하난 (디) 黃海道 李錫大氏를 選定하얏다가 李錫大가 五六百名의 軍隊를 暗率하고 雲山金鑛을 襲擊하얏다가 誤中되야 滿洲로 避身하엿다가 未久檢擧됨을 보고 孫一民의 推薦으로 金佐鎭을 任用하야 多數의 軍隊를 總管 (키) 하엿다. 《고헌실기, 1946년경 박맹진이 박상진의 항일운동 부분을 발췌하여 쓴 글이다.》

71) 《김재풍, 호석수기》

72) 《金畯漢 신문조서》

73) 《崔益煥 訊問調書》

74) 《金畯漢 신문조서》

김좌진의 활동상황을 대략 정리해 보았다. 이 무렵 김좌진이 독립운동 자체에 회의와 좌절을 느꼈다는 흔적은 전혀 없다. 오히려 김좌진을 비롯한 광복단 단원들은 죽음을 무릅쓰고 의열활동을 하던 시기였다. 참고로 그 당시 광복단 단원들의 활약상을 아래에 소개한다.[75]

[1916년]

보성·벌교의 친일파 양재학, 서도현 처단, 오성 헌병대 습격 무기 탈취(한훈, 김상옥, 유장렬)

조선총독 데라우치 암살기도(이관구, 성낙규, 조성환)

대구부호 서우순으로부터 군자금 수합(일명 대구권총사건, 박상진, 김진만, 김진우)

평북 영변에서 동양금광회사 소속 현금마차 습격(이석대(진룡), 조맹선)

강원도 영월 중석광산 잠입 군자금 모집(채기중, 강병수)

우수리스크 니콜리스크(蘇王嶺)에 기지건설 추진(이관구)

[1917년]

장춘에 독립운동 연락기지 상원양행 설립(이관구, 채수일, 명문흡)

황해도지부장 이관구가 경영하는 광제병원 확장비로 당시 4천 원을 투자받음

---

75) 대한광복단기념관 홈페이지에서 발췌, 광복회 검거 보고서 大正 七年(1918년) 一月 二十八日 (高 第一七四一號), 대구복심법원(1920) 판결문: 대정 9년(1920) 刑控 제135호, 광복회사건 (1934) 등 참조

길림에 조선독립기관본부 설치 추진(우재룡, 안창일)

군자금 모집을 위해 전국의 부호들에게 통고문 발송(박상진, 채
기중, 우재룡)

경북 칠곡의 친일지주 장승원 처단(채기중, 유창순, 강순필)

충남 아산의 친일면장 박용하 처단(김한종, 김경태)

「광복회」, 「신한국보」, 「재무총장」 등의 도장과 국권회복취지서
를 만듦(이석희)

[1918년]
일제에 의해 조직 발각, 지도부와 단원들 연이어 검거

[1919년]
경성고법 박상진, 채기중, 김한종, 임세규, 유창순에게 사형
선고

광복단 단원들은 이렇게 치열하게 투쟁을 하였다. 안타깝게도 박
상진, 채기중 등 주력 인사들은 일제에 의해 사형을 당하고 만다. 만
약 이 무렵 김좌진이 만주에 있지 않고 국내에 있었다고 가정할 때,
이러한 시기에 김좌진 홀로 동지의 눈을 피해 기생집을 들락날락할
수 있었을까? 동지들이 사선을 넘나들 때 자신만 몰래 기생집을 출
입하면서 로맨스를 즐겼다는 자가 어떻게 만주 총사령관으로 임명될
수 있었을까?

그즈음, 김좌진은 만주와 국내를 드나들면서 독립운동가의 소양을

쌓고 있었다고 보아야 모든 게 자연스럽다. 아직 서른도 안 된 나이에 독립군 총사령관이란 중책에 추천될 수 있었다는 것은 타고난 용력과 자질 외 다방면의 수련과 실적을 통해 주위 선후배들의 신뢰를 얻었다고 보아야 모든 이들이 납득할 수 있을 터이다.

만약, 어떠한 결정적 자료에 의해 김좌진이 그 당시 기방을 출입하여 김계월을 임신시키고 더욱이 내팽개친 것이 분명하다면, 김좌진은 새롭게 평가받아야만 할 것이다. 부언하자면 김좌진은 위대한 독립군 장군에서 독립군을 가장한 파렴치한 자로 재평가될 수 있다는 의미다. 일제는 바로 이러한 결과를 바라지 않았을까?

산 자의
증언

1947년 1월 17일자 「동아일보」

1947년 1월 16일 오후 2시, 서울 시내 국제극장에서 17주기 김좌진 장군 추모회가 열렸다. 사회는 유진산이 맡았고 김구, 조병옥, 김상덕, 조소앙 등이 참석한 가운데 유족대표로 김두한이 답사를 하였다.[76] 모인 사람들의 면면을 보면 김구를 비롯한 한독당 계열인사 그리고 김두한이 감찰부장으로 활약하고 있는 대한민주청년동맹(대한민청) 소속 인물들이 주도하는 행사였음을 알 수 있을 것이다. 어쨌든 그 장소에 참석한 이들은 김두한을 장군의 아들로 인정했음에 틀림없다.

김구, 유진산, 이범석 등 수많은 사람들이 김두한을 김좌진의 아들이라는 것을 증언했다. 그런데 묘한 사실이 하나 있다. 1920년대 중후반 신민부, 한족연합회 등에서 김좌진과 함께 활동을 하던 이들의 증언은 무시되고 있는 점이다. 김좌진의 곁을 지켰던 이들이 김좌진 가족사에 대하여 어떤 발언을 했는지 정리해 보았다.

이강훈의 증언

적에게 매수된 도민 경찰의 소굴에서 풀려난 나는 건강을 어느 정도 회복하고 난 후 측근 동지의 안내로 백야 장군댁을 찾았다. 초라한 중국집 뒷방 앞에서
"계십니까?"
하니 40세 안팎의 부인이 문을 여는데 백야 장군의 부인이다. 허리를 구부려 인사를 하고 장황한 자기소개를 하였더니 40대 중년 부인이 20대의 새파란 청년인 나를 '선생님'이라고 호칭하면서

---

76) 김좌진장군추모회, 「동아일보」, 1947.1.17

"우리 옥남(玉南)이를 아버지 계신 곳으로 데려다가 러시아인이 경영하는 철도병원에 입원시켜 원이나 풀게 해주세요."

하고 부탁하였다. 외동딸 옥남이는 16세의 소녀인데 아버지를 닮아 얼굴도 잘생기고 몸집이 크며 말도 잘하는데 불행하게도 난치의 병에 걸려 앉지도 서지도 못하는 앉은뱅이가 되어 대소변도 어머니가 받아내는 실정이었다. 어머니의 말씀이 떨어지자 옥남이도 나를 보고

"선생님 황송합니다만 저를 아버지가 계신 곳으로 데려다 주세요."

한다.

어머니와 딸의 모습은 눈물 없이는 볼 수 없는 가련한 광경이었다. 독립전쟁의 영웅 백야 장군의 부인이 생활비를 얻으려고 중국신을 꿰매고 있었다.[77]

백야가 흉탄에 맞아 운명하신 1월 24일부터 나흘이 지나서였다. 우리가 캄캄한 밤에 막 들어서니 나혜국(羅惠國) 부인께서는 아들 극한(克漢은 아버지가 지은 이름인데, 철한으로 고쳤다 한다.)을 안고 젖을 물리고 있었다. 어둑한 방안은 곧 울음바다가 되었다.[78]

77) 이강훈, 『이강훈 역사증언록』, 인물연구소, 1994, pp.248-249
78) 이강훈, 『이강훈 역사증언록』, 인물연구소, 1994, p.261

김두한 출세기

이강훈(1903~2003)은 김좌진의 장례식 대변인을 맡을 정도로 김좌
진 계열 핵심 인사 중의 한 명이었다. 그의 회고록에는 김좌진의 오
숙근(본처), 김옥남, 나혜국, 김철한 등이 등장한다. 그러나 김두한
이나 김계월에 대한 증언은 찾아볼 수 없다.

오항선의 증언

– 대충들 입고 정 없으면 뭐 인저 한두 가지씩 다 만들어 입고.
　김좌진 그 장군의 부인도 인저 중국옷을 많이 만들었어요.

– 아. 나혜국 선생님.

– 나혜국 말고 본부인이요.

– 누구시죠? 오. 오숙근. 말구 또.

– 나혜국 씨는 늘 같이 일했던 분이구요, 그 우에 제일 첨에
　조선서 장가간 제일 큰 부인이 있었어요.

– 있죠, 오숙근이라구요.

– 오씨요.

– 예 오씨요.

– 예.

– 그분도 오셨었어요?

– 그분 그 만주와서 살았어요.

– 살았었어요?

– 만주 와서 그 빨리띠 농장에서 살았습니다. 김좌진의 어머
　니하구 같이 살았죠.

– 음.

- 김좌진 어머니도 같이 있었어요.

- 예예 예. 그랬다는 얘기 듣기는 했는데 어디쯤 사셨어요?
  김좌진 장군은 그러면…….

- 김좌진 장군은 산시에도 살도 석두하자 가서 많이 살고.

- 석두하자요.

- 그담에 석두하자서 팔리 가니까 빨리지라 했거든요.

- 예예.

- 파리진 농장에서 인저 김좌진 어머니하고…….

- 파리진이요?

- 빨리지라고 빨리지. 중국말로 빨리지라고 했는데…

- 예예.

- 거기 인저 자기 어머니하고. 젤 첨 큰 부인하고 살았는데.

- 아.

- 거기서 딸이 하나 있었는데 저 큰 부인한테 딸이 하나 있었
  는데.

- 예, 있었어.

- 열여섯 살 때 목병이 심해가지고 죽었어요. 그 농장에서 그
  빨리지에서 죽었어요. 여, 열여섯 먹은 딸이 있었어요.

- 아.

- 근데.

- 죽었어요?

- 그 빨리지 농장에서 그 살다가 못 고치고 그냥 죽었지요.

- 그럼 오씨 부인은 어 언제까지 거기서 사셨어요?

김두한 출세기

- 그냥 해방될 때까지 살다가 나중에 조선 나왔단 말 들었
  어요.[79]

오항선(吳恒善, 1910-2006)[80]의 증언은 이강훈의 증언과 정확히 일
치한다. 김좌진의 본처는 김좌진의 모친(한산 이씨)와 함께 딸 옥남의
병간호를 하며 고달프게 살았다는 것을 알 수 있다. 증언을 좀 더 들
어 보자.

- 나혜국하고 함께 활동하셨다구 했는데…….
- 네네.
- 나여사님하구 친하셨나요?
- 친합니다.
- 어? 뭐 어떻게…….
- 지금. 서울서 죽은 지 인저 그럭저럭 한 삼 년 됐는 갑습니다.
- 예, 그 뒤로 자주 만나셨나요?
- 어디가 있는지 몰라서 못 만나다가 나중에 신문 보고 알구
  서야 서로 만났어요.
- 아 그러셨군요.

---

79) 소개한 녹취록은 황민호(숭실대학교 사학과 강사)가 2001년 12월 14일에서 16일까지
   3일 동안 구술자의 자택(부산)에서 면담, 정리한 것이다.

80) 오항선(吳恒善, 1910-2006)은 1920년대 후반 김좌진이 이끌던 북로군정서 소속 독립
   군 유창덕(俞昌德)과 결혼한 뒤 독립운동에 참여하여 김좌진의 아내 나혜국(羅惠國)과 함
   께 독립군들의 뒷바라지를 하였으며, 특히 1930년 9월 하얼빈 주재 일본영사관 습격을
   시도할 때 하얼빈까지 가 권총을 전달하기도 한 열혈 애국지사였다.

- 예.

- 어. 나 여사님도 비슷한 활동하셨나요?

- 같이 하긴 해도 그이는 많이 아. 안 나댕기구 음. 집안에 대
  개 많이 있었어요.

- 연세가 어떻게 됐나요. 그분이?

- 음. 제가. 음.

- 어리셨나요?

- 그땐 젊었지요.

- 아니 그러니까. 누가 더 많으셨어요, 나이가?

- 나혜국 씨가 많지요.

- 아.

- 그이도 젊어 젊어서 그때 석두하자와 살 때는 나혜국 씨 여
  동생이 하나 있는데, 음. 그두 같이 와 있었구. 장모가 있었
  는데 장모도 같이 있었어요.

- 그러면. 아까 얘기한 대로 오숙근. 오씨 부인이요.

- 예. 예. 예?

- 기억나시죠? 오씨부인.

- 예 오씨부인은 거거서 한 팔리를 가가지고 농장에 살고 있
  었고…….

- 팔리 농장이라는데가, 만주, 그러면?

- 예, 만주, 만주에서 팔리를 가며는.

- 그러면…….

- 팔리를 가며는 이 인저 조선 사람들이 인저 그 벼농사를 하

는 걸 시작을 해서 하기 시작한 농장이에요.

– 아. 거기 오씨 부인이 계시고.

– 예.

– 나혜국 여사도 같이…….

– 나혜국 여사는 이쪽에 석두하자라는 데 있었구.

– 아. 있었군요.

– 김좌진 장군하구 같이 살구 있었구.

– 같이 살구 있었구요. 어. 나혜국 선생님 기록은 제가 잘 안
  찾아봐 갖구 기억이 잘 안 나는데 그분도 만주에 사셨나요?
  나중에 서울로 들어오시지 않았나요?

– 누구요?

– 나혜국.

– 나혜국 씨요?

– 예.

– 서울. 서울 와서 거기서 죽었잖아요.

– 그러니까 언제 서울로 왔어요?

– 해방된 후에 뭐 천천히 왔을 겁니다.

– 음. 예.

– 나는 그전에부텀 그냥 막 도망해 댕기다 보니 오다가다 만
  주서 만난 거.

– 예예. 예. 그거 찾아보진 않았는데, 그 제가 좀 찾아보겠습
  니다.

– 지금은 그 나혜국 씨 죽은 지 한 삼 년 됐으니까 없고.

– 네.

– 그. 저. 나혜국 씨 아들이 있는데요.

– 네.

– 예, 저기 이름이 김 뭐신데 까리까리 하면서 안 좋았어요.

– 네.

– 몸이 좀 이상하게. 좀 중풍끼가 있어 가지구. 그러구 하다
   가 죽었지요. 그이두. 나혜국 씨 아들도 죽고 그 며느리는
   있어요, 지금.

– 아.

– 천주교회 나가고 있어요.

　김좌진은 지금 우리에게 민족의 영웅으로 떠받들려지고 있지만,
개인적으론 불우한 삶을 살았던 것 같다. 특히 자식 복은 정말 없었
다. 본처로부터 남매를 두었지만 아들(경석)은 요절했고, 어린 소녀
시절 헤어져 만주에서 재회한 딸은 불치병을 앓다가 시집도 못 가
보고 죽었다 한다. 게다가 두 번째 부인 나혜국 소생의 아들 철한마
저 몸이 성하지 못했으니…….

　아무튼 오항선의 증언에도 오숙근, 김옥남, 나혜국, 김철한은 등
장하지만 김두한 모자에 대한 증언은 그 어디에도 없다. 김두한도
나혜국 모자의 정체는 알았을 것이다. 그러나 그는 글로도 말로도
나혜국, 김철한에 대해선 일절 언급하지 않았다. 그 이유는 뭘까?
그들과 편치 않았던 관계였다는 것은 "내가 아버님의 호적에 입적
된 것은 생후 20년 후로 기억하고 있지만 입적을 싸고 벌어졌던 가

족관계는 생략하겠다."[81]라는 김두한의 증언으로 미루어 짐작할 수밖에 없다.

---

81) 김두한,『김두한 자서전』1, 메트로서울홀딩스, 2003, p.43

1918   1972

김좌진 살해범 박상실은
누구인가

중요한 주제 하나를 빠뜨렸다. 김좌진 살해범에 대한 이야기다. 보편적으로 알려진 것은 공산주의자 박상실에 의해 김좌진 장군이 암살당했다는 정도다. 그러나 실상은 굉장히 복잡하고 아직까지 미궁에 빠진 부분도 많다. 암살범과 배후에 관한 여러 논란을 표로 정리해 보았다.

[표6 김좌진 암살범에 대한 이견 목록]

출처	날짜	암살범	이명	배후
약력(장례식)	1930.1.29	고려공산청년회 박상실	김신복	–
동아일보	1930.2.9	반대파 청년 金一星	–	–
동아일보	1930.2.13	공산주의자 박상실	–	–

조선일보 (특파원 김연파)	1930.3.11	박상실	–	–
조선일보	1930.4.22	공산주의자 박상실	–	–
중외일보 (기사 삭제)	1930.4.22	고려공산당 박상실	–	–
신한민보	1930.5.22	고려공산당 박상실	–	–
신한민보 (자유연합신문)	1930.7.24	박상실(불분명)	고려공산당 김봉환 (일성)	
동아일보	1931.9.11	공산주의자 박상실	–	–
신한민보	1931.10.8	공산청년회 박상실	최영석	–
나혜국(삼천리)	1932.3.1	공산당원 박상실	–	–
기려수필	1955	部下金一星	–	–
정화암(혁명가들의 항일회상)	1967.1	박상실	金信俊	金一星 (鳳煥)
김두한(노변야화)	1969.10.16	좌익 공산당 박상진	–	–
김두한(세대)	1970.4	공산당 김일성, 박상실	–	–
양환준	1993.6.28	공도진	최동범, 이복림	김백파 (병묵)
지혜겸	1993.7.4	(화요파)	–	(화요파)
서귀남	1993.7.4	김일환	김일성, 박상실	일본영사 관
이강훈 (역사증언록)	1994.7.7	박상실	金信俊	金奉煥 (一星)
최서면(월간조선, 일제문서)	2007.10	고려공산청년회 金信俊	김봉환/ 이념 갈등	

　　김좌진의 암살범은 오랫동안 공산당 박상실로 알려졌다. 이것은

장례식장에서 낭독된 김좌진의 이력 때문이다.[82] 그리고 「동아일보」를 비롯한 그 무렵 대부분의 언론들도 이 약력에 의거해 박상실을 살해범으로 보도했다. 김두한은 물론 김좌진의 두 번째 처 나혜국도 그렇게 믿었다. 그의 본명이 무엇인지, 배후는 없었는지 그리고 왜 죽였는지에 대한 의문을 제기하는 곳은 거의 없었다. 김좌진은 공산주의자에게 암살당했다, 그것으로 족했다.

그러나 1992년 한중수교를 기점으로 갑자기 모든 것이 변했다. 그동안 빗장이 쳐져 있던 김좌진이 활동하던 곳과 죽은 곳을 갈 수 있게 되었고, 동북3성(길림성 · 흑룡강성 · 요녕성) 인근에서 터를 잡고 있던 조선족 동포로부터 각종 증언과 자료가 쏟아지기 시작했다. 무엇보다 중국은 공산주의 국가란 사실이 모든 것을 혼란스럽게 만들었다. 공산주의자 박상실에 의해 순국했다는 김좌진 신화도 수정이 필요한 시기가 되었다는 뜻이다. 먼저 확인해 볼 것은 한중수교 이전 조선족 동포들이 김좌진을 어떻게 평가하고 있었나 하는 점이다. 먼저 양환준의 증언을 소개한다.

조공 아성총국(만주총국)에서는 더 그냥 내버려둘 수 없다고 인정되어 김좌진을 없애치우기로 결정지었다. 1929년 가을에 총국에서는 공도진(최동범, 리복림)을 산시에 잠입시켜 김좌진일파가 경영하는 정미소에 일군으로 들어가 그들의 신임을 얻게

---

82) 1930년 3월 25일 사회장으로 치러진 김좌진의 장례식장에서 낭독된 '고 김좌진선생 약력'에 "고려공산청년회의 일원이며 재중한인청년동맹원 박상실(朴相實, 일명 金信復)"에 의해 암살되었다고 기록되어 있다.

김두한 출세기

하였다. 1930년 1월 24일, 김좌진이 부하 몇을 데리고 정미소를 시찰하러 왔을 때 공도진은 허리춤에서 권총을 뽑아들고 김좌진에게 거푸 두 방을 갈겼다. 김좌진이 거꾸러지자 그 부하들이 어쩔 바를 모르는 사이에 공도진은 삼림 속으로 냅다 뛰어 도망쳐 버렸다.

공도진은 화룡현 서성향 명암촌 사람으로서 필자와 한 마을 사람이며 조공의 한 지부 내의 성원이었다. 1928년 여름에 그는 상급의 지시를 받고 녕안현에 들어갔었는데 1년 후 산시에 파견되어 가서 이 특수한 과업을 수행했던 것이다. 필자가 1930년 3월, 아성현에 갔을 때 해거우에서 공도진을 만났는데 그가 직접 김좌진을 죽이던 이야기를 나에게 들려주었고, 필자가 조공 만주총국 책임비서 김백파에게 왜 김좌진을 죽여 버렸는가 물어보았더니 김백파도 우에서 말한 사실들을 또 나에게 해설해 주었다. 이밖에 지희겸(당년 엠엘파조공 주요간부, 항일 노선배)도 이 사실들을 증실하였고, 동북항일련군의 리연록 장군의 회억록에도 이 사실이 적혀 있다.[83]

그런데 이런 때에 민족주의파와 공산주의자들 간에 모순이 날로 격화되어 갔다. 1927년 2월, 조선 내에서 통전단체로서 신간회가 결성되자 만주의 조선인공산주의자들과 민족주의분자

---

83) 「연변문사자료」 제4집, 1985년 11월, 11-12쪽.《장춘식의 논문, 강경애의 김좌진 암살 연루설에 대한 반론》 재인용

들도 통일전선결성을 위하여 분주하였다. 좌, 우 각 파 대표들이 몇 차례의 회담은 하였으나 통일전선결성은 실패되고 도리어 공산주의자들과 민족주의 우익세력간의 대립이 더욱 격화되었다. …(중략)…

이런 형세 밑에서 조선인민족주의 우익은 더욱 반동적이었다. 남만의 정의부 우익두령들은 민국 길림성공서의 고급관원으로 있는 오인화(조선사람)를 통하여 군벌과 결탁하여 남만조선인농민동맹, 재중조선인청년동맹과 수화상극이 되어 헐뜯던 끝에 1929년 겨울에 학살사건을 빚어냈다. 이를테면 남만의 신빈현 왕청문에서 정의부무장대는 리활민 이하 혁명군 중 13명을 살해하였고 동 시기 류하현 삼원포에서는 한청옥, 박기주 등 12명을 살해한 류혈참안을 빚어냈다. 그 후 정의부 두목가운데 김리대, 고활신은 일제의 주구로 변했고 일부는 관내로 들어가 혁명하였으며 량서봉, 고이허 등 일부는 항일전쟁마당에서 혁명을 위해 희생하였다.

북만의 민족주의단체인 신민부의 반동두목 김좌진은 1929년에 할빈 주재 일본총령사관 경찰부장 마쯔모도(松本 또는 松島라고 함)와 결탁하여 수치스러운 민족의 역적으로 되었다. 그는 중동철도연선에서 공산당인들의 활동에 관한 정보를 제공하며 조선인 공산주의운동을 파괴하였고 마쯔모도는 김좌진에게 활동자금을 대주었다. 김좌진은 이 돈으로 산시(山市─해림 서쪽)에서 정미소를 차리고 첩을 얻어 타락한 생활을 하는 한편 〈동청철도호로군사령부〉와 결탁하여 중동선의 횡도하자로부터 해림에 이르는 구간의 객차에 신민부 무장사복대를 파견하여 조선공산당인들을 마음대로 수색하고 체포하여 치 떨리는 살인사건이 적지 않게 발생되었다. …(중략)…

청산리 전투 뒤 김좌진은 밀산으로 철퇴(퇴각)하였다. 반소 반공정서를 품은 김좌진과 그의 부하들은 소련으로 넘어가지 않고 밀산경 내에 머물면서 밀산진의 상점과 양식상점을 털어먹었다. 서일은 이 사실을 듣고 비분에 차 밀산현 당벽진에서 굶어 자진하였다. 김좌진은 부하 수십 명을 데리고 목릉현에 가서 성동사관학교를 꾸렸으나 군중들이 반대하고 농민들이 경비와 식량을 내지 않아 폐교하고 말았다. 1925년 산시일대에 가서 〈통치식〉 단체인 〈신민부〉를 세우고 스스로 총 사령이 되였으니 밀산, 목릉, 동녕, 녕안(동남부)과 주하, 아성 등지의 조선족농민들이 경비와 식량을 납부하지 않아 아주 고립상태에 처하게 되었다. 1929년, 그가 벌린 주요활동은 세 가지였다.

① 중장철도호로군사령부와 결탁하여 사복한 부하를 시켜 중동철도기차에서 공산당혐의자로 여겨지는 사람들을 함부로 체포하였다.

② 할빈 일본총영사관에 주재하고 있는 총독부 특무 마쯔시마와 결탁하여 그놈에게 북만의 공산당활동정보를 제공하고 그 대가로 수만 원의 일본 돈을 받아 산시에 정비소를 꾸리고 첩을 두어 향락하였다.

③ 신숙, 정신 등 인과 가장 반동적인 〈한민총련합회〉를 성립하

였다. 김좌진은 이와 같이 조선족인민에게 큰 죄를 지었다.**84)**

　양환준의 발언은 충격 자체다. 양환준은 김좌진 암살범의 정체뿐 아니라 그 배후 그리고 처단 목적까지 분명하게 적시(摘示)하고 있다. 그에 따르면 김좌진 암살은 단순한 살해사건이 아니고 친일분자의 처단이었다. 총을 쏜 사람은 공도진(최동범, 이복림)이고 김좌진 살해는 조선공산당 만주총국(책임비서 김백파)의 결의에 의한 의거가 된다. 물론 그의 주장은 검증이 필요할 것이다. 하지만 지난 수십 년 동안 대부분의 한국 학자들이 외면하고 있던 김좌진 신화에 대한 검증의 물꼬를 튼 것만으로도 큰 의미가 있다고 보인다.

　궁금한 것은 암살범의 정체다. 양환준이 주장한 암살범은 공도진이다. 그리고 최동범, 이복림 등의 이명을 사용했다고 한다. 이상한 것은 우리가 익히 알고 있는 박상실이란 이름은 전혀 거론하고 있지 않다는 점이다. 양환준뿐 아니라 조공 만주총국에 관련된 인사(지희겸, 리연록 등)들의 증언에도 박상실은 등장하지 않는다. 이 문제는 연변 조선족 동포들의 도움을 받아야 할 듯싶다. 한국과 중국이 수교를 하기 8년 전인 1984년, 료녕민족출판사는 『조선족혁명렬사전』이란 책을 발간했다. 이 책 제2집에 리복림(1907-1937)이 게재되어 있다. 내용 중 일부를 소개한다.

---

84) 이상 인용문은 량환준, 〈20년대 후기 재만 조선공산당인들의 활동〉(「연변문사자료」, 제 4집, 1985) 참조. 《장춘식의 논문, 강경애의 김좌진 암살 연루설에 대한 반론》 재인용

동북항일련군 제3군 지전원들이 널리 알고 있는 '합동사령' 리복림 동지는 어려서부터 혁명 활동에 참가하였으며 주하유격대의 창건과 항일련군 제3군 발전 장성에 커다란 기여를 한 우수한 지휘원이었으며 일본 침략자를 반대하는 가렬 처절한 전투마당에서 굴함 없이 생명의 마지막 순간까지 싸운 혁명전사이다.

조선족혁명렬사전에 실린 리복림(박상실, 1907-1937)의 초상화

리복림(李福林) 렬사의 본 이름은 공도진인데, 그는 혁명에 참가한 후 최동범이라고도 불렀다. 그는 1907년 5월 21일 조선 함경북도 온성군의 한 가난한 농가에서 태어났다. …(중략)…
1929년 당에서는 리복림 동지를 녕안현 동경성에 파견하여 농민운동을 하게 하였으며 후에 또 해림현에 보내어 사업하게 하였다. 1930년에 당 조직에서는 또 리복림 동지를 아성현에 파견하여 농민운동을 지도하게 하였다. 그해 6월에 리복림 동지는 영광스럽게 중국공산당에 가입하였다. 그는 일번제국주의, 국민당 군벌과 지주를 타도하고 모든 억압받고 착취받는 로고 대중을 해방시키기 위하여 종신토록 싸울 것을 맹세하였다.…(중략)… 11월에 리복림 동지는 아성현에서 사업하다가 모세하에서 10여 리 떨어진 곳에서 적들에게 체포되었다.…(중략)… 1931년 9·18사변이 일어난 후 리복림 동지는 당조직의 구원을 받아 다른 혁명동지들과 같이 출옥하게 되었다.…(중략)… 1937년 4월, 리복림 동지는 소년련과 경위련의 170여 명의 대오를 거느리고 성위원회에 회의하러 떠났다. 부대는 행군 도중 통하현 이도하자북산에서 숙영하게 되었다. 이때 한간의 밀고로 말미암아 부대는 600~700명의 일본군과 괴뢰군에게 포위당하였다.…(중략)… 더는 피할 길도 없고 반격할 힘도 없는 그는 원수들이 퍼붓는 총탄 속에서 장렬히 희생되었다. 그 때 그는 30살이었다.[85]

인용된 리복림이 김좌진 암살범과 동일 인물이라는 것은 이제 대부분의 한국 학자들도 인정하고 있는 모양이다.[86] 한국에서 김좌진 암

---

85) 박창욱 주편, 『조선족혁명렬사전』 제2집, 료녕민족출판사, 1986, pp.113-124
86) 박영석은 "이로 미루어 추측컨대 박상실의 원명은 이복림이 아닌가 한다"고 했으나, 《박

김두한 출세기

살범은 민족의 영웅을 살해한 지탄의 대상이다. 하지만 같은 동포인 연변 조선족들에게 리복림은 항일구국투쟁의 위대한 열사가 된다. 그는 조선공산당 만주총국에서 일했으며, 중국공산당에 입당한 후에는 항일연군 제3군 제1사 정치부 주임, 중공 만주성위원회 순시원, 주하동북반일유격대 정치위원 겸 당지부서기, 중공북만림시성위원회 위원 겸 조직부장, 항일련군 의동판사처 주임 등을 역임했다. 무엇보다 눈에 띄는 것은 일본군과의 전투 중 장렬히 서거한 그의 죽음이다. 설령 김좌진의 암살이 리복림 혹은 만주총국의 오류였다고 쳐도 그의 투쟁 이력은 민족의 영웅이 되기에 부족하지 않을 정도다.

아무튼 최근 들어 김좌진의 암살범은 조선족 동포들의 영웅 이복림이라고 규정되어 가는 듯하다. 하지만 암살배후자, 특히 살해 이유에 대해선 아직도 논란이 분분하다. 대다수 연변 동포들의 주장은 확고하다. 과거의 독립지사 김좌진은 변절하여 일제의 주구 노릇을 했으며 동포들을 학살한 살인마였다는 것이다. 아래 인용 글은 이러한 주장을 하는 이들이 제시하는 사례의 하나다.

> 김좌진 장군은 왜놈들도 미워했지만, 왜놈들에 못지않게 공
> 산주의자들도 미워했던 사람이었다. 그 미워하는 정도가 어
> 느 정도였느냐면, 왜놈들을 죽이듯이 공산주의자들도 잡아들
> 여서는 인정사정없이 물고를 내고, 귀를 자르고, 여차하면 몽

영석, 『만주지역 한인사회와 항일운동』, 국학자료원, 2010, p.209》 이성우는 "이복림과 공도진은 같은 인물이지만, 박상실의 본명인지는 분명치 않다"라고 했다. 《이성우, 『만주 항일무장투쟁의 신화 김좌진』, 역사공간, 2011, p.183》

둥이로 뒤통수를 때려 처단하기도 했던 사람이었다. 그리고는
그 시체를 마을 동구 밖에 던져 버린 것을, 그 동네(산시) 사람
들이 땅을 파서 묻어 주기도 했다.[87]

청산리 전투의 위대한 영웅 김좌진 장군은 공산주의자 박상실에 의
해 억울한 죽음을 당했다는 보편적 인식이 지배하던 한국의 사학계
가 조금씩 변하고 있다. 그 중심에는 전 광복회장 이강훈(1903-2003)
이 있다. 이강훈은 장례식 때 대변인으로 조문객을 맞았던 김좌진의
최측근이었다. 사건 당시 김좌진의 명에 의해 북간도 출장 중이었지
만 부음을 듣고 즉시 돌아왔고, 가족 및 측근들과 사건의 진상을 조
사했다고 한다.[88] 그러므로 그의 증언은 어느 정도의 신뢰성을 담보
하고 있다고 보인다. 하지만 사건 당시 현장에 없었고, 가해자 측의
증언을 확보하지 못한 점 등은 그의 진술에 한계가 있을 수밖에 없음
을 보여 주고 있다.

이강훈은 그의 저서를 통하여 "1930년 1월 24일(음력 12월 25일) 중
동선 산시참(통칭 빨리감) 정미소에서 일제무리와 합작한 흉한에게 저
격을 받아 서거하였다. 하수인은 박상실(朴尙實, 일명 金信俊)이며 배
후 지시자는 김봉환(金奉煥, 별칭 一星)이다. 김봉환은 하얼빈 영사관
경찰의 사의에 보답하기 위해 대죄를 범한 것이다."[89] 라며 '일제사

---

87) 연변역사연구소 연구원 강룡권선생이 자전거로 동북지방을 답사하면서 취재한 기록《유
　　순호, 김좌진의 신화를 깬다.》재인용

88) 이강훈, 『역사증언록』, 인물연구소, 1994, p.97

89) 이강훈, 『한국독립운동대사전』, 도서출판 동아, 1985, pp.285-286

　　　　　　　　　　　　　　　　　　　　　　김두한 출세기

주설'을 주장했다. 정화암(鄭華岩, 본명 鄭賢燮, 1896-1981)도 이강훈과 거의 같은 증언을 했다.[90]

정화암은 김좌진 사후인 1930년 연말경 해림으로 출발하였다. 당시 동행자는 장기준, 이회영의 두 딸 규숙과 현숙, 백정기, 양여주 등이었다.[91] 정화암 역시 이강훈과 마찬가지로 사건 현장에는 없었다. 이강훈이 김좌진 측근으로서 사건을 분석했다면, 정화암은 아나키스트 입장에서 바라보았을 가능성이 컸을 것이다. 사실 이 두 사람의 증언은 비슷하면서도 결정적인 곳에서 서로 차이가 난다. '일제사주설'을 바탕으로 김봉환의 변절에 방점을 두고 있는 이강훈과 달리 정화암은 아나키스트 혹은 우익 독립운동가들과 공산주의자와의 갈등에 초점을 맞추었다.

여류문인 강경애를 여간첩으로 구영필(최계화)을 삼중밀정 그리고 김봉환을 밀정으로 재단한 이강훈의 시선이 현재 많은 이들로부터 비판을 받고 있다는 점을 고려하면,[92] 정화암의 증언에 좀 더 신뢰가 간다. 다만 정화암도 몇 가지 오류를 범하고 있다. 정화암은 한족총련에서 김봉환을 잡아냈고, 박상실은 중국호로군에게 잡혀 두 사람

---

90) 이정식 면담, 김학준 편집 해설, 『혁명가들의 항일회상』, 민음사, 1988, pp.300-305; 단 정화암은 김봉환의 한자 이름을 金鳳煥이라고 하여 金奉煥이라고 한 이강훈과 달랐다.

91) 정화암, 『이 조국 어디로 갈 것인가』, 자유문고, 1982, pp.117-119

92) 대한민국 임시정부 재정위원 구영필 유족의 항변(http://blog.daum.net/ranbo/9227288) 및 장춘식의 논문, 강경애의 김좌진 암살 연루설에 대한 반론(http://blog.daum.net/zhang59/22043) 참조

모두 사살되었다고 했지만,[93] 앞의 글에서 언급했듯 박상실(리복림)은 현장에서 무사히 탈출하여 1937년까지 생존했다.

한편, 1930년 7월 24일자 「신한민보」는 아나키스트들의 기관지인 「자유연합신문」을 전재하였다. 김좌진 암살 사건이 발생하였을 때 대부분의 신문들이 암살자만을 주로 보도한 것과 달리 이 신문은 암살의 배후와 원인을 나름대로 분석하였다. 이에 따르면, 주동자는 북평서 김천우와 「혁명」이라는 공산주의 잡지를 함께 발행한 김봉환(일명은 일성)과 이주현, 이철호, 김윤 등 만주고려공산당의 주요 간부들이며, 암살자는 박상실(불분명)이나 그는 어리석게도 이들에게 이용을 당하였다고 했다. 암살 이유는 한족총연합회의 확장에 두려움을 느낀 공산주의자들의 만행이라고 주장했다.[94] 유의해서 볼 것은 이 글에서도 김봉환이 변절하여 일제의 주구노릇을 했다는 내용은 없다는 점이다. 대개의 내용이 정화암의 증언과 일치한다.

지금까지 가해자 측인 조공 만주총국과 피해자 입장인 이강훈, 정화암, 자유연합 측의 주장을 비교해 보았다. 그러면 일제는 이 사건을 어떻게 보았을까? 그들도 한족총연합회와 공산총동맹(共産總同盟) 두 진영의 이념 갈등으로 본 모양이다. 참고자료는 일본 외무성 외교사료관 소장 한국관계사료 중 『해외사료총서』 5권에 있는 하얼빈영사관 경찰서장의 보고서다.[95] 사실 이 보고서의 내용은 그리 특출 난

---

93) 이정식 면담, 김학준 편집 해설, 『혁명가들의 항일회상』, 민음사, 1988, p.304

94) 북만주를 진동케한 삼시 김좌진씨 사건, 「신한민보」, 1930.7.24

95) 김좌진 암살범은 고려공산청년회 金信俊, 「월간조선」 2007년 10월호

김두한 출세기

것이 없다. 암살범의 이름을 '김신준(金信俊)'이라고 명시했고 나이가 24세라고 밝힌 정도다. 김좌진 암살 관련 정보보다는 오히려 사후 사건의 전개를 밝힌 문서에 가깝다.

이 문서를 발굴한 최서면은 김신준과 박상실을 별도의 인물로 보고 있는 모양인데, 이러한 시각도 검토할 필요가 있을 것이다. 그렇다면 정답은 무엇인가? 필자의 생각으론 모두들 같은 인물이라고 본다.

물론 조공 만주총국에 소속되었던 인물들은 박상실, 김신준을 언급하지 않은 반면, 한족총연합회 관련 인물들은 리복림 혹은 공도진에 대하여 전혀 모르고 있다는 점에 대한 해답이 필요할 것이다. 공도진은 중국 망명 후 중국국적을 취득했을 것으로 짐작된다. 이때 본명을 버리고 '이복림'이란 이름을 사용했고, 농민운동 등 지하활동을 할 때에는 '최동범'이란 이명을 사용한 것으로 보인다. 그러나 김좌진 암살을 위해 산시참으로 잠입했을 때는 좀 더 주의를 기울일 필요가 있다는 판단 하에 별도의 가명, 즉 '박상실'이란 이명을 사용했고 한편으론 자신의 본명은 '김신준'이라는 허위 정보를 퍼뜨렸지 않았나 하는 것이 필자의 견해다. 어쨌든 모든 정황을 보아 이복림(공도진)이 김좌진의 암살범이란 것은 틀림없는 사실로 보인다.

이보다 더욱 중요한 것은 팽팽하게 대립하고 있는 일제와의 관련설 여부다. 다시 정리하자면 이강훈을 비롯한 국내 학자들 대부분은 김봉환이 일제의 사주를 받아 김좌진을 살해했고, 반면 연변 쪽의 주장은 김좌진이 일제와 밀통했기 때문에 처단했다고 한다. 현재 밝혀진 자료로는 정확한 판단을 내리기 어렵다. 다만 한족총연합회와 조선공산당 만주총국 두 단체 간의 알력이 김좌진 암살이라는 비극의 원인이었다는 점은 확실한 것 같다.

안타까운 것은 미 소 양군의 주둔 하에 좌 우익이 극렬하게 대립하고 있던 해방공간 시기도 아닌 일제강점기 시절에 같은 동포들이 이념을 극복하지 못했다는 점이다. 김좌진 암살 사건은 1920년 중후반 중국 관내와 만주지방에서 광범위하게 전개되었던 민족유일당 운동이 실패한 결과물의 하나로 보여 더욱 씁쓸하다. 더욱이 해방공간 시기 극우진영의 소행은 분노를 넘어 슬프기만 하다. 김좌진의 죽음을 좌익박멸의 수단으로 사용한 김두한, 김구, 이승만 등 우익진영의 비열함이 그렇다는 뜻이다.

마지막으로 한 가지만 더 지적하겠다. 김좌진의 아들로 자처한 김두한은 좌익박멸의 명분으로 자신의 아버지가 빨갱이에게 살해당했기 때문이라고 했다. 그렇다 치고, 그러면 빨갱이들이 왜 김좌진을 죽였을까 하는 의문을 그는 단 한 번이라도 가져 보았을까?

1918 *1972*

김좌진 선생이
김좌진 장군으로 바뀐 이유

　'장군의 아들' 신화가 성립되기 위해선 "김좌진은 장군이자 영웅이었고, 그 영웅이 공산당에게 암살당했다."라는 필요충분조건이 충족되어야만 한다. 그러나 이 전제조건에는 큰 함정이 있다. 바로 시점의 문제다. 즉, 김좌진이 활동하던 시기에도 그가 장군으로 호칭되었는지 그리고 공산당에 대한 인식이 어떠했는가에 대한 검토가 이루어져야 한다는 뜻이다. 그렇다면 김좌진의 호칭을 살펴보자.

　일제의 경찰과 군 관료들이 사용했던 공식호칭은 당연히 '김좌진'이다. 「조선일보」, 「동아일보」, 「중외일보」, 「매일신보」 등 국내의 언론들도 대부분 김좌진으로 보도했고, 가끔은 '독립수령', '암살단장' 등의 수식어를 붙여 사용했다. '북만의 악마 김좌진(北滿の惡魔金佐鎭)'이라고 표현한 「경성일보」의 경우도 있다.

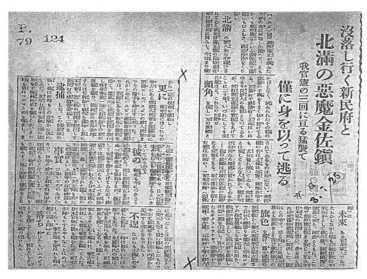

북만의 악마라고 표현한 경성일보의 기사

　김좌진이 서거한 뒤 그에 대한 추모 분위기가 절정에 달했던 시기에도 '김좌진 씨'로 부르거나 '백야(白冶)'라는 그의 호를 붙이는 정도였다. 일제의 눈치를 볼 필요가 없었던 국외 교포들의 신문 역시 마찬가지였다. 상해에서 발간된 독립신문 역시 第二聯隊長 金佐鎭(1920-12-25), 經戰將校司令部司令官 金佐鎭(1921-02-25), 金佐鎭氏(1921-03-01), 軍政府總司令官 金佐鎭(1922-05-27), 大韓獨立軍團代表 金佐鎭(1923-03-07), 총사령관 金佐鎭(1923-03-07) 등이 김좌진의 대표적 수식어였다. '장군'이란 용어를 사용하지 않았다는 뜻이다. 그러면 언제부터 장군이라는 표현이 사용되기 시작했을까? 그리고 누가 어떠한 이유로 김좌진에게 '장군'이란 칭호를 붙이고 보편화시켰을까?

김두한 출세기

김좌진 선생으로 보도한 1946년 1월 5일자 「자유신문」

　　'김좌진 장군'이란 용어가 일반화되기 시작한 것은 1946년 9월 김좌
진 추도회가 조직된 이후부터다.[96] 추도회가 준비될 무렵만 해도 金
佐鎭氏(동아일보, 1946-09-07) 金佐鎭 선생(자유신문, 1946-09-07) 등으
로 보도하다가 갑자기 모든 언론이 약속이나 하듯 '金佐鎭將軍'으로 호
칭을 바꾸기 시작한 것이다. 김좌진의 호칭이 변하게 된 연유가 어떤
음모로 인한 것은 아닐 것이다. 다만 좌익계열의 인사들 중에는 김

---

96) 순국 독립군 장병 충령과. 故 金佐鎭(김좌진)장군 추도회 준비, 「조선일보」,
　　1946.9.26

일성, 김무정, 김명시 등이 자연스레 장군으로 불리는 데[97] 반해 우익계열의 명망가들 중에는 장군이라는 호칭이 어울리는 사람이 거의 없었다는 점이 작용하지 않았나 하는 짐작이 든다.

장군이란 군을 지휘하고 통솔하는 우두머리를 의미한다. 사실 독립운동가들 중 장군이라는 호칭이 어울리는 사람은 극히 제한적이다. 임시정부정통론을 채택하고 있는 남한의 경우는 더욱 그렇다. 그러면 민족주의 계열 중 장군이란 호칭이 마땅한 사람은 누구일까? 무장투장 계열 독립지사들 중 중국 신해혁명의 핵심인사 중의 한 명으로 혁명군 장성을 지낸 바 있는 범재 김규흥(1872-1936) 그리고 북경에서 군사통일회를 주도한 우성 박용만(1881-1928), 조선혁명군 총사령관을 지낸 양세봉(1896-1934) 등이 있지만, 해방공간에서 생존한 인사들 중에는 이청천, 이범석 정도였다. 하지만 무장투쟁론자들은 대부분 상해 임시정부의 외교노선을 반대한 세력이었고, 이청천 이범석의 경우 민족의 영웅으로 만들기에는 투쟁경력이 다소 부족하다고 할 수 있다. 또한 그들은 김구 중심의 임정봉대론자들에겐 정적이라고도 볼 수 있는 사람들이었다. 무엇보다 반공 반소 투쟁을 하기위한 방패막이가 필요한 시점이었다. 고민 끝에 선택한 사람이 김좌진이었을 것으로 짐작된다. 청산리 전투의 영웅, 공산주의자에게 암

---

97) 金日成, 金武丁 장군 환영 정식 입국 不遠으로 준비에 착수(자유신문, 1945-12-16)
金日成, 武丁 두 장군과 獨立同盟 入京 환영준비(자유신문, 1945-12-21) 우리의 피로 조선을 찾자, 이채 띤 金命時 여장군의 축사(자유신문, 1945-12-27) 金日成將軍歡迎準備(동아일보, 1945-12-21) 三八以北消息 ; 委員長에는 金日成將軍이 就任 (1946-02-19)

김두한 출세기

살당한 비극의 주인공.

특히 김두한과의 연대를 강화하기 위해선 폭력을 미화하기 위한 수식어가 필요했을 것이다. 이러한 과정에서 선택된 것이 장군이라는 용어였을 것이다. 독립지사의 아들이 폭력을 휘두른다? 그보다는 장군의 아들이 빨갱이 사냥을 한다는 것이 얼마나 근사한가. 필자의 과도한 상상력의 결과가 아니길 바란다. 아무튼 1946년 9월, 즉 반탁 반소운동이 절정을 이루던 시절부터 김좌진에게 장군이란 수식어가 사용되기 시작한 것만큼은 사실이다.

발가락이
닮았다

　어쩌면 김두한이 김좌진을 유명하게 만드는 데 더욱 일조했는지도
모른다. 오늘을 살아가는 대부분의 사람들은 역사에 그리 관심이 없
다. 특히 젊은 층의 역사에 대한 무관심은 염려스러울 정도다. 현실
이 이렇다 보니 영화나 TV 등에서 방영된 역사물의 내용을 사실로
믿는 경향이 크다. 수년 전 방영되어 폭발적인 인기를 끈《야인시대》
나 배우 박상민을 출세시킨 영화《장군의 아들》, 그 외 홍성유의 소
설『인생극장』등을 통해 만들어진 야사를 실제의 역사와 구별하기를
즐겨하지 않는 게 요즘의 세태이다. 아무튼 김두한을 통하여 항일투
사 김좌진이 덩달아 대중에게 친숙한 인물이 된 것은 사실일 것이다.
　문제는 이러한 편집된 이미지를 통해 누군가가 이득을 취하고 있다
는 점이다. 역사는 정직하게 기록되어야 한다. 특히 근현대사는 현
재 우리의 삶과 대단히 밀접한 관계에 있다. 김좌진과 김두한의 가족

문제만 해도 그렇다. 만약 김두한이 장군의 아들이 아니라면, 깡패 시절의 무용담은 예외로 친다 하더라도 해방공간 그가 자행한 백색 테러마저 면죄부를 주는 사태까지 이르지는 않았으리라 본다.

김두한 신화는 일제가 조작해 낸 삽화가 첫출발이 될 수 있다. 청산리 전투로 인하여 조선 민중들에게 김좌진은 영웅으로 자리 잡았다. 그에게 무언가 조그만 꼬투리라도 잡아야만 했던 게 조선총독부의 입장이었을 것이다. 그 첫 시도로 1925년 9월 15일 「매일신보」의 보도였다. "청산리의 영웅 김좌진에게 정부가 있었다. 그녀는 기생이었고 김두한이라는 불륜의 씨앗이 자라고 있다." 일단 이러한 시도는 더 이상 지속되지 않았다. 왜냐하면 초창기 사회주의 경향이 농후하던 김좌진이 자유시 참변 이후 조금씩 아나키스트로 변했기 때문이다. 당시 일본이 가장 두려워한 대상은 사회주의란 이데올로기였다. 그렇다면 김좌진은 그렇게 두려워하지 않아도 된다고 판단했을지도 모른다.

그러나 1930년 1월, 김좌진의 죽음을 계기로 조선 민중들에게 추모의 물결이 일어날까 두려워한 총독부는 무언가의 조처를 취해야 한다는 입장이었을 것이다. 어쩌면 10년 전 3·1운동의 악몽이 되살아났는지도 모른다. 이러한 조선총독부의 방침에 적극 호응한 신문이 「매일신보」, 「중외일보」 그리고 「조선일보」였다. 결국 일제가 의도한 대로 김좌진은 영웅이면서 한편으론 무책임하면서 파렴치한 소인배가 되어 버렸다. 일제의 조작된 망령이 잠잠하다가 해방공간에서 되살아난 것이 '장군의 아들 신화'라고 볼 수 있다. 당시 극우세력들이 백색 테러의 선봉장으로 선택한 김두한에게 '장군의 아들'이란 갑옷을 입혀 주었을 수 있다는 뜻이다. 『발가락이 닮았다』라는 소설이 있다. 김동인이 1932년 「동광(東光)」지(誌)에 발표한 작품이다. 대략적인 줄거리는 다음과 같다.

> 32세의 노총각 M이 친구들 몰래 결혼을 했다. 총각 때의 무절제한 방탕생활로 각종 성병을 앓아 생식능력이 없음을 의사인 '나'는 알고 있다. 그러한 M이 결혼 2년 후의 어느 날 갓난아기를 안고 '나'의 병원으로 찾아왔다. 아기가 기관지를 앓고 있었지만 M의 속셈은 그 애가 자기애라는 보장을 얻으려는 데 있었다. M은 그 애가 제 증조부를 닮았다고 말하고 자기를 닮은 데도 있다고 말했다. 즉, 가운데 발가락이 제일 긴 자기의 발가락을 닮았다는 것이다. 아내의 부정을 의심하면서도 애써 그것을 삭혀 보려는 M의 심정이 눈물겨워 '나'는 발가락뿐 아니라 얼굴도 닮은 데가 있다고 말하고는 의혹과 희망이 섞인 M의 시선을 피해 돌아앉는다.[98]

유명 작가 이모씨, 중앙언론사 회장을 지낸 조모씨를 상대로 친자확인 소송을 제기한 전 민주당 대변인 차모씨, 프랑스의 법무장관으로 독신에다 미모가 뛰어나 시선을 끌었던 라시다 다티 등 유명인사들이 친자확인 소송으로 인해 세간의 이목을 집중시키고 있는 중이다. 언론보도에 의하면, 친자확인 소송이 해마다 급증하고 있는데

---

98) 발가락이 닮았다, 《두산백과》

2007년 2,734건이던 게 2011년에는 5,050건으로 껑충 뛰었다고 한다.[99] 친자확인 소송이 폭발적으로 늘어나는 것은 과학의 발달로 인해 DNA 감식에 대한 신뢰가 일반화되었기 때문일 것이다. 김동인이 DNA 감식을 알고 있었다면 『발가락이 닮았다』라는 명품 소설이 탄생하지 않았을지도 모른다.

지금도 일부에서는 김두한이 장군의 아들이 정말 맞느냐 하는 의문을 끊임없이 제기하고 있다. 사실 이 문제는 간단하게 끝낼 수 있다. 김좌진과 나혜국 사이에 태어난 김철한의 아들인 '김원동'과 김두한의 아들인 '김경동' 그리고 김좌진의 동생 김동진의 손자인 '김일동' 등의 DNA 감식을 하면 모든 것이 분명해진다. 지금은 『발가락이 닮았다』라는 소설이 발표되던 시절이 아니다.

---

99) 발가락이 닮았다, 「충청투데이」, 2013.8.12

제2부

조선협객이냐
혹은 친일폭력배인가

1918   1972

밤의 제왕,
종로의 깡패들

　1970년 4월, 김두한은 「세대(世代)」라는 잡지에 전직 국회의원이라는 타이틀로 '내가 휩쓸던 거리와 골목들'이라는 회고담을 기고한 적이 있다. 이 글에서 김두한은 "이전까지는 〈어깨〉라든가 〈건달〉, 〈협객〉이라고 썼었다. 적어도 깡패가 올바른 의미에서 깡패일 수 있었을 때는 〈협객〉이라는 이름으로 불리었다. 그때는 그들에게 〈正〉과 〈義〉가 있었고 그들만이 할 수 있는 사회봉사가 있었다. 그런데 그것이 정치의 하수(下水) 역할을 하게 되면서부터 그 정의(正義)를 버린 것이다. 즉, 깡패가 된 것이다."100)라고 함으로써 자신은 자유당 정치깡패101) 유지광 등과는 다른 부류임을 과시했다.

---

100) 김두한, 내가 휩쓸던 거리와 골목들, 「세대」 제8권 통권 81호, 1970.4, p.332
101) 야당이 집회를 할 때 깡통을 두들기면서 연설을 방해했다고 하여 깡통을 두들긴 패거리

자신을 비롯하여 일제강점기 시절 활동하던 그의 동료들은 대부분
협객이었다는 김두한의 주장은 자서전, 소설, 영화, 드라마 등 각종
매체를 통하여 무비판적으로 전달되었으며 대중들은 대개 진실로 받아
들이고 있는 듯하다. 이러한 현상은 보편적 신뢰를 얻고 있는 각종 사
전류마저 김두한의 주장에 동참하고 있기 때문이다. 각종 사전에는 일
제강점기 시절 김두한의 이력에 대하여 다음과 같이 기록하고 있다.

　■ [브리태니커]

호는 의송(義松). 백야 김좌진 장군의 아들로 태어났다. 교동
국민학교(지금의 교동초등학교)를 마치고 어린 시절부터 지금의
파고다공원 근방에서 '입빵'이란 이름의 협객으로 성장, 당시
서울거리 주먹계의 왕좌에 올랐다. 그는 일제강점기 때 전과
자 65%로 구성된 '경성특별지원청년단'을 총독부 경무부장과
의 합의하에 결성하여 자기 개인단체를 합법적인 단체로 만들
었지만 구체적인 활동의 내용은 알려지지 않고 있다. 이 단체
는 얼마 후 '반도의용정신대'로 개칭되었다.

　■ [한국민족문화대백과]

서울 교동초등학교를 졸업하였으나 고아나 다름없는 부랑아생
활로 어린 시절을 보냈다. 민족 항일기 말기에는 종로를 중심
으로 우리나라의 주먹 왕으로 군림하였다. 그러나 '김좌진 장
군'의 아들임을 긍지로 삼아 일제의 무기고를 폭파하거나 조선

　라는 의미라고 김두한은 '깡패'의 어원을 설명했다.

인 상인을 보호하는 등의 협객으로도 행동하였다.

■ **[한국현대정치인 인명사전]**

김좌진(金佐鎭) 장군의 아들. 일제 말기부터 주먹의 힘으로 민족적 · 의협적인 행동을 해왔고……

■ **[두산백과]**

서울에서 태어났으며, 호는 의송(義松)이다. 3 · 6대 국회의원을 지냈다. 서울 교동국민학교를 마치고 협객으로 활동하면서 주먹왕으로 군림하였다. 일제강점기 말에는 주먹의 힘으로 민족적 · 의협적인 행동을 하였다.

■ **[위키백과]**

교동공립보통학교에 잠시 다녔으나 조선총독부에 의해 김좌진의 가족으로서 불령선인으로 지목되는 한편 집안의 사정이 여의치 않아 제대로 다니지 못하였고, 개성에서 살다 1930년 10세때 혼자 경성에 왔으나 거지들에게 잡혀 수표교 아래에서 살아가다가, 원씨 성의 한 노인을 만나 17세까지 성장하였다. "왜놈의 공부는 할 필요가 없다. 곧 독립하니 그때 공부하라."는 원 노인의 뜻에 따라 학교는 다니지 않고 운동에만 전념하였다. 이후 원 노인마저 죽자 김두한은 서울에서 조직 폭력배들을 때려눕히며 1935년 나이 18세에 우미관을 장악하였다. 또한 개인적으로 1930년 후반 배우 김승호, 동양극장 극단에 소개하고 곤경에 처한 권투선수 정복수, 레슬링 선수 황병관을 도와주기도 했다. 태평양 전쟁이후 1942년 조선총독부로부터 조선인 강제 징용으로 징용장이 발부되었는데, 이때 그는 조선

총독부와 협상하여 경성특별지원청년단(반도 의용정신대)을 조직
하였다. 한편, 1944년 전주 이씨 이재희와 혼인하였다.

위키백과가 비교적 상세히 서술하고 있으나 내용은 거의 대동소이
하다. 비록 깡패였으나 주먹의 힘으로 민족적·의협적인 행동을 했
다, 즉 협객이었다는 주장이다. 김두한이 항일 협객이었는지 아니면
일제의 주구노릇을 한 깡패였는지 혹은 단순무식한 양아치였는가는
역사적으로 검증을 해야 할 사안이다. 당사자의 주장만을 그대로 믿
어서는 안 된다는 뜻이다.

사실 이 문제는 검증하기에 상당히 곤란한 작업이다. 왜냐하면 해
방 전 김두한은 나이가 그리 많지 않았고 언론이나 일제가 주목할 만
한 위치에 있지도 않았기 때문이다. 당연히 일제기밀문서나 언론에
의 노출이 제한적일 수밖에 없었다. 몇 가지 사례만 제시하기로 한
다. 먼저 소개할 자료는 그 무렵 「동아일보」의 기사다.[102]

1940년 7월 14일자
「동아일보」의 기사

102) 다방(茶房), 빠의 폭한(暴漢), 「동아일보」, 1940.7.14

제목은 "다방(茶房), 빠—의 폭한(暴漢)", 다방과 맥주홀이 즐비한 유흥가인 종로거리에서 활개 치는 깡패들 중 한 사람인 김두한이 흥아빠—에서 행패를 부리다가 경찰에게 검거되었다는 내용이다. 김두한 나이 23세적 이야기다. 이 기사만 보면 김두한은 유흥가에 기생하는 그저 그런 깡패밖에 되지 않는다. 다음으로 소개할 것은 각종 매체에도 흔히 등장하는 구마적, 신마적, 쌍칼 등 폭력배들에 관한 기사다.

1930년 10월 8일 동아일보 기사

1935년 3월 9일 동아일보의 기사

1937년 12월 15일 동아일보의 기사

1939년 7월 21일 동아일보의 기사

김두한 출세기

김두한은 자서전과 《노변야화》 등을 통하여 일제강점기 시절 자신의 무용담을 숱하게 쏟아내었다. 약값을 구하는 부하에게 양복을 벗어 줬으며, 동료의 입원비 마련을 위해 아편강도를 했었고, 노상강도를 18회나 한 이유는 팔려가는 친구 애인을 구하기 위한 목적이었다. 그리고 조선 사람의 명예를 위해 종로서 유도 사범 '마루오까' 경부보와 대결했고, 일본 헌병 장교를 때려 한인 학생을 구속했다는 것 등이 그의 주장이다.

물론 이들 삽화 중 일부는 사실일 것이다. 하지만 그의 글이나 말 중 술집에서 손님에게 폭력을 행사했다는 고백은 없다. 일제강점기 시절 협객으로 활동했다는 그의 이력이 의심받는 이유다. 김두한이 종로에서 폭력배로 활동하기 시작할 무렵인 1930년대 초부터 보도된 폭력배에 관한 기사를 아래에 표로 정리해 보았다.

[표7 폭력배관련 언론 기사 모음]

날짜	언론사	내역
1930-09-13	중외일보	삼극장을무대로횡행하던폭력단, 서대문경찰에서검거, 단장 격4명을검거
1930-10-08	동아일보	劇場을根據로한七福團員送局서대문서에서取調한후에脅迫恐喝無錢取食等-마적고희경
1930-10-26	每日申報	中央高普暴行學生 首謀者는 送局? 현재 취조하는 십명중에서 暴力取締違反으로
1932-02-19	중앙일보	"싸움패로 유명한 칠복이가 종로서로 싸움을 하다가 잡혀갔다, 종로서의 폭력단 취체"
1932-03-13	每日申報	서울 한복판 鍾路에 新馬賊團이 出沒 실상은 싸홈거러 술 깨서 먹는 豺狼 가튼 破落戶들

1932-03-13	중앙일보	"'신마적' 두목에 25일 구류 처분, 종로서에 잡힌 불량소 & 카페 술집이 그들의 무대"
1932-12-05	동아일보	忽現忽沒拳銃强盜迷宮에서一縷光明劇場을中心으로깽團 存在?不良暴力團嚴密取調
1933-12-12	조선중앙일보	"폭력단 일명을 검거, 종로서에서"
1934-02-21	每日申報	新春의 街頭를 鮮血로 市內에 暴力團大跋扈 행인들에게 공연한 트집을 거러서 싸홈질 鍾路署, 嚴重히 取締할 方針
1934-02-21	조선중앙일보	"최근 종로 부근 일대에 폭력단 跋扈頻頻 까닭 없이 통행인들을 난타 시민들의 불안 막심/ 19일 야에도 3처에서 폭력 소동 조선극장 부근 싸움패 등을 종로서 검거 취조/ 금후 一層 取締 단연 엄벌할 방침, 종로서 사법계원 담"
1934-02-22	조선중앙일보	"극장시설정비와 폭력행위 취체 등 각 극장 경영자를 초치 협의, 종로서 보안계서"
1934-04-27	조선중앙일보	"怡蕩한 봄을 기회로 폭력단들이 발호, 도처에서 삼사 명 작당 폭행, 종로서가 일망타진"
1934-06-01	조선중앙일보	행인에게 시비 거는 가두의 깽 대검거, 卅일 인사동 朝劇 부근에서, 종로서원 변장 활동
1934-09-27	조선일보	『신마적』 만용1 막극. 어제밤 제1마작 구락부의 소동. 흥 행턱 내라고 短刀로 배우 습격
1935-03-09	每日申報	밤서울의 暴君 新馬賊逮捕 기운만 밋고 싸홈상습의 폭한 鍾路署서 嚴罰爲計
1935-03-09	조선일보	"신마적" 발검 행패. "강파불량"의 "넘 버원"의 포한. 금번은 단단히 경을칠 예정
1935-03-09	동아일보	밤 서울의 暴君 新馬賊逮捕 기운만 밋고 싸홈 상습의 폭한 鍾路署서 嚴罰爲計
1935-04-11	조선일보	"신마적" "8개월형"

1935-05-14	조선중앙일보	무료입장 강요한 청진동 폭력한, 필경 유치장 신세
1935-05-14	동아일보	淸進洞暴力漢劇場에서大氣焰, 마츰내留置場身勢
1935-05-14	동아일보	밤거리暴力團鍾路署에서鐵槌, 공연히 시골사람을후리어다 「카페」「빠」劇場에서威脅//保安主任談
1935-07-13	每日申報	暴力에서 智能으로 轉向作罪한 前科者 강도질 대신 전문적 사긔범행 鍾路署에 檢擧된 三人組 一團
1935-10-30	每日申報	衣服을 强制로 벗겨 燒殺하겠다 威脅 무리한 금전 요구 불응한다고 新馬賊一派의 暴虐
1935-12-30	조선중앙일보	거리의명물 "마적", 무명대장과결투, 싸움패왕의칭호를목표로, 종로서인치취조중"
1936-01-11	조선중앙일보	暴力 新馬賊 團成社서 暴行 入場券 요구하다가 듣지 않는다 하여
1936-04-10	每日申報	新馬賊과 結托하야 專門生等이 惹鬧 밤늦게 술 안 판다고 카페를 습격 學生風紀上大暗影
1937-02-28	每日申報	밤 서울의 狼群 暴力團八名 술집 전문으로 토주◆각중 鍾路署서 打盡嚴調
1937-06-22	동아일보	권투가의 말로
1937-12-15	동아일보	권호 김기환 등 스리단 송국
1937-12-15	동아일보	拳鬪家 金基煥, 竊盜罪로는 不起訴, 傷害罪만이 起訴
1939-07-21	每日申報	職業은 拳鬪選擧 能事는 暴力行爲-鍾路署에서 九名掃蕩
1939-07-21	동아일보	여름밤 종로가의 전율 "거리의 폭군" 권투당

1939-08-08	每日申報	劇場을 根據로-暴力團橫行-鍾路署에 二名檢擧
1939-09-13	每日申報	不良暴力團 劇場中心婦女를 弄絡 - 本町署에서 一黨捕盡에 着手
1939-09-13	중외일보	삼극장을 무대로 횡행하던 폭력단, 서대문경찰에서 검거, 단장격 4명을 검거
1940-07-14	동아일보	茶房 빠의 暴漢 鍾路署서 八名檢擧(김두한 외)
1940-08-13	每日申報	映畵以上의 戰慄 鍾路暴力黨首와 刑事隊 亂鬪 若草劇場 一時騷然

김두한 신화론자들이 주장하는 "일본 상인들로부터 조선의 심장이자 마지막 보루인 종로 상권을 지켜냈다."고 하는 일본 야쿠자와의 싸움에 대한 기사는 아무리 찾아보아도 없다. 냉정하게 생각해 보자. 조선 전체가 이미 일제의 식민통치에 철저하게 유린당했는데, 한 젊은 깡패가 주먹 하나로 종로의 상권을 지켜냈다? 김두한 및 그의 동료 깡패들은 종로통 극장 및 유흥가를 중심으로 시민들에게 공포심을 유발시키며 한편으로는 상인들에게 자릿세를 갈취해 가던 폭력배였을 수 있다.

1918   1972

친일단체의 이권다툼에 동원된
폭력배 김두한

김두한 자신은 정치의 하수(下水) 역할을 하지 않았다고 강변했다. 어쩌면 어느 정도 이 말은 맞을 수도 있다. 단, 일제강점기 동안이라고 시기를 한정할 경우다. 사실 일제로서는 정치적 목적이 되었든 치안유지가 되었든 김두한 혹은 종로를 주 무대로 활개를 치는 폭력배의 도움은 필요 없었을 터이다. 일제의 경찰력과 무력은 그들만의 힘만으로도 충분히 조선을 통치할 수 있었기 때문이다. 조선인들로 구성된 조그만 폭력조직과 야합할 필요가 없었다는 뜻이다. 그러나 태평양 전쟁이 막바지로 치달을 무렵이면 사정이 달라진다.

어쨌든 정치권력과 직접적인 연관이 없었다는 김두한의 주장은 어느 정도 인정해 줄 수 있으나, 그렇다고 해서 권력기관 자체를 멀리했던 것은 아니다. 왜냐하면 일정한 직업과 사업체가 없었던 그들에겐 돈이 필요했기 때문이다. 상인들에게 자릿세를 거두는 갈취 정도로는 커 가는 조직에 요구되는 자금을 충족시킬 수 없었던 것이다. 그들이 가진 조그만 폭력을 이용할 대상이 필요했을 것으로 짐작된다.

이러한 시기에 김두한의 폭력조직과 접촉한 단체가 바로 친일종교단체로 알려진 '시천교'였다. 당시 김두한의 이력을 짐작할 수 있게 하는 중요한 자료가 하나 있다. 1942년 종로경찰서장이 경성지방법원 검사에게 보낸 문서다. 제목은 "侍天敎 對 大東一進會의 分爭에 관한 건"[103]이다. 이 서류를 검토하기 전에 시천교와 대동일진회의 연혁에 관해 임종국의 서술을 통해 간략히 알아보기로 한다.

손병희가 동학을 천도교로 재 발족시킬 무렵, 반대파인 이용구 송병준이 분파해서 시천교를 세웠다. 이용구는 따르는 무리로 일진회를 조직하고 소네(曾禰) 통감에게 한일합병을 건의하는 등 친일행각을 남겼다. 일본에서 37년에 귀국한 이석규(李碩圭), 즉 이용구의 아들은, 아비의 유지를 계승한답시고 시천교를 대동일진회(大東一進會)로 재 발족시켰다. 비상시국 하에 종교 단체는 상응하지 않으니 해산시키고, 정치적 단체인 대동일진회로 재출발해서 내선일체와 대동아주의 실현에 진력해야 한다는 것이었다. 한밀 일진회의 재판인 대동일진회는

---

103) 侍天敎 對 大東一進會 紛爭에 관한 건(1942.3.6.), 京鍾高秘 제1721호, 발송자 京城 鍾路警察署長 수신자 京城地方法院 檢事正 ; 侍天敎 對 大東一進會의 論爭에 관한 건(1942.4.7.), 京鍾高秘 제1721호의 1, 발송자 京城 鍾路警察署長 수신자 京城地方法院 檢事正

이리하여 38년 11월 28일에 탄생하였다. 회장은 윤갑병(尹甲炳. 平沼秀雄), 정 4위 훈2등으로 중추원 칙임참의를 수차 중임한 사람이다. 대동일진회는 대동학원 설립(38.11), 이용구 송병준의 추도회 개회(38.5), 창씨 상담실 설치(40.6), 기타 많은 친일행각을 남겼고 이석규는 大東碩圭로 창씨하였다. **104)**

일제강점기 시절 시천교 본당

우리가 알고 있는 보편적 상식으로 일제강점기 후반 시절의 시천교와 대동일진회는 모두 친일단체다. 하지만 이들 친일단체들 간에도 알력이 있었던 모양이다. 친일단체의 대명사인 일진회 회장을 지낸 이용구의 둘째 아들 이석규(李錫奎)가 자신의 아버지가 창시한 시천교를 태평양전쟁에 협력한다는 강령을 내세워 만든 단체가 대동일진회다. 회장은 구 일진회 평의원 겸 북간도지부 회장인 윤갑병(尹甲炳)이 맡았으나 실권자는 이석규였다. 아무래도 분란이 있을 수밖에 없었다. 역시 가장 큰 문제는 돈이었다.

이석규 윤갑병 일파의 움직임에 반발한 대도사(大道師) 조태원(趙泰

---

104) 임종국, 일제 말 친일군상의 실태 『해방전후사의 인식』, 한길사, 1980, p.205

元) 등은 교단의 순수한 종교적 성격을 지키기 위해서 별도로 '시천교 본부 사무소'를 분립시키고, 대동일진회가 점유한 교당(敎堂) 회수의 법정투쟁 등을 벌였다. 이러한 와중에 1942년 무렵 대동일진회의 당시 이사장이던 김태형(金台衡, 창씨명 金山台衡)이 기획부장 겸 사회부장인 오건영(吳建泳, 창씨명 德山豊吉)과 공모하여 이정욱(李正旭, 창씨명 山河正旭)105) 등 반대파를 테러하기로 하였다.106) 이때 동원된 폭력배들 중의 한 명이 김두한이다. 김두한과 함께 구속된 사람은 오건영을 비롯하여 문운경(文雲慶), 전수창(全壽昌 혹은 金壽昌), 고시경(高時京 혹은 高時亨, 창씨명 高山勳)107) 등이다. 종교단체의 분규 그리고 정치집회 시 흔하게 볼 수 있는 폭력배의 등장은 그 효시가 김두한인 셈이다.

　이 정도의 행위로 김두한을 적극적 친일　부일 모리배로 단정할 수는 없을 것이다. 하지만 그를 항일주먹이나 의협으로 불릴 수 없다는 데에는 충분하다고 본다. 이 책을 통하여 계속하여 지적할 터이지만, 자서전 등을 통하여 김두한이 주장하는 것들은 역사적 사실과 부합되지 않는 부분이 너무 많다. 소년기 시절 잊을 수 없는 은인이었

---

105) 이정욱은 시천교 청년당 발기인으로 참여하는 등 시천교 창립 시 주요 인사 중의 한 명이었으며, 대동일진회의 결성에도 앞장섰으나, 1942년 초 대동일진회 이사장 김태형의 전횡에 반발하여 대동일진회를 탈퇴하고 시천교에 다시 입교하여 서무부장을 맡은 인물이다. 《친일인명사전》, 이정욱 편》

106) 侍天敎 對 大東一進會 紛爭에 관한 건(1942.3.6.), 京鍾高秘 제1721호, 발송자 京城 鍾路警察署長 수신자 京城地方法院 檢事正 ; 侍天敎 對 大東一進會의 論爭에 관한 건(1942.4.7.), 京鍾高秘 제1721호의 1, 발송자 京城 鍾路警察署長 수신자 京城地方法院 檢事正

107) 일명 구마적(旧馬賊), 본명은 고희경으로 알려져 있다.

다는 원노인과의 인연도 의심스럽기는 마찬가지다. 먼저 김두한의 육성을 들어 보자.

> 아버님이 소백정조합 초대회장이셨어요. 형평사라고 있었어요. 소나 닭, 돼지 잡는 조합이지요. 완고하기로 유명한 안동 김씨 가문에서 소백정, 그것도 조합의 초대회장이 됐으니 친척들이 좋아할 리가 없었죠. 그 사상을 김옥균 할아버님으로부터 물려받았다고 해요. 갑신정변은 인민평등주의를 실현하기 위한 혁명이었어요. 계급을 초월해 누구든지 정치에 참여할 수 있는 참정권을 준다는 것이죠.····**108)**

> 형평사는 이조 5백 년 동안 압제를 받아 동소문 밖에서만 살았어요. 그런데 아버님이 안동 김씨들한테 공갈을 쳐서 돈을 마련해 낙원동을 비롯해 인사동, 돈의동에 푸줏간을 차려 줬어요. 형평사 부회장을 하던 분 중에 원씨라는 노인이 있었어요. 아버님보다 약 30년 위신데, 그분이 인사동에서 사동옥이란 설렁탕집을 하고, 아들은 낙원동에서 고깃간을 하고 있었어요. 저는 그때 장자구다리 밑에서 지내면서 깡통을 양손에 걸고 밥을 구걸하러 다녔죠. 처음엔 밥 달라는 말이 안 나오대요. 기어들어가는 목소리로 밥을 구걸하고 있는데, 사동옥 식

---

108) 《노변야화》 제4화 부친 김좌진 장군을 만주에서 만나고 온 얘기, 「동아방송」, 1969.10.17.

당 주인이 돈을 받다 말고 저를 가만히 쳐다봐요. 그리곤 갑자기 버선발로 뛰어나왔어요. '너 두한이 아니냐' 하더니 저를 붙들고 흐느껴 우는 거예요. 전 설렁탕집이 무슨 음식 파는 집인지도 몰랐고 게다가 아버지가 형평사 회장했던 것도 몰랐으니 그 양반이 왜 우는지 몰랐지요. ····109)

김옥균을 할아버지라고 호칭하는 것에 대해선 이미 거론한 있으니, 이 글에선 '형평사'에 관한 오류만 지적하기로 한다. 김두한은 1963년에 간행된 자서전에서 원노인이 관여한 항일단체를 '정평회(定平會)'라고 말했으나110) 이러한 단체가 존재한 적이 없었다는 주위의 지적 때문인지 1969년에 방송된 《노변야화》에선 '형평사'라고 고친 모양이다. 아무튼 정평회이든 형평사든 김두한이 말한 것은 역사적 사실과 전혀 다르다.

형평사(衡平社)는 1923년 4월 진주에서 백정을 주축으로 한 천민계급이 조직하여 1930년대 중반까지 활동한 단체다.111) 형평사가 창립될 무렵의 김좌진은 대한독립군단의 군사부위원장 겸 총사령관으로 활동하고 있었다.112) 따라서 김좌진이 형평사의 초대회장이란 김두

109) 《노변야화》 제5화 소년시절 걸어온 이야기, 「동아방송」, 1969.10.18.

110) 『김두한자서전』1, 메트로신문사, 2003, p.52 《『피로물들인건국전야』(서울: 연우출판사,1963)를 2003년에『김두한자서전』1, 2로 재출간했다. 본고에선 2003년 본을 활용했다.》

111) [네이버 지식백과] 형평사[衡平社] (두산백과)

112) 이성우, 『김좌진』, 역사공간, 2011, p.197

한의 주장은 시간과 공간을 초월하지 않고선 불가능한 일이 될 수밖에 없다. 원노인이 설렁탕집을 영위했다는 것으로 보아 그가 형평사 회원이었을 가능성은 있다고 볼 수 있으나, 김좌진과의 인연을 운운한 부분 그리고 김좌진이 형평사 회장을 했다고 원노인이 말했다고 하는 부분은 아무래도 김두한의 창작일 가능성이 높다.

'반도의용정신대'의
실체

　다음 거론할 것은 '반도정신의용대'에 관한 김두한의 무용담이다. 그의 주장부터 소개하기로 한다.

　스물다섯이 됐을 때가 태평양 전쟁 말기인데 해남도로 가라는 징용장이 나왔어요. 그때는 이미 미국 잠수함이 바다를 장악하고 있었기 때문에 해남도에 가면 물귀신 되기 십상이었지요. 나 말고도 서울에 있는 주먹 3천명에게도 징용장이 나왔어요. 안 끌려가려고 꾀를 냈지요. 문영철한테 무궁화꽃을 그려 넣고 '한국독립군 총사령관 김좌진' 이렇게 쓴 명함을 한 열 장 만들라고 했죠. 조선총독부의 경무국장은 '단게'라고 나이는 예순 대여섯 정도이고 키가 5척에 불과한 사람이었습니다. 끌려가다 죽나 여기서 죽나 매한가지라 생각하고 단게를 찾아갔습니다. 김좌진이라고 쓴 명함을 턱 갖다 대니 날 위아래로 훑어보더군요. 내가 '나는 가짜다. 김좌진의 아들이다.' 하니 경무국장이 막 웃더란 말입니다.113)

김좌진 장군에게 아들이 있다는 이야기는 들었지만 그 아들을 오늘 처음 봤다며 껄껄 웃더니 보안과장을 부르더군요. 보안과장에게 내가 그 유명한 김좌진의 아들이라고 주장한다고 얘기하니까 보안과장 눈이 휘둥그레졌지.
그때나 지금이나 말단들이나 아무나 잡아가고 그랬지 높은 자리에 올라가면 점잖아요. 무슨 일로 왔느냐고 묻길래 앞으로 징용에 내보내는 사람들에게 최소한도의 교육을 시킬 필요가 있는데, 내가 그 일을 맡고 싶다고 했죠. 그러면서 최근에 아사히신문에 기사가 난 큐슈 탄광사건을 예로 들었어요.
조선 징용자들이 가스가 차 있는 탄광에서 촛불을 켜는 바람에 폭발한 건데 이는 징용자들을 교육을 안 시켜 몰라서 그런 것이니 앞으로도 교육을 안 시키면 이런 일이 계속 발생할 거라 했습니다. 내게 맡겨 주면 군사 훈련뿐 아니라 정신 훈련도 잘 시켜서 보내겠다고 하니 단게 국장이 '자네 아버지는 독립군 사령관이지만 당신은 황국신민으로서 이번 전쟁에서 우리에게 협조하겠단 말인가?' 하고 묻더군요.
그래서 나는 아버지도 돌아가셨고 시대도 지났으니 대일본 국

---

113) 《노변야화》 제10화 해방될 때까지 주먹생활 하던 이야기, 「동아방송」, 1969.10.24.

민으로서 아시아의 대동아 공영을 위해 일해야 한다고 깨달은
바 있다고 대답했지요.

— 감쪽같이 속아 넘어가던가요.

그럼요. '대신 사무실과 먹을 것(그때는 배급제였으니까요)과 돈
을 좀 주셔야겠습니다.' 했더니 보안과장에게 협조하라고 하더
군요. 그래서 경기도 경찰부장이었던 오카를 소개받아서 지금
국세청 뒷터에 반도의용정신대를 만들게 됐지요. 징용으로 끌
려가게 된 5천여 명의 동지들을 구할 수 있었던 거지요. 일정
기간 동안 훈련만 받으면 소집 영장도 안 나오고 배급도 나오
니까 금세 1만 천여 명으로 늘어났어요. 종각 뒤 골목으로 들
어가면 부벽루라는 큰 곰탕집이 있었는데, 그 근방의 1백 평
짜리 건물을 썼고, 하루 소 두 마리씩, 빵 몇 만 개 등을 배급받
았지요. 임시로 훈련받을 장소로는 수색이 선정됐지요. 그 1만
명을 한 달에 1천 명씩 돌아가며 훈련시키면서 징용을 연기하
다가 해방이 됐지요.[114]

　김좌진 장군의 아들이 친일에 동원된다는 오명을 감수하면서 '반도
의용정신대'를 만들었고, 이 단체로 인해 자신과 자신의 동료 불량배

---

114) 《노변야화》 제11화 김좌진의 아들이라는 것을 총독부국장에게 밝힘, 「동아방송」,
　　1969.10.25.

들은 일제의 강제 징용으로부터 피할 수 있었다는 것이 김두한의 주장이다. '반도의용정신대'는 김두한의 자서전에 좀 더 구체적으로 서술되어 있다. 물론 《노변야화》와 마찬가지로 자신의 주도 하에 만들어졌다는 주장은 동일하다. 그의 자서전에 기록된 '반도의용정신대' 관련 사항을 아래에 정리해 보았다.[115]

- 1944년 10월경 김두한에게 해남도로 가라는 징용장이 나옴
- 자신의 부하 3,000명에게도 동시에 징용장이 발부됨
- 부벽루란 설렁탕집에 서울지구 정(町)대표 60명을 집결시킴
- 김좌진이 자신의 아버지이며 자신은 그의 외아들이라고 밝히고, 자신은 독립군 총사령관의 아들이지만 오늘 우리가 살기위해 일본과 협조하겠다고 함. 그리고 징용연장을 위해 자신에게 전권을 위임해 달라고 함
- 문영철(본명 문운경)과 이정재를 시켜 '대한제국 독립군 총사령 백야 김좌진'이란 명함을 만들게 하고 큐슈탄광의 화재 사건을 보도한 기사를 준비함
- 단신으로 총독부 경무국장 단게를 찾아감
- 큐슈탄광의 화재 사건을 예로 들며 징용자에게 정신교육이 필요하다는 점을 설득함
- 단게 경무국장 주제 하에 야끼노보 보안과장, 오까 경찰부장 등과 정식으로 협의를 함

---

115) 『김두한자서전』1, 메트로신문사, 2003, pp.131-159

- 이병도, 항두, 김천호 등과 함께 오까 경찰부장과 협의하여 '경성특별지원청년단'을 창설하기로 하고 안국동의 시천교당을 사무실로 사용하기로 함
- 오까 부장으로부터 소 2마리와 쌀 2가마, 빵 80궤짝을 얻어 '경성특별지원청년단' 창설 파티를 함
- 단계 국장 외 10여 명의 총독부 관리 입회하에 경기도 경찰부 광장에서 발대식을 하고 시가행진을 함
- 단복을 입고 탈선하는 단원으로 인해 고민이 되어, 경찰에 선수를 치기로 결심함
- 단원 2명을 고문하고 있는 한인 형사 민달영을 처치하기 위해 오까 부장을 면담함. 이때 '경성특별지원청년단' 간판과 관련 서류를 들고 '경성특별지원청년단' 해체 운운하며 오까에게 조건을 제시함
- 오까로부터 단원 3명을 형사로 전임시켜 단원들의 사고 발생 시 파송된 자신들이 보낸 형사만이 취조하도록 내락을 얻음. 이병돈, 이정재, 김기완이 형사 발령장을 받음
- 민달영의 비행 기록을 오까 부장에게 제시하여 민형사의 취조를 이정재에게 맡기도록 부탁함. 오까는 이정재에게 구속영장과 수색영장을 전달함
- 김두한 본인이 민달영을 직접 고문하여 여죄를 자백하게 함
- 떼어낸 '경성특별지원청년단' 간판 자리에 '반도의용정신대(半島義勇挺身隊)'라고 고쳐 붙임
- 오까 부장으로부터 군사기지 확장 공사를 청부받음

- 작업 현장에 가기 전 단계 국장이 단의 간부 일행을 명월관으로 초대하여 파티를 열어 줌
- 경무국 직속으로 있는 사상협회의 주사인 미와(三輪)가 '반도의용정신대'를 배일단체로 주시하며 자신의 뒷조사를 한다고 단게 국장에게 항의함
- 박춘금 사건으로 구속됨. 자신이 다이너마이트를 준 것은 학생들이 고기를 잡는 데 필요하다고 하여 주었다고 진술함

김두한의 증언은 사실과 과장 왜곡의 경계가 모호하다. 같은 사인이라도 그가 남긴 기록물, 즉 『명인옥중기』, 『피로 물들인 건국전야』, 《노변야화》 등의 내용이 모두 다르다. 계속 거론하겠지만 일단 날짜와 숫자는 대부분 과장 왜곡되었다고 보면 될 듯싶다. 그러면 '반도의용정신대(半島義勇挺身隊)'의 실제 설립일과 과정 그리고 대표에 대하여 알아보기로 하자.

김두한에 의하면 자신이 1944년 10월 이후 총독부 경무국장 단게를 설득하여 '경성특별지원청년단'을 조직했으며 그 후 '반도의용정신대'로 간판을 바꿔달았다고 했다. 그러나 1944년 6월 23일자 「매일신보」의 기사에는 전혀 다른 내용이 보도되어 있다.

반도의용정신대에 관한 1944년 6월 23일자 「매일신보」의 기사

이 신문은 '반도의용정신대(半島義勇挺身隊)'의 대표는 야기(八木正明, 본명 張明遠)라고 한다. 그리고 장명원은 매월 10일, 20일, 30일 견지동 사무소에서 100여 명의 대원들에게 인격수양과 시국에 대하여 강연을 했으며 특히 동년 5월 말 수양회 석상에서 놋그릇, 동전, 니켈화, 옛날 동전 등 금속을 회수하는 운동을 벌여 해군무관부에 헌납하는 등 놀라운 활동을 했다고 보도했다.116)

그러면 이 장명원은 누구인가? 장명원에 대해선 1949년 5월 14일 반민족행위특별조사위원회(反民族行爲特別調査委員會, 이하 반민특위)에

---

116) 금속회수에 이채, 「매일신보」, 1944.6.23.

김두한 출세기

의해 체포된 후의 재판기록이 참고가 된다.[117] 이 기록에 의한 장명
원의 간략한 정보는 다음과 같다.

- 연령: 구속 당시 54세
- 직업: 요리업
- 주소: 서울市 中區 水下洞 65번지
- 본적: 慶北 大邱府 市場洞 158번지
- 경력: 단기 4245년(1912) 3월 부산사립개성중학교 4학년 수
  학, 4248년(1915) 3월에 조선헌병사령부 헌병보로 재직 중
  4251년(1918) 파면, 4254년(1921) 대구경찰서 고등계형사로
  근무 중 10개월 만에 파면 후 大邱 南鮮經濟日報社 이사, 實業
  之朝鮮支社長, 大邱日報 상담역, 4276년(1943) 4월경 반도의
  용정신대장

다음 차례로 반도의용정신대의 설립과정을 살펴보자. 전문을 인용
한다.

당시 들으니 4275년(1942) 11월경에 구마적(舊馬賊), 김두한(金
斗漢), 이병돈(李丙墩), 이정재(李丁載) 외 數人이 이준영(李駿榮)
을 통하여 당시 총독부 보안과에 근무하는 文某와 상의하여 서

117) 反民族行爲特別調査委員會, 반민피의자 權相老·張明遠·崔霖世 등을 체포,「동아일
보」, 1949.5.16.

울 시내에 있는 소위 厄坐(日語 야쿠자)를 단합하고 있다는 말을 들고 본인은 평소 이러한 청년의 취미를 가지고 있음으로 其時 보안과장 八木(日人)을 방문하고 진상을 물은 결과 八木 과장 말이 그것은 문모와 三輪이가 잘 아니 三輪이에게 물어보라 하고 또 文某도 소개하여 주며 더 자세한 것은 수일 내로 구마적 일행과 회합 대면하도록 할 터이니 그 시에 취지를 그 사람들에게 자세히 들어 보라 하기로 본인은 김두한이가 김좌진(金佐鎭)씨의 아들인 것을 알고 일종의 흥미를 가지고 만나 보기로 하였습니다.

其後 수일 후에 文某가 연락하기를 김두한 일행이 오늘 國一館에서 회합하도록 되었으니 참석하라 하기로 국일관에 참석하였더니 과연 김두한 외 7, 8인과 八木 과장, 三輪, 文某, 이준영 등이 모여 있었으므로 같이 의논하고 놀았습니다. 그 當夜에 김두한의 말이 三輪이가 좌석에 온 이유가 무엇이냐고 본인에게 묻기로 본인도 알 수 없다 하였더니, 이준영의 말이 김두한이가 三輪이가 참석한 이유를 묻는 곡절이 있으니 명일 자기가 자세히 설명하리다 하기로 본인은 그런 줄만 알고 그날 밤은 놀다가 각각 해산하였습니다.

그 翌日 이준영이가 본인에게 와서 하는 말이 사실인즉 자기는 일인(前경관) 변호사 사무원으로 있는 관계상 前記 김두한 일행이 종종 불미한 행동으로 경찰에 구금될 시는 자기 주인 변호사가 약간의 보수를 받고 그들의 신분을 인수 석방하여 주던 관계로 그들을 잘 알게 되었습니다. 어느 날 김두한이가 와서 말하기를 三輪이가 우리들은 船便으로 南洋에 보내든지 그러지 않으면 바다에 집어넣든지 한다고 하면서 근심을 하고 있음으로 其 이유를 물은즉 소위 경성부 내에 있는 厄坐(日語 야쿠자)가 수십 명인데 만약 대동아전쟁이 불리하게 되면 그들이 어떠한 행동을 취할는지도 모르니 동물원의 맹수처분 하듯이 처분된다고 말을 하면서 걱정을 하기로, 이준영이가 文某와 연락하여 알고 보니 과연 사실에 가까운 말을 하기로 그 말을 김두한에게 전하자 김두한은 三輪이를 절대로 싫어한 것입니다. 그래서 김두한은 동지 數人과 직접 총독부 八木 과장, 경무국장 등을 방문하고 자기들의 불운한 환경을 역설하며 우리도 인간인데 어찌하여 금수와 같은 취급을 한다는 풍문이 있으니 우리들을 京城에 두고 어떠한 노력을 시키더라도 우리는 달게 받겠다. 만약 특권계급 자식들은 전부 징용을 제하고 우리들만 징용을 보낸다면 우리는 평소의 배운 독특한 기술이 있으니 철교도 파괴하고 각 군수공업 공장도 파괴한다고 호언하니 당국자들의 말이 그러면 네 일행이 얼마나 숫자가 되나 물을 때 김두한은 수만 명에 달한다고 말을 하니, 그러면 1차 회합을 하여 보라고 말을 하나 사실은 수백 명도 아니 되니 어찌하면 좋겠습니까 하고 근심 걱정을 한다 하기로 본인은 이준영에게 될 수 있는 대로 김두한과 의논하여 그들 일행을 모집하여 보라고 하고 이런 것은 중대한 문제이니 충분 고려해서 본인이 협력 여부의 여하를 결정하겠다. 따라서 본인이 협력한다면 三輪이는 일체 이 청년들에게 관계가 없도록 노력하겠다 하고 작별하였습니다.

其後 3, 4개월간을 두고 개별적으로 여러 청년들을 만나 본 결과 전부가 경찰의 절대 감정이 좋지 못함으로 이들을 구제하는 방법은 경찰의 협력을 얻는 것이 상책이라 생각하고 八木 과장을 만나 먼저 三輪의 절연관계를 부탁한 후 청년들의 기분을 자세히 이야기한 결과 이것을 제일선 경찰관이 책임을 지고 하여야 될 문제이니 경기도 경찰부장과 의논한 결과 답을 하겠노라고 하면서 八木 과장의 말이 당신(피의자)은 무슨 이유로 이러한 청년을 말해 보겠다고 하느냐고 하기로 본인은 취미가 있으니 成不成은 별문제로 하고, 그 청년들의 결단성과 실천력이 강한 것을 발견하였으니 일차 지도하여 보겠다는 생각이요 其 중에서 몇 사람이라도 신의 있는 청년을 득한다고 하면 본인으로서는 큰 사업이라고 생각하오. 그리고 수일 후 文某를 통하여 八木 과장이 京畿道 경찰부장 岡(日人)실에서 오라 하기로 갔더니 소개를 시키고 전후 전말을 이야기한바 岡(日人) 부장은 시내 서장 등과 일차 상의한 후가 아니면 무엇이라고 답할 수 없으니 서장회의가 있을 시에 통지할 터이니 그 시에 참석하여 인원수와 지도방법을 설명하여 주기를 바란다.
그 후 통지가 있어 서장회의 석상에 본인이 가서 인원수는 현재로는 약 백 명 내외에 불과하고 지도방법은 절대 그들의 자유를 구속치 말고 임의로 출입할 수 있게 해서 자기 각자 스스로 회합하는 장소는 자기들의 구락부와 같이 생각하고 수시 동지들을 작반하여 오면 본인은 그들에게 제1차로 자기를 발견하라. 동시에 너희는 동물의 영장으로 인간이란 사명을 띠고 이 세상에 난 것을 조물주에게 감사히 여기라.

동시 경찰에서는 비현행범으로서 청년을 체포할 시는 사전에 일단 지도, 즉 본인에게 연락을 하여 주기 바란다는 의사를 말한 결과 등 종로서장, 본정서장 양인이 절대 반대하고 지도 장소를 仁川 越便島 중에 두는 것이 타당하다고 주창함으로 본인은 부득이 지도의 자신이 없기로 돌아와서 수일을 경과했더니 이준영, 김두한 등이 와서 교섭한 결과를 묻기로 前記와 같이 말을 하니 김두한 외 수인이 말하기를 우리들을 島中으로 데리고 간다는 것은 언어도단이다.

그리고 불량자라는 표준을 어떻게 하고 청년을 지도하겠는가 그러므로 指導 장소를 가장 교통이 편리한 곳에 정해서 불량자 그들이 내왕간에 자진적으로 와서 서로서로 훈련을 하도록 하여야 될 터이니, 김두한이가 말하기를 장소로서는 일진회시천교가 되어 있는 堅志洞 侍天教會를 교섭하도록 하라고 하며 김두한의 말이 일진회가 시천교회 내에 사무소를 설치할 때 우리들의 힘으로 되었으니 우리도 잘 알뿐 현상으로는 일진회가 사무를 중지하고 있으니 가장 그 장소가 유도도장을 하든지 기계체조에 적당하ㅁ ㅁ 되도록 말을 당국에 하여 달라 하기로 본인은 장소 사용 건을 교섭하는 일방 仁川島 중 훈련 운운은 불가능하다고 당시 형사과장 泉川(日人)에게 말한즉, 경찰부장 岡(日人)에게 상의하겠다 하기로 부탁하고 있던 중 수일 후에 형

사과장 泉川으로부터 통지가 있기로 가 본즉 그 장소 사용 문
제는 종로서 고등계에 부탁하였으니 우리 형사과에 있는 경
부 일본인 某와 같이 일진회로 가림하기로 堅志洞에 간즉 동학
당 대표 강노인과 시천교 대표 한씨, 김씨, 일진회 대표 김태
홍(金台虹)118) 씨와 종로서원이 있는 곳에서 서로 협의한 결과
동학당과 일진회는 사무가 수면상태에 있으나 시천교는 강당
에 신전이 있으니 조심하여 공동사용하자는 협의가 되어 그 장
소를 사용하기로 하고 4월 중순에 반도의용정신대라는 간판을
걸고 청년이 오는 대로 수습 지도하기로 하였습니다.119)

　먼저 지적할 사항이 하나 있다. 「매일신보」는 '반도의용정신대'가
지난 4월 12일 조직되었다고 보도하였다. 여기서 이 '지난'이라는 단
어가 의미하는 바가 언제쯤인가를 정확하게 파악할 필요가 있다. 같
은 해, 즉 1944년이라고도 해석할 수 있으나 전해인 1943년으로 보
는 것이 좀 더 정확하다고 본다. 왜냐하면 장명원의 피의자신문조서
이외 증인으로 법정에 선 김기성(56세 무직), 김후옥(40세 육군중위),
김남산(39세 군정보원) 등의 발언을 참조하면 '반도의용정신대'의 설립
일은 1943년 4월 15일경이기 때문이다.120)

　그렇다면 1944년 10월 이후에 '경성특별지원청년단'이 결성되었고

---

118) 金台衡의 오기로 보임

119) 피의자신문조서, 1949.6.2. 《장명원 반민족행위특별조사위원회 자료》

120) 《장명원 반민족행위특별조사위원회 자료》

　　　　　　　　　　　　　　　　　　　　　　　　　　　　김두한 출세기

그 후에 '반도의용정신대'로 간판을 바꿔달았다는 김두한의 주장과는 너무 차이가 크다. 김두한은 '반도의용정신대'의 설립일을 정확하게 말하지 않았을 뿐 아니라 모든 자료가 '반도의용정신대'의 설립자이자 대표로 인정하고 있는 장명원에 대해서도 전혀 언급하지 않았다.

반도의용정신대 시절의 김두한(앞줄 왼쪽에서 첫 번째)

무엇보다 중요한 것은 '반도의용정신대'가 적극적인 친일단체라는 사실이다. 앞에서 소개한 「매일신보」의 기사가 강력한 증거다. 김두한은 이색적 친일단체라고 얼버무렸지만 '반도의용정신대'의 설립자로서 장명원이 반민특위에 의해 구속되었다는 사실 그리고 「매일신보」의 보도에 나타난 바와 같이 태평양전쟁 말기 일제의 공출 정책에 적극 호응한 것 등을 보면 '반도의용정신대'를 친일단체로 보아도 무리가 없을 것이다. 물론 장명원은 반민족행위처벌법 공소시효 종료로 불기소되었다. 하지만 반민특위의 와해 자체가 이승만 정권의 한계였다는 것을 참조해야 할 것이다.

김두한이 '반도의용정신대'의 설립일과 설립과정을 속이고 자신이 설립자인 것처럼 주장한 것은 자신이 주도적으로 관여했던 '반도의용정신대'란 단체가 적극적인 친일단체임을 감추기 위한 목적으로 짐작된다. 특히 실제 설립자 장명원을 등장시키면 자신의 친일이력이 함께 드러날 것으로 생각했을 것이다.

'반도의용정신대'는 앞장에서 소개한 "시천교와 대동일진회간의 재산분규분쟁"과도 관계가 깊은 사건이다. 김두한은 그 사건으로 구속이 되었으나 곧 풀려나왔고, 어쨌든 대동일진회 측에 자신의 지분을 요구할 수 있는 위치라고 생각했을 것이다. 이러한 와중에 '반도의용정신대'의 사무실로 시천 교회를 떠올리게 된 것으로 보인다. "김두한의 말이 일진회가 시천 교회 내에 사무소를 설치할 때 우리들의 힘으로 되었으니 우리도 잘 알 뿐 현상으로는 일진회가 사무를 중지하고 있으니…"라는 장명원의 증언은 필자의 견해를 뒷받침해 주고 있다.

지금까지 거론한 사건만을 정리해 보아도, 김두한은 일제강점기 말 무렵 시천교, 대동일진회, 반용의용정신대 등의 친일단체와 대단히 밀접한 관계를 유지했음에 틀림없다.

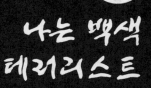

제3부

나는 백색
테러리스트

1918 1972

해방과
테러

1946년 11월 27일자 「자유신문」

해방된 지 1년이 조금 지난 1946년 11월 27일, 이념에서 중립을 표방한 「자유신문」은 "민족을 좀먹는 테로 행위 - 당국은 책임지고 색원하라"라는 제목으로 테러에 대한 우려의 글을 한 면 전체에 걸쳐 특집으로 꾸몄다. 아래는 기사 중 머리글이다.

해방된 후의 조국 건설은 우리 두 어깨에 지워진 최대의 책임이다. 이 책임을 다하기

184   김두한 출세기

위하여 우리 3천만 겨레의 협심이 요구되고 있으며 이 책임을 다할 것과 함께 연합군의 원조로 우리의 앞에 자주독립도 실현되는 것이다. 그러나 이 협심은커녕 민족의 통일을 방해하고 그 분열을 꾀하는 악질의 테러가 성행한다면 우리에게 약속한 자주독립은 우리로부터 거리를 멀리하게 되고 민족상극의 폭력행위는 연합국의 손가락질을 받게 되니 이를 크게 경계하지 않으면 안 될 것이다.

그동안 여러 차례에 걸친 집회소의 수류탄 사건이라든지 또는 여러 곳 신문사의 습격, 또 지난번 경무부장과 수도경찰청장에 대한 투탄 사건 그리고 이번 남조선노동당 결당식후의 투탄으로 신문기자가 중상을 당한 사건 등 생각하면 소름이 끼치고 민족 만년의 발전을 위하여 이렇게 무모한 일은 없을 것이다.

우리에게 맡겨진 건국사업의 이룩됨이 시급한 것을 생각해서라도 피차의 감정을 죽이고 더욱이 정치적인 모략과 폭력행위를 절대로 삼가야 할 것임에 이제 치안의 중책을 맡은 검찰당국은 테러방지의 근본책을 세워야 할 것이다.[121]

사실 테러에 대한 우려와 공포는 좌·우·중도를 막론하고 모든 언론이 지적하는 현안이었다. 테러는 민주주의 세력을 좌절시켰고 대중들에게 공포감을 조성시켰다. 테러리스트들은 불법체포, 감금, 고문, 살인, 살상 등을 봉건시대나 일제강점기 시절이 무색하리만큼

---

121) 민족을 좀먹는 테로 행위 - 당국은 책임지고 색원하라, 「자유신문」, 1946.11.27.

공공연히 자행했다. 아래에 해방 후 1년 정도 지난 시점에서 파악된 테러사건에 대하여 민주주의민족전선(이하 민전)이 정리한 내용을 소개한다.[122]

[표8 해방 초기 테러일지]

날짜	장소	내역
1945.11.22.	서울 천도교 강당	전국인민위원회 대표자회의를 무산시키기 위해 18명의 괴한이 트럭에 분승하여 동 회의장을 습격, 수위 2명 납치
11.22	영락동 중앙극장	전국인민위원회 대표자 초대 위안회시, 500여 명의 건청 회원과 광복군이 습격. 미군MP 출동으로 해산. 오처윤 외 다수 중경상
12.29	인민보사	권총을 휴대한 50여 명이 인민보사 습격. 비품 파괴 및 장부 탈취. 국군준비대 고급참모 임천규, 총격에 의해 생명 위독. 그 외 6명이 납치됨
	서울	경관이 통행 중인 국군준비대 헌군(憲軍) 1명을 권총으로 위협하며 납치, 건국청년회 지하실에 구금하고 구타 · 취조함
1946.1.2	서울	양호단원 20여 명이 류태수, 이석봉, 허종하, 김복석 등을 납치하여 권농동 양호단 본부에 구금함. 3일 후 총살집행 직전에 MP에 의해 구출됨
	경기도 파주	임진면 농민조합, 청맹 간부 테러 당함
1.3	종로2가	지나가고 있던 국군준비대원에게 괴한 10여 명이 달려들어 구타함
	충북 진천	테러로 인해 농민조합 간부 6명의 중상자 발생

---

122) 민주주의민족전선, 『해방조선 1』, 과학과사상, 1988, pp.274-287

김두한 출세기

1.3	충북 청주	테러단(전재동포상조회, 반탁위원회, 유학생 동맹회, 무술협회) 수백 명이 동원되어 인민위원회, 농민조합, 청맹, 부녀총동맹 습격함
1.5	전남 완도	특경대 40명이 동원되어 인민위원회, 농민조합, 협동조합의 간부를 불법으로 검거함
1.6	충북 제천	테러단(청년체육회)이 동원되어 인민위원회, 농민조합의 사무실을 습격하고 간부들을 구타함
1.8	자유신문사	영락동 자유신문사에 오후 7시 30분경 수류탄이 투척됨
	전남 완도	전남 특경대, 미국인 수명을 대동하고 인민위원회, 농민조합, 청맹, 보안서 등의 간부를 검거하여 구타, 감금함
1.9	경남 부산	무기를 소지한 테러단(민주노동당) 수십 명이 도 인민위원회를 습격, 다수의 중상자 발생
1.11	서울	건청대원, 국군준비대 고급 참모 왕홍경을 구금. 모스크바 3상회의 지지자 신언천, 류지천 외 2명을 구금, 폭행
	전남 남해	특경대 36명이 출동하여 보안서를 점령, 50여 명의 직원 파면
1.12	용산	전평(全評)원이 용산에서 삐라를 뿌리다가 건청원에게 납치됨
	경기도 소사	독립촉성청년회(독촉청) 소사지부 회장 이승학 외 10여 명이 인민위원회장 조운호의 가택을 습격, 가족을 폭행하고 가옥을 파괴함
1.13	충남 온양	경찰서에서 인위, 농조, 청맹, 부총 등의 간부와 가족들을 린치하고 구금함
1.14	전남 목포	특경대는 인위, 보안서, 소방조합의 간부를 일제히 검거함
	전남 광양 미천면	광주검사 지휘로 무장 경관 12명 출동, 면민 74명을 구금, 폭행
1.15	서울	조기철이 소년군 마포지부로 납치됨

1.16	한국민주당 본부	수십 명의 폭력배들이 한민당의 통지를 받고 모인 기자 7~8명에게 존 스톤 기사에 대한 신문기재를 강요함
	고양군 원당면	테러단이 중앙인위 선전부원 이종원을 납치함
1.18	인민보사 외	다수가 권총을 든 300여 명이 인민보사 습격, 그 후 인민당 본부와 인민위원회로 가서 사무실과 비품을 파괴함
	경남 사천	경찰서는 미군을 대동하여 농조 간부와 시민 30여 명을 구타, 검거함
1.19	삼청회관	오전 3시 반경 경기도 경찰부장 장택상 지휘 하에 무장 경찰대 400여 명이 학병동맹 본부를 습격하여 일제 사격을 가함. 박진동, 김명근, 김성익 등이 사망하고 그 외 다수의 중상자가 발생했음
1.20	전남 순천	광복군 20명이 심야에 인위와 청맹의 사무소를 습격, 청맹 정보부장 김일택이 총에 맞아 즉사함
1.21	토건노조, 해방사	청엽동 토건노조 숙소를 무장 경찰대가 급습함. 무장 경찰대 200여 명이 명륜동 해방사를 습격, 수색함
1.23	용산 철도국 외	미소공위 대표단 환영대회에 참석코자 하는 용산철도국 노조원 3,500여명에게 황 모가 인솔하는 테러단이 폭력을 가함. MP가 출동하여 노조간부 5명을 용산서에 구금함. 반탁학생, 건청원 등 600여 명이 대회를 마치고 시가행진 중인 시민들에게 폭력을 행사함. 시위행진을 마치고 돌아가는 농민조합원(여성)을 찔러 죽임. 인사동 식당에서 시국을 논하는 마창기(21세)를 순경 이진우가 장총으로 사살함.
	전북 군산	독립촉성중앙협의회 주최의 반탁 시민대회 개최 중, 일부(50여 명) 인사들이 3상회의 결정을 지지하는 시위대로 변하자, MP 수십 명이 출동하여 인위, 노조, 부총 등의 간부 30여 명을 검거함
1.24	서울신문사	테러단 수십 명이 신문배달을 방해하기 위해 배달부를 폭행하고 신문을 탈취함

김두한 출세기

1.25	전북 이리 익산면	테러단 수십 명이 청맹 결성대회 습격함
1.27	서울	광복군 6명이 인민당 청년부장의 가족을 권총으로 협박함
1.28	서울	건청원 2명이 권총을 소지하고 중앙신문 모 기자의 가택을 습격함
1.30	학병 영결식장	순경이 영구차를 감은 만사를 총부리로 찢음. 모 기자가 장택상 경찰부장에게 항의하자 순경에게 명령하여 체포하도록 함
2.1	전남 나주	특경대원 60여 명과 MP 10여 명이 인위, 노조, 농조, 청맹 습격
2.3	전북 영원, 정읍	무장경관이 농민조합원들을 체포 구금함
2.4	삼청동	오전 6시 경 무장경찰대가 공산당원 조두원, 이승엽, 부총원(婦總員) 조원섭, 최옥희 등 4명을 납치함
2.5	경남 울산 언양면	농조 간부를 부산 민주노동당 당원이 습격
2.7	전북 이리	인민위원회의 임종극, 이원용, 임균학 등을 경찰이 구금하고 MP는 서류, 물품 등을 압수함
	전남 화순	경찰대 16명과 미군 5명이 보안서 점령, 인민위원회 사무실 폐쇄
2.8	강원도 원주	테러단(정의단) 약 200여 명이 노동조합과 농민조합을 습격, 간부 수 명을 구타하고 서류와 금품 등을 압수함
2.9~12	충남 천안	무장 경관대가 소방대, 건국청년회, 광복청년회 등의 테러단과 결탁, 민주주의 제 단체의 간부와 부원의 가택을 순차로 습격함. 중·경상자 수십 명 발생
2.10	강원 원주 귀래	테러단(원주 청년회) 약 50명이 농민조합을 습격 파괴하고 간부 다수를 구타함. 인민위원회 결성식장을 습격, 파괴, 약탈함

2.12	서울	밤 3시경 무장 경관 30명이 해방청년동맹 간부 이용환과 그의 가족 및 위원장 전대중을 구타하고 명부와 서류를 압수함
	전북 정읍 화호리	경찰부장 김응조 외 경관 수 명이 인민위원회 간판을 철거하고 20여 명의 농조위원을 검거, 구금함
	고양군 미천면	농조의 농악대 농민 위문 중 시비발생, 중상자 다수 발생
2.13	경기 광주 도마리	무장 경관이 이틀간 농가를 습격, 미곡수집령을 핑계로 벼 7십여 석을 압수
2.14	경기 용인 용인면	학무국 촉탁 강사 조원의 농민운동관을 비판한 이종린, 김학동, 이원근 등이 검거됨
2.15	전북 남원	전북 경찰부장 김응조는 무장경관 20명과 미군 수명을 대동하고 남원 경찰서원과 합류하여 인민위원회, 건국군, 청년동맹 등을 습격함. 이틀 후인 17일, 수천 명의 군민이 '피검지도자 즉시 석방' 등을 요구하며 봉기하자 박병갑, 한성배, 김철웅 등을 피살함
2.16	종로기독청 년회관	민전 결성대회를 방해하려고 계획한 무기소지 테러단 5명 검거됨
2.17	독립동맹 사무소	오전 2시경 청년 3명이 침입하여 한빈 일행의 행방을 탐문함
2.20~25	경남 합천	형사주임과 경찰서원 7~8명이 농조간부를 구금, 고문함
2.24	전북 옥구	옥구 경찰서 사법주임이 MP 30명을 대동하여 대야면 인민위원회 간부를 전부 검거함. 이튿날 반산면 인민위원회장 전국찬을 구금
2.30	수원	윤 서장과 신 사법주임이 무장경관 50여 명을 출동시켜 청년들을 체포 구금함
3.1	서울	광화문에서 한 청년이 "대한독립만세가 무어냐? 조선독립만세지."라고 말하며 지나가는 청년의 두부를 돌로 난타, 즉사시킴. 창신동 백락승의 집에서 박승환 외 17명이 무장경찰 20여 명에게 피습당함

3.1	전남 광주	서울반탁학생연맹에서 파견된 자칭 김성수 아들 2명과 백관수 아들 등과 학생들과의 충돌, 무장경찰이 출동하여 학생과 교사 구타
	경북 안동군	3·1절 기념식 후 농민조합과 우국동지회와의 충돌, 중상자 다수 발생
3.2	동덕여고	기미기념회측 행사에 불참한 학생들을 훈시하고 변소 청소를 시킴. 교사 김원기는 항의하는 학생들을 구타하고 등교를 금지시킴
	전북 함열	소방대원과 경찰이 608열차에 승차 후 절도용의자 최문도 외 3명을 구타, 감금. 최문도는 유치장에서 절명함
3.3	충북 영동 황간면	140여 명이 트럭 3대에 분승, 삐라살포, 가옥 파괴, 구타, 납치
3.4	경남 합천 삼가면	유봉순 외 4명의 무장 경관대가 농민조합을 습격함
3.5	서울운동장	'38선 철폐 국민대회'개최, 언론기관을 규탄하고 소련 영사관에 침입, 주동자는 성남중학교 교장인 김석원 대령
3.13	서울	아시아 탐정 사장 이원국 외 다수 검거, 최신식 권총 1종 및 탄환 압수
3.14	종로 광교	밤 9시경 연극이 끝난 후 심영이 부인과 함께 청년으로부터 피습
3.11	전남 광주	광주 경찰서의 최 부서장이 경관 20여 명을 대동하여 보안서의 송정리 파출소를 습격함. 술에 취한 그는 경찰 약 180명을 인솔하고 군중을 진압하는 가운데 4명을 살해하고 다수의 중상자를 냄
5.4	경기도 오산	민전 간부와 산하 단체의 간부 15명이 구속됨. 22일 만에 검사의 취조가 시작되어 2명만이 벌금형을 받고 나머지는 무죄 석방됨
5.6	충북 충주	민청 태평동 분회 결성식에 2백여 명의 대한독촉, 대한청년연맹원들이 습격, 회관을 파괴하고 간부 몇 명을 구타함

5.6, 9~11	민전 · 민청 결성대회	폭도 50여 명이 민청회관 습격, 이상태 · 정동지 · 이인영 등 인사불성
5.7	경기도 안성	인위와 농조 간부 20여명과 그 외 일죽면 등 면단위 활동가 40여 명을 유치장에 감금하고 10여 명을 송치함
5.9	충남 아산	민전 결성을 앞두고 대량 검거를 실시, 허균 · 이성우 등은 송치되고 10여 명은 기소중지
5.10	충남 서산, 보령	십여 명 반공청년들의 폭력행위
5.12, 19	충북 연지 금동면	독촉간부들이 200여 명의 청년들을 매수하여 인근 지역까지 폭력을 행사함
5.12~25	충북 청주	열흘간 28건의 폭행 발생
5.17	경기 파주	파주군 독립촉성국민회 지부장 노규창과 금촌 분회장 김진한이 주동이 되어 폭력단 조직, 인민위원회 등을 습격, 구타, 강탈행위. 농조 간부 정행대와 정행도 두 사람이 빈사상태가 됨
5.18	강원도 장성	장성탄광, 삼화제철공장, 동양화학공사의 노조원 20여 명이 검거됨. 위폐 사건에 관련이 있고 메이데이 기념행사에 불법으로 모였다는 혐의임
5.19	충남 홍성 광천	조소앙, 안재홍, 엄항섭 등의 순회강연 시 좌익단체의 간판이 걸려 있으면 그 지방의 수치라 하여 광복청년 회원이 간판을 파괴함
	인천	독립전취국민대회 개최 시 인천노조원과 서울과 인천에서 출동한 반공청년들과 충돌, 노조원 14명만 검거됨
5.20	충북 충주 신북면	용산리 공회당에서 민청 주최 강연회 중 대한독촉동맹원들이 춘천에서 온 강사 2명과 농조원 여러 명에게 폭력 행사
5.23	충북 옥천	70여 명의 폭력단이 트럭 3대에 분승, 옥천국민학교장 문민과 옥천경찰지서장 김남극을 중립주의자라 하여 구타하고, 농조 간부 최덕성 이하 20여 명에게 중경상을 입힘

김두한 출세기

5.25	경기 파주 위동면	폭력배들이 인민위원장 김춘성의 전신에 똥칠을 하고 똥을 먹임
	경기 평택	인위 부위장 안충수 외 4명 평택서에 불법 검거됨
5.27	강원도 삼척	60여 명의 무장 경찰이 민전, 노조, 농조 사무실 습격, 수색. 40여 명의 간부, 부원들을 검거함

해방 후 몇 개월 동안은 폭력사태가 거의 없었다. 그러나 미군이 주둔하고 임정이 환국한 11월경부터 폭력사건이 간헐적으로 발생하다가 모스크바3상회의의 결과가 왜곡 보도된 후인 1946년 1월부턴 살인 구타 린치 파괴 약탈 등 폭력행위가 전국에 걸쳐 거의 매일 발생하였다.**123)**

그러나 이 정도는 예고편에 불과했다. 1946년 9월부터 시작된 전평의 총파업과 전국적인 농민들의 봉기, 제주도 4·3사건, 여순사건 등이 기다리고 있었다. 이제는 수류탄까지 등장하는 폭력과 야만의 시대가 도래한 것이다. 이 시기의 중심인물로 김두한이 자리매김한 것은 하등 이상한 일이 아니다. 이제 김두한의 폭력 테러행위를 검토할 차례다.

---

123) 상기 자료는 민전 측에서 우익의 폭력을 중심으로 기술한 것이기 때문에 좌익의 폭력행위는 생략되었다. 좌익과 우익의 테러 빈도에 대해선 미군정에서 작성한 G-2보고서가 참조된다. 이 문서에 의하면 1947년 8월에 68건의 테러가 발생했는데 37건은 우익에서, 16건은 좌익에서 저질렀다.(G-2보고4, 584~585쪽) 그리고 9월에 발생한 50건 중 우익은 28건, 좌익 12건, 불명이 10건이었다.(G-2보고5, 47쪽)

1918   *1972*

김두한은 누구의
말을 듣고 노선을 변경했나

공산당의 앞잡이로 활약하다가 아버지가 공산당에게 암살당했다는 사실을 알고 난 뒤, 그 원수를 갚기 위해 공산당을 때려잡는 데 누구보다 앞장섰다. 극적인 김두한의 이러한 전향 이야기는 상당히 널리 알려진 삽화다. 그런데 김두한의 전향에 결정적인 역할을 한 모 인사로 등장하는 인물이 한둘이 아니다. 박용직, 유진산, 장덕수, 염동진, 김구, 이범석……. 도대체 어떻게 된 사연일까? 많이 알려진 홍성유의 소설 『장군의 아들(원제 인생극장)』의 한 장면부터 감상하기로 하자.

"두한 아우, 두한 아우 아버님 백야 장군이 어떻게 되셨는 줄 알아?"
김두한은 털썩 주저앉으면서 숨이 꽉 막히는 듯한 기분이 들었

다. 얼마나 알고 싶었고, 얼마나 안타까이 아버님의 소식을 기
다렸었던가.

…(중략)…

"공산당 손에 맞아 돌아가셨다는 말이야."

…(중략)…

그런 터에 유진산과 만나게 된 것이다. 그런데 보다 연만하고,
보다 위풍이 있는 유진산까지 아버지 김좌진 장군이 공산당의
손에 맞아 돌아가셨다 하지 않는가.

"그래! 자네는 아직도 아버님이 누구의 총에 맞아 돌아가셨는
가도 모르고 있단 말인가?"[124]

  세상이 다 아는 김좌진의 죽음을 아들인 김두한이 해방이 될 때까
지 몰랐다는 홍성유의 설정이 어이없다. 하지만 이 삽화는 독자의 흥
미에만 초점을 맞춘 소설이니 이해하기로 한다. 아무튼 절친한 형님
박용직으로부터 김좌진의 죽음에 대하여 먼저 듣고 그 후 유진산이
사실을 확인해 주었다는 구성인데, 영화나 드라마에서도 대개 이 정
도의 스토리를 제공해 주고 있다. 숨겨진 현대사를 발굴했다는 이영
신의 『비밀결사 백의사』에는 전혀 다른 삽화가 그려져 있다. 아래에
소개한다.

---

124) 홍성유, 『장군의 아들』 9, 자음과 모음, 2002, pp.50-61 ; 「조선일보」에
    1985~1988년에 걸쳐 무려 1,432회를 연재한 〈인생극장〉이 원작이다.

"이놈! 세상에 네놈처럼 불효막심하고 우둔한 놈은 처음 보겠다! 김좌진 장군을 암살한 자가 공산주의 놈이었거늘, 네 이놈! 아무리 막돼먹었기로 공산주의자들의 본색이 뭔지 알지도 못하면서 원수 놈들의 편에 서서 앞잡이 노릇을 할 수 있단 말이냐!"

…(중략)…

"여보슈. 우리 아버지를 공산주의자가 암살했다는 걸 당신이 어떻게 안단 말이오?"

…(중략)…

"내가 북로군정서에서 활동하지 않았다면 김좌진 장군이 공산주의자에게 암살당했다는 사실을 어찌 알 수 있겠는가? 나는 김좌진 장군의 묘소까지 알고 있어!"

김두한은 갑자기 염응택을 향해 방바닥에 머리를 조아리더니 오열하기 시작했다.125)

이 내용 역시 역사적 사실과는 전혀 무관해 보인다. 염응택이 북로군정서에서 김좌진과 함께 활동했다는 것은 이 책에서만 등장하는 이야기이기 때문이다. 지금까지 박용직, 유진산 그리고 염동진(염응택) 등이 등장했다. 그런데 김두한 자신의 주장은 또 전혀 다르다.

제가 마음을 완전히 잡지 못하고 있을 때, 그때 장덕수씨가 술

---

125) 이영신, 『비밀결사 백의사』 상, 열린문, 1993, pp.208-209

김두한 출세기

한 잔 하며 이런 얘기를 들려주는 거예요. 공산당의 사주를 받은 암살자, 박상실이 자네 아버지를 방앗간에서 죽였다. 소하 6년 그러니까 1930년[126]에. 국제공산당 코민테른이 주도한 거라며 얘기하니까 눈물이 확 쏟아지지 않습니까. 그때서야 진실을 알게 됐고 앞으로 내가 무엇을 해야 하는지를 알게 된 거죠. 참 위태로웠던 순간이었죠. 백범 선생도 나중에 그 얘길 들으시고는 깜짝 놀라시더군요. 저를 불러서 내가 너희 아버지와 친군데 그러면 안 된다며 내가 갈 길에 대해 한참 얘기를 해 주셨지요.[127]

장덕수로부터 진실을 알게 되었고, 백범 김구가 자신의 갈 길, 즉 반공투사로의 길을 제시해 주었다는 김두한의 증언이다. 이상한 것은 그의 자서전에는 또 다르게 기록하고 있다는 것이다.

거리에는 "김두한이 육군소장이 되었고 남반부 인민군 사령관에 취임하게 되었다."는 벽보가 나붙었다. 나는 김일성이 보내준 제복을 앞에 놓고 생각에 잠기었다. 그러는 중 나의 방을 노크하는 소리가 들려 문을 열어 보니 한복 차림의 한 중년 신사가 나를 찾는다. 방 안에 모시고 대좌하자 아버지 백야의 동지라고만 밝히는 그 중년 신사는 "김두한 동지! 당신은 당신

126) 소화6년은 1931년이다.
127) 《노변야화》 제25화 해방 후 대한민청 모체에 대해, 「동아방송」, 1969.11.11.

의 아버지인 백야 장군께서 어떻게 해서 세상을 떠나신지 아시
오?"라고 첫 말문을 열면서 당시 조선총독부 고관들이 보던 기
밀문서 사본 1통을 보여 주었다. 그 문서를 우리말로 통역하여
대조해 보여 주시면서 김일성이 보낸 제복을 입지 말라고 간곡
히 만류해 주었다. 나는 이 노인으로부터 모든 이야기를 듣고
내가 서야 할 위치를 비로소 알게 되었다.128)

'김좌진의 동지'라는 이 중년신사가 누구인가는 알 수 없다. 유력
한 인물로 이강훈을 들 수 있으나, 그는 일본 나가사키에서 복역하
던 중 광복이 되자 출옥한 뒤, 재일한국거류민단 부단장을 지내고
1960년 귀국하였기 때문에 고려의 대상이 될 수 없다. 과연 그 노인
은 누구일까? 김두한의 증언은 같은 사안이라도 이렇게 다르니 도저
히 신뢰가 가지 않는다. 그 외 이범석이 주인공이라는 설이 있다고
소개하는 학자도 있다.129) 상기 등장인물 중 유일하게 직접 증언한
사람이 있다. 박용직의 주장을 들어 보자. 제법 길지만 광복 초기 김
두한의 행적을 파악할 수 있는 중요한 자료이므로 전문 대부분을 아
래에 인용한다.

이때 일제의 정신대로 활동하다가 광복을 맞이한 청년 김두한
은 방향감각을 몰라 뒷골목에 움츠리고 있다가 8월 말에야 나

128)『김두한자서전』1, 메트로신문사, 2003, p.170
129) 이영철, 풍운아 김두한 '의협과 주먹 사이' 〈이영철 교수의 5분 한국사〉

김두한 출세기

타나기 시작했다. 대한청년건협 부회장 박용직(朴容直)옹의 증언에 의하면 45년 8월 30일경 처음으로 나타난 김두한은 박용직과 같이 어떤 술집에서 밤새도록 술을 마시고 다음 날 아침 이발소에서 세수를 하고 나오다가 광목 한 차를 싣고 가며 트럭 위에서 부르는 친구를 따라갔다 한다. 한 달 만에 나타난 김두한은 1백50만 원씩 들은 가죽가방 2개를 가지고 박용직 앞에 나타났다 한다. 9월 한 달 동안 일인공장에서 광목을 내다 판 것이다. 그러나 3백만 원이나 되는 이 거금을 둘이서 오랫동안 돌아다니며 술로서 탕진해 버린 것이다.

그러자 김두한은 일본인이 감추었던 아편을 밀매하다가 미 헌병대에 붙들려 서대문형무소에서 3개월 동안 미결수로 갇혀 있다가 45년 12월말에 풀려났다고 박용직은 말한다. 이 부분에 대해서는 홍성유도 「조선일보」 연재 〈인생극장(1988)〉에서도 같은 말을 하고 있다. 그럼에도 불구하고 많은 기록들은 김두한이가 광복초기 일제 때에 조직했던 정신대원들을 모아 조선건국청년대를 조직해 가지고 화신 건너편에 있는 일본 해군 무관부를 점령했다느니 일본의 조선군사령부의 무기를 인수했다느니 김일성이 보낸 인민군 소장복장을 찢어 버렸다느니 좌익의 국군준비대를 공격해 때려 부셨다는 등의 전혀 근거 없는 허무맹랑한 기록들이 쏟아져 나왔다. 심지어는 공영방송에서까지 오도하는 경우가 있었다.

이와 같은 원인은 모 작가가 김두한 전기를 쓰려 할 때 김두한의 요청으로 박용직이 증언해 주기로 하고 호텔방까지 정해 놓고 기다렸으나 약속 날이 지나도록 작가와 김두한이 나타나질 아니하였다 한다.

그 후 얼마 있다가 김두한 전기가 나왔는데 앞서와 같은 터무니없는 허위 기록이 나와 박용직이 김두한을 불러 약속 어긴 사유와 허위기록의 연유를 물었더니 김두한 대답이 "형님을 내세우면 곧이곧대로 말하게 되어 나의 영웅적 투쟁화가 빛나가게 될 것임으로 그리되었다."고 말하더라고 박용직옹이 증언하고 있다. 이에 박용직과 김두한이 얽힌 동기를 짚고 넘어가야 하겠다.

일제 말기에 접어들면서 전세 악화로 서울거리는 삭막하였다. 이때 박용직, 수주 변영로, 공초 오상순, 월탄 박종화 또는 김창형(삼성당약방주인의 형) 등이 종로 화신 앞 한청빌딩 아래층에 있는 삼성당 약방에 모여서 당시는 술이 귀한 때라 알콜을 물에 타서 마시며 나날이 회포를 풀고 있을 때다. 이때는 당시 만연하고 있는 말라리아 병에 직효인 김계랍 약이 상당히 구하기 힘든 때였다.

이때 삼성당 약방에 배급이 나온 3백정의 김계랍을 팔아 이 모임들의 경비에 보태 쓰기로 하고 원매자를 물색 중 어떤 브로커가 산다고 하기에 박용직이 가지고 약속된 약방으로 나갔다. 그랬더니 마스크를 넓게 차 얼굴을 가린 건장한 청년이 나타나 주먹 쓰는 공갈담만 늘어놓으며 김계랍을 거저 빼서 가려 했다.

그래서 박용직이 말하기를 "일단 마스크부터 거두시오. 당신이 아무리 주먹이 강하더라도 만인을 제압할 수는 없소. 그러나 인도의 간디는 그 위대한 지도력으로서 수억의 인도인을 사로잡고 있소." 하고 근엄하게 타일렀더니 그때 그 청년은 마스크를 벗고 꿇어앉아 사과하며 "앞으로 절대로 형님으로 모시겠다."고 했다고 박용직옹은 증언한다. 이것이 박, 김 두 사람이 인연을 맺은 동기다.

이와 같이 김두한이가 45년 말 서대문형무소에서 풀려나온 후 비로소 조직 활동을 시작한다. 그러나 이 당시 김두한은 어디까지나 주목파로서 사상무장이 되어 있지 않는 상태에서 자신의 불우했던 과거와 없는 사람들의 천국을 이룬다는 공산주의의 부단한 선전 등으로 정치적 미로에서 방황하고 있을 때였다.

그런데 정국은 이미 45년 10월 달에 접어들면서 좌우로 양분된 상태에서 각기 광복정국을 장악하기 위한 권력 확장에 전력하였다. 이때 좌익 측에서는 조선공산당이 청년전위대를 조직하려고 획책하였다. 이 조직운동은 일제 때부터 만담가로 유명한 신불출(申不出)과 그와 같이 8·15광복 이래 열렬히 좌익운동을 전개해 온 친일문학가 장혁주(張赫宙)의 동생(한 자료엔 형으로 되어 있음)인 장명환(張明煥)[130]을 내세워 진행했다.

따라서 장명환은 그가 두령으로 있는 일제 말기의 어용단체인 정신대원들을 포섭하기 시작했다. 이 정신대는 김두한이 대장이 되어 5백여 명의 대원을 가지고 있었으며 그중에는 김두한

---

130) 제3장 '반도의용정신대의 실체'에서 언급한 장명원과 동일 인물

과 같이 청계천 수표교 밑에서 깡통생활을 하다가 부산지구를 장악하는 정진용(丁鎭龍) 같은 제2의 실력자도 있었다.

이들에 대하여 조선공산당은 장명환을 내세워 막대한 자금을 살포해 가며 포섭해 들어갔다. 이에 김두한도 자연 딸려가 동조하게 되었다. 따라서 장명환, 신불출 양인은 1946년 4월 초순경(일설에는 45년 11월 또는 12월로 기록됐으나 잘못으로 본다) 파고다 공원 뒤의 미요시 화식 집 2층에서 김두한의 전 정신대를 모체로 조선청년전위대를 결성하고 다음과 같이 간부진을 구성했다.

중앙부서

두령: 장명환, 참모장: 신불출, 전위대장: 김두한, 행동책: 정진룡, 동: 이원영

이와 같이 조선청년전위대는 일제 말의 조선총독부의 어용단체였던 반도의용정신대의 줄기다. 이 정신대의 두령이었던 친일파의 장명환이 그대로 조선청년전위대 두령으로 눌러앉아 공산주의자 신불출과 같이 조선공산당의 외곽단체로 변신하여 돌격대로 활동하게 된 것이다. 아마도 민족반역자인 장명환이 공산주의자로 전향한 것은 살아남기 위한 방편으로, 당시 강세에 있었던 공산당에 충성했으리라.

어쨌든 정신대가 공산당의 돌격대로 변한 것은 그 일부가 이미 좌경화한데서 비롯된다. 그 과정은 김두한이가 어려서 청계

천 수표교 밑에서 깡통을 들고 같이 구걸생활을 하며 서울 뒷골목 주먹파로 자란 후 김두한의 두목 밑을 떠나 부산파 두목으로 성장해서 일제 말기엔 반도의용정신대장 김두한 밑에서 동대의 중요한 간부로 활약하는 정진용(일설 丁鎭永, 鄭鎭永)이 8·15광복과 동시에 공산주의자들에게 매수되어 좌경 활동을 전개한 데서 비롯된다.

정진용은 광복과 동시에 서울 명동 거리 명동장에다가 본부를 설치하고 공산당에서 제공하는 막대한 자금을 살포해 가며 거물급 깡패들의 포섭작전을 펴서 상당한 실효를 거두었다. 이 포섭공작이 종로파인 김두한의 아성을 뭉개 가고 있었다. 이로써 종로파의 상당수 하부조직까지 명동파로 넘어가고 있었다.

이렇게 해서 약 2백여 명이 모여 조선청년전위대를 조직하였는데 이날 민족주의 인사 박용직이 장우극(張愚極)과 함께 방청객으로 참가했다. 이때 서로 아는 사이인 정진용이 나타나 박용직에게 "세퍼트가 들어왔다."고 야단을 치고 있을 때 의제인 김두한이 가로막아 보호해 주어서 밖으로 나왔다고 뒷날 박용직은 술회한다.

다음 날 만나기로 약속하고 김두한과 헤어진 박용직은 다음에 찾아온 김두한을 보고 "너의 부친 김좌진 장군을 암살한 놈이 공산당원인 것을 알지 않느냐. 조선청년전위대는 너의 살부지(殺父之) 원수와 같은 존재임으로 손을 끊어라."고 역설하고 "내가 지금 청년단을 만들 계획인데 너의 부하들을 많이 이끌고 함께 일해 보자."고 간곡히 권유했다는 것이다.

그랬더니 의기의 사나이 김두한은 팔짱을 끼고 골똘히 생각하다가 "형님 그렇게 해 봅시다."고 했다는 것이다. 이렇게 해서 광복 초기 이념적 미로에서 방황하고 있는 김두한이 그의 부하들을 이끌고 좌익의 공격대인 조선청년전위대에서 이탈하고 민족진영으로 돌아오게 된 것이다. 만약에 박용직의 선도가 아니었던들 김두한 일파까지 모든 주먹파들이 좌익의 공격대로 머물러 있었다면 아마도 광복정국은 좌익이 모두 휩쓸어 한반도는 완전히 적화되었을지도 몰랐을 것이다.

이로써 남한의 주먹파는 명동계(본래 부산파)와 종로파로 양분되었는데 정진용의 명동파는 김두한 산하에 있는 500명에서 200명(일설 130명) 정도가 남았고 김두한의 종로파는 약 500명(일설 470명 또는 800명 설)이 뭉쳐서 김두한이 이끌고 박용직과 합의하여 청년단을 조직키로 하고 조선청년전위대를 일방적으로 해체 선언하고 반공성명을 발표했다. 이에 격분한 정진용 일당은 김두한을 철전지 원수로 간주하고 이래 대 김두한파 공격에 나섰던 것이다.

이와 같이 양 파가 결별 후 조선청년전위대의 돌격대장으로 남아 있는 정진용 일파는 김두한 타도공작으로 일관함으로써 이후 명동파와 종로파는 서로 반목과 불용의 적대관계로 벌어진다. 따라서 종로파는 번개, 상하이, 쌍칼잡이, 쌍권총 등의 별명을 가진 우미관(영화관) 출신들의 협객들이 중심이 돼 김두한 산하에 움직이고 있었다. 이와 같이 폭력단에까지 몰고 온 좌우의 이념투쟁은 이미 논한 바와 같이 김 정 양 파 간의 생사

김두한 출세기

를 건 철저한 피의 대결로 전개된 것이다. 따지고 보면 민족진영에서는 공산당 산하의 폭력단인 정진용의 조선청년전위대를 타도하기 위해 김두한 계열의 주먹파를 규합해 대한민주청년동맹을 결성하게 되는 것이다.[131]

박용직의 증언은 김두한 신화를 벗기는 데 많은 정보를 제공해 주고 있다. 박용직의 증언을 기초로 해방 초기 김두한의 이력을 정리해 보면 아래와 같다.

- 1945년 8월 18일: 종로경찰서 유치장에서 석방됨
- 8월 30일경: 뒷골목에서 움츠리고 있다가 처음으로 나타나 박용직과 밤새도록 술을 마심
- 9월 말경: 일인공장에서 광목을 내다 판 수익금 3백만 원을 가지고 한 달 만에 만난 박용직과 두 사람이 술로서 탕진함
- 10월~12월: 일본인이 감춰 두었던 아편을 밀매하다가 미 헌병대에 의해 검거됨, 서대문 형무소에서 3개월 동안 미결수로 갇혀 있다가 석방됨
- 1946년 4월 초순경: 파고다공원 인근 일식집에서 반도의용정신대 시절 두령이었던 장명환(장명원), 신불출 등과 함께 조선청년전위대를 결성함, 두령은 장명환이 선출되고 김두

---

131) 한국청년운동협의회, 『대한민국 건국청년운동사』, 건국청년운동협의회총본부, pp.789-793

한은 전위대장을 맡기로 함.

- 약 200여 명이 모인 발대식 때 방청객으로 참석한 박용직이 정진용에게 수모를 당하자 김두한이 박을 보호함. 다음 날 김두한을 만난 박용직은 김좌진이 공산당에게 암살당했음을 상기시키면서 조선청년전위대와 손을 끊고 자신과 새로운 청년단에서 함께 일할 것을 권유함. 김두한은 고민 끝에 결국 승낙함
- 김두한은 자신의 수하를 이끌고 조선청년전위대를 탈퇴함
- 이로써 김두한의 종로파(약 500명)는 대한민청, 정진용의 명동파(약 200명)는 조선청년전위대로 갈라지게 되어, 각 파가 좌우익의 돌격대 역할을 하게 됨
- 1949년 4월 9일: 대한민주청년동맹(대한민청)이 결성됨

허풍과 과장, 왜곡으로 가득한 김두한의 전기소설이나 자서전 등에 비해 박용직의 증언은 좀 더 정확한 것으로 보인다. 물론 박용직의 서술도 날짜와 인원 수 등에서 오류가 다소 있다는 것을 인정하더라도 그렇다. 박용직의 주장이 지금까지 세간에 알려진 삽화들과 크게 다른 것이 하나 있다. 김좌진 암살범이 공산주의자였다는 것을 김두한은 이미 알고 있었다는 술회다. 아무래도 박용직의 증언이 좀 더 신뢰가 간다.

일제강점기에도 알 만한 사람은 다 아는 김좌진의 죽음 과정을 아들이라고 자처하는 김두한이 몰랐다는 설정 자체가 난센스였다는 것을 상기 자료는 지적해 주고 있다. 결국 김두한이 극우로 선회한 실

김두한 출세기

질적인 이유는 극우 정치세력의 적극적인 포섭 노력 때문이었고, 거기에 덧붙여 자신의 부재 시에 세를 불려 '명동파'라는 새로운 조직의 맹주가 된 옛 친우 정진용에 대한 경계심이 크게 작용하였을 것이다.

1918 *1972*

친일경찰과
정치깡패와의 동거생활

미군정 시기 군정청(USAMGIK) 공보부에서 근무했고, 대위로 전역한 후 주한미군사령부 군사실에서 군사관(軍史官)으로 근무한 바 있는 리처드 로빈슨(Richard D. Robinson, 1921~2009)은 『미국의 배반』(원제는 'Betrayal Of A Nation')이란 책에서 "혼란을 진정시키는 데 있어서 경찰은, 실제로는 무장한 깡패조직인 우익 청년단체와 변함없는 한 쌍의 원앙이 되어 행동했다."[132]라는 글을 남겼다. 너무나 정확하고 뼈있는 지적이다. 한편, 로빈슨은 당시 한국의 경찰에 대하여 아래와 같이 자신의 견해를 밝힌 바 있다.

1946년 말부터 남조선이 경찰의 세상이라는 것은 바보가 아

---

132) 리차드 로빈슨, 정미옥 옮김, 『미국의 배반』, 과학과 사상, 1988, p.137

김두한 출세기

니라면 누구나 다 아는 명백한 사실이었다. 남조선 경찰에게는 권력이 있었고, 남조선 사람들은 적어도 일본 사람들을 미워했던 것만큼이나 경찰들을 미워하게 되었다. 그 조직의 꼭대기에는 미국 선교사들의 권고로 임명되어, 하지 중장의 완전한 신임을 받고 있던 장택상과 조병옥이 있었다. 그럼에도 불구하고, 그 두 사람을 알게 된 것을 나는 기뻐했던 적도 있었다.

한번은 내가, 하지 중장의 가까운 정책고문에게 왜 중장은 그 두 사람이 계속해서 권력을 휘두르게 하는가 하고 물었다. 그는 잠시 생각하다가 그것은 아마도 그들이 미국의 명령에 잘 따르고, 언제나 공산주의자에 대항하여 싸워 왔다는 사실이 미국에게 중시되었던 때문인 것 같다고 대답하였다. 그 정책고문은 잠시 말을 멈추었다가, "그러나 가장 중요한 요인은 실수를 허용하는 군대 정신의 무능함과 하지 중장 자신의 완고함이지요."라고 덧붙였다.[133]

로빈슨은 미군정기 한국의 경찰을, "깡패조직인 우익 청년단체와 협력하여 미국의 명령에 절대 복종하고 공산주의자에 대항하여 싸운 조직"으로 정의했다. 그리고 한국 경찰 최고 수장이었던 조병옥과 장택상은 미국 선교사들의 권고로 임명되었으며 하지 중장의 절대적인 신임을 받고 있었다고 말했다. 이번 장에선 로빈슨의 주장이 진실인지 혹은 오해였는지 여부를 검토하기로 한다.

---

133) 『미국의 배반』, p.145

먼저 해방 무렵 치안상황을 알아보자. 미군이 처음 한국에 도착했을 때 한국인으로서 일본경찰에 근무했던 자들은 완전히 혼란에 빠져 있었으며 이들 중 80%에서 90% 정도가 직장을 이탈한 상태였다. 대부분의 지역에서는 현지 인민위원회의 지시를 받는 치안대들이 치안 유지를 담당했다.[134] 미군정이 본격적으로 실시되는 1945년 9월 중순까지 우려할만한 폭력사태는 없었다. 그러나 미 군정청은 여운형 등에 의해 수립된 조선인민공화국과 인민위원회를 인정하지 않았고, 이에 따라 산하의 치안대에 대하여 해산명령을 내렸다. 대신 미군정은 1945년 9월 16일부터 한국인 경찰관을 모집했고 10월 21일에는 '국립경찰(KNP)'을 창설했다.[135]

광복 직후 한반도에는 2만 6천 677명의 일제(日帝)경찰관들이 있었다. 그 가운데 조선인은 약 40%인 1만 619명이었다. 직급별로는 지금의 치안감급에 해당하는 도(道) 경찰부장에 조선인이 1명, 경시급(지금의 총경)에 21명(日人 48명), 경부급(지금의 경정)에 105명(日人 433명), 경부보급(지금의 경감)에 220명(日人 790명)이었다. 나머지 조선인 경찰관 1만 272명(日人 1만 4775명)은 비(非)간부급인 순사부장과 순사였다.[136] 당시 경찰력 증강에 대한 과정은 미국인 경무부장 맥린(William Maglin) 대령의 발언이 참고된다. 뉴욕 경찰관 출신인 맥린(William Maglin)은 1946년 마크 게인(Mark Gayn)과의 회견에서 다음과

---

134) 브루스 커밍스, 김자동 옮김, 『한국전쟁의 기원』, 1986, p.217

135) 김진웅, 〈미군정기 국내정치에 있어서 경찰의 역할〉

136) 오동룡, 日帝下 조선인 特高경찰관들의 죄와 벌, 『월간조선』, 2004년 11월호 《인용한 경찰의 수는 자료에 따라 조금씩 다르다.》

김두한 출세기

같은 말을 남겼다.

> 우리가 작년에 인수를 받았을 때 경찰 2만 병력 중 1만 2천명
> 이 일본인이었다. 일인들을 보낸 후 우리가 한 일은 한인들을
> 진급시킨 다음에 경찰을 도와온 모든 청년들을 입대시킨 것이
> 었다. 이런 방법으로 우리는 경찰력을 2만 명에서 2만 5천 명
> 으로 증가시켰다.[137]

맥린에 의하면 식민경찰에 종사했던 한인 8천 명 중 5천 명이 여전
히 군정의 경찰에 종사한다고 밝혔다.[138] 일제의 충견노릇을 했던
자들 중 60% 이상이 계속하여 미군정의 녹을 받았다는 뜻이다. 경찰
간부에 국한하면 80% 이상이 일본인들을 떠받들던 사람들이었다.
한편, 인용한 맥린의 발언 중 주목할 만한 내용이 있다. 경찰조직이
어떠한 과정을 거쳐 그렇게 급속하게 비대화되었나 하는 방법론을
증언해 주는 내용이다. "우리가 한 일은 한인들을 진급시킨 다음에
경찰을 도와온 모든 청년들을 입대시킨 것이었다."
   즉, 미 군정청은 일제 강점기 시절 경찰고위직을 역임했던 인물들
은 경찰의 중추 세력으로 포진시키고, 그다음 하부 조직은 경찰의
보조 역할을 했던 우익 청년단체의 청년들을 영입했다. 우익청년단

---

137) Mark Gayn, Japan Diary(New York: William Sloane Associates 1948),
    p.391
138) 1946년 11월의 한-미 회의에서 밝힘

이 경찰의 한 축으로 활동하는 동안 경찰력은 차츰 증강되어 1945년 11월 15,000명 정도였던 경찰 수가 1946년 7월에는 25,000명 그리고 경찰에 대한 지휘, 통제권이 한국정부에 이양되는 1948년 8월경에 34,000명에 이르게 된 것이다.[139]

[표9 1 1946년 현재 국립경찰에 재직 중인 식민경찰 출신자][140]

직위	1946년 총수	식민경찰출신	비율(%)
치안감	1	1	100
청장	8	5	63
국장	10	8	80
총경	30	25	83
경감	139	104	75
경위	969	806	83
(합계)	(1,157)	(949)	(82)

미군정 시기 고위직 경찰이 어떻게 구성되었는가하는 것은 조병옥과 투쟁하다가 경찰에서 축출당한 최능진의 보고서가 참조된다. 당시 수사국장 최능진은 1946년 11월 20일, 한 미회의에서 다음과 같은 내용을 보고했다.

---

139) Donald S. McDonald, ""Field Experience in Military Government:Cholla Namdo Province,

140) 1946년 11월 1일에 윌리암 맥린(미국인 경무부장)대령이 한-미회의에서 행한 보고, ⅩⅩⅠⅤ Corps Historical File 참조

김두한 출세기

최능진은 국립경찰을 "북한에서 공산주의자들에 의하여 축출된 부패한 경찰관들을 포함해서, 일본의 훈련을 받은 경찰과 반역자들의 피난처"라고 불렀다. 북한 출신 경찰들은 8·15 이후 평양에서 일인들로부터 상당한 액수의 돈을 받았으며, "경찰관들은 그 돈을 갖고 서울에 와서 경찰에 취직하는 데 사용했다"는 것이었다.… 그는 실례로 개성에서 쫓겨 온 김후원이란 자와 "한국에서 유명한 일인(최능진의 발언임) 형사로서… 해방 후 그의 집이 파괴되자 이곳으로 온" 이구범이라는 사람을 들었다. 이구범은 서울의 주요 경찰서 서장이 되었다.

최능진은 자기가 부일협력자를 등용하는 데 관해서 조병옥과 견해차가 있었음을 밝히면서 "그는 내가 애국자와 독립운동가를 경무부에 등용하고자 했으므로 언제나 나를 반대했다."라고 말했다.…그는 "경무국은 부패했으며 인민의 적이다. 이러한 정세가 계속되면 한인의 80%가 공산주의 쪽으로 돌아설 것이다."라고 자신의 견해를 밝혔다.[141]

최능진은 이 보고를 제출한 후 해임되었다.[142] 해방 당시 경찰의 고위직을 지낸 인물들의 배후에 관한 정보는 최능진이 지적한 사항이 진실이었음을 뒷받침해 주고 있다. 수도경찰청장 장택상의 조력

141) Minutes of the Korean-American Conference 1946.11.20.&25. "XXI V Corps Historical File" 참조

142) 최능진은 경찰에서 축출당한 후 5·10선거에서 이승만에 대항하여 출마하는 등 이승만 정권과 맞서다가 1952년에 총살당했다.

자이자 고문역할을 했던 몇 명의 이력을 아래에 소개한다.[143]

• 최연(崔燕, 일본 이름 高山淸只), 본명 최령, 함경남도 함흥시 출생

1918년 함흥경찰서 순사로 시작 경부보를 거쳐 경시역임, 경기도 형사과장 고등계 형사로 독립 운동 탄압을 담당, 혜산 경찰서 근무 중 1938년 혜산 사건으로 3백 명의 독립 운동가를 체포, 고문(이 일로 일제로부터 훈장을 받음)

광복 후 경기도 경찰부 경무과장으로 경찰부장에 임명되어 활동(월남한 친일 경찰들을 대거 추천해 남한 경찰 조직에 포함) 반민특위로 마포형무소에 잠시 수감되었으나, 반민특위 강제 해산 뒤 풀려남

• 이익흥(李益興), 평안북도 선천 출생

일제강점기 친일경찰, 평북 박천군 경찰서장 역임. 일본 규슈 제국 대학 법과 졸업 후 일제 총독부 경찰관이 되어 독립운동가들 탄압

해방 후 월남하여 헌병부사령관 겸 서울헌병대장, 경기도지사 역임. 사사오입 개헌 공로로 제13대 내무부 장관을 지냄

• 최경진(崔慶進), 함경남도 함흥부 출생

---

143) 이하 각 인물의 경력은 《친일인명사전》을 참조하여 구성했음

김두한 출세기

1934년 일본 고등문관시험 행정과 및 사법과에 합격, 귀국 후 함경남도, 평안남도 강동군수, 평안남도 경시, 경찰부 보안과장, 경찰 공무원 역임
미군정과 대한민국 건국 후에도 그대로 경찰로 등용되어 경찰국장 대리, 경무부 차장, 변호사로 활동

이들은 일제시절 경시(현재의 총경)를 역임한 자들이다. 그밖에 전봉덕(田鳳德 당시 경기도 보안과장, 광복 뒤 육군헌병사령관), 윤우경(尹宇景 당시 황해도 송화서장, 광복 뒤 치안국장), 손석도(孫錫度 당시 서울 성동서장, 광복 뒤 중부서장), 노덕술(盧德述 당시 평남 보안과장, 광복 뒤 수도청 수사과장과 헌병중령), 노주봉(盧朱鳳 당시 전남도 경시, 군정 때 전남 경찰부장) 등이 일제시절의 경력을 인정받아 미군정 하에서 경찰의 고위직으로 임명된 자들이다.

미군정의 입장에선 경찰의 전력이 친일파였든 깡패였든 아무 상관이 없었을 것이다. 그들의 목적과 관심사는 소련의 힘과 영향력의 확산을 막는 것이다. 이러한 목표를 달성하기 위해 남한의 좌익세력을 소멸시키는 것이었을 것이다. 아무튼 경찰력을 이렇게 강화시켰는데, 그렇다면 당시 치안상황은 어떠했을까?

인민위원회의 치안대가 활동할 때는 폭력사태가 그리 없었다는 것은 이미 서술한 바 있다. 아이러니한 것은 미군정이 경찰의 조직을 정비하고 경찰의 인원수를 늘리면 늘릴수록 수감자는 늘어만 갔다는 것이다. 1947년 중반, 남한의 감옥에 수감자의 수는 2만 2천 명에 육박했으며 이는 일제하 수감자의 숫자보다 두 배가 훨씬 넘는 수

치였다.144) 로빈슨이 제시한 이 수치는 미군정이 종료된 1948년 8월 16일자 「국제신문」의 기사를 참조하면 신뢰할 수 있는 증언이라고 보인다. 아래 통계는 미군정 3년간 수도경찰청의 검거 실적을 소개한 것이다.

　… 해방 이래 국립경찰이 수립된 후 1945년부터 작8월 15일 내무부에 이양할 때까지의 수도청에서 취급한 검거통계를 살펴보면 포고령 위반이 首位를 점하고 있으며 검거자의 중요한 것만도 다음과 같다.
　△내란죄 83명 △포고령 위반 1만 3,395명 △군정 법령 위반 2,657명 △소요죄 10명 △선거법 위반 156명 △불법 체포 350명 △폭행죄 177명△살인죄 345명 △방화죄 47명 △통화 위조 25명 △주거 침입죄 176명 △사기 공갈 93명 △절도 19명 △강도 15명 △행정령 제1호 위반 19명 △기타 1,141명으로 총인원 1만 9,000명의 불순분자를 검거하여 치안 유지의 공헌을 남기고 신정부에 이관하게 되었다.145)

　내란죄, 포고령위반, 군정법령위반, 소요죄, 선거법 위반 등 대부분의 범죄 항목이 정치적 문제에 해당한다는 것을 알 수 있을 것이다. 즉, 좌익사범이 대다수였다는 뜻이다. 이 통계만 보아도 당시 미

---

144) 『미국의 배반』, p.136
145) 수도경찰청, 창설이래 3년간 1만 9천 명 검거,「국제신문」, 1948.8.16.

　　　　　　　　　　　　　　　　　　　　김두한 출세기

군정이 왜 그렇게 경찰력을 증강했고 세간의 여론을 무시하고 친일 전력이 있는 경찰들을 채용했는지 짐작되리라 본다. 해방공간에서의 비극과 미국 책임의 깊이는 무엇보다도 점령기간 중의 한국국립경찰(KNP)의 역사에서 가장 뚜렷이 드러난다.

> 한국경찰의 사명은 다른 민주국가들에서처럼 평화를 수호하고, 소극적으로 치안을 유지하며, 생명과 재산을 보호하는 데 있는 것이 아니었다. 한국의 정세 하에서는 이런 소극적인 치안 유지로는 공산분자들의 살인, 파괴 및 게릴라전을 막을 수 없었다. 그리하여 경찰은 무기를 들고 나라의 독립과 자유를 보존하기 위하여 적극적으로 싸웠던 것이다.[146]

미 군정청이 친일 전력이 있는 경찰 관료를 우선적으로 채용한 이유에 대하여 맥린은 다음과 같이 말했다. "우리는 비록 그들이 행정능력은 거의 갖고 있지 않았지만 그들의 경험 때문에 그들을 필요로 했다. 왜냐하면 법과 질서가 유지되어야 했기 때문이다." "많은 사람들이 일본인들에 의해 훈련된 사람들을 재기용하는 데 대해 의문을 제기했다. 하지만 이들 중 많은 사람들은 타고난 경찰들이었다. 우리는 그들이 일본인들을 위해 임무를 잘 수행했듯이 우리를 위해서도 임무를 잘 수행할 것으로 믿었다."[147]

---

146) 『한국전쟁의 기원』, p.216

147) Mark Gayn, Japan Diary(New York: William Sloane Associates 1948), p.391

기이한 것은 감옥에 갇혀야 할 폭력배들이 그리고 그들을 감시하고 체포해야 할 경찰들이 같은 목적을 추구하는 동지가 된 아이러니한 상황이다. 로빈슨의 표현처럼 '한 쌍의 원앙'이 된 것이다. 식민경찰에 종사했던 경찰이 미군정의 경찰이 되어 폭력배들과 같은 목적 하에 움직인 현실, 그게 바로 해방정국의 실체였다. 김두한이 중심이 되어 활동한 대한민청과 경찰의 유착관계는 다음 장의 주제이다.

1918   1972

대한민청의 결성과
김두한의 등장

1946년 4월 9일 서울 종로 기독교청년회관에서 대한민주청년동
맹(大韓民主靑年同盟, 이하 대한민청) 결성식이 거행되었다.**148)** 그리고
4월 22일에는 서울시민주청년동맹 결성대회가 견지동 시천교당에서
개최되고**149)**, 사흘 후인 25일 같은 장소에서 조선민주청년동맹(朝鮮
民主靑年同盟, 이하 민청)결성 전국대회가 열렸다.**150)** 한반도 분단의
비극을 예고라도 하듯 '민주동맹'이란 같은 단어에 접두사가 '대한'과
'조선'으로 엇갈린 비슷한 목적의 두 청년단체가 출범한 것이다. 그날
모인 인물 그리고 조직의 구성을 보면 좀 더 확연해진다. 아래에 관

---

148) 대한민주청년동맹 결성, 「조선일보」, 1946.4.10.

149) 서울시민주청년동맹 결성대회, 「서울신문, 조선일보」, 1946.4.23,24.

150) 조선민주청년동맹 결성대회, 「서울신문, 중앙일보」, 1946.4.26.

련 기사를 소개한다.

"시내 각 청년단체에서는 단일통합기관으로 대동단결하고자
서울시민주청년동맹경성대회를 22일 오전 9시부터 서울시 견
지정 시천교당에서 대의원 내빈 방청객 약 천여 명이 참석한
가운데 거행하였다. 식은 姜龍吉 사회하에 金相權의 개회사가
있었고, 임시집행부선거 경과보고, 金元鳳의 축사, 내외정세
보고 강령 규약, 세측부의 통과, 임원선거를 마친 후 토의사항
으로 들어가 활동방침과 재정문제에 관하여 열렬한 토의가 있
었다. 그리고 北朝鮮民靑 民戰과 미소공동위원회에 보내는 메
시지와 하지사령관에게 식량증배와 탄압해제의 진정서를 제출
하기로 결의한 후, 명예의장으로 다음의 7씨를 추대하였다.
呂運亨 許憲 朴憲永 金元鳳 金日成 金天海 武亭"151)

"大韓民主靑年同盟 결성식은 9일 오후 2시부터 서울 종로 기독
교청년회관에서 金九를 비롯하여 申翼熙, 趙素昂, 嚴恒燮, 趙擎
韓, 鄭寅普 등 제씨의 임석하에 朴容直의 개회사로 시작되었는
데 金厚玉의 취지 설명이 있은 다음 내빈축사가 있고 뒤이어 규
약통과와 임원선거가 있고 미소공동위원회와 민주의원(民議),
민주주의민족전선(民戰)에 보내는 메시지를 낭독하고 동 4시

---

151) 서울시민주청년동맹 결성대회, 「서울신문, 조선일보」, 1946.4.23,24.

김두한 출세기

폐회하였다.ᵉ¹⁵²⁾

"전번 그 결성을 보게 된 대한민주청년동맹에서는 금번 다음
과 같은 부서를 결정 발표하였다.

名譽會長: 李承晩 金九 顧問: 申翼熙 外 6명 參議: 薛義植 外 26명

會長: 柳珍山 副會長: 金昌炯 金根燦

總務部長(柳愚錫) 事業部長(金厚玉) 財務部長(朴禎來) 監察部長(金斗
漢) 地方部長(金厚玉)

情報部長(張愚極) 宣傳部長(朴容直) 組織部長(趙權) 敎導部長(劉約翰)"¹⁵³⁾

　두 단체 모두 당시 명망가들의 참여에 심혈을 기울인 흔적이 역력
하게 보인다. 대한민청은 명예회장으로 이승만과 김구를 섭외했고
반면 민청은 여운형, 허헌, 박헌영, 김원봉, 김일성, 김천해, 무정
을 선택했다. 이들의 면면을 살펴보면 좌익과 우익으로 뚜렷이 구분
되어 있음을 확인할 수 있을 것이다.
　특이한 것은 대한민청의 결성식에 참여한 주요 내빈들 대부분이 임
시정부 관련 인사들이라는 점이다. 김구, 조소앙, 신익희, 엄항섭,
조경한 등이 그들이다. 정인보 역시 상해 망명 시절 동제사 활동 등
을 통하여 조소앙과 깊은 인연을 맺은 사이다. 명예회장으로 이승만
이 포함되었지만, 대한민청이 임시정부 혹은 한독당의 하부 기관으

---

152) 대한민주청년동맹 결성, 「조선일보」, 1946.4.10.
153) 대한민주청년동맹, 부서 결정 발표, 「서울신문」, 1946.4.13.

로 의심받는 이유다. 특히 눈에 띄는 명단이 '감찰부장 김두한'이다. 일개 깡패였던 김두한이 한국 정치사에 등장하는 순간이다. 물론 명목상의 조직 수장은 유진산이다.

대한민청의 조직 구성을 살펴보면 이원적 구조로 되어 있음이 확인된다. 한독당의 우산 아래 유진산, 박용직, 장우극 등 정치적 야망이 있는 인텔리 계층의 소장파 우익인사들이 한 그룹이라면, 김두한을 두목으로 하는 폭력배들이 별도의 그룹을 이루고 있다. 김두한은 '감찰부장'이라는 중앙부서의 직함을 가졌지만, 별도의 조직으로서 대한민청의 별동대 대장을 맡았다. 신영균, 조희창, 김준영, 김영태, 김한성, 김관철, 김두윤, 이영근, 김국진 등이 바로 별동대에 속한 주요 인사들이며 김두한의 지시를 받는 종로파의 핵심들이었다.**154)**

대한민청 단원들의 복장, 좌로부터 이덕환, 김천기, 김경식 특별대원

---

154) 대한민청의 별동대 및 기타 조직의 명단은 건국청년운동협의회, 『대한민국 건국청년운동사』, 건국청년운동협의회총본부, pp.798-800에 자세히 기록되어 있다.

김두한 출세기

대한민청에는 폭력배들이 공식적으로 가입되어 있다. 하지만 정진용을 비롯한 명동파가 주축인 조선청년전위대가 민청의 공식적인 하부 기관인가에 대해서는 확실하지 않다. 민청의 조직도를 보면 정진용 등 폭력배의 이름이 보이지 않는다. 아마 별개의 비공식 조직으로 조선청년전위대를 운영한 것으로 보인다. 아래에 민청의 조직을 소개한다.

- 위원장(조희영) 부위원장(구연재, 이성재)
- 총무부(오연호, 김재규) 조직부(이재양, 권오준, 유연철, 홍준표, 조성식)
- 선전교양부(임동욱, 이병억, 김석산, 문시각) 문화부(문일민, 김병환, 황용암)
- 체육부(지봉구, 조소하) 조사정보부(여운희) 여성부(여경구, 박창순, 김경준)
- 사업부(박홍서, 최남종) 경리부(김영창) 소년부(이동정)

그리고 이 두 단체의 강령을 비교하는 것도 의미 있을 것이다.

[대한민청 강령]
1. 우리는 삼천만의 전투적 전위대임을 자임함
2. 우리는 신명을 다하여 완전한 자주독립의 전취를 기함
3. 우리는 만인공생의 사회건설에 방해되는 악질적 요소에 대하여 결사적 투쟁을 전개함

4. 우리는 대의에 국가의 지상명령에 절대 복종함
5. 우리는 절대 책임의 원칙을 엄수하여 민족적 명예를 천하에
   선양함

[민청 강령]
1. 본 동맹은 민주주의적 이념과 경향을 가진 청년들이 대동단
   결하여 강고한 독립국가 건설에 총 역량을 집중함
1. 본 동맹은 정치, 경제, 문화에 있어 일제의 잔재 및 봉건적
   요소를 근본적으로 숙청함
1. 본 동맹은 절대적인 남녀평등을 주장하며 특히 청년의 정치
   적 자유와 경제적 이익을 위하여 투쟁함
1. 본 동맹은 중·소·미·영 및 기타 민주주의 제 국가 청년
   들과의 우호적인 친선에 노력하여 세계평화와 안전보장에
   기여함
1. 진리를 탐구하고 심신을 연마하여 청년남녀 및 아동에 대하
   여 과학적 지식을 보급하고 문맹퇴치 사업에 노력함
1. 본 동맹은 경제적 건설을 위한 산업, 교통, 운수기관의 부
   흥에 적극 참가하여 농촌경제의 급속한 발전을 기함

무엇보다 눈에 띄는 것은, 민청의 경우 "일제의 잔재 및 봉건적 요
소를 근본적으로 숙청"한다는 강령을 채택하고 있으나 대한민청은
이 부분에 대해 전혀 언급하지 않고 있다는 점이다. 이 강령만 비교
해 보아도 두 단체의 설립 목적을 파악할 수 있으리라 믿는다.

대한민청의 활동상황은 이 단체가 왜 김두한을 비롯한 폭력배들을 필요로 했는가에 대한 충분한 답변이 될 것이다. 그리고 강령에 일제 잔재 청산 등 시대가 요구하는 현안이 없는가에 대한 해답은 대한민청의 구성원과 향후 그들이 접촉 연대하는 단체가 제공할 것이다.

나는 사실 백색
테러리스트다

김두한은 스스로 백색 테러리스트임을 자처했다.**155)** 그리고 자신의 폭력행위를 자랑스럽게 술회했다. 그러나 김두한과 함께 활동했던 이들조차 세간에 알려진 김두한의 무용담은 역사적 사실과 무관하며, 무책임한 기록들이 남발하고 있다고 항변하고 있다. 대한민청의 후신인 청총(청년조선총동맹)의 2대 회장을 지낸 박용직과 3대 회장이었던 신영균의 증언을 토대로 이경남이 1987년 「경향신문」에 연재한 글에서 지적한 사항 몇 가지를 아래에 소개한다.**156)**

---

155) 『김두한자서전』1, 메트로신문사, 2003, p.173

156) 청년운동반세기(20) 대한민청 청총(1) 김두한 부하 470명과 함께 합세, 「경향신문」, 1987.3.25.

• 첫째 예화: 8·15 며칠 후의 이야기

어느 한국인 장한이 2천 명의 부하를 이끌고 용산 삼각지에 있는 일본군 사령부(당시는 조선군 사령부라고 칭했다)를 포위한 다음 일본군 참모장(백발의 육군 준장)과 담판을 벌인다. "나는 만주에서 독립군을 지휘하다가 고국에 선발대로 들어온 조선치안대장 김 아무개 장군이오. 나의 부하 2천 명에게 무장을 시켜야 하겠으니 무기를 내놓으시오"

일본군 참모장이 상부지시로 무기는 연합군에게 넘기기로 되어 있다고 난색을 표하자 그 장한(김 아무개 장군)은 버럭 고함을 지른다.

"닥치시오. 우리 독립군은 일군의 무장을 해제할 권리가 있소. 말을 안 들으면 나는 강제로 여기를 점령할 것이오."

이리하여 겁에 질린 일본군 참모장은 병참창고 1동의 열쇠를 내주게 되며 김 아무개 장군은 2천 정의 무기와 탄약을 끄집어내 가지고 대원들을 무장시켜 화신 앞 본부에 조선건국청년대라는 간판을 내걸게 되었다는 것이다.

• 둘째 예화: 김일성이 보내온 소장군복 이야기

좌우익의 분열조짐이 나타나기 시작한 10월의 어느 날 밤, 김 아무개가 취침하려는데 호위병이 문을 노크한다. 평양에서 왔다는 두 사람이 긴히 뵙겠다고 한다는 것이다. 그래서 내객을 맞이했더니 "김 아무개 장군! 평양의 김일성 장군이 보낸 특사올시다. 우선 이것부터 받으십시오. 김일성 장군께서는 김 아

무개 장군을 육군 소장으로 임명하고 군번 6번을 내리셨으며
남조선해방인민군 총사령관으로 발령하셨습니다. 여기 군복
과 계급장 그리고 발령장을 지참했습니다."
보자기를 풀어 보니 순금단추가 번쩍이고 은빛 장군별이 두 개
나 번쩍이는 계급장이 전등에 반사되어 휘황찬란한 빛을 발하
는 것이었다.
김 아무개는 며칠 생각해 볼 터이니 1주일 뒤에 다시 와 보라
고 밀사를 돌려보냈으나 그의 부친이 공산당원에게 암살되었
다는 것을 어느 노인이 귀띔해 주어 멸공전선에 나서기로 결심
하고 그 인민군 소장 군복을 갈기갈기 찢어 버렸다는 것이다.

• 셋째 예화: 국군준비대원 1천 8백 명을 몰살시켰다는 이야기
해방 직후 사설 군사단체가 난립한 가운데 좌익의 국군준비대
는 특히 막강하고 횡포도 심했다. 이승만 박사는 윤치영 비서
에게 국군준비대 해체방안을 강구토록 지시했고 윤비서는 김
아무개를 돈암장으로 불렀다. 마침 경기도 경찰부장에 취임하
게 된 장택상도 인사차 돈암장에 왔다.
윤치영의 말을 듣고 김 아무개가 이끄는 대한민청별동대 3천
명은 한강변 한적한 벌판에서 습격작전 훈련에 전념하게 되며
그로부터 며칠 후(46년 1월 하순?) 태릉에 있는 국군준비대 병영
을 야간 습격하여 풍비박산을 내버렸고 1천 8백 명을 몰살시켰
다는 것이다.

김두한 출세기

• 넷째 예화: 오키나와 형무소 이감 이야기

좌익 노조가 철도 파업을 단행하자 김 아무개와 특전대원들은 용산 지구에 출동하여 무력으로 진압했다. 그 작전과정에서 적색노조 주모자 6명을 대창으로 살해했다. 미군CID에서 이 살해사건을 중대시하여 김 아무개를 포함한 6명을 체포하여 미 군법회의에 회부했으며 김 아무개와 신 모는 사형, 김 모 이하 4명은 무기징역 판결을 받았다.

이들 기결수 6명은 오키나와에 있는 미군형무소로 이감되었으며 김 아무개는 그곳에서 '코리안 카포네'라는 별칭을 받았고, 흑인 타잔을 강펀치 한 방으로 쓰러뜨리는 등 한국 사나이의 기개를 유감없이 떨쳤다.

그러는 사이에 남한에서는 5·10선거가 실시되어 미군정의 종식을 보게 되었으므로 김 아무개는 장택상 수도청장에게 구원(석방 귀국) 요청 편지를 보냈고, 마침내 미군 수송기를 타고 독립된 조국에 돌아왔다.

그들이 돌아오자 조병옥, 장택상, 이인, 윤치영 등은 개선용사를 맞이하듯 반가워했고 사형집행 명령서를 취소시킨 이승만 대통령은 김 아무개를 경무대로 불렀다.

"대통령 각하, 그동안 안녕하셨습니까? 귀국 즉시 못 찾아뵈어 죄송했습니다."

김 아무개가 이렇게 인사를 드리자 이 대통령은 "이보게, 이젠 사람 그만 죽이게." 하면서 흰 봉투(금일봉) 하나를 주었다는 것이다.

이런 황당한 이야기는 김두한의 입과 글을 통하여 그리고 소설, 영화, 드라마 등을 통하여 대중들에게 전달 확산되어 김두한 영웅 만들기에 크게 일조하였다. 그러나 김두한의 동지이자 그를 전향시키는 데 일조한 박용직 등 대한민청, 청총에 직접 관여했던 인사들은 고개를 흔들며 부인한다.

"1%의 근거도 없는 허무맹랑한 소리가 있고 과장이 심하기로는 백발삼천장(白髮三千丈)이 알맞은 말입니다. 그렇기는 해도 김 아무개 그분이 대한민청에서 실제로 활약한 진실된 공적은 높이 평가해 주어야 합니다."[157]

그러면 박용직이 주장하는 그 진실된 공적이란 무엇인가? 대한민국건국청년운동사[158]에 의한 대한민청의 주요 업적은 다음과 같다.

① 중앙극장 폭파사건(46년 4월 26일)
② 철도파업진압(46년 9월 30일)
③ 전평(조선노동조합전국평의회) 본부 습격(46년 10월)
④ 민청집회장소인 삼각산 문수암 급습(46년 9월)
⑤ 경전(경성전기)파업 진압(46년 9월)

---

157) 청년운동반세기(20) 대한민청 청총(1) 김두한 부하 470명과 함께 합세, 「경향신문」, 1987.3.25.
158) 건국청년운동협의회, 『대한민국 건국청년운동사』, 건국청년운동협의회총본부, 1989, pp.813-837

김두한 출세기

⑥ 인천 조선기계제작소 파업 진압(47년 2월)

⑦ 남로당 대회장 습격(47년 2월)

　상기 목록은 1986년 이경남이 경향신문에 장기 연재한 《청년운동 반세기》의 내용과 거의 일치한다. 물론 대한민청의 테러 행위는 그 외에도 무수히 많았다. 1946년 9월 총파업과 가을항쟁(대구10월 항쟁)을 전후하여 조선제강, 경성방직, 태창 방직, 흥한방직, 인천 철도 공작창 등 파업이 일어난 곳은 어디든지 달려가서 무자비하게 파업을 진압하고 노조 간부진을 대한민청원이나 월남인들로 교체시키는 등 좌익 노조활동을 근본적으로 파괴시켰다.

　대한민청의 백색 테러는 미군정과 군정 경찰의 지원 없이는 불가능한 행위였다. 그러나 미군정은 자신들과 극우청년조직은 무관하다는 공식적인 입장을 취했다.[159] 그렇다면 소련은 남한에서 발생하고 있는 테러에 대하여 어떻게 생각하고 있었을까? 1947년 4월 19일에 작성된 〈미 군정청의 활동에 대하여〉란 문서의 일부를 아래에 발췌하여 인용한다.

　우익의 활동에 대하여

　…(중략)…

　대한민주청년동맹은(대한민청) 4월 12일자 중앙위원회에서 좌

---

159) Mark Gayn, Japan Diary(New York: William Sloane Associate, 1948), pp.366-371

익진영 척결을 결의하였다. 동맹의 한 위원은 좌익진영의 근절이 5월 1일 전야와 그 후에 이루어질 것이라고 말하였다. 중앙에서뿐 아니라, 지방에서 좌익 지도자들의 제거와 더불어 우익진영 내부에 존재하고 있는 '붉은 분자들' 또한 근절될 것이다. 테러를 조직화할 목적으로 동맹의 구성원들은 좌익들의 거처와 그들의 집회장소를 밝히고 있다.

…(중략)…

좌익에 대한 탄압 기획은 3월 25일 경찰국에서 수립되었고, 러치에 의하여 승인되었다. 민주주의민족전선, 남조선로동당, 조선노동조합전국평의회 및 전국농민조합총연맹 구성원들의 체포가 이러한 탄압의 시작이다.

3월 22일부터 3월 26일의 총파업이 끝난 다음 수도경찰청장 장택상은 정부수립을 위한 조선건국청년회, 한국광복청년회, 대한민주청년동맹 및 서북청년회와 같은 테러조직들의 구성원들과 대담하였으며, 좌익을 분쇄하는 데 협조해 줄 것을 그들에게 요청하였다.

좌익 억압 캠페인은 4월과 7월 두 차례 더 진행될 것이다. 이 캠페인은 좌익들을 완전히 와해시킬 것이며, 남조선에서의 민주주의 운동에 종지부를 찍을 것임에 분명하다.

4월 6일 서울 경찰국은 테러조직들의 구성원을 다시 소집하여 테러행위를 잠시 중지할 것을 요구하였다. 청년당원 박문은 어떤 행위가 폭력으로 재검토되어야 하고, 어떤 행위는 폭력이 아닌지를 물었다. 대한민청 회원인 김두한과 서북청년회 회원인 박성환은 테러중지에 대해 직접적으로 반발하였다. 이것에 대해 경찰국의 대표자는 이러한 요청이 미 군정청의 지시에 근거한 것이라고 말하였다.

미 군정청은 남조선에서 미국의 독자적인 정책을 실시하기 위해 모든 우익진영을 동원하고 있다. 조선에 대한 모스크바 삼상회의 결정을 지지한다고 말로는 선언하면서도, 미 군정청은 실제로는 남조선에서의 독자적인 정부수립으로 나아가고 있다. 바로 이것을 얻어내려고 하지 장군은 워싱턴에서 적극적으로 노력하였다. 러치는 총선거에 대한 법률승인을 주장하고 있으며, 남조선에서 대통령 선거를 요구하면서, 남조선에서의 독자적인 정부수립 과제를 추진하고 있다. 이러한 목표를 제기하면서 미 군정청은 좌익들에 대해서는 탄압을 강화하고 있는데, 이러한 탄압은 새로운 형식들과 새로운 내용을 획득하고 있다. 작년 7월과 8월에는 테러분자들이 좌익들의 탄압에서 선봉에 위치하고, 경찰은 단지 그들을 지지하기만 하였다면, 이제는 경찰이 기본적으로 탄압을 행하고, 테러분자들은 경찰의 지원부대에 지나지 않는다.**160)**

상기 소련 기밀문서는 그 당시의 상황을 비교적 정확하게 보여 주고 있다. "모스크바 삼상회의 결정을 지지한다고 말로는 선언하면서

---

160) 러시아국방성중앙문서보관소 문서군 172, 목록 614632, 문서철 34, 63~68쪽.
《한국사데이터베이스》 참조

도, 실제로는 남조선에서의 독자적인 정부수립으로 나아가고 있다.”
이러한 목적 달성을 위해 우익진영을 동원하여 정국의 혼란을 조성
하고 있다. 경찰과 테러분자들은 미 군정청의 꼭두각시일 따름이다.

대한민청을 비롯한 우익단체의 백색 테러가 기승을 부린 시기는 모
스크바삼상회의 전후를 기점으로 1·2차 미소공위 개최기간과 거의
일치한다. 이 기간 동안, 김두한을 비롯한 테러조직원들은 좌익을
분쇄한다는 명분하에 백색 테러를 마음껏 자행할 수 있었다. 경찰은
동반자적 입방으로 적극 협조 협력했고 미 군정청은 암묵적 동의를
해 줬다. 좀 더 냉정한 시각으로 보면, 미국의 목적을 위해 한인 경
찰들, 특히 김두한을 비롯한 폭력배들은 그들의 주구노릇을 하며 이
용당했다고도 볼 수 있을 것이다.

아무튼 이 시절의 김두한은 권력자였다. 가해자였던 백색 테러리
스트들의 입장에서 그 현장을 묘사한 기록물은 차고 넘치므로 생략
하고, 이 책에선 당시 언론보도와 피해자의 입장에서 기록한 글 몇
장면을 소개하기로 한다. 서정주, 이용악과 함께 1930년대 시단의
3대 천재로 불렸던[161] 시인 오장환(1918~1951)은 〈남조선의 문학예
술〉이란 글을 남겼다. 글 중에 “중앙극장 폭파사건”으로 알려진 대한
민청의 백색 테러 실상이 묘사되어 있다. 이 글을 보면 김두한과 대
한민청에 대하여 시인이 어떠한 시각을 가졌는지 짐작할 수 있을 것
이다.

오장환의 글을 소개하기 전에 당시 언론보도부터 살펴보자. 가장

---

161) 월북시인의 '흩어진 청춘' 모아, 「한겨레신문」, 2006.9.28.

김두한 출세기

먼저 보도한 곳은「자유신문」이었다. 이 신문은 '예술제를 방해 책동'
이란 제목 하에 부제목으로 '중앙극장에 兩次나 악질 테러'를 선정하
여 보도하였다.162)「동아일보」,「경향신문」도 '예술제 공연장에 테로
행위감행'163) '테로 빈빈(頻頻)으로 예술제 중지'164) 등의 제목으로 보
도하였으나 테러 행위의 주모자나 목적 그리고 경찰의 사후 조처 등
에 관해선 지면을 아꼈다.

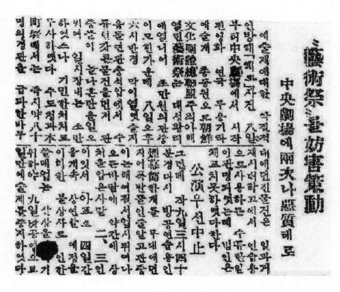

1947년 1월 10일「자유신문」

---

162) 예술제를 방해 책동,「자유신문」, 1947.1.10.

163)「경향신문」, 1947.1.11.

164)「동아일보」, 1947.1.11.

그런데 이 사건은 묘하게 각색되기 시작한다. 이기하가 쓴 『대한
민국 건국청년운동사』에 의하면 중앙극장 폭파사건은 대한민청의 첫
반공의거로서 1946년 4월 26일에 일어난 것으로 되어 있다.[165] 이경
남이 「경향신문」에 기고한 『청년운동반세기』에서 신영균(申寧均)도 거
의 비슷하게 회고하고 있다.[166] 김두한의 자서전에서도 시기는 비슷
하다. 왜 이런 오류가 생겼을까?

1987년 4월 8일 「경향신문」

165) 건국청년운동협의회, 『대한민국 건국청년운동사』, 건국청년운동협의회총본부, 1989,
    p.820
166) 청년운동반세기(22) 대한민청 청총(3) 적색 선전무대 쑥대밭으로, 「경향신문」,
    1987.4.8.

김두한 출세기

달력을 다시 뒤로 돌려보자. 1947년 1월 7일자 『자유신문』에 실린 기사의 일부다.

> 신년을 마지하야 민족예술의 대중화를 부르짓는 의미에서 제
> 1회 종합예술제를 문화단체총연맹 주최와 본사 후원으로 이달
> 18일부터 중앙극장에서 막을 열기로 하였는데…167)

날짜가 틀릴 뿐 아니라 공연내용도 전혀 다르다. 『대한민국 건국청년운동사』와 『청년운동반세기』 등은 "좌익 세력이 적화선전을 목적으로 조선공산당 민전 등 좌익의 활동상황을 소개하는 뉴스영화를 만들었고, 심영 박영신 황철 등이 중심인 연극동맹이 공산혁명가로서의 투쟁을 다룬 〈님〉을 연극화했다."고 주장하면서 그날의 백색 테러를 정당화했다. 그러나 당시 보도에 따르면, 뉴스 영화와 연극 상영 외 음악연주, 무용, 국악, 시낭독, 즉매만화(卽賣漫畵) 등의 순서가 준비되어 있었다 한다.168) 특히 시낭독에 오장환, 설정식, 정지용, 문예봉 등이 포함되어 있는 것이 눈에 띈다. 그러면 이쯤에서 그날 현장에서 직접 테러를 목격했던 오장환의 수기를 살펴보기로 하자.

> 조선문화단체총연맹이 산하의 각 예술 단체를 총동원시켜
> 그 역량을 집체적으로 표현한 것은 1947년 1월 8일서부터 동

---

167) 종합예술제전, 8일부터 중앙극장서, 「자유신문」, 1947.1.7.
168) 종합예술제 1월 8일부터, 「동아일보」, 1947.1.4.

15일까지에 가지려 한 종합예술제부터이다. 처음부터 한 사람의 변변한 예술가도 갖지 못한 반동 진영에서는 문련의 이러한 계획이 발표되자 그들은 비열하게도 이 행사의 파괴 공작을 도모하였다. 테러단을 동원하여 우선 시내의 각 극장 관리인을 위협한다 별에 별짓을 다 하였으나 연극동맹 영화동맹 음악동맹 무용예술협회 문학가동맹이 통합하여 하는 이 행사는 예정의 날짜인 1월 8일부터 시내 중앙극장에서 개최를 보게 되었다.

이 첫 축전은 공연 시간상의 제약으로 많은 인원을 등장시킬 수는 없었다. 그럼에도 불구하고 각계의 예술가들이 총망라된 것은 성사였고 또 이것은 이 땅의 우수한 예술가들이 어떤 정치적 노선을 열정적으로 지지하는가를 인민대중 앞에 표시하는 산 증거이기도 하였다. 대한민청의 김두한(이자는 일제시대부터 서울에 이름난 쌈패로 왜경의 끄나풀이었으며 해방 후에는 테러의 중진으로 현재는 살인범으로 옥중에 있다)과 그의 도당들이 저희들 상사의 사족을 받고 폼이 달아 뻔질나게 무대 뒤 분장실에까지 와서는 개인 위협을 하였다. 그들은 이 모든 방해공작이 실패에 돌아가자 초만원을 이룬 관객석으로 나가서 미리부터 준비하였던 수류탄을 무대 위에 던졌다. 세인이 다 아는 이 흉한이 무대 위에 수류탄을 던지며 "폭탄이다! 모두들 달아 나거라!" 소리를 지르고 앞서 달아나니 장내는 발각 뒤집히었다. 폭탄이 터지던 무대가 날아갈 것은 물론 또 사람이 얼마가 상할지 예측할 수도 없다. 배우들은 뛰어 달아났다.

이 순간에 무대로 달려 나와 수류탄을 맨손으로 집어 들어 가슴 안에 묻으며 소리를 지른 사람이 있었다. "동무들 조용합시다. 폭탄은 아무 일 없다!" 하고 외친 동무는 음악동맹의 성악가 강장일 동지였다. 해방 이래로 언제나 인민의 선두에서 노래 부르고 또 그 노래를 힘차게 지도한 이 동지의 영웅적인 행동은 이 예술제를 압도적인 승리로 이끌었다. 이 동지의 생명을 걸고 집은 폭탄은 다행히도 불발물이었다. 그러나 영화동맹의 문예봉 여사는 임화 씨의 시를 낭독하고 경찰에 불려갔다.

둘째 날도 김두한의 도당들이 왔다. 그들은 또 공연 도중에 무대를 향하여 연습용 소이탄을 던졌다. 그들의 음모는 시민들을 놀래키어 다시는 이 공연에 오지 않도록 함이었으나 효과는 그들의 생각과는 반대방향으로 났다. 작지 않은 이 극장은 쇄도(殺到)한 군중으로 인하여 겹겹이 싸였다. 경찰은 이러한 대성황에 눈살을 찌푸리었다. 군중에게 위험한 행동을 감행한 무리가 번연히 어떤 자인 것을 알면서도 그냥 시침을 떼던 경찰은 이 예술의 축전을 중지시키려 함에는 손이 빨랐다. 그들은 이 예술제를 보려고 운집한 군중을 멸시하는 눈으로 보며 그들 앞에서 경찰은 공안을 소란케 하는 이 축전을 중지시킨다는 선언을 하였다. 이것은 예술제가 열린 지 바로 그다음 날인 1월 9일이었다. 공안을 소란케 하는 중요한 내용의 하나는 연극동맹 함세덕 동지의 희곡 「하곡」전 1막이 문제가 되었다. 「하곡」은 일정 시대 공출이 심할 때의 농촌 참경을 그린 작품이다. 그러나 어쩌면 현 미군정하의 남조선 현실과 틀림이 없는지 말단 관료에 이르기까지 뇌물에 칙갈맞은 장면은 임석한 경관까지도 부끄러움을 참지 못하여 밖으로 나가 버리게 하였다.

부당한 중지를 당한 이 예술제는 가혹한 조건 밑에서도 굽힐 줄 모르는 그들의 의지와 투쟁의 보람으로 장소를 바꾸어 이번에는 거리가 도심 지대에서 좀 떨어진 제일극장에서 1월 14일부터 동 18일까지 시민들의 절대적인 성원 가운데 대체로는 무사히 끝을 맺었다. 그러나 여기서도 음악동맹의 김순남 동지는 애국가를 지휘하였다는 이유로 경찰에까지 갔다.**169)**

후일담이지만 중앙극장 폭파사건의 현장에 있었던 오장환, 설정식, 정지용, 문예봉, 심영, 김순남 등의 예술가들은 대부분 월북을 했다. 그 이유는 무엇일까? 단지 그들이 철저한 "주의자"였기 때문일까? 상기 사건의 후처리를 보자. 그날 경찰들은 테러범의 색출과 검거보다, 소위 "주의자"들의 체포에 더욱 열을 올렸다. 그들은 좌익 시인으로 알려진 임화의 시를 낭독했다는 혐의로 배우 문예봉을 소환했고, 작곡가 김순남을 체포했다. 좌익 우익이라는 이데올로기를 떠나서 극우세력의 백색 테러의 현장을 목격한 사람이라면 그 누가 그들을 용서하고 손을 잡을 수 있겠는가? 해방공간에서 김두한을 비롯한 대한민청, 경찰 등 극우세력은 이 땅의 양심적인 예술인, 지식인들이 북쪽을 선택한 사실에 대하여 깊은 책임을 느껴야 할 것이다.

하나 더 짚어 볼 것은 김두한에 대한 오장환의 인식이다. 그는 김

---

169) 김재용 엮음 지음, 『오장환 전집』, 실천문학사, 2002, pp.551-553

김두한 출세기

두한을 "일제시대부터 서울에 이름난 쌈패로 왜경의 끄나풀이었으며 해방 후에는 테러의 중진으로 현재는 살인범으로 옥중에 있다."고 말함으로써 항일협객이라는 한국인들의 김두한에 대한 보편적 인식을 부정하고 있다. 그가 일본 경찰의 끄나풀이었다는 오장환의 주장은 향후 좀 더 검토할 사안이겠지만, 일제강점기 동안 김두한의 행적은 널리 알려진 김두한 신화와 전혀 다르다는 것은 앞 장에서 이미 거론한 바 있다.

1918   1972

동고동락했던
친구를 살해하다

앞글에서 해방 후 1년 동안 발생한 테러를 거론했지만 1947년으로
접어들면서 테러문제는 정권차원의 사회적 문제가 되어 버렸다. 신
문의 사회면은 언제나 테러에 관한 기사로 도배되었다. 1947년 연초
무렵, 언론(자유신문)에 보도된 테러 관련 기사를 훑어보기로 하자.

[표10 1947년 1월 ~ 1947년 4월, 테러일지]

날짜	제목
1947-01-10	예술제를 방해 책동
1947-01-11	富平에 테러, 使嗾人을 자백
1947-01-22	수라장化한 仁川府 내
	全州에 테러事件
1947-01-28	테러방지위원회, 매글린경무부장 요담

김두한 출세기

1947-01-29	테러 각지에 빈발, 당국의 단호한 조치 긴급
1947-02-16	洪川에도 테러
	악질의 테러, 永登浦서 빈발
1947-02-27	고문 전폐 요망, 테러 방지와 함께 辯護士會 건의
	빈발하는 테러로 民戰서 브라운소장 방문
1947-03-03	全北에 테러, 어린이까지 구타
	테러 근절하라고 救國團서 성명
1947-03-04	民戰회관에 테러
	테러 근멸을 民戰서 요구
1947-03-05	南海 일대에 테러
1947-03-06	新進黨 테러 비난
	테러방지 좌담회, 인천署에서 개최
1947-03-07	테러 폭압 반대, 民戰서 대책 수립
	서울시민에 테러
1947-03-10	테러 절대 반대
1947-03-11	테러방지 위해 금일 시민대표회
1947-03-12	테러방지 위해 시민생명재산안전위원회 조직
1947-03-18	민족의 적인 惡虐 테러, 당국 책임지고 절멸하라
1947-03-21	테러횡행 천하
1947-03-25	永登浦에 테러
1947-03-30	소방수에 대한 테러로 서울 全 소방서원이 당국에 진정
	테러는 독립 지연시킨다, 靑友黨 성명
	水原 테러사건 鄭順奎 등 기소
1947-04-02	테러로 扶安 물정 騷然

1947-04-03	독립의 적인 테러행위, 검찰 당국서 적극 취체
	중경상자 십 수 명, 부산도 테러 횡행
1947-04-04	테러 행위 취하는 단체 존재 불능은 법으로 명확, 러치장관 談
	가옥을 파괴, 高敵의 악질 테러
	坡州에 테러 횡행
1947-04-05	淸州에 악질 테러
1947-04-05	德沼에도 테러
1947-04-10	테러단체 해산법령 초안 작성
	테러 행위 배제, 좌우청년 합작 계획
1947-04-11	테러跋은 扈 경찰 책임, 경무부서 취체를 엄달
1947-04-12	테러 방지 위해 검찰 당국서 좌담회
1947-04-13	한 동리 100여 호를 全破, 처참한 龜山里 테러 피해 현장
	利川邑에 테러
1947-04-15	노인과 임부까지 구타, 南江原道 일대에 테러단 활보
1947-04-16	테러 반대는 당연, 儒林同盟 金應燮씨 談
1947-04-17	남조선의 테러, 러치장관 엄중처단 언명
	테러 행위는 이론 공허의 고백, 白南雲씨 談
1947-04-18	테러 일소를 民主女盟서 요구
1947-04-20	테러단체 해산 명령, 首都廳에서 제1차로 발동
1947-04-22	테러 끝에 살인, 大韓民靑員 33명 검거
	京電에 테러 횡행
1947-04-23	테러 발본색원, 全評 간부들의 체포령은 취소, 張총감 談
1947-04-24	테러 배후 조종자의 처단을 南勞서 요구
	테러 방지에 노력, 白運경찰청장 談

1947-04-25	테러단체는 해체 고려
	예술단체 위협하는 테러의 단속을 요구
1947-04-26	無智者 교사한 테러 근원 없애라, 社民黨 談
1947-04-26	테러는 痛恨事, 천도교 靑友黨 談
1947-04-29	테러한 청년들 CIC에서 검거
1947-04-30	1명 또 사망, 大韓民靑 테러

거의 매일 테러사건이 발생했음을 확인할 수 있을 것이다. 서울, 부산, 부평, 인천, 전주, 홍천, 전북, 남해 일대, 수원, 부안, 고창, 파주, 청주, 덕소, 구산리, 이천읍, 남강원도 등 지역과 장소도 가리지 않고 테러는 조선 민중의 일상사가 되었다. 그 대상도 어린이, 노인, 임산부로까지 확대되었다.

테러방지위원회, 시민생명재산안전위원회, 구국단 등의 시민단체가 발족되어 당국을 규탄하고 테러 근절을 위한 실질적인 행위에 들어갔다. 민전을 비롯한 청우당, 유림, 남로당, 사민당 등 정치 종교단체까지 여기에 합세했다. 사정이 이렇다 보니 미 군정청이나 경찰도 방관할 수 없게 되었던 모양이다. 결국 미 군정청이 손을 들 수밖에 없었다.

아놀드의 뒤를 이은 제2대 군정장관 아처 L. 러치(Archer L. Lerch, 1945년 12월 18일~1947년 9월 11일) 미국육군소장이 테러를 행하는 단체는 법적으로 존재할 수 없으며,170) 테러단체를 엄중 처단하겠

___
170) 테러 행위 취하는 단체 존재 불능은 법으로 명확, 러치장관 談, 「자유신문」, 1947.4.4.

다171)는 담화를 내기에 이르렀다. 미 군정청의 이러한 방침에 호응하듯, 검찰은 테러방지를 위한 좌담회를 개최한 모양인데, 이 자리에서 김두한은 도저히 믿기지 않는 발언을 한다. 그 내용은 다음과 같다.

현재 자행되고 있는 테로 행위는 전부가 좌익분자인데 이에 대하여는 3천만 동포의 이익과 권리를 위하여 철권으로 억제할 필요가 있음으로 전적으로 검찰당국의 의견에 동참할 수 없다…172)

"건국도상에 있어서 테러 행위는 사회질서를 혼란하게 하고 자주독립에 일대지장이 있다."는 서울지방검철청장 김용태의 발언을 무시하는 김두한의 배짱은 어디에서 연유한 걸까? 미 군정장관의 엄명 그리고 검찰청의 경고에 이어 수도경찰청에서 테러단체 제1차 해산명령이 내렸음에도173) 불구하고, 김두한은 자신의 죽마고우이자 라이벌이었던 정진룡을 살해하고 만다. 이 사건의 발생 그리고 사후처리 과정을 보면 보편적 상식으론 도저히 이해할 수 없는 일이 수없이 일어난다. 당시 보도기사를 중심으로 이 사건이 어떻게 처리되었는가를 살펴보자.

---

171) 남조선의 테러, 러치장관 엄중처단 언명, 「자유신문」, 1947.4.17.

172) 테러 방지 위해 검찰 당국서 좌담회, 「자유신문」, 1947.4.12.

173) 테러단체 해산 명령, 首都廳에서 제1차로 발동, 「자유신문」, 1947.4.20.

김두한 출세기

• 1947년 4월 20일

4월 21일 수도청은 다음과 같은 특별발표를 하였다.174) "20일 오후 9시경 씨 · 아이 · 씨 통고에 의하여 수도청장 직접지휘 하에 무장경관 70명이 南山洞 大韓民靑本部를 습격하여 시체 1(丁鎭龍=32)과 부상자 10명을 발견하였다. 부상자는 白麟濟病院과 세브란스병원에 입원시키고 大韓民靑 金斗漢 이하 32명을 포박 취조 중인데 시체는 타박상을 입은 것으로 판명되었다."

• 1947년 4월 24일

4월 24일 수도경찰청에서는 그 속보를 발표하였는데 내용은 대략 다음과 같다.175)

가해자 등은 대한민청원으로서 실력행사의 중심적 인물인 바, 해방 후 좌우익이 분립되자 가해자 등은 金斗漢을 중심으로 우익전위대의 역할을 하고 피해자 등은 申不出 산하에서 丁鎭龍을 중심으로 하여 좌익전위대의 역할을 해왔던 관계상 항상 그 의견과 행동이 대립되어 오던 차, 금번 국제극장에서 피해자 등과 우호관계에 있는 태극흥업공사 주최로 악극 '청춘의 봄'을 상연케 되어 동 극장 부근에 피해자 등이 출입함을 기회로 지난 19일 오후8시경 김두한과 정진룡 간에 일대 쟁투가 있었다. 그 복수책으로 김두한은 부하를 동원하여 국제극장에 나

---

174) 수도경찰청에서 대한민청본부를 급습, 「경향신문」, 1947.4.22
175) 수도경찰청, 대한민청의 테러사건 진상 발표, 「서울신문, 조선일보」, 1947.4.25

아가 피해자 등을 납치 구타하였다.

– 구타사실

20일 오후 1시경 가해자 洪萬吉 趙喜昌 金永泰 등 10여 명이 김두한의 명령으로 피해자 정진룡 외 9명을 2명 내지 3명씩 대한민청본부에 납치하고 곤봉으로 난타하여 동일 오후 5시 반까지에 사망자 1명, 중상자 2명, 경상자 7명의 부상자를 내게 한 폭력행위를 감행하였다.

– 경찰의 조치

경찰의 조치는 전번 발표와 같으며 대한민청 柳珍山은 이 사건을 직접 지휘한 형적은 없으나 최고 책임자이므로 그 소재수사에 전력 중이다.

– 가해자 씨명

金斗漢(29)(監察部長), 趙喜昌(23)(別名上海), 梁東洙(22)(第4別動隊課長), 洪萬吉(29)(第2別動隊課長), 金永泰(27)(動員部長), 申永均(31)(調査課長), 金泰洙(33)(盟員), 高敬柱(30)(盟員), 李昌成(20)(盟員)

– 피해자 씨명

1) 사망자 丁鎭龍(29)(太極興業公司員)

2) 중상자 金川浩(29), 張潤壽(27)(野菜行商)

3) 경상자 李松根(22), 李相吾(25), 金鳳山(23), 李金成(20), 成光石(24), 李熙洙(26)

• 1947년 5월 19일

대한민청 본부에서 일어난 살인사건에 관련되어 그동안 경찰
당국과 CIC에서 취조를 받아 오던 대한민청원 30여 명은 취조
가 끝나 19일 주범 金斗漢(29) 金永泰(27) 외 13명이 검찰청에 송
청되고 나머지 20여 명은 CIC의 지시로 석방되었다 한다.**176)**

• 1947년 7월 3일
전 대한민청원 김두한 외 13명에 대한 상해치사죄에 관한 공판
은 3일 오전 11시부터 심리원 대법정에서 申彦翰 검찰관 입회
아래 李弼斌 심판관 주심으로 개정되어 각기 다음과 같은 언도
가 있었다.**177)**
金永泰 징역 7년(求刑 5년)
申寧均 징역 5년(구형 5년)
洪萬吉 징역 2년(구형 1년)
金斗漢, 金斗潤, 李蓮根, 文華泰, 高敬柱, 宋基顯 벌금 2만 원
趙喜昌 무죄
기타 3명 1만 5천 원

• 1948년 3월 16일
1월22일 이래 미군 제24군단 군사위원회에 의하여 재판을 받
아 오던 金斗漢외 15명에 대한 군사재판은 이미 끝난 지 오래였

---

176) 대한민청 살인사건 관련 김두한 등 송청, 「경향신문」, 1947.5.20
177) 대한민청사건 언도공판, 「조선일보」, 1947.7.4

으나 결과가 발표되지 않고 있던 바 16일 공보부에서는 판결내
용을 다음과 같이 발표하였다.**178)**

▷公報部 發表

金斗漢외 15명에 관한 군사위원회의 재판은 1948년 2월12일 종
결되었으나 동 위원들은 그 판결내용을 발표하지 않았는데 ,
남조선주둔군사령관 하지중장은 3월15일 다음과 같이 발표하
였다. 동 위원회는 2명의 살해 폭동 私刑 기타 신체에 대한 고
문을 감행한 피고들에게 유죄를 판결하여 다음과 같이 언도하
였다.

絞首刑=金斗漢 金永泰 申永均 洪萬吉 趙喜昌 朴基永 梁東洙 林
一澤 金斗潤 李英根 李昌成 ˙宋章煥 高敬柱 金觀喆 (以下 14명)

終身刑=文華春 宋基現 (以上 2명)

이상의 판결문과 증거사실을 재심한 후 하지중장은 다음과 같
이 감형을 선언하였다.

絞首刑=金斗漢

終身刑=金永春 申永均 洪萬吉 趙喜昌

30年懲役=朴基永 梁東洙 林一澤 金斗潤 李英根 李昌成 宋章煥
高敬柱 金觀喆

20年懲役=文華春 宋基現

이상과 같이 감형되어 수감하도록 명령되었는데 하지중장으로

---

178) 공보부, 군률재판에서 김두한에 사형언도발표,「동아일보」, 1948.3.18

김두한 출세기

부터 수감장소가 명령될 때까지는 제7사단 구금소에 임시 유치되고 있다. 그리고 김두한 사형에 대하여서는 교수형집행 전에 극동사령부 총사령관의 승인이 있어야 한다고 한다.

민간인에 의한 살인 폭행 사건을 미군의 정보기관인 CIC의 통보를 받고 수도청장이 직접 지휘하여 범인 체포에 나섰고, 검찰에 송치되지 않은 20여 명은 CIC의 지시로 석방되었다 한다. 단순한 폭력사건이 아니고 좌우익 정치단체 간의 무력충돌로 판단했기 때문에 CIC가 개입한 것으로 짐작되지만, 아무튼 경찰이 외면하고 있던 사건을 미국 군인이 직접 개입했던 것이다. 당시 미군정하 한국 경찰의 위상을 보여 주는 대표적인 사례다.

정말 기막힌 일은 재판 과정과 결과다. 첫 재판에서 벌금 2만 원에 그쳤던 김두한의 형량이 두 번째 재판에선 갑자기 교수형으로 언도되었다. 다른 피의자들도 마찬가지였다. 무죄에서 사형으로 변경된 조희창을 비롯하여 대부분의 피의자들에게 교수형이 언도되었다. 문화춘 송기현 등 두 명만이 종신형에 처했을 뿐이었다.

판결 번복은 이것으로 끝나지 않았다. 이번엔 조선주둔 미군총사령관 하지 장군이 은총을 베풀 차례다. 김두한을 제외한 다른 피의자들은 사형을 면하고 종신형, 30년형, 20년형으로 감형되었다. 사람의 목숨을 가지고 어떻게 이런 일이 일어날 수 있었을까? 도대체 그당시 법이 있긴 했는지 궁금하지 않을 수 없다. 문제의 CIC가 작성한 보고서를 중심으로 이 사건의 전개과정을 다시 검토해 보기로 하자.

1947년 4월 20일, 밀정 한 명이 서울 CIC 본부로 와서 대한민청단원들이 악단제일선 단원들을 감금했고 심한 매질로 인해 1명이 사망했다고 보고했다. CIC는 즉시 약 15명의 요원으로 구성된 체포조를 보고 된 범행 장소인 대한민청 본부로 투입했다. 밀정의 보고는 정확한 것으로 판명되었다. 주검은 악단제일선의단원인 정진용으로 밝혀졌다. 동 본부에서 폭행으로 인한 부상으로 고통받는 10명을 발견했다. 피해자들은 악단제일선단원임을 부정했고 그들이 맞은 이유는 모른다고 진술했다. 범행 현장에는 우리가 몇 번에 걸쳐 감옥에 집어넣었던 폭력배이자 우익 청년조직의 테러리스트 두목으로 활동하였던 우리의 오랜 친구 김두한이 있었다. 그는 정진용과 개인적인 원한이 있는 것으로 알려졌고 아마 이것이 사건의 일 요인이었을 것이다. 김두한은 다른 이유를 제시한다. 악단제일선은 반이승만 유인물을 배포했고 우익을 모욕했으며 학교파업을 선동했다는 것이다. 이것은 흥미로우면서도 중요한 사건이 될 것이다. 김두한과 대한민청은 강력하고 경찰과 매우 밀접한 관계에 있었다. 그들은 경찰로부터 특혜를 받아 왔고, 경찰의 기능을 수행해 왔으며, 경찰관과의 협력 하에 일해 왔다. 우익 청년단체들의 장님 지도자인 염동진은 이미 우리에게 김두한의 석방을 청원했다. 그러나 우리는 이들에 대한 재판부가 확립될 때까지 김두한을 구치시킬 것이다.**179)**

---

179) HQ, USAFIK, "Weekly Information Bulletin", No.1(23 April 1947), p.13

김두한 출세기

이 보고서는 많은 정보를 우리에게 제공해 준다.

첫째, CIC는 국내 정치 동향을 파악하기 위해 수많은 밀정을 운영
했다.

둘째, 김두한과 CIC는 오래전부터 깊은 교류가 있었다.

셋째, 경찰과 대한민청은 매우 밀접한 관계였다.

넷째, 백의사 총사령 염동진은 CIC에게 김두한의 석방을 청원했다.

이 자료는 CIC-백의사-대한민청-경찰의 커넥션이 실재했음을
확인할 수 있는 중요한 문서다. 문제는 그동안 대한민청의 테러행위
를 조장내지 묵인해 왔던 미군정이 왜 칼날을 들이대었나 하는 의문
이다. 정확한 연유는 알 수 없다. 다만 주한 미군정 CIC의 역사를 기
록한 아래의 문서를 통해 그 당시 미군정의 입장을 엿볼 수 있다.

> CIC에 의해서 조사된 사건 중 가장 어렵고 길게 끈 사건은 김
> 두한과 그의 강력한 우익청년조직인 대한민주청년동맹에 관한
> 사건이었다. 그 사건의 중요성은 미군정이 심지어 정적에 대
> 해서까지 정의를 추구했다는 것을 한국 사람들에게 보여 주었
> 다는 사실이다. 이 사건에서 CIC는 미국인의 적이기도 한 공
> 산주의와 맞서 싸우는 와중에 죄를 범한 사람들에게 벌을 주어
> 야 한다는 것에 대해 엄청난 고통을 느꼈다.[180]

"미국인의 적이기도 한 공산주의와 맞서 싸우는 와중에 죄를 범한

---

180) History of the Counter Intelligence Corps, pp.92-93

사람들에게 벌을 주어야 한다는 것에 대해 엄청난 고통을 느꼈다."라고 고백함으로써, 김두한을 수장으로 한 대한민청이 그들을 위해 오랫동안 더러운 일들을 처리해 왔음을 미군정 스스로 인정한 셈이다. 그리고 "미군정이 심지어 정적에 대해서까지 정의를 추구했다는 것을 한국 사람들에게 보여 주었다."라고 그들 나름대로 합리화했다. 어떻게 보면 토사구팽(兎死狗烹)의 전형적인 예라고 볼 수 있다. 하지만 잔치는 끝나지 않은 상태였다. 랭던 보고서에 의한 그들의 최소한의 목표는 38도선 이남에서의 친미 혹은 괴뢰정권수립이었다.

김두한이 구속된 1947년 4월 20일부터 교수형이 확정된 1948년 3월 15일까지의 한반도 정세를 살펴보면, 미군정의 의도가 짐작된다. 무엇보다 중요한 사항은 미소공위의 재개와 파행 그리고 유엔감시하의 총선으로 이어지는 국내외의 정세였다. 그 와중에 여운형과 장덕수가 피살된다. 외국의 눈길이 한반도에 집중되던 시기였다. 미군정 역시 해외언론의 눈치를 보지 않을 수 없었을 터이다. 엄청난 고통을 감수하고 김두한으로 상징되던 우익테러단체에게 제재를 가할 수밖에 없었던 연유다.

대한민청은 미군정의 의도를 모를 수밖에 없었다. 그들은 김두한에게 극형이 선고되리라고는 전혀 생각하지 않았고, 오히려 구속 자체에 대하여 불쾌감을 표시했다. 자신들은 미군정과 경찰의 지시에 의한 행동대일 뿐인데 부당하게 탄압당한다고 생각했던 것이다. 김두한이 구속된 일주일쯤 후 대한민청은 아래와 같이 공식 반박문을 발표했다.

모든 시민들에게

대한민청 감찰위원회로부터,

남산 정에 있는 대한민청 사무실에서 벌어졌던 1947년 4월 20일 밤의 사건에 대하여, 대한민청 단원의 한 명으로 나는 사실을 말할 것이다. 대한민청은 테러 조직도 아니고 공산주의자들이 사람들에게 선전하는 바와 같이 사기꾼 집단도 아니다. 우리 청년단은 미군정과 경찰의 협조 하에 모두가 진실된 보수청년(공산주의자 청년을 제외한)으로 조직된 특별청년돌격대이다. 따라서 지금까지 우리 특수청년돌격대는 미군정과 국립경찰(특히 CIC의 비밀협조와 더불어)의 도움과 협조와 더불어 독립 선상에서 평화를 유지하기 위해 자위적으로 행동해 왔고 앞으로도 예전과 같은 노선을 견지할 것이다.

전날에 발생했던 불미스러운 사건, 즉 우리 청년단이 국제극장을 포위하여 정진용과 10여 명(그들은 대한민청을 '테러조직'이라고 불렀다)을 체포한 것은, 대한민청이 개인적으로 행한 것이 아니라 국립경찰의 승인 하에서 이루어진 것이다. 우리가 극장을 포위하기 전에 우리의 감찰부장인 김두한은 "오늘밤 우리는 경찰본부장 장택상 씨의 협조와 지도에 따라 몇몇 청년들을 쓸어버려야 한다. 혼신의 힘을 다해 최선을 다하라."고 말했다. 그들을 붙잡아 올 때, 우리는 100여 명의 대한민청 단원과, 모 경찰서의 김모 형사반장, 그리고 무장한 사복차림의 30여 명의 형사의 도움을 받았다.

따라서 우리는 이 사건의 모든 책임을 대한민청과 김두한 그리고 10여 명의 단원에게만 미루고 자신은 책임을 면하려는 장택상 씨의 행위에 대하여 의심을 품지 않을 수 없다. 우리는 CIC의 행동도 이해할 수 없다. 그러나 우리는 우리가 젊은이들을 때려서 죽인 과오를 인정한다. 따라서 우리는 많은 시민들의 도움을 희망하며 대한민청으로 하여금 테러를 자행하게 한 다음 우리들을 배신한 장택상 씨의 축출을 희망하는 바이다. 김두한 부장과 다른 단원들을 즉시 석방하라.[181]

앞에서 소개한 CIC 문서를 통하여 대한민청과 경찰 그리고 CIC와의 관계에 대하여 설명했지만 이 반박문은 그 커넥션을 다시 확인해 주고 있다. 시공관 사건은 경찰과 대한민청의 합동작전이었다는 뜻이다. 장택상의 해임을 촉구하는 그들의 심정이 한편으론 이해된다. 대한민청의 요구가 모두 수용된 것은 아니지만 한국인 재판관으로 구성된 1심 재판에서 김두한 및 사건 관련자들은 이미 언급한 바와 같이 대부분 가벼운 처벌에 그쳤다. 하지만 군사재판으로 변경된 2심 재판부터 미군정이 무엇을 의도하고 있는지 드러나기 시작했다. 재판이 진행되면서 달라지고 있는 김두한의 돌발행위는 많은 것을 시사해 준다.

김두한은 법정에서 졸도한 적이 있으며,[182] 모든 책임을 자신이 지

---

181) HQ, USAFIK, Counter Intelligence Corps, "CIC Semi-Monthly Report", No. 9(1 May 1947), pp.2-3

182) 金斗漢 법정에서 졸도, 「자유신문」, 1948.2.4

김두한 출세기

겠다고 진술하기도 한다.183) 하지만 검사의 구형이 내려진 공판에선 할복을 기도하고 재판을 거부하는 희대의 해프닝을 연출하였다. 당시 상황을 아래에 일부 소개한다.

대한민청 사건의 책임을 지겠다고 고백한 김두한이 법정에서 할복을 기도하였다. 대한민청 사건에 대한 군정재판은 12일도 속개되어 오전 9시부터 최후적인 검사의 논고가 시작되어 엄벌에 처해야 되겠다는 대목에 이르자 김두한은 군정재판을 받을 수 없다고 외치면서 몸에 감춰 가지고 있던 깡통조각으로 배를 세 번 그었다. 이에 재판정은 일시 혼란을 이루었었는데 이미 폐정이 되고 말았다. 김의 상처는 약간 뱃가죽을 벗겨 피가 좀 났을 뿐 대단치는 않은 모양이라 한다.184)

김두한의 사형이 하지에 의해 최종적으로 판결되자 이번엔 전국의 우익청년단체들이 들고 일어났다. 대동청년단 등 18개 청년단체들이 공동명의로 김두한의 교수형을 반대한다는 성명서를 낸 바 있다.185) 그러나 미군정은 한인우익단체들의 이러한 항의쯤 전혀 아랑곳하지 않았다. 그러면 그 후 김두한은 어떻게 되었을까? 물론 그는 다시 화려하게 부활한다. 구속되기 전 주로 김구 계열, 즉 백의사를 축으로

---

183) 責任지겠다 金斗漢陳述,「동아일보」, 1948.2.11
184) 법정서 김두한 할복을 기도,「경향신문」, 1948.2.13
185) 18개 청년단체, 김두한 교수형 반대 성명,「동아일보」, 1948.3.26

대한민청과 경찰 사이를 오가며 테러활동을 하던 김두한은 출옥 후, 대통령 이승만의 손발노릇을 하게 된다. 김두한의 폭력조직은 신생 공화국에서도 여전히 유용했던 것이다. 김두한의 인생유전에 대하여 CIC는 다음과 같은 기록을 남겼다.

1심 직후, 미군정장관은 한국재판정에 의해서 정의가 무너졌다고 판단하고 재심을 명령했다. 어쨌든 경찰이 물적 증거를 '둔 곳을 잊어버렸기' 때문에 재판은 열리지 않았다. 그렇게 되자 하지 장군은 군사위원회(Military Commission)에서의 재심을 명령했고 CIC에게 증거 확보와 재 심문을 위한 준비의 업무가 떨어졌다. 심문을 담당한 두 사람은 신참이었고 그들의 작업이 완성되기 직전에 통역자들은 김을 보호하기 위해 증거를 은폐하는 사태로 발전했다. 심문은 완전히 다시 이루어져야 했다. 재판은 1948년 3월 한 달 내내 행해졌고 연기가 사라질 때즈음 김은 사형 선고를 받았으며 그것은 뒤에 맥아더 장군에 의해서 종신형으로 감형되었다.
1948년 4월 초, 그의 범죄 일 년 후 김두한은 감옥으로 보내졌다. 5월에 국민투표가 행해졌고 1948년 8월 15일 한국은 이승만 정권 하의 독립국가가 되었다. 곧이어 김은 석방되었다. 김두한은 교육의 기회를 갖지 못했고 그의 이름을 정확하게 쓸 수 없을 만큼 무식했다. 이승만 정권에 의해 출옥했을 때, 어느 부유한 한국 여인의 보호 하에 들어갔고 그녀는 그에게 한국 고전과 한국 기사도를 가르쳤다. 한국전쟁 후, 김두한은 대

한청년단의 감찰부장이 되었고 이승만의 개인 보디가드가 되었다.[186]

해방공간에서 발생한 수많은 정치테러의 양상은 1948년 8월 15일 단정 수립 전후로 구분해 보아야 한다. 왜냐하면 무력을 실질적으로 행하던 우익청년단체가 차츰 정치단체 혹은 압력단체로 변모하는 것에 대통령 이승만은 부담을 가졌기 때문이다. 특히 김구를 추종하는 단체, 즉 백의사. 대한민청, 서북청년회(서청) 일부 그 외 대동청년단(대청)과 조선민족청년단(족청) 등이 이승만의 통제범위에서 벗어날 수 있는 단체들이었다. 결국 이승만은 칼을 빼들었다. 1948년 12월 19일, 우익 청년단체를 통합한 대한청년단(한청)이 설립된다.

대청(大靑)·서청(西靑)·독청(獨靑)·국청(國靑)·청총(靑總)등 그밖에 군소 청년단체를 규합한 명실상부한 통합단체였다. 그리고 이승만을 총재로 하는 준국가기구적 성격의 단체였다. 부총재는 보류되었으며, 단장 신성모(申性模), 부단장 이성수(李成株)·문봉제(文鳳濟), 최고지도위원 이청천(李靑天)·유진산(柳珍山)·강낙원(姜樂遠)·서상천(徐相天)·장택상(張澤相)·전진한(錢鎭漢), 중앙집행위원 황학봉(黃鶴鳳)·김성주(金聖柱)·김건(金鍵)·윤익헌(尹益憲) 등으로 임원을 구성하였다.[187] 특별히 눈에 띄는 것은 부총재를 보류했으며 김구의 이름이 보이지 않는다는 점이다. 문제의 김두한은 1949년 1월

---

186) History of the Counter Intelligence Corps, p.95

187) 청년단체 통합으로 大韓靑年團 발족, 「평화일보」, 1948.12.21

7일 한청의 각 부서장을 발표할 때 '감찰부국장'이란 직책으로 복귀했다.[188] 이제 정부가 폭력 테러단체를 직접 조정하는 시대가 열린 것이다.

---

188) 大韓靑年團 각 부서 발표, 「독립신문」, 1949.1.8

김두한 출세기

1918   1972

사형수 김두한을
구하라

1948년 3월 15일 남조선주둔군사령관 하지중장은 김두한에게 교수
형을 언도한다고 최종적으로 발표했다.[189] 미 군정청의 이러한 결정
에 가장 당혹스러웠던 사람은 아마 경찰관계자였을 것이다. 그리고
경무부장 조병옥과 수도경찰청장 장택상은 표면적으로 김두한 구명
운동을 할 입장이 못 되었다.

그러나 수많은 우익단체와 거물 우익인사들이 김두한의 감형과 석
방을 위하여 발을 벗고 나섰다. 이들의 면면을 살펴보는 것은 당시 정
치 지형도와 향후 한국 정당의 형성과정 역사에 참고가 되리라 본다.

김두한의 사형이 최종적으로 결정되자 가장 먼저 나선 곳은 독촉국

---

189) 金斗漢(김두한)에 교수형. 집행은 「맥」원수 승인후. 공보부 발표, 「조선일보」,
1948.3.17.

민회190)다. 동 회는 김두한의 구명을 위해 1948년 3월 18일 '대책토의회'를 열기로 결정했다.191) 그리고 일주일 정도 후인 3월 24일, 이청천과 이범석은 하지에게 김두한의 감형을 읍소했다. 아래는 관련 기사다.

> 김두한이 군율재판에서 사형이 언도된 데 대하여 이청천, 이범석 양 장군은 하-지 장군에게 그의 살인 행위는 공분에서 나온 것이오. 또 그 부친 김좌진 장군의 위공을 참작하여서라도 감형시켜 달라는 진정서를 제출하였고 동시에 김두한 사건 대책위원회와 대동청년단에서도 동일한 요지의 담화를 발표하였다.192)

독촉국민회는 김구와 김규식 등 남북협상파가 1948년 5·10 총선에 불참하였지만, 가장 많은 수(189명)의 후보자를 입후보시켜 전체 의석(200석)의 27.5%인 55석을 확보함으로써 무소속 다음으로 많은 당선자를 내기도 한 그 당시 최대의 정치단체였다. 그리고 이청천의 대동청년당은 1947년 4월 광복군의 총사령관이었던 지청천이 귀국

---

190) 대한독립촉성국민회(大韓獨立促成國民會)는 1946년 2월 8일 결성된 우익 계열의 범 정당 정치 단체이다. 약칭하여 독립촉성국민회, 독촉국민회, 독촉, 국민회, 대촉국 등 으로도 불린다. 이승만 계열인 독립촉성중앙협의회와 김구 계열의 신탁통치반대국민총 동원중앙위원회가 신탁통치 반대 운동이라는 공통 분모 하에 통합 결성되었다.

191) 金斗漢事件 對策討議會, 「동아일보」, 1948.3.18.

192) 金斗漢 감형을 양 李장군이 陳情, 「자유신문」, 1948.3.24.

해, 청년단체의 대동단결이라는 기치를 내걸고 우익계열의 32개 단체를 통합, 결성한 무시 못할 준 정치단체였다. 이 단체는 5·10 총선에서 66명의 후보를 내어 9명을 당선시켰다.

'족청'으로 흔히 알려진 이범석의 조선민족청년단(朝鮮民族靑年團)은 이승만이 집권한 뒤 실시한 청년단체 통합에 따라 대한청년단(大韓靑年團)으로 통합, 해체되기 전 당시 최대의 준 정치단체였다. 족청의 초기 면모를 보면, 단장에 이범석, 부단장에 안호상(安浩相), 전국위원에 김관식(金觀植)·김활란(金活蘭)·이철원(李哲源)·현상윤(玄相允) 이용설(李容卨) 외 32명, 이사에 백낙준(白樂濬)·최규동(崔奎東) 외 10명, 상무이사에 김형원(金炯元)·노태준(盧泰俊)·박주병(朴柱秉)·설린(薛麟)·김웅권(金雄權) 등으로 구성되었고, 5·10 총선에서는 이승만의 견제에 의해 조직이 거의 붕괴되었지만 16명의 후보를 내어 6명의 당선자를 내었던 이력이 있다.

물론 독촉국민회는 그 면면이 훨씬 화려하다. 1946년 2월 8일 총재 이승만(불취임), 부총재 김구로 출발한 동회는 같은 해 5월 12일 개편해 총재 이승만, 부총재 김구 김규식 부회장 오화영 신익희 체재로 운영되다가 김두한 사건이 일어났을 무렵인 1947년 4월 21일에 재차 개편하여 총재 이승만, 부총재 김구, 위원장 오세창, 부위원장 명제세, 백남훈, 신익희 등으로 구성된 우익의 본산이었다.[193]

이승만, 김구, 오세창, 신익희, 이청천, 이범석 등이 김두한의 구명을 위해 발 벗고 나섰다는 것은 시사하는 바가 크다. 특히 김구는

---

193) 『대한민국 건국청년운동사』, 1989, pp.730-739

1948년 3월 21일 "근일에 김두한 군의 사건을 보아도 우리가 얻는바 교훈이 많다. 김 군이 자기범행에 대해서 법적 제재를 받는 것은 당연하다고 말할 수 있으나, 그 범행이 애국적 동기에서 나왔다고 간주할 수 있으며, 또 그가 위대한 애국자 김좌진 장군의 영사(令嗣)라는 점에서 보면, 그에 대한 구명운동이 그토록 열렬하지 못하다고 아니할 수 없다. 그러면 우리는 과연 어떻게 할 것인가?"라고 말하였다.[194]

그 외 김두한의 사형을 반대했던 청년단체를 살펴보자. 당시 언론에서는 18개 청년단체가 궐기했다고[195] 보도했으나 밝혀진 단체명은 다음과 같다. 청총(대한민청의 후신), 대동청년단, 대한독립촉성국민회청년단, 서북청년단 등이다. 그리고 이철승이 주도했던 대한학생총연맹(반탁전국학생연맹, 반탁학련, 전국학생총연맹)도 김두한의 구명에 동참하였다.[196]

사형수 김두한 구하기는 이와 같이 전국 대부분의 우익진영이 동참하였다. 이들은 일개 깡패였던 김두한의 구명에 왜 그렇게 일치단결했을까? 결론은 단 한가지다. 좌익소탕, 이 명분은 이들 단체가 살아남기 위한 하나의 주문과도 같았다. 사실 위에 예를 든 대부분의 단체들은 '좌익박멸'이라는 명분하에 자행된 각종 테러에 직간접으로 연결되었다고 봐야 할 것이다. 김두한이 처형된다면 그들 단체의 존립 여부도 불확실해질 수 있었다는 뜻이다. 물론 그들의 염려는 기우

---

194) "조국 흥망의 관두(關頭)에 임하여 남하한 이북 동포에게 기(寄)함", 《백범김구선생기념사업회》

195) 김두한 구명에 18개 청년단체 궐기, 「경향신문」, 1948.3.26.

196) 大韓學聯 성명, 「자유신문」, 1948.3.27.

김두한 출세기

였다. 해방 공간에서 우익테러의 공범자이자 교사자였던 미 군정청이 김두한을 어떻게 살려 주었나 하는 과정은 이미 앞장에서 설명한 바 있다.

에피소드 하나만 얘기해 보자. 김두한이 오키나와 미군형무소에 이감되어 복역 중 그곳에서 흑인주먹파를 두드려 잡았다는 설에 관한 진위 여부다. 물론 이러한 신화는 모두 김두한의 자작극이다. 김두한은 오키나와 근처에도 가 본 일이 없다. 김두한은 할복자살 소동 이후 병원에 입원해 있다가 대전형무소에 이감되었고, 그 후 1948년 10월 6일부로 특별사면법 제9조에 의해 대통령 이승만의 특전으로 사면되었다.197)

---

197) 『대한민국 건국청년운동사』, 1989, p.849

1918   *1972*

대한청년단(한청)의 결성과
김두한의 몰락

1948년 10월, 사형수 김두한은 이승만의 특별사면으로 사회에 복귀했다. 살인범의 목숨을 건져 주었고 게다가 사면의 은총을 베풀어 주었으니, 보편적 상식으로 보면 김두한은 이승만에게 견마지로의 충성을 다해야 했을 것이다. 그리고 대부분의 사람들은 김두한과 이승만의 관계를 군왕과 신하 혹은 아버지와 아들처럼 여기기도 했던 모양이다. 하지만 출옥 후 김두한의 행적을 살펴보면, 두 사람의 친밀도가 그리 가깝지 않았음을 발견하게 된다. 먼저 그 무렵의 시대적 상황을 살펴보자.

김두한이 약 1년 6개월 정도의 형을 살고 다시 나온 세상은 전혀 딴 모습으로 바뀌어 있었다. 미군정은 끝났고 대신 남한 단독정부가 수립되어 이승만이 초대 대통령으로 재임하고 있었던 것이다. 그가 가장 존경했고 든든한 후원자였던 김구와 한독당은 과거의 유산이 되어 버렸다. 김두한 자신을 축으로 양지에서 활동했던 유진산은 5·10선거에서 낙선하여 재기를 모색하고 있었고, 조병옥과 장택상 역시 이제 더 이상 막강한 권력을 휘두르던 미군정 시절의 권력가들이 아니었다.

더욱이 자신의 존재를 세상에 알리게 한 대한민청은 이미 해산되어 '청년조선총동맹'(청총)이라는 생소한 이름으로 그 명맥만 유지하고 있었다. 백의사도 염동진도 흔적만이 남아 희미한 존재가 되어 버린 상태였다. 그러면 이 무렵의 김두한은 이승만을 어떻게 생각하고 있었을까? 그의 육성을 듣기 전에 당시 경무대 비서였던 박용만과 동아일보 정치부장 신동준의 대담을 소개한다.

박: 그러니까 각 청년단체 대표들이 개별적으로 면회를 해가지고 전부 다가 뭉치겠다고 약속을 했으니까 그게 이제 그 순조롭게. 그거 이제 그렇게 한꺼번에 대표들을 불렀으면 안 됐었지만은 순리적으로 개별적으로 했기 때문에 뭉치게 되었고. 그때 이제 그 한 가지 지금도 기억에 나오는 게 김두한 씨. 이분이 이제 그 대한청년단을 만들기 위해서 각 청년단체 대표들을 쭉 이 중앙청 제2회의실에 불렀단 말이야. 내가 이제 김두한 씨 옆에 가가지고 여보, 당신 저 이 이박사께 인사를 드리라고. 왜 이제 그 소리를 했냐 하면, 김두한 씨가 그때 이제 그 청년운동을 하면서 공산당인 전평간부들을 갖다가 여러 스무 명을 죽였어. 아주 그 죽여 버렸단 말이야. 이래가지고 이제 그 김두한 씨가 미군정에서 사형을 언도받아 가지고 있었댔단

말이야. 그러자 이제 대한민국 정부가 수립이 되면서 사형이 면제가 되었어. 근데 면제할 적에 사인을 이제 직접 이제 가지고 들어가지고 사인을 받았는데. 그래 이제 그 자기를 사형에 면제된 거에 대한 인사를 이박사한테 하라고 그러니까. 이 김두한 씨가 걸작이야. 기냥 앞에 가더니 고개를 푹 숙이더니 "저 김두한입니다." 그리고는 "각하. 감사합니다." 이것뿐이야.

신: 원래 그런 말투지.

박: 어어. 그러니까 이제 이박사가 말이지 어깨를 이렇게 쓰다듬으면서 자네는 정말 참 이 잘못했으면은 죽을 뻔했다고 하는 얘기를 하더군. 그러니까 이제 김두한 씨는 그저 아까 얘기했던 바와 같이 무뚝뚝하게 그저 그 얘기뿐이야.[198]

어쩌면 무례하다고도 볼 수 있는 김두한의 무뚝뚝한 행위는 무언가 불만에 가득한 모습이다. 박용만의 상기 발언은 상당히 신뢰가 가는 증언으로 보인다. 이승만에 대한 자신의 감정을 토로하는 김두한의 모습을 비교해 보면, 김두한이 왜 그렇게 불손한 태도를 보였는가를 이해할 수 있을 것이다.

법무부에 있는 사람이 잘못해서 사형선고 하는 데다가 내 서류

---

198) [정계야화]경무대 비화, 제17회 족청과 대한 청년단, 「동아방송」, 1965.2.3.

김두한 출세기

를 같이 끼워 놨어요. "이거는 김두한 씨 껍니다. 우익진영이
고 이거는 좌익입니다." 하면서 책상에다 덜컥 갖다났단 말이
에요. 지금 같으면 직접 전해 줬겠지만 그때는 대통령이 어려
우니까요. 비서실장 시켜서 책상 위에 놓아 놨기 때문에 나도
사형에 껴서 같이 넘어갔어요.

마침 운이 좋아서 장택상 외무장관하고 이범석 국무총리께서
이렇게 보니까 내 꺼가 사형장에 있단 말이에요. "아니, 각하.
이거 백야(김좌진 호) 아들인데 각하가 명령을 해서 공산당이랑
싸운 건데 이거 왜 여기다 껴 놓으셨습니까?" 그러니까 각하
가 아랫사람한테 "어? 이거 왜 여기다 껴났어?" 물으니까 "검
사 맡았는데, 어떻게 해서 잘못 껴 들어갔나 봅니다." 그러죠.
"이 사람 정신이 있나. 소환장 다시 작성해라." 그래서 거기
서 다시 작성해서 이박사께서 '대사령이다' 해서 대통령 사면
에 했죠. 그러면서 하는 말이 "이 사람 여기 와 있나? 나오거
든 나한테 들여보내라." 그래요.……

며칠 입원해 있으니까 이박사가 오라고 불러요. 그래서 지팡
이 짚고 들어갔어요. 영어 반하고 한국말 반으로 "미스터 김,
그동안 수고도 많이 했는데 이제는 사람 죽이지 말아라." 그래
요. 그래서 내가 하도 기가 막혀서 "아니, 각하는 언제는 나보
고 사람 죽이라고 시키더니 이제는 죽이지 말라고 합니까?" 하
니까 "이제는 군대가 하고 경찰이 합니다. 그러니까 동지는 하
지 말아요."……

돈 30만 원 줬죠. 내 보호자 역할 하는 동지들한테 와 보니까

(병원에 와 보니까) 10만 원짜리 세 뭉탱이가 있어요. 병이 나을 만하니까 대통령 각하께서 들어오시라고 하는데 가슴이 덜컥 하거든요. 또 뭐라고 할까 봐서, 나도 쉬어야 될 거 아니에요. 아, 그랬더니 혁명단체가 그때 6단체예요. 우익진영. 이게 전부 해방이 되니까 제각각이 홍길동이 되니까 대통령 말도 안 듣거든요. "자네가 통합을 시키길 바란다." 그러는 거예요. 그래서 권총 사고 장갑 끼고서 한 사람씩 개인적으로 만나자고 했죠. 그 사람들도 다 부하가 있는데 안 되거든요.

"당신, 사형을 당하지도 않았고 나같이 총을 맞지도 않았소. 이제는 대한민국 국가가 수립된 만큼 청년단체도 하나야. 이제는 청년단체를 하나로 통합해서 군대를 양성해야 돼. 군국을 만들어서 남북을 통일할 수 있는 역사적 과업을 해야 하니까 개인의 고집을 부리지 말고, 여기 통합문서에다 도장을 찍으시오."

그러니까 대동청년단체 그 사람은 최고기록을 갖고 있는 역도선수예요. 번쩍 들라고 한단 말이에요. 그래서 "너!" 하면서 문을 탁 닫았거든요. 문이 찰칵 닫히니까 겁나거든요. "새끼. 하라면 하지!" 이렇게 해서 대한청년단이라는 것을 발족하게 되었어요. 지금 남대문 옆 국산장려회관 4층 건물에 '대한청년단'이라는 간판 붙이고요. 그러고 나서 나는 이제 사람 죽이는 게 지긋지긋하니까 나는 건설을 해야겠다. 그래서 대한청년단 건설국장을 했죠.[199]

---

199) 《노변야화》 제66화 서대문 형무소 석방, 「동아방송」, 1970.1.9.

김두한 출세기

인용한 《노변야화》의 내용은 1963년에 발간한 김두한의 자서전 『피로 물들인 건국전야』와 그리 다르지 않다.[200] 주요 내용을 간추리면 다음과 같다.

첫째, 장택상과 이범석의 도움으로 인해 목숨을 건지게 되었다(자서전에는, 법무장관 이인과 총리 이범석이 특사를 요구했지만 이승만은 사형 집행서에 사인을 했고, 외무장관 장택상의 항의와 도움으로 인해 사형을 면했다고 적혀 있다).

둘째, 이승만은 김두한에게 살인 등 테러행위를 금지시켰고, 이제부터 그 기능은 군대와 경찰에게 이관되어야 한다고 말했다.

셋째, 이승만의 명령에 의해 '대한청년단'이란 간판 하에 청년단체의 통합을 주도했으며, 김두한은 건설국장의 직함을 맡았다.

대개 역사적 사실과 부합된다. 이 글에서 유의해 볼 것은 "장택상 씨는 나의 생명의 은인이다."[201]라는 김두한의 발언이다. 자신이 생명을 건지게 된 것은 이승만의 은덕 때문이 아니라는 이 증언은 아래에 소개하는 내용과도 일치한다.

"이승만 씨, 그는 노련한 정치가였지만 사람을 이용하고 이용

---

200) 『김두한자서전』2, pp.74-81
201) 『김두한자서전』2, p.77

가치가 없어지면 냉철하게 자르는 명수였다."202)

"생명을 내걸고 싸운 김두한을 기억 못하고, 미군 재판정에서
이송되어 온 사형집행 결재서찰에서 김두한 이름을 발견 못한
초대대통령 이승만 박사의 처사에 울화가 치밀었다."203)

"결코 훈장을 바라고 한 애국은 아니었지만 새 공화국은 이들
을 너무나 푸대접했고 냉대했다."204)

"저들이 목매어 갈구한 정부가 수립되니 또다시 거지꼴이 되
었구나. 협객, 사회의 불량자라는 불명예에서 탈피해 새나라
건설에 몸 바친 무명의 반공투사를 새민주공화국은 알아주지
않았다."205)

자신의 공훈을 몰라주는 신생공화국과 이승만에 대한 섭섭함이 가
득 묻어 있는 발언들이다. 한편, 김두한은 대한청년단(한청)의 발족
과정에 대하여 또 다른 발언을 하기도 했다. 이승만이 자신을 푸대
접했지만, 이승만에 대한 개인적 감정을 접고 남북통일을 위한 역사
적 과업을 위해 대한청년단 발족에 헌신했으며, 사람 죽이는 게 지긋
지긋해 건설국장을 맡게 되었다는 것이 김두한의 주장이다. 그러나
한청 발족 과정을 훑어보면 실제 사정은 달랐음을 확인할 수 있다.

---

202) 『김두한자서전』2, p.81
203) 『김두한자서전』2, p.81
204) 『김두한자서전』2, p.79
205) 『김두한자서전』2, p.79

김두한 출세기

한청 발족 시 김두한이 일정부분 역할을 한 것은 사실일 것이다. 그러나 한청의 조직과 김두한의 행적 등을 추적해 보면 김두한의 주장이 사실과 다른 흔적이 여기저기에서 드러난다. 한청(韓青)은 대청(大青)·서청(西青)·독청(獨青)·국청(國青)·청총(青總) 등 그밖에 군소 청년단체를 규합하여 1948년 12월 19일 발단식을 거행했고, 합류를 거부하던 족청(族青)도 1949년 1월 20일경 해산이 선언된 후 대부분의 단원들이 합류하였다. 한청은 이제 한국 내에서 거의 유일한 청년단체가 된 셈이다. 출범 당시 주요 임원들의 속했던 청년단체는 다음과 같다.[206]

[표11 초기 대한청년단 임원]

직책	성명	경력	직책	성명	경력
총재	이승만	대통령	선전국장	김광택	서청
단장	신성모	내무·국방장관	훈련국장	유지광	청총
부단장	이성주, 문봉재	서청, 대청	감찰국장	김윤근	대청
	강인봉	족청	조직국장	박용직	청총
최고지도위원	강낙원, 서상천	국청, 독청	교도국장	심명섭	족청
	유진산, 장택상	청총, 외무장관	건설국장	김두한	청총
	이청천, 전진한	대청, 사회장관	중앙훈련소장	김건	청총
	노태준	족청	서북변사처장	차종연	서청
사무국장	윤익헌	대청	서북청년대장	김성주	서청
기획국장	이영	독청			

---

206) 大韓青年團 각 부서 발표, 「독립신문」, 1949.1.8.

김구를 비롯한 몇몇 명망가들이 미군정 및 경찰과 야합하여 폭력 단체를 유지하며 권력을 휘두르던 시대는 끝나고, 이제 정부가 폭력 테러단체를 직접 조정하는 시대가 도래한 것이다. 전국 대부분의 청년단체를 통합한 한청은 처음부터 대통령의 사조직으로 출범했고, 이승만은 관리자로 전혀 새로운 인물을 선택했다. 바로 신성모의 등장이었다. 신성모는 이승만과의 친분관계로, 청년운동 경력이 전혀 없음에도 가장 핵심인 단장에 임명되었다. 그 외 최고위원에 장택상, 전진한, 이청천 등 명망가들을 포진시킴과 동시에 각 청년단체의 주도 인물들을 부단장과 국장 자리 등에 적당히 분배하여 한 집단에 권력이 집중되는 것을 막았다.

족청이 아직 합류하기 전이었으므로 3대 단체인 대한민청(청총), 서청, 대청 등이 적당히 배분된 것으로 보인다. 그러나 가장 핵심 요직이라고 할 수 있는 사무국장과 감찰국장 자리가 대청에게 돌아갔고, 단장과 부단장의 명단에도 대한민청 출신은 없었다.[207] 더욱이 출범을 전후하여 김두한과 유진산은 사법처리의 대상이 된다.

대한민청과 청총의 회장 출신인 유진산은 며칠 후 석방되기는 했지만 수도경찰청에 피검되는 수모를 당했다.[208] 그리고 김두한은 1949년 7월 불법구금과 공갈죄로 기소되었다가 풀려난 뒤, 2개월 만에 다시 서울지검에 송청되었다. 이번에는 국가보안법 위반이 죄목

---

207) 단장 申性模, 부단장 李成株　文鳳濟, 최고지도위원 李靑天　柳珍山　姜樂遠　徐相天　張澤相　錢鎭漢

208) 柳珍山 大韓靑年團 최고지도위원, 수도경찰청에 피검, 「서울신문」, 1948.12.19. 柳珍山 大韓靑年團 최고지도위원, 석방됨, 「서울신문」, 1948.12.23.

김두한 출세기

이었다.209)

좌익 척결의 선봉이었던 김두한이 국가보안법 위반으로 송청되었다는 사실이 실소를 자아내게 하지만, 김두한을 비롯한 다수의 청년단체 조직원들이 그때까지도 이승만의 진정한 의도를 몰랐던 것으로 보인다. 1948년 12월 19일, 서울운동장에서 거행된 한청 발족식에서 김윤근이 낭독한 선언문을 살펴보자.210)

1. 우리는 총재 이승만 대통령의 명령을 절대 복종한다.
1. 우리는 피와 열과 힘을 뭉치어 남북통일을 시급히 완수하여
   국위를 천하에 선양하기로 맹세한다.
1. 민족과 국가를 파괴하려는 공산주의 赤狗徒輩를 남김없이
   말살하여 버리기를 맹세한다.
1. 友好列邦의 세계 청년들과 제휴하여 세계평화 수립에 공헌
   코자 맹세한다.

한청 설립의 첫째 목적은 모든 청년단체들이 이승만의 사조직으로 뭉치는 것, 그 이상도 이하도 아니었던 것이다. 한청은 10개 도지부, 9개 서울 구지부, 17개 지방지부, 180개 시지부, 4천 230개의 군 읍지부로 구성되었다. 그리고 1948년 12월 31일, 회원 수가 300만에

---

209) 大韓靑年團 건설국장 金斗漢, 불법구금과 공갈죄로 기소, 「조선중앙일보」,
   1949.7.6. 金斗漢 大韓靑年團 건설국장, 국가보안법 위반 등으로 서울지검에 송청,
   「한성일보」, 1949.9.8.
210) 청년단체 통합으로 大韓靑年團 발족, 「평화일보」, 1948.12.21.

달하는 거대 조직으로 성장한다. 대한청년단은 소속 청년단원들을 훈련시켜 예비역 장교로 임명하여 정규 군조직과 청년단 조직이라는 이원체제로 운영했다.

그 후, 1949년 대한민국의 예비 군조직인 호국군이 폐지되면서 대한청년단을 청년방위대로 재편하여 예비군사조직으로 활용하였다. 후에, 한국전쟁 와중에 청년방위대는 국민방위군 창설의 바탕이 된다. 아래 표는 청년방위대와 국민방위군의 주요 임원들을 정리한 것이다. 김두한 권력의 원천이었던 대한민청 출신이 철저히 배제되었음을 알 수 있다. 이른바 빨갱이 사냥꾼 김두한의 몰락이었다.

[표12 청년방위대 간부211)]

성명	방위대 지위	한청 지위	성명	방위대 지위	한청 지위
김윤근	청년방위부장	부단장	박병원	제9단장(대전)	
문봉제	차장	부단장	김정식	제10단장(영주)	영주군단장
박경구	차장	감찰국장	남재도	제11단장(안동)	
유지원	총무국장	훈련국장	홍명섭	제12단장(대구)	
윤익헌	경리국장	총무국장	이인목	제13단장(부산)	경남도단장
강낙원	제1단장(서울)	최고지도위원	이관수	제14단장(진주)	
김득하	제2단장(인천)	인천시단장	조백린	제15단장(전주)	전주부단장
김승한	제3단장(수원)	종로구단장	황우수	제16단장(순천)	
현현문	제4단장(개성)		신태익	제17단장(광주)	전남도단장

---

211) 방위대 기구 편성 완료. 초대 방위부장엔 金潤根(김윤근)씨, 「조선일보」, 1950.4.2

김두한 출세기

박승하	제5단장(춘천)	강원도단장	강민엽	제독1단장(옹진)	
임용순	제6단장(강릉)	삼척지단장	강성건	제독2단장(제주)	제주도단장
허광	제7단장(청주)	충북도단장	김연익	제독3단장(양주)	
최익수	제8단장(천안)				

[표13 국민방위군 간부212)]

성명	방위군 지위	한청/방위대지위	성명	방위군 지위	한청/방위대 지위
김윤근	사령관	단장 · 사령관	문봉제	정보처장	부단장
윤익헌	부사령관	총무국 · 경리국장	강석한	재무실장	경리부장
박경구	참모장	감찰국 · 부사령관	김영근	휼병실장	정보부장
김희	군수처장	외사부장	이병국	작전처장	선전부장
유지원	인사처장	훈련국 · 총무국장	김두호	후생실장	/의무실장

　어쩌면 김두한이 한청에서 원했던 직책은 단장이나 적어도 감찰국
장 정도였을 것이다. 그러나 그는 김윤근의 아래인 부국장으로 보임
되었고 그 후 비교적 한직이라고 할 수 있는 건설국장이란 직책이 주
어졌다. 김윤근, 윤익헌 등 대청계열은 청년방위대와 국민방위대를
거치는 동안 승승장구했으나, 결국 그 직위가 올가미가 되어 국민방
위군 사건(國民防衛軍 事件) 처리 시 강석한(재무실장), 박창원(조달과
장), 박기환(보급과장) 등과 함께 1951년 8월 12일 총살형이 집행되었
다. 한청에서 소외된 것이 결과적으로 김두한에겐 행운이 된 셈이다.

---

212) 유영익외, 『한국과 6 25전쟁』, 연세대학교출판부, 2002, pp.111-112

한청은 국민방위군 사건 이후 몰락하기 시작했고, 제4대 단장 안호상과 제5대 단장 유지원이 재건을 모색했지만 실패했다. 결국 1953년 9월 이승만은 향토방위를 목적으로 한 민병대의 창설과 전국의 청년들을 민병대에 규합한다고 발표했고, 이에 따라 1953년 9월 10일 이승만의 명령으로 대한청년단의 해산이 선포되었다. 이로써 해방 후 8년 동안 지속되어 오던 남한에서의 우익청년단체의 활동은 그 막을 내리게 되었다. 그러나 청년단체를 이끌던 핵심인사들은 나름대로 새로운 길을 모색했다. 정치계로의 진입이었다. 이러한 시도는 어느 정도 성과를 거둔 것으로 보인다. 한청출신은 제2대 국회에서 10명, 제3대에서 25명, 제4대에서 19명을 배출했다. 다만 이들 중 다수가 야당으로 돌아선 것은 눈여겨볼 만한 일이다. 김두한 역시 정치로 눈을 돌리게 된다. 정치가 김두한의 입신 과정은 다음 장에서 다룰 주제다.

[표14 한청 출신 관료 및 의원 명단213)]

관직	명단
제2대국회(10명)	임용순(45,삼척) · 김병진(39,창원) · 최성웅(30,밀양) · 김정식(36,경북) · 김판석(30,포항) · 이협우(29,경북) · 이호근(36,예천) · 서상덕(41,남평) · 정헌조(32,남원) · 조순(39,곡성)

---

213) 류상영, 한국의 우익집단연구, 「사회와 사상」, 1989년 10월호, 한길사, pp.249-250

김두한 출세기

제3대국회(25명)	金基喆, 金炳哲, 金普泳, 金善佑, 孫權培, 柳順植, 柳志元, 尹鎔球, 李成株, 李政烋, 林次周, 田萬重, 丁大天, 趙淳, 崔秉國, 崔秉權(이상 자유당), 金東郁, 金聲福, 金載晃, 柳珍山, 陸完國, 尹在旭(이상 무소속), 金永祥(국민회), 朴己云(제헌국회 동지회), 朴在洪(국민당)
제4대국회(19명)	金石辰, 金炯燮, 朴德永, 徐漢斗, 柳順植, 柳志元, 李成株, 李政烋, 林次周, 鄭南澤, 丁大天, 鄭載元, 趙淳(이상 자유당), 金圭晩, 金勳, 劉聖權, 柳珍山, 洪吉善(이상 민주당), 辛道煥(무소속)
한청해산 전	이성주(내무부 치안사찰과장), 문봉제(치안국장) 신성모(내무·국방장관·국무총리 서리), 안호상(문교부 장관)
한청해산 후	문봉제(국무원 사무국장, 교통부 장관)

제4부

정치인 김두한의
실체

1918 *1972*

전쟁과
장군의 아들

　김두한의 일생 중 그리 잘 알려지지 않은 시기가 있다. 한국전쟁 중 그가 어디서 무엇을 했는지 아는 사람은 드물다. 잘 알다시피 김두한의 트레이드마크는 '장군의 아들'이다. 장군은 평상시보다 전쟁터에서 빛난다. 그러면 장군의 아들로 자처하는 김두한은 한국전쟁 시기 어떤 존재였을까?

　"아버님이 꿈에 나타나 남으로 가라고 했다.", "과거 별동대의 대원으로 추정되는 4명에게 극적으로 배를 구해 한강을 건널 수 있었다.", "전의가 없는 하사관의 군복을 바꿔 입고 단신으로 북진한 뒤 한강전투를 하고 있는 이종찬 장군의 부대에서 만 6일간을 싸웠다." 등 검증하기 힘든 김두한의 일방적인 주장의 진위 여부에 대해선 독자의 판단에 맡긴다. 다만 꿈 이야기 중 짚고 넘어가야 할 사안이 하나 있다.

새벽녘 꿈에 아버님이 나오셨어요. 아버님이 툭툭 쳐요. "넌 애비 말 들어라. 네가 내말 안 들으면 우리 집안 손이 끊어져. 너는 네 집사람이랑 의논해서 보따리 싸서 남산 넘어 한강 주변에 이사를 가되, 헛소리 말고 방 하나 얻어서 이부자리랑 돈만 조금 가져가거라. 그래야 너 사느니라. 그리고 사태가 벌어지면 뒤도 돌아보지 말고 남쪽으로 가라." 이렇게 말씀하시는 거예요. 그래서 딱 깨어 보니 집사람도 같은 꿈이에요.**214)**

"네가 내 말 안 들으면 우리 집안 손이 끊어져"라고 표현함으로써 자신만이 김좌진의 유일한 적손임을 강조하고 있다. 제1부에서 거론했지만 호적 문제 등의 갈등으로 김두한은 분명히 김좌진과 나혜국 사이에 태어난 김철한의 존재를 알고 있었고, 글을 쓰는 시점에 김철한이 분명히 생존하고 있었는데 어떻게 위와 같은 발언을 할 수 있었는지 모르겠다. 이 글에서 소개할 것은 포항전투(浦項戰鬪)다. 김두한의 육성을 먼저 들어 보자.

나는 포항출전 경비를 비상수단으로 염출할 수밖에 없었다.…민족의 자유를 수호하는 전쟁과 아랑곳없이 보화를 싣고 자식들만 데리고 일본으로 피난가려는 가증한 모리배를 용서할 수 없었다.…나는 총 4억 6천만 원을 거둬 출전 경비를 충당했다.…나는 부산에 도착한 이튿날 광복동에 있는 일본 절에 임시 단

---

214) 《노변야화》 제67화 백범 김구선생 암살에 관계됨, 「동아방송」, 1970.1.10

본부를 만들어 놓았다. 그리고 시내 일대에 격문을 붙여 대한 청년단원 학생들에게 전쟁 참가를 호소했다.…

나는 이들 학생들과 대한청년단에 파견된 배속장교 60명, 그리고 방위군만 전쟁에 참가하게 했다. 나의 애국에 대한 호소는 많은 청년들을 감동시켜 총 1만 2천 5백 명의 학도의용군을 만들어 '대한청년단유격대'를 편성했다.…

포항작전은 김석원 장군이 지휘하고 있었다. 1만 2천 5백 명의 병력을 끌고 들어가서 김석원 장군에게 미약한 병력이지만 전투에 참가하겠다고 말씀드렸더니 김장군은 아무 말 없이 내 손을 1분간이나 꼭 쥐고 있었다.…

나는 김석원 장군의 지휘를 받으며 적과 싸웠다. 내가 정규군에 배속된 학도의용군을 독전하러 고지에 가 보면… 어떤 학생이 실탄 장전을 못해 쩔쩔매고 있어 내가 대신 장탄을 해 주면서 그를 격려했다.… 나는 이때 1천 7백 명의 학도병을 희생시켰다.…

우리가 치열한 전투를 벌이고 있는데 미 육군 대령 계급장을 단 미군 고문관이 작전지도를 펼치고 있는 김석원 장군에게 왔다.… 김 장군은 일본도의 칼날을 돌려서 대령이 쓴 철모를 쳤다. "나는 군인생활 30년 동안 후퇴를 해 본 적이 없다. 절대로 후퇴할 수 없다. 이 작전이 조국을 위해 마지막 전투가 되는 것임을 알라"…

B29편대가 먼저 적의 기지에 가솔린을 뿌려 놓고 폭탄을 투하하니 적진은 일시에 불바다가 되었다. 폭격이 끝난 3시간 후에 우리 척후대가 적진에 가보니 적군은 모두 새까맣게 타 있

김두한 출세기

어 꼭 개를 끄실러 놓은 것 같았다고 보고해 왔다. 나는 포항 작전이 끝나자 의용군을 이끌고 부산에 왔다.215)

부산 앞바다의 귀족선을 털어 4억 6천만 원의 경비를 마련했고, 학생들의 애국심에 호소하여 총 1만 2천 5백 명의 학도의용군을 만들어 '대한청년단유격대'를 편성했다. 그리고 포항으로 달려가 김석원 장군의 지휘 하에 1천 7백 명의 학도병을 희생시키는 등 치열하게 싸웠다. 이러한 김두한의 주장이 사실이라면 한국전쟁 전투사의 한 페이지를 장식할 만한 사건일 터이다.

책을 진행하면서 여러 번 지적했지만, 김두한이 말한 것들의 대부분에 대한 해당 역사적 기록은 없다. 한국을 비롯한 미국 소련 중국 등에서 한국전쟁을 다른 어떠한 문서에도 김두한의 활약을 다룬 장면은 없다. 국방부가 편찬한『한국전쟁전투사』중 안강 포항전투 부분에서도 당연히 찾아볼 수 없다.

학도의용군을 주제로 삼은 영화 《포화 속으로》 포스터

---

215) 김두한, 『김두한 자서전』 2, 메트로서울홀딩스, 2003, pp.95-98

포항전투는 영화로도 제작될 정도로 대단히 유명한 실화다. 이 전투는 1950년 8월 10일부터 8월 11일까지 포항으로 남하하는 조선인민군 육군 제12사단과 제5사단, 제766부대와 이를 방어하는 대한민국 제25연대 및 제3사단 학도병 사이에 벌어진 전투로, 국방부에서 편찬한 『한국전쟁전투사』에 기록되어 있을 뿐만 아니라 전투에 직접 참여했던 김석원(金錫源, 1893-1978), 유원식(柳原植, 1914-1987) 등의 회고록에도 등장한다.

전투에 참가한 학도병은 71명으로, 이들 중 48명이 전사하고 23명이 부상을 입거나 행방불명 또는 포로가 되었다. 인민군의 피해상황은 알려지지 않았다. 포항은 조선인민군의 수중에 들어갔지만, 포항 시내에 있던 한국군 제3사단 후방사령부를 포함한 경찰병력이 구룡포로 퇴각하여 반격의 준비를 할 수 있었다. 바로 이 점이 이 전투를 유명하게 만든 배경이다. 제1군단장 소장 김홍일, 제3사단장 준장 김석원이 당시 지휘라인이었다. 김두한이 언급한 바로 그 김석원이다. 그러면 김석원은 포항전투를 어떻게 기록하였을까?

그것은 다름 아니라 1950년 8월 11일 새벽, 우회하여 포항을 공격한 공산군의 기습을 받아 포항여중 앞 벌판에서 그야말로 호국의 꽃으로 산화한 어린 학도병 48명의 죽음이다. 그들은 6·25 남침으로 조국의 운명이 위급해지자 자기 스스로 책가방을 내던지고 맨주먹으로 용약 일선에 달려 나온 애국의 화신들이었다.

그들은 특히 나와 함께 싸우기 위하여 내가 속했던 수도사단으로 갔다가 제3사단장으로 전속되었다는 소식을 듣고 포항까지 도보로 강행군해 온 조국의 꽃들이었던 것이다. 나는 당시의 침통하던 심경을 여기서 다 말할 수는 없다. 다만 월포리에서 해상철수하고 구룡포에 상륙하자마자 당시 나의 전속 부관실에 근무하던 남상선(南相瑄) 소위를 시켜서 그들 학도병들의 시체를 찾아 정중히 가매장하도록 일렀다.[216]

김두한의 무모함이 도저히 이해되지 않는다. 앞에 인용한 김두한의 자서전 『피로 물들인 건국전야』가 출간된 해는 1963년이다. 김석원이 아직 생존해 있을 때다. 1만 2천 5백 명의 학도의용군과 71명 그리고 1천 7백 명의 희생자와 48명 그리고 무엇보다 김석원의 자서전에는 김두한이 전혀 등장하지 않는다는 점이다. 김석원뿐 아니다. 김석원의 부하 및 지인들이 남긴 수많은 기록들 즉, 남상선의 『6·25 실전기 3사단 학도의용군(재향군인회, 1975)』, 차규헌의 『전투(병학사, 1985)』, 이병형의 『대대장(병학사, 1994)』, 최정화의 『그 여름 겨울(범한, 2000)』 그리고 김석원을 상당히 부정적으로 그린 유원식의 5·16비망록 『혁명은 어디로 갔나(인물연구소, 1987)』 등 어떤 자료에도 김두한이 의용군을 이끌고 와서 포항전투에 참여했다 는 기록은 없다. 김두한이 주장하고 있는 포항전투 무용담에 대하여 왜 아무도 지적을 하지 않았는지 이유를 모르겠다.

그러면 한국전쟁 무렵 김두한은 어디서 무엇을 했을까? 김두한은

---

216) 김석원, 『노병의 한』, 육법사, 1977, p.342

그의 자서전에서 포항전투 참여 후에 부산으로 돌아가 댄스홀을 습격하여 금품을 강탈하여 학도의용군의 치료비로 사용했고, 그 뒤로는 부산부두 파업을 지휘하는 등 노동지도자로서 변신을 하였다고 했다.[217] 사실 한국전쟁 시기 김두한의 활동이력을 정리하는 것은 매우 어려운 작업이다. 왜냐하면 그 무렵의 김두한은 공식적인 직책이 없었기 때문이다. 대한청년단 결성 이후 김두한의 행적을 추적해 보았다.

① 1948년 10월, 김두한 가출옥
② 1949년 1월, 한청 감찰부국장으로 취임(감찰국장 김윤근)
③ 1949년 6월~7월, 불법구금과 공갈죄로 송청 및 기소
④ 1949년 9월, 재송청(국가보안법 위반, 공갈, 협박, 공금횡령 등 죄목)
⑤ 1949년 10월, 한청의 초대 건설국장 김두한 해임(후임은 이영)
⑥ 1950년 12월, 「국민방위군 설치법」 공포
⑦ 1951년 4월, 국민방위군 해산
⑧ 1951년 8월, 김윤근 외 5명 총살
⑨ 1951년 12월, 전란으로 기록 분실한 702건, 12월 5일로써 무효 소멸, 김두한 자유의 몸이 됨[218]

---

217) 김두한, 「김두한 자서전」 2, 메트로서울홀딩스, 2003, pp.98-108
218) 전란으로 기록 분실한 702건, 12월 5일로써 무효 소멸, 「자유신문」, 1951.12.7

김두한 출세기

김두한은 군사재판에서 사형을 선고받았으나 정부 출범 이후 가출옥했고, 한청의 감찰부국장 및 건설국장으로 재임 시 여러 가지 죄목으로 형무소를 들락거리다가 전란으로 인해 기록이 분실되는 행운으로 모든 혐의가 무효처리가 되었음을 알 수 있다. 그러므로 김두한의 공민권이 회복된 시기는 1952년 초부터라고 봐야 할 것이다.

김두한이 언론에 다시 등장한 시기는 1952년 6월 9일 대한노총의 제5차 전국대의원대회 개최 때다. 이 무렵 김두한의 공식적인 직함은 '노총 부산지구 감찰부장'이다.[219] 시기가 정확하게 맞아 떨어진다. 공민권이 회복된 후 그가 재기를 노린 것은 대한노총에서의 기반 구축으로 보인다. 물론 최종 목표는 국회 입성일 것이다.

다시 정리하자면, 한국전쟁 초창기 김두한은 공식적인 활동을 할 수 없었다. 한청이 청년방위대로 바뀌고 국민방위군으로 변신할 때, 김두한은 그저 야인으로서 활동할 수밖에 없었다는 뜻이다. 만약 그가 한청의 주류였다면, 장군의 아들이 아니라 진짜 장군으로 변신했을지도 모른다. 김윤근이 육군 준장으로 임명되었을 때 김두한의 심정은 어떠했을까? 그러나 한청에서 소외되었던 것이 결과적으로 그에게 행운이 되었다. 김두한이 한청의 공식적인 간부 신분이었을 경우 김윤근 외 5명이 총살될 때 그도 포함될 가능성을 염두에 두면 그렇다.

한청의 비주류시절, 김두한은 대한의용단을 거쳐 대한부흥건설단을 설립함으로써 별도의 청년단체를 조직하고자 했다. 그리고 한편

---

219) 대한노총 錢鎭漢파, 제5차 전국대의원대회 개최, 「민주신문」, 1952.6.11

으론 대한노총을 기반으로 입지를 다지고자 했다. 결론적으로 의용군 모집을 하여 포항전투에 참가하였다는 김두한의 주장은 신빙성이 없다. 그 무렵 김두한은 옛날 부하들과 합세하여 의적 흉내를 내었을 것이다. 그러다가 1952년 초 공민권이 부활되자 인생의 방향을 수정한 것으로 짐작된다. 분명한 것은 한국전쟁 동안 김두한은 장군의 아들로서의 역할을 전혀 하지 못했다는 점이다.

1918   1972

대한부흥건설단 창설로
재기를 모색하다

서울이 수복된 지 며칠 되지 않은 1950년 10월 11일, 「동아일보」에
묘한 광고가 실렸다.

1950년 10월 11일자 「동아일보」 광고

격(檄)

동지들이여!

승리는 드디어 정의의 국가 자유대한에 돌아왔다.

그러나 보라!

6·25를 기하여 남침을 흉계하던 저 공산반도 김일성 역도들의 폭악무도한 발악으로 평화스런 이 동산의 불의의 황폐와 수십만의 '피 냄새' 수백만의 원한의 눈물로 엮어진 무시한 참경을… 그대들은 보았을 것이다.

이것이야말로 공산도배들의 언제나 일삼는 씻지 못할 역천의 천성이 아니고 그 무엇이며…

인류공동의 적이라 함을 그 누가 부정하리요.

동지들이여 각성하자!

그리하여 불철주야 괴뢰분쇄에 고투하시는 일선장병의 뒤를 이어 굳게 뭉쳐 이 황폐된 향토를 재건하여 한 많은 눈물에 젖은 민족을 구하자.

길은 오직 한 길뿐이다.

…주먹을 높이 들고 향토건설에

용진하자 피 끓는 젊은이들이여…

전선 전방 후방에 의용군으로 진군하자!

그리하여 이 민족에 새 희망을 주는 이 나라의 역군이 되자.

뜻있는 동지여 모여라!

우리는 오직 진군뿐이다.

대한의용건설단

단장 김두한(金斗漢) 백(白)

인사의 말씀

친애하는 이백만시민 여러분!

그동안 불의의 전화에 얼마나 고생하였습니까.

본인은 대한건설단 환도선발대로서 금일 입경하였습니다.

우리들 대한의용건설단은 그간 부산을 중심으로 이미 6천여 명의 동지가 의용건설대, 의용의병대, 의용보급대로서 용약 출전하여 일선에서 분투하시는 충용 무쌍한 장병들의 뒤를 이어 인류공동의 적 적구(赤狗)분쇄에 용감하게 싸워 왔습니다.

이제 환도하여 목격함에 우리들의 해야 할 일은 너무나 산적합니다.

도로 가옥 교량 수도 및 전기 기타의 황폐는 실로 유구형용불능의 무시무시한 참경입니다.

이들 모든 재건은 우리들 의용건설단의 손으로 해야 할 것이며 동시에 시민 여러분들의 적극적인 협조로서만 우리 수도는 조속한 시일에 평화스럽던 옛 모습으로 복구될 것입니다.

그리하여 다시 이 동산을 세계적문화국가로 창건해야 할 것이며 그곳에서 영원한 행복과 자유평화의 안식처를 찾아야 할 것이 아닙니까.

그럼 앞으로 시민 동지들의 아낌없는 많은 참여 있기를 믿으며 인사의 말로 대합니다.

대한의용건설단입경선발대

대표총무처장 박연(朴淵) 백(白)

분명히 같은 단체에서 게재한 광고다. 그런데 알리고자 하는 내용이 독자를 헷갈리게 한다. 김두한 명의로 된 광고문의 전체적인 맥락은 의용군 모집 격문이다. 하지만 단체의 명칭이 '대한의용건설단'이고 "황폐된 향토를 재건하여", "주먹을 높이 들고 향토건설에 용진하자 피 끓는 젊은이들이여"란 애매한 문구를 고려해 보면, 의용군 모집과는 거리가 있는 듯하다. 향토건설과 의용군은 과연 어떤 연관이 있을까? 반면 박연의 광고는 정부나 지방자치단체의 홍보물 같기도 하고 건설회사의 광고처럼 보이기도 한다. 우리는 앞으로 대한의용단이 어떠한 단체인가를 파악하며 김두한이 이 단체의 대표로서 어떠한 역할을 했는가를 추적할 것이다.

아무튼 서울 수복과 거의 동시에 김두한은 〈대한의용건설단〉이란 사설단체를 이끌고 입경하였다. 사실 이 무렵의 김두한은 대단히 곤란한 처지에 있었다. 1949년 9월 초 국가보안법 위반, 공갈, 협박, 공금횡령 등의 죄목으로 김두한이 서울지검에 송치되자,[220] 대한청년단(한청)에서는 김두한(건설국장)과 홍순진(부국장)을 해임하였다. 후임 건설국장에는 이영, 부국장으로 주갑린(족청출신, 남선개발사 사

220) 金斗漢 大韓靑年團 건설국장, 국가보안법 위반 등으로 서울지검에 송청, 「한성일보」, 1949.9.10

김두한 출세기

장)이 임명되었다.221)

김두한이 〈대한의용건설단〉 서울 입성 광고를 낸 두 달쯤 후 〈대한부흥건설단〉으로 명칭을 개칭하고 사단법인으로 변경한다는 보도가 나왔다.222) "6·25사변 이래 공산도배의 비인도적인 파괴행위에 애국청년은 대동단결하여 국토 재건에 씩씩한 노력을 하여 오던 〈대한의용건설단〉은 부득이한 사정으로 금반 그 조직을 개편하게 되었다."는 전언이다. 도대체 '부득이한 사정'은 어떠한 사정이었을까? 우리가 생각해 볼 수 있는 것은, 〈대한의용건설단〉의 주 사업 목적이 〈한청〉 건설국의 사업 추진방향과 거의 유사하다는 점이다.223) 어쩌면, 해고당한 김두한이 전 직장의 경쟁단체를 설립했다고도 볼 수 있을 것이다. 그러나 이 단체는 그리 오래가지 못했다. 당연하다. 앞글에서 언급했듯 이승만 정권이 수립되자마자 시도한 일은 청년단체들을 통합하는 것이었다. 그런데 어떻게 새로운 청년단체를 허용할 수 있었겠는가?

결국 〈대한의용건설단〉은 정당 사회단체를 표방하는 〈대한부흥건설단〉으로 명칭을 바꾸고, 정부의 통제 하에 있을 수밖에 없는 사단법인으로 재발족하게 된다.224) 공보처에 제출한 자료를 중심으로

---

221) 한청 건설국장 결정, 「동아일보」, 1949.10.20

222) 대한부흥건설단 경남도본부 발족, 「민주신보」, 1950.12.13

223) "이 청년단의 사업계획안에는 주로 도로수선과 植林 등의 각종 민간사업을 포함하고 있으나 중요한 임무는 방공이다.", 申性模 대한청년단장, 대한청년단의 임무는 防共이라고 밝힘, 「동아일보」, 1948.12.29

224) 대한부흥건설단 경남도본부 발족, 「민주신보」, 1950.12.13

〈대한부흥건설단〉의 간략한 이력을 소개한다.[225]

① 창립일자: 1950년 11월 12일
② 주소: 서울특별시 종로2가 영보빌딩
③ 대표: 이윤영
④ 대표대리: 박용하
⑤ 주요간부: 단장 김두한 외
⑥ 당원 수: 본부(3,342명) 지부(3,512명) 전체(6,854명)
⑦ 실무 사용 또는 연락사무소: 부산시 광복동 1가 16
⑧ 합동·협력하는 정당관계: 없음
⑨ 공보처 등록일자: 1951년 12월 10일

취지서, 선언서, 강령, 단훈, 선서서, 규약 등이 있으나 간단하게 강령만 아래에 소개하고자 한다.

1. 우리는 멸공, 호국의 이념에 철저하여 조국통일성업의 초석이 될 것을 기한다.
1. 우리는 민족 사랑의 불타는 성열(誠熱)로서 조국부흥건설의 핵심적인 역군이 될 것을 기한다.
1. 우리는 인류평화를 수호하며 자유세계실현의 지침이 될 것을 기한다.

---

225) 《법인및사회단체(대한부흥건설단), 관리번호 BA0136412, 소장기관 :국가기록원》

김두한 출세기

그리 특별한 내용은 없다. 수없이 명멸했던 청년단체의 그것과 맥을 같이한다. 한청의 선언서와도 유사하다. 다만 "우리는 총재 이승만 대통령의 명령을 절대 복종한다."란 충성서약문만 없을 뿐이다. 절대복종을 요구하는 이승만의 파시스트적인 경향은 1921년 7월 하와이에서 조직된 동지회의 규약에서부터 시작되었다는 것을 기억하면,226) 이승만에 대한 도전으로도 볼 수 있는 단체가 수립된 것이다. 이승만 추종세력의 핵심 중 한 명인 이윤영을 초대 총재로 선임했음에도 〈대한부흥건설단〉의 역할이 미미할 수밖에 없었던 이유이다.

초대총재 이윤영의 뒤를 이어 1952년 3월부터 이갑성이 그 뒤를 이었다. 그리고 1955년 2월부터 김두한이 제3대총재로 재임하다가 김두한의 민의원(국회의원) 임기가 종료된 얼마 후인 1958년도에 사업이 종료되었다. 마지막 주소는 '서울특별시 성동구 상왕십리동 162-1 대한부흥건설단총본부'였다.227)

정부에 제출한 〈대한부흥건설단〉의 사업보고서는 생략한다. 〈대한부흥건설단〉은 인적구성이나 규모를 보면 그리 작은 단체는 아니었다. 그러나 언론의 보도는 극히 제한적이었다. 침묵을 지키던 언론이 이윤영과 이갑성이 물러난 뒤, 정확하게는 김두한이 국회의원에 당선된 후부터 〈대한부흥건설단〉의 어두운 면이 몇 차례 기사화되었다. 아래에 소개한다.

---

226) 동지회 창립선포문 규정3항 "본회의 사명은 총재의 대정 방침을 보좌하여 명령을 절대 복종함에 있음" 《김상구, 『다시 분노하라』, 책과 나무, 2014, p.139》

227) 《소장기관: 국가기록원 생산기관: 국세청 중부지방국세청 생산년도 :1955년》

① 1954.10.30. 김건성 씨 피살

지난 27일 하오 11시 15분경 항도 부산시의 중심가 창선동 파출서 근처 술집에서 음주 중이던 대한부흥건설단 정보부장 김건성 씨는 괴한이 발사한 미제 45년식 권총탄에 명중하여 즉사하였다. 동 사건에 대하여 경찰당국은 미 후방기지 사령부에서 방매하는 각종 물품 매매를 둘러싼 모종의 알력관계가 아닌가 보고 있으며 범인을 색출하기 위한 수사활동을 전개하고 있다.[228]

[부산분실발] 지난 27일 하오 11시 15분 경 항도 부산시의 중심가 창선동 파출서 근처 술집에서 음주 중이던 대한부흥건설단 정보부장 김건성씨는 괴한이 발사한 미제 45년식 권총탄에 명중하여 즉사하였다. 현지 경찰당국에서 급거 현장을 조사한 바에 의하면 정기 김씨는 성명불상의 청년 2명과 전기 시간에 파출소 근처 주점에서 음주 중 돌연 외부로부터 발사된 총탄에 명중되었는데, 김씨는 동 주점으로부터 5미터 지점까지 걸어나와 사망한 것이다. 동 사건에 대하여 경찰당국에서는 모종의 단서를 잡고 지난 28일 하오 9시 40분 시내 동광여관에 유숙중인 장윤우(30)를 시내 창성동 스탠드바에서 체포하는 동시에 부산역구내에서 김택은(19)과 부산진역구내에서 윤원기(20)를 각각 체포하고 엄중 조취한 결과 이들은 지난여름 송도 사건에 울분을 품고 복수할 것을 공모하고 서울로부터 권총 1정

---

228) 창선동 모 주점서,「경향신문」, 1954.10.30

을 입수하여 시내 동광여관에서 밀회하고 김근성 씨를 살해할 기회를 엿보던 중 지난 27일 하오 7시 남포동 지중해 다방에서 김씨를 발견하고 미행하여 창성동 살해현장인 주점에서 음주 중이던 전기 김씨를 김태근이가 권총 1발을 발사하여 즉사케 한 것이라고 자백하였다 한다.**229)**

② 1955. 6. 15. 불하물자로 말썽 광명원서 고소제기
광명원 대표 김창호씨는 대한부흥건설단 대표인 김두한 씨를 상대로 횡령 및 배임 등의 고소를 하였다. 고소지인 부산지방검찰청에서 수일 전에 서울지방검찰청에 사건이 이첩되어 강서룡 검사가 14일부터 수사에 착수하였다. 담당 감검사는 교통부 피복 사건을 수사하고 있는 관계상 그 사건과 이 고소 사건과는 일련 관련이 있다 하여 종합 수사할 것으로 보이는데, 이 고소사건 내용은 광명원이란 상이용사 단체를 후원하여 준다고 전기 대한부흥건설단에서는 광명원의 생계유지시설 방도로서 마산에서 불하하고 있는 미군 물자를 불하받아 매각한 이익금을 이용하자고 계약하여 놓고 이 물자를 매각처분 하였음에도 이들이 광명원에 내주어야 할 약 3천만 환의 금액을 주지 않는다고 주장하고 있다. 이 사건이 교통부 피복사건과 관련이 된다고 보아지는 골자는 교통부의 피복알선자인 박임손 씨가 마산에서 미군물자를 불하받을 때에 전기 대한부흥건설단

---

229) 김건성씨 피살, 「동아일보」, 1954. 10. 30

과의 계약 조건 중 약 40만 파운드를 돌려주지 않고 있기 때문에 애당초 교통부 종업원에게 계약하여 준 현품과 금액과 시일이 이해되지 못하였다고 박씨가 주장하기 때문에 그 진상을 밝히기 위하여 종합 수사에 착수한 것으로 보인다.[230]

③ 1956.4.22. 金斗漢議員을 內査 垈地二重賣買嫌疑로
서울 시경에서는 지난 20일부터 민의원 의원 김두한(진보당) 씨에 대하여 성동구 신당동의 "부흥주택" 대지 2중 매매 사기협의로 내사를 착수하는 한편 김의원이 가지고 있던 "정부보상서류"를 수사상 필요하다는 이유로 가져갔다고 한다. 그런데 경찰에서 말하는 바에 의하면 이번 내사는 성동동에 있는 "의합사"의 상무 신사희 씨로부터 그의 연고 대지 413평을 김의원이 "부흥주택" 대지 2천 5백 평에 포함하여 서울시 주택과에 이중매매 하였다는 고소에 의하여 착수된 것이라고 한다.[231]
시경수사과에서는 20일 형의 선고 유예 중에 있는 민의원 김두한 씨를 부흥주택대지를 이중매매 하였다는 사기사건의 정보를 입수하고 극비리에 내사 중에 있다. 그런데 김의원은 시내 신당동 112 1만8천9백5십평의 대지를 지난 해 10월 15일 관계당국으로부터 "대한부흥건설단" 명의로 불하받아 그중 7천 8백 9십 2평을 시당국에 매각한 혐의를 받고 있는데, 21일 경 시경

---

230) 불하물자로 말썽 광명원서 고소제기, 「경향신문」, 1955.6.15
231) 金斗漢議員을 內査 垈地二重賣買嫌疑로, 「동아일보」, 1956.4.22

김두한 출세기

당국자는 김의원의 범죄 사실의 물적 증거가 나타나면 즉시 입
건할 것이라고 말하였다.232)

대한부흥건설단 정보부장 김건성이 피살되었고, 대한부흥건설단
대표인 김두한씨가 광명원이란 상이용사 단체인 김창호로부터 횡령
및 배임 등의 고소를 당했으며, 민의원 의원 김두한이 대한부흥건설
단 명의로 불하받아 이중매매 하였다는 사기사건으로 내사를 받고
있다는 내용이다. 일단 이 정도의 정보만으로도 대한부흥건설단이란
단체의 성격을 짐작할 수 있으리라 본다.

이쯤에서 〈건중친목회〉에 대해서 조금 언급해야 될 듯싶다. 이상
하게도 정부가 인정한 〈대한부흥건설단〉에 관한 일화는 거의 없다.
소설이나 드라마는 물론 김두한의 자서전에도 등장하지 않는다. 그
러나 〈건중친목회〉에 대한 이야기는 상당히 알려져 있다. 아마 야인
시대 등 드라마 탓으로 보인다. 〈건중친목회〉는 김두한의 자서전에
도 잠시 등장한다. 김두한 자신이 쓴 글은 아니지만 "종전 뒤 일본군
재산을 처분하는 건중친목회를 창립해 활동하면서 부를 축적하고 조
직도 키웠다."233)라고 '인간 김두한일지'란 항목 중 30대 시기를 설
명하는 부분에 쓰여 있다. 김두한의 발언 중 〈대한부흥건설단〉 혹은
〈건중친목회〉 관련 일화는 1970년 1월에 방송된 《노변야화》에 등장
한다. 아래에 그 일부를 소개한다.

---

232) 김두한 의원을 내사, 「경향신문」, 1956.4.22

233) 김두한,「김두한 자서전」 2, 메트로서울홀딩스, 2003, p.255

그때 내가 미군 군납협회 회장을 했단 말이에요. 미국사람들이 불안하면 서독이나 동경 일본 같은 데서는 불매동맹을 해서 안 산단 말이에요. 미국 사람들이 그걸 버릴 순 없고 태평양에 버리니까 돈을 줘 가면서 물자를 처분하니까 막대한 게 연합군 가서 떨어지는 거 있잖아요. 우리나라에는 그때 자유당시절에 (국민이 잘 알고 있겠지마는) 지프차 하나를 백만 원씩에 입찰했단 말이에요. 미국 사람네들은 일정한 기간이 지나가면 아무리 새 차라도 안 써요. 모든 물건이 다 그래요. 군복, 군화도 전부 그래요.

이러니 이것을 지프차 100만 원, 중기 같은 것 등이 부평 20리 벌판에 꽉 들이찼는데 한국 사람들이 이걸 막 들여와요. 그래서 내가 한 말이 "이거 안 돼요. 적어도 저 사람들 중에 한국 원화를 쓸 거 같으면 달러를 바꿔 써야 하는데 미국 사람들 물자찌꺼기, 태평양에 버릴 헌 물건을 최고경쟁입찰을 하니까 외화가 적어도 한 달에 오천만 원 손해가 난다 이거예요. 그러니 이 문제를 달러를 우리가 획득하기 위해서 조직을 해야겠다. 내가 할 테니 당신네들 눈 감아라." 그래서 공산당하고 싸웠던 동지들이랑 조직을 했죠. 자동차도 준비하고 권총, 그때 다 있었으니까요.

그러고 나서 미국 사람들하고 사바사바해서 경쟁입찰도 하지 않고 100만 원씩 줘서 몇 십 대씩 떼는 장사꾼 넷을 납치했단 말이에요. 옛날이나 지금이나 장사꾼 악질이라는 건 똑같다구요. 내가 그때 한강벌판이 제일 만만해서 거기로 데려갔어요.

김두한 출세기

눈 가려 놓고 손 봐줬죠. 그러니 장사꾼이라도 벌벌 떨거든요. 여기 와서 해라. 너는 피복, 너는 중기, 너는 도라무깡, 너는 자동차, 이렇게 하는데, 지프차 하나에 고철값이 45,000원이다. 그러니 너는 45,500원, 46,000원, 47,000원 이렇게 해서 하면 한 대에 93만 원, 94만 원 이익을 본다 말이에요. 그것을 재입찰을 해서 우리가 한 대에 100만 원씩 파는 거예요. 그래서 이것을 군경원호회 같은 데다 해 주는데, 그때 내가 돈이 좀 있었단 말이에요.[234]

김두한의 상기 발언은 조철권의 논문 「한국 조직범죄의 기원과 특성」과 상당히 근접한다. 아래에 관련 내용을 인용한다.

건중친목회는 한국전쟁 직후인 1953년 가을경 한국을 떠나는 미군이 군수물자를 경쟁입찰 형식으로 시중에 불하하는 과정에서 당시 종로지역 폭력조직의 보스 김두한이 주동이 되어 형성된 단체다. 이 단체의 회원은 상인 300여 명으로 구성되었고… 이러한 재입찰과정에서 감찰부는 3배에서 5배까지 낙찰을 받아 그 차액을 챙기곤 하였다. 차액의 80%는 권력기관(군특무대, 헌병총사령부, 치안국, 상이군인의 모임인 정양원 등)에 그리고 나머지 20%는 감찰부에 가입한 서울의 주요 폭력조직들의 세력 비율에 따라 이익금을 나누었다.… 초대 건중친목회는

---

234) 제71화 국회선거전에 구속된 이야기, 「동아방송」, 1970.1.14

고문에 김두한, 초대회장에 주먹원로인 김대운, 감찰부장에 대한민청 시절 김두한의 부하이며 민청 16동지의 한 명이었던 김관철, 차장에 김관철의 고향(평남) 후배이며 서청(대동강동지회)에서 학생부장을 역임한 홍관철을 임명하였다.[235]

미군 군수물자 불하 건은 당시로선 큰 이권이 걸린 사업이었음에 틀림없다. 류상영은 한국재벌의 형성 요인으로 첫째, 귀속사업체 및 국유재산불하(적산처리), 둘째, 원조물자 및 자금의 불하와 환차익, 셋째, 산업은행의 융자와 금리차익 등을 꼽았지만,[236] 미군 군수물자 불하 및 한국 주둔 미군의 공사도 무시하지 못할 경우라고 서술했다.[237] 미군 군수물자 불하 사업이 그만큼 규모가 컸다는 뜻이다.

이권이 크면 불협화음도 따라 커질 수밖에 없다. 그러나 김두한의 증언과 조성권의 논문에는 군수물자 불하로 인한 파열음은 거론하지 않고 있다. 그리고 드라마 소설 자서전류뿐 아니라 조성권의 논문에도 〈대한부흥건설단〉은 전혀 거론하지 않고 있다. 이러한 혼란을 정리하기 위해선 당시 김두한의 직책을 알아볼 필요가 있다. 1950년대 중반 무렵, 김두한은 민의원, 대한노총 최고위원, 대한부흥건설단 단장 혹은 총재의 직위를 가지고 있었다. 그러므로 〈대한부흥건

---

235) 조성권, 한국 조직범죄의 기원과 특성, 「형사정책연구」제8권 제3호(통권 제31호), 1997 가을호, pp.141-142

236) 류상영, 6 25전쟁과 재벌형성의 역사적 기원, 『한국과 6 25전쟁』, 연세대학교 출판부, 2002, pp.152-161

237) 류상영 위의 책, p.152

설단〉과 〈건중친목회〉, 이 두 단체에 발생한 사건은 함께 검토해야만
한다. 이러한 전제 하에서 미 군납과 김두한이 연관된 사건을 정리하
면 다음과 같다.

① 1954년 5월 28일
  • 김두한, 김관철에 대한 살인미수 강경 부인
  • 미8군에서 불하한 밀가루 설탕 상자 낙찰 문제[238]
② 1954년 10월 30일
  • 대한부흥건설단 정보부장 김건성 피살
  • 미 후방기지 사령부에서 방매하는 각종 물품 매매관련 알력
③ 1955년 6월 15일
  • 광명원(상이용사 단체), 대한부흥건설단 대표 김두한을 횡
    령 및 배임혐의 고소
  • 마산에서 불하하고 있는 미군 물자를 불하관련
④ 1956년 4월 22일
  • 김두한, "부흥주택" 대지 2중 매매 사기혐의로 내사 중

①번 사건은 건중친목회 사무실에서 발생한 사건으로, 관련자는
과거 대한민청 시절 김두한의 부하였던 김관철이다. 김관철은 건중
친목회 고문으로 보도되었다. 나머지는 모두 대한부흥건설단 관련
사건이다. 그리고 ①번부터 ③번까지의 사건은 미 군납과 관련되어

---

238) 殺人未遂 强硬否認 金斗漢氏 中部署서 徹底 問招, 「동아일보」, 1954.5.28

있다는 점에서 공통점이 있다. 〈건중친목회〉와 〈대한부흥건설단〉이 경쟁관계였는지 동업관계였는가는 분명하지 않다. 다만 두 단체 모두 미군 군수물자 불하 건으로 커다란 이익을 취했음은 확실하다.

한 가지 눈여겨볼 것은 이들 단체에 속한 김두한의 인맥이다. 김두한에게는 그를 비호했던 정치 관료집단에 속했던 인물, 즉 김구 이승만 조병옥 장택상 유진산 등이 있었지만, 무엇보다 종로파 특히 '16동지(同志)'라 하여 정진용 살해사건으로 함께 구속되었던 이들과의 유대가 각별했던 모양이다. 소위 16동지의 명단을 다시 소개한다.

絞首刑＝金斗漢

終身刑＝金永春(金永泰)・申永均・洪萬吉・趙喜昌

30年懲役＝朴基永・梁東洙・林一澤・金斗潤・李英根・李昌成・宋章煥・高敬柱・金觀喆

20年懲役＝文華春・宋基現

이들 중 김두한, 김영태, 신영균은 〈대한부흥건설단〉의 주요 임원이었고, 김관철은 〈건중친목회〉의 핵심인사 중 한 명이었다. 이들이 끝까지 김두한과 의리를 지켰는가를 검토하는 것은 별도의 작업이 필요하다.

1918　1972

김두한, 노동운동가로
변신하다

1954년 4월 1일, 김두한이 대한노총의 최고위원으로 선출되었다는 소식이 제하 각 언론에 보도되었다.[239] 정당한 노동을 전혀 해 보지 않았고, 해방 이후에는 노동운동 파괴에 앞장섰던 인물이 한국노동계의 최고지도자가 된 것이다. 어떻게 이러한 일이 가능했을까? 김두한의 노조파괴 행위는 앞의 글 "나는 사실 백색 테러리스트다"에서 언급한 바 있지만, 사실 여부와 관계없이 본인의 이름으로 서술한 몇 개 장면을 소개한다.

> 나는 3천여 명의 대원들을 시 경찰국 앞에 모이게 했다.…나
> 는 그 집에 산적한 정종 수십 통을 도끼로 깨고 3천 명의 대원

---

239) 노총대회서 중앙위원 선출, 「경향신문」, 1954.4.3

들에게 아침부터 술을 먹였다.…그러지 않고서야 용산역 2층, 3층에 세워둔 기관총, 장총의 총구를 보고 그 앞에 뛰어들 자는 아무도 없기 때문이다.…그래서 나는 나 자신이 먼저 술에 취해야만 했다.**240)**

"최후로 5분만 담판하자. 김두한의 명예를 걸고 약속한다. 한 사람도 죽이지 않겠다. 내가 2층으로 올라가겠다." 이렇게 말하고 나는 일본도를 빼들고 2층으로 뛰어 올라갔다.…창고에 몰아 놓고 점검해 보니 2천여 명이나 되었다.**241)**

나는 기관총 2정을 그들 앞으로 정조준 시켰다.…전평 간부 8명이 내 앞에 뛰어나왔다. 나는 부하들로 하여금 이 8명을 처치하라고 지시했다.…만일 직장에 복귀 안 하면 가족까지도 몰살해 버리겠다고 말한 후 서약을 시켰다.…그런데 후일 내가 미 군사법정에서 사형선고를 받을 때 드러난 일이지만 내 부하들은 8명의 전평 간부를 죽였었다.**242)**

이때엔 여공 직원들도 사정을 안두고 때렸다. 우리는 이때에

---

240) 『김두한자서전』1, 메트로신문사, 2003, p.238

241) 같은 책 pp.241-243

242) 같은 책 pp.244-245

김두한 출세기

230명의 적색 노조원을 파면시켰다.243)

트럭마다 50명의 무장대원들을 분승시켰다. 그 뒤에는 도보로
쫓는 죽창부대를 동원시켰다.···철문을 향해 집중 사격을 몇
분간 퍼부어 보았지만 탄환이 핑핑 튈 뿐 철문은 꿈쩍도 안 했
다. 나는 최후의 수단으로 화물차에 돌을 산적시키고 전속력
으로 철문을 들이받게 했다.···우리 대한민청측에서도 수십 명
의 부상자가 발생했고 2명의 동지가 전사했다. 우리는 완전히
조선제강을 점령하고 즉시 적색 노조원들에게 남녀를 불구하
고 혹독한 매를 가했다. 나는 동지들에게 이번에는 여직공에
게도 사정을 두지 말라고 일러두었다.244)

난처한 것은 여직공들의 필사적인 항전에 부딪쳤기 때문이
다.···그러나 우리는 이곳에서 5개의 죽창부대 병력을 투입하
여 수류탄 몇 발을 투척하고 간단히 점령해 버렸다.245)

용산 철도기지창, 경전(京電), 조선제강, 경성방직 등 파업 현장에
서 김두한의 활약상을 묘사한 글이다. 물론 상기 인용 글은 역사적
사실과는 많이 다르다. 하지만 "미군정과 경찰에 잡히면 안심했고 대

---

243) 같은 책 p.249
244) 같은 책 p.252-253
245) 같은 책 pp.254-255

한민청의 별동대에 잡히면 죽는다며 공포의 대상이었다."[246]라는 박 갑동의 증언을 기억하게 만드는 예화들이다.

　대한노총 시절에도 수많은 파업들이 있었다. 1951년 인천 부두노동 자들의 노임투쟁, 1952년 초 조선방직 쟁의, 1952년 2월 영월　도계 장성　화순 등의 광산노동자 쟁의, 상동광산과 하동 광산노조의 노임 지불 방법에 관한 쟁의, 부산 부두노동자들의 임금인상 쟁의, 1952년 8월부터 10월에 걸친 경전노조 간부들의 쟁의, 1953년 3월 조선전업 노조의 체불노임 지불 요구 쟁의, 철도노조의 식량배급방법 개선과 노동시간 단축 투쟁 등이 그것들이다. 대표적인 쟁의 가운데 하나인 조방쟁의를 간략히 알아보자.

실패했으나 노동법 제정 계기가 된 조선방직 쟁의 현장

---

246) 《이제는 말할 수 있다(1999년 9월 12일부터 2005년 6월 26일까지 문화방송에서 방영된 총 100부작의 역사 다큐멘터리) 46회 비밀결사 백의사 편》

김두한 출세기

남한 최대의 방직공장인 부산의 조선방직(6,000여 명)에서 전쟁 중에 파업이 일어났다. 이승만은 1951년 자기 심복 강일매를 사장으로 임명했다. 전쟁 피해를 입지 않은 유일한 공장인 조방은 이승만의 정치자금 문제와 연계되면서 파란을 겪었다. 사장 강일매(姜一邁)의 정실인사와 부당해고, 노동조합 어용화와 분열 책동, 방만한 경영에 항의하여 조방 여공들은 1951년 12월부터 4개월간 쟁의를 전개했다. 노동자들은 '강일매 파면', '인사문제 원상복귀' 등 4개 항목을 요구했다. 1952년 1월 21일 여성노동자 1,000여 명이 개회 중인 국회의사당 앞으로 몰려가 시위를 벌였다. 나머지 4,000여 명은 공장 안에서 시위를 벌였다. 이어 노동자들은 시가행진을 하며 조방 본사 앞에서 농성을 벌이다 경찰과 충돌했다. 지속되는 투쟁에도 노조간부들이 구속되고 어용노조가 만들어진 상태에서 대한노총 위원장의 투항으로 파업은 종결됐다. 상공부가 출근정지 시키겠다는 강일매는 경찰의 호위 속에 계속 근무했고, 그는 관리자 26명을 포함하여 600여 명의 종업원을 해고하였다. 조선방직 투쟁은 실패했지만 대규모의 투쟁이 전쟁 상황에서 진행되어 노동자의 기본권 수호의 중요성을 사회에 인식케 하고, 노동자들의 단결력을 과시했다.[247]

김두한이 직접 참여했다는 경성방직 파업과 조선방직 쟁의, 과연

---

247) 《자료출처: 여성노동자 투쟁의 역사》

무엇이 어떻게 다를까? 노동자의 권리를 찾겠다는 여공들을 무참하게 진압했던 김두한이 이제는 그 여공들뿐 아니라 한국의 모든 노동자의 권리쟁취에 앞서겠다고 말하면서 대한노총의 최고지위에 오른 기이한 현상을 우리는 지금 목격하고 있는 중이다.

김두한의 변신이 가능했던 이유는 대한노총의 창설 목적과 창립과정을 추적해 보면 알 수 있다. 먼저 한국의 노동계 현황을 간략하게 알아보자. 2014년 10월 29일 고용노동부가 공개한 '2013년 전국 노동조합 조직현황'에 따르면, 노동조합수는 5,305개 전체 조합원수는 184만 8,000명이다. 전체 노동조합에서 한국노총 소속 노동조합은 2,313개(43.6%), 민주노총 356개(6.7%), 국민노총 100개(1.9%), 미가맹 2,536개(47.8%) 등이었고, 조합원 수를 보면 한국노총 소속 조합원이 전체 조합원의 44.4%(81만9755명)를 차지해 가장 많았고, 이어 민주노총 33.9%(62만6035명), 국민노총 1.1%(2만221명) 등 순이었다.[248] 노동조합에 가입한 노동자의 약 80% 정도가 한국노총과 민주노총에 가입한 셈이다. 두 단체가 한국 노동계를 대변하는 양대 조직이라는 뜻이다.

검토할 것은 한국노총의 결성 과정이다. 한국노총의 정식 명칭은 '한국노동조합총연맹(Federation of Korean Trade Unions, 韓國勞動組合總聯盟)'이며 1946년 3월 10일 설립되었다고 한다.[249] 창립 시의 정식명칭은 '대한독립촉성노동총연맹(대한노총)'이다. 잠시 달력을 그 무렵으

---

248) 작년 노조 조직률 10.3%…민주노총 2만여명 증가, 「민중의 소리」, 2014.10.29
249) 《한국노총 홈페이지(http://www.inochong.org/)》

김두한 출세기

로 돌려 보자. 1946년 3월 10일, 장소는 서울 종로구 견지동에 위치한 시천교당이다. 이곳에서 대한독립촉성노동총연맹 결성대회가 열린 것이다. 그날 참석한 사람을 보면, 김구·안재홍·조소앙·엄항섭 등이 주요 내빈들이다. 평소 노동운동에 관심을 보였던 인물은 거의 없고 대부분 임정요인 및 한독당 출신 정치인들뿐이다. 노동자 대표도 48명에 불과했다.[250] 그날 선출된 간부들의 명단과 채택된 강령은 다음과 같다.

고문(이승만·김구·김규식·안재홍·조소앙), 위원장(홍윤옥), 부위원장(이일청·金龜), 서북사무국장(권영빈), 후생부장(김재희), 조직부장(배창우)

(1) 우리는 민주주의와 신민족주의의 원칙으로 건국을 기함
(2) 우리는 완전독립을 기하고자 자유노동과 총력발휘로서 건국에 헌신함
(3) 우리는 심신을 연마하여 진실한 노동자로서 국제수준의 질적 향상을 도모함
(4) 우리는 혈한불석(血汗不惜)으로 노자(勞資)간 친선을 기함
(5) 우리는 전국 노동전선의 통일을 기함

우리가 흔히 말하는 어용노조의 탄생이었다. 강령과 임원들의 면

---

250) 김남식, 『남로당 연구』, 돌베개, pp67-68

면을 보면 새로이 결성된 대한노총이 노동조합원들의 모임인지 아니면 정치단체인지 구분이 되지 않는다. 특히 "피와 땀을 아끼지 않고 노동자와 자본가의 친선을 위해 노력한다."라고 하는 네 번째 강령을 보면 이 단체가 추구하는 목적이 무엇인지 알 수 있다. 사실 대한노총은 1945년 12월 21일 조직된 대한독립촉성 전국청년총연맹(독촉청총)의 임정봉대 반공 반탁운동을 좀 더 원활하게 수행하기 위한 방편으로 결성되었다. 더 정확하게는 반 전평을 위해 만들어진 것이다. 위원장과 부위원장 등 핵심 인사들은 모두 독촉청총의 체육부 멤버였다는 점을 보면 이러한 논리가 더욱 명확해진다. 대한노총

이 결성된 지 두 달이 채 되지 않은 1946년 5월 1일, 메이데이행사가 두 곳에서 별도로 개최되었다. 이 행사를 보도한 기사를 소개한다.

두 곳에서 열린 메이데이 행사를 보도한 1946년 5월 3일자 「동아일보」 기사

해방 후 첫 번으로 맞이한 만국노동자의 명절날 5월 1일 〈메이·데이〉 행사는 이날 서울운동장에서 성대히 거행되어 세계 노동자와 한날 한마음으로 해방의 기쁨을 나누었다. 대한노동총연맹주최의 기념대회는 육상경기장에서 오전 11시부터 각 소속 노동단체 내빈 약 삼천 명이 모인 가운데 국기공

김두한 출세기

배 애국가 봉창으로 시작되어 일제 탄압에 희생된 노동자와 순국열사에 대하여 묵상을 올린 후 내빈축사로 조소앙이 "조선 건국을 위하여 우리는 8시간이 아니라 그 이상 몇 시간이라도 일할 각오를 하여야 한다."고 외친 다음 안재홍 외 내빈 다수의 축사가 있은 후 선언문낭독 〈메이·데이〉의 설명에 뒤이어 미소공동위원회에 보내는 결의문낭독 노동자대표로부터 "우리는 건국에 온갖 힘을 다 바치겠다."는 선서문낭독을 하고 만세삼창으로 동 3시경 끝마쳤다.

또 전국노동자평의회주최의 대회는 야구장에서 동시에 열리어 각 노동단체와 내빈 삼만여 명이 운집한 가운데 국기 계양, 애국가 제창, 희생동지에 대한 묵상, 기념문 낭독, 기념표창에 뒤이어 내빈축사에 박헌영으로부터 "8시간 노동은 세계노동자의 공통된 요구이다. 이 요구와 아울러 우리들 노동자를 위한 정권수립을 위하여 싸워야 한다."고 외친 다음 여운형, 허헌 외 제씨의 축사가 있은 후 노동자대표의의 답사, 국제노동총연맹과 미소공동위원회 각국노동조합에 보내는 성명서를 낭독하고 동 4시경에 폐회하였다.[251]

전평 주최의 대회에는 노동자 3만 명이라는 대군중이 집결했던 데 비해, 대한노총이 주관한 기념대회가 열린 육상경기장에는 약 3천 명의 군중이 모이는 형편없는 열세를 보였다. 그러나 1946년 9월 23일,

---

251) 메이데이 기념식 거행, 「조선일보」, 1946.5.3

부산의 철도노동자 8,000여 명이 파업을 일으킨 것을 시작으로 전평이 총파업을 단행하자 경찰 및 우익계 청년단체와 더불어 대한노총은 파업본부에 투입, 이를 분쇄하는 데 중요한 역할을 담당했으며, 이후 대한노총은 노동운동의 헤게모니를 차츰 장악하게 되었다. 물론 미군정이 전평을 탄압한 덕분이다.

당시 미군정청 노동부 발표를 보면, 1946년 11월 30일 현재 전평 산하에 1,111개 조합에 246,000명 그리고 대한노총 산하에 68개 노조에 57,228명의 조합원이 있는 것으로 나와 있다.[252] 해가 바뀌어 1947년 연말경이 되면 처지가 아예 뒤바뀌어 1,000개가 넘던 전평 소속 노조의 수는 1947년 9월 말 현재 13개로 줄고, 반면 대한노총 산하 조합은 221개로 불어난다.[253]

그러면 이쯤에서 전평의 대략적인 연혁을 소개하는 기회를 갖겠다. 전평의 정식 명칭은 조선노동조합전국평의회(朝鮮勞動組合全國評議會)이다. 서울 영락정(永樂町) 중앙극장에서 1945년 11월 5일과 6일에 걸쳐 조직되었다. 전평은 출범하자마자 전조선의 150만 명 노동자 중 50만 명 이상이 참가하는 거대 조직이 되었다.[254] 아래는 1946년 2월 15일 현재 산업별 조합의 지부 수와 조합성원 수다.

금속(20/51,364) 화학(18/49,015) 섬유(16/30,268) 출판(16/4,368)

---

252) 서중석, 『한국현대 민족운동연구』, 역사비평사, 1991, p292
253) 김석준, 『미군정시대의 국가와 행정』, 이화여자대학교 출판부, 1996, p.184
254) 조선노동조합전국평의회 결성대회, 「자유신문」, 1945.11.6

김두한 출세기

운수(28/58,041) 식료(23/22,523) 토건(17/59,118) 전기(14/15,742) 목재(11/30,722) 어업(9/35,653) 광산(9/64,572) 통신(9/10,215) 철도(14/62,433) 일반(14/17,065) 해원(7/4,720) 조선(10/5,349) 합동(74분회/53,101) 합계(235/574,475)**255)**

해방 후 2개월이라는 짧은 기간 내에 50만 노동자가 민주주의적 중앙집권의 원칙 밑에 결집했다는 것은 세계 노동조합운동사의 첫 기록이 될 것이라는 『해방조선』 편집자의 자평이 과장으로 보이지 않는다. 전평 중앙집행위원회 상임위원회에서는 전평(全評)의 행동강령을 1945년 11월 20일 다음과 같이 결정 발표하였는데, 대한노총의 강령과 뚜렷이 구분됨을 알 수 있다.

- 노동자의 일반적 생활을 보장할 최저임금제를 확립하라.
- 8시간노동제를 실시하라.
- 7일 1휴제와 연 1개월간의 유급휴가제를 실시하라.
- 부인노동자의 산전 산후 2개월 유급휴가제를 실시하라.
- 14세 미만 유년노동자를 금지하라.
- 노동자를 위한 주택, 탁아소, 오락실, 의료기관을 설치하라.
- 노동자의 이익을 위한 단체계약권을 확립하라.
- 모든 산업의 조업을 빨리 개시하라.
- 해고와 실업은 절대 반대한다.

---

255) 민주주의민족전선, 『해방조선』 I, 과학과 사상, 1988, pp.192-193

- 매국적 민족반역자 及 친일파의 일체 기업을 工場委員會管理
  委員會에서 보관 관리권을 획득하자.
- 失業 傷病 老廢노동자와 사망한 노동자의 유족생활을 보장하
  고 사회보험을 실시하라.
- 탈취를 본위로 하는 일체 청부제를 반대하라.
- 언론, 출판, 집회, 결사, 파업, 시위의 절대 자유
- 농민운동을 절대지지 하자.
- 조선인민공화국을 지지하자.
- 조선의 자유독립만세
- 세계의 노동계급단결만세[256]

전평의 부서와 상임위원은 다음과 같다.

위원장(허성택), 부위원장(박세영, 지한종), 서기국(한철, 박종
빈 유형식), 조직부(현훈, 백일성, 변재식, 주병포), 산업건설부(문
은종, 문석, 김태한, 서창섭, 이성백), 선전부(정재철, 문두재, 조맹
규), 실업대책부(박봉우, 최학, 김동하), 부인부(허균), 청년부(오
병모), 신문사(김호영, 신정균)[257]

대한노총과 비교되는 것은 전문 정치인들의 모습이 보이지 않는다

---

256) 전평, 행동강령 발표, 「자유신문」, 1945.11.21
257) 민주주의민족전선, 『해방조선』 I , 과학과 사상, 1988, p.200

김두한 출세기

는 점이다. 물론 출범식에서 명예의장으로 레온치오(세계노동회의대표), 毛澤東, 金日成, 朴憲永을 추대하였고, 메이데이 행사 기념식장에서 박헌영 여운형 허헌 등 정치인들이 초청되어 축사를 하기도 했으나 전평의 공식적인 조직에 정치인들의 명단은 없다. 이는 정치인들은 협상과 대화의 대상이지 노동조합의 구성원이 될 수 없다는 뜻이나 다름 없다. 전평은 해산될 때까지 이 원칙을 지켰다. 전평은 미군정이 1947년 좌익 노동운동단체를 불법화함에 따라 지하로 숨어들었고, 1948년 8월 15일 대한민국 정부 출범에 따라 완전히 소멸했다.

  김두한 이야기로 다시 돌아가자. 사실 김두한은 대한민청 시절부터 이미 대한노총과 깊은 관계를 맺고 있었다. 이들 단체의 연대에 대하여 잘 정리된 문서가 있다.

  우익들의 활동에 대하여

대한민주청년동맹(대한민청)은 4월 12일 중앙위원회 회의에서 좌익진영을 타도한다는 결정을 내렸다. 동맹의 한 회원은 좌익진영의 숙청이 5월 1일 전야와 그 후에 이루어질 것이라고 말하였다. 중앙에서뿐만 아니라 지방에서도 좌익 지도자들의 제거와 더불어 우익진영 안에 존재하고 있는 '붉은 분자들'도 숙청될 것이다. 테러를 조직하기 위해 동맹의 회원들은 좌익들의 거처와 그들의 집회 장소를 탐색하고 있다.
한국독립당의 영향력 하에 있는 대한독립촉성전국청년총연맹 회원들은 비상국민회의 회원들에 대한 테러공격을 감행하였다. 이러한 사실은 우익 정당들 사이의 모순이 청년단체들에까지 미치고 있는 것을 보여 준다. 잘 알려져 있는 것처럼 테러단체들 가운데 가장 적극적인 것은 서북청년회이다. 이 조직의 일부 회원들은 북조선에서 보안대원들을 살해하였다. 그들은 공민증을 소지하고 있고 북조선과 왕래하고 있다. 러치의 말에 따르면 늦어도 8월 15일 이전에 있을 총선거가 실시되기 전에 반동분자들은 좌익진영을 혼내 주려 한다. 이러한 기조는 미 군정청에 의해 공공연히 지지되고 있다. 좌익에 대한 탄압 계획은 3월 25일 경무부에서 수립되었고 러치에 의해 승인되었다. 총파업이 이후 있을 민주주의민족전선, 남조선로동당, 조선노동조합전국평의회 및 전국농민조합총연맹 소속 인사들에 대한 체포가 이러한 탄압의 시작이다.

3월 22일부터 3월 26일까지 수도경찰청장 장택상은 조선건국청년회, 한국광복청년회, 대한민주청년동맹 및 서북청년회와 같은 테러단체들의 회원들과 면담을 갖고 좌익을 분쇄하는 데 협조해 줄 것을 그들에게 요청하였다. 좌익탄압 캠페인은 4월과 7월 두 차례 더 진행될 것이다. 이 캠페인은 좌익들을 완전히 와해시킬 것이며 남조선에서 민주주의 운동에 종지부를 찍을 것이다.

4월 6일 서울시 경찰국은 테러단체들의 회원들을 다시 소집하여 테러행위를 잠시 중지해 줄 것을 요구하였다.

청년단원 박문은 어떤 행위가 폭력으로 간주되어야 하고 어떤 행위가 폭력이 아닌지 문의하였다. 대한민청 회원인 김두한과 서북청년회 회원인 박성환은 테러 중지에 대해 직접적으로 반발하였다. 이에 대해 경찰국의 대표자는 이러한 요청이 미 군정청의 지시에 따른 것이라고 말하였다.

미 군정청은 남조선에서 미국의 독자적인 정책을 실행에 옮기기 위해 모든 우익진영을 총동원하고 있다. 미 군정청은 말로는 조선에 대한 모스크바 삼상회의 결정을 지지한다고 하면서도 실제로는 남조선에서 단독정부를 수립하려 하고 있다. 바로 이것을 승인받으려고 하지 장군은 워싱턴에서 적극적으로 노력하였다. 러치는 총선거에 대한 법률의 제정을 주장하고 있으며 남조선에서 대통령을 선거하라고 요구하면서 남조선에 단독정부를 수립하는 과제를 제기하고 있다.

이러한 목표를 제기하면서 미 군정청은 좌익들에 대해 탄압을 강화하고 있다. 탄압은 새로운 형식들과 새로운 내용을 띠고 있다.

작년 7월과 8월에 좌익들에 대한 탄압에서 테러분자들이 선봉에 서고 경찰은 단지 이들을 지지하기만 했다면, 이제는 경찰이 주로 탄압을 행하고 테러분자들은 경찰의 지원부대 역할을 수행하고 있는 것이다. 작년의 탄압 시기에 반동세력은 공산주의자들의 고립, 민주주의민족전선의 분열 및 전체 민주진영의 약화를 자신의 목표로 삼았다. 그러나 10월 인민항쟁과 성공적인 3당 합당은 공산주의자들의 고립이 민주주의민족전선의 분열과 마찬가지로 불가능하다는 사실을 반동들에게 보여주었다. 그리하여 반동들은 전체 좌익세력과 전 인민에 대한 탄압이라는 목표로 방향을 바꾸었던 것이다.

작년에 반동분자들은 민주진영 내의 동요분자들을 매수하는 방법으로 민주진영을 분열시키려 획책하였다. 그러나 지금 반동분자들은 민주진영에 대해 전면적인 탄압을 가하기 위해 민주진영에 공감하는 모든 사람들에 대해 협박을 일삼고 있다.

전하는 바에 의하면 민주세력을 억압하기 위해 도지사 회의에서는 일제가 반정부주의자들에게 적용했던 것과 같은 법률을 민주세력에 대해서도 적용해야 한다는 결정이 채택되었다고 한다. 법률안 기초는 법무부에 위임되었다. 반동진영은 남조선에 단독정부를 수립하는 데 자신의 모든 역량을 동원하고 있다. 반동분자들은 좌익들을 분쇄하고 다가오는 총선거에서 자신의 지위를 고수하기 위해 모든 조치들을 취하고 있다. 그들은 선거대책위원회를 조직하였다. 우익단체들은 지역 대표들과 함께 선거에 대한 문제를 광범하게 논의하고 있다.

한국민주당, 한국독립당, 대한노총은 신탁통치에 반대하는 투쟁을 공동으로 전개했으며 지금은 공동으로 남조선의 단독정부 수립을 요구하고 있다. 그들은 모두 남조선의 대통령으로 이승만을 내세우기로 합의하였다. 한국민주당은 김규식의 좌익 성향을 비난하면서 그를 배척하고 있다. 한국민주당 당원들은 김규식이 남조선로동당 중앙위원 김광수와 협상을 전개했다는 사실로부터 그러한 결론을 내리고 있다. 우익진영의 다른 지도자 김구는 전혀 분명치 않은 정치가이다. 이 점을 고려하면 이승만이 우익진영의 배타적인 지도자로 천거될 것이라는 사실이 분명해진다. 이승만 환영위원회의 위원장을 맡은 사람이 바로 김구였다.

대한독립촉성국민회는 지도부의 재조직은 이승만이 돌아온 이후에나 이루어질 것이라고 성명하였다. 이 모든 것은 우익진영이 가지고 있는 일정한 프로그램이 이승만과 관련되어 있다는 것을 보여 주고 있다.[258]

결국 대한노총의 설립 목적은 노동자들의 권익향상이 아니라 좌익 탄압의 선봉대 역할이라는 것이다. 미 군정청, 한민당, 한독당, 대한민주청년동맹(대한민청), 대한독립촉성전국청년총연맹, 서북청년회(서청), 경찰뿐 아니라 대한노총마저 그들의 궁극적인 목표는 "좌익들을 분쇄하고 다가오는 총선거에서 자신의 지위를 고수하기 위한 것"이라고 당시 소련은 분석하였다. 납득이 간다. 정파 간의 갈등과 대치는 있었지만 위에 열거한 제 정당 단체의 일치된 이데올로그는 "반소 반공 반탁"이었다. 김두한은 비록 대한노총 창립 초기의 회원은 아니었지만, 그와 대한노총 조직원들과는 해방공간에서 빨갱이 사냥을 하던 어제의 동지였다는 뜻이다.

해방공간에서 대한노총의 위치는 대한민청, 서청 등에 견줄 수 없는 단체였다. 그러나 정부 수립 이후 그 위상은 완전히 달라진다. 대

258) 《해외사료총서 6권 러시아연방국방성중앙문서보관소 소련군정문서, 남조선 정세 보고서 1946~1947 〉 Ⅷ.러시아연방국방성 중앙문서보관소 문서군 172, 목록 614632, 문서철 34 〉 19. 꼬류꼬브가 소련 원수 메레츠꼬브 동지에게 보낸 미 군정청의 활동에 대한 정보자료》

한민청 서청 대청 족청 등이 모두 해산되어 한청으로 흡수 통합될 때, 대한노총은 누구도 무시할 수 없는 압력단체로 거듭 성장하게 되었다. 물론 전평이 몰락한 탓이다. 김두한이 새롭게 비상하고 있는 대한노총에서 입지를 확보하고자 한 것은 탁월한 선택이었다. 한청에서 '건설국장'이라는 비교적 한직을 맡고 있던 김두한은 발 빠르게 대한노총으로 방향을 선회한 것이다.

대한노총에서 입지를 굳혀 가던 김두한은 국민방위군 사건의 여파로 곧 해체될 운명인 대한청년단의 감찰국장이란 요직도 겸하게 된다.259) 어쨌든 이제 김두한의 위치는 대한민청 시절에 버금가는 힘을 가지게 되었다. 1953년 5월 29일 대한운수노조 대회석상에서 권총을 쏜 것이 문제가 되어 구속되었지만 곧 풀려 나온 사례가 그의 힘을 말해 준다.260) 김두한이 대한노총의 최고위원이 된 것은 정치사적으로도 큰 사건이었다. 대한노총 집행부의 변천과정을 짚어 본다.

---

259) 대한청년단(한청)은 1953년 9월 10일 해산되었다.
260) 김두한씨 구속, 「경향신문」, 1953.6.5

김두한 출세기

[표15 대한노총 주요 조직과 임원261)]

	고문 · 총재	위원장	부위원장	최고위원	(서북)사무국	총무	조직	감찰
1946.3		홍윤옥	金龜 · 이일청	–	권영빈	김종률	배창우	–
1946.5		조시원	金龜 · 차고동	–	권영빈	이각수	배창우	–
1946.7		홍윤옥	金龜	–	–	김헌	안병성	–
1946.9	(고문) 이승만 김구 김규식 안재홍 조소앙	홍윤옥	金龜 · 김중열	–	–	김헌	안병성	조광섭/ 김종률 · 김영주
1946.10		전진한	조광섭 · 김헌	–	–	–	안병성	–
1947.3	(총재) 이승만 (부총재) 김구	전진한	채규항 유기태 김종율	–	–	이각수	배창우	조광섭/ 김영주 · 김민
1947.8		전진한 · 유기태 · 박중개 · 채규항 · 조광섭 · 金龜 · 김은석		–		박중개	金龜	김종률
1948.1		전진한	황기성 · 김종율 · 金龜 · 김영주	–		유화룡 (미정)	유익배	조광섭/ 정대천 · 안병성

261) 임송자의 박사학위 논문(성균관대 사학과, 2003) '대한노총 연구'를 기본으로 필자가 재구성했음

1948. 8-49.3		전진한	유기태 김종율 주종필	–	우갑린	유화룡	주종필	조광섭/ 김영주 · 정대천
49.3- 49.7 (3월파)		유기태	주종필 안병성	–	김항	안인호	유익배	박증정/ 박진 송원도 · 김영주
49. 4-49.7 (4월파)		전진한	김중열 홍양명 김태룡	–	우갑린	유화룡	이득영	조광섭/ 정대천 · 신동권
1949. 7-50.3	(총재) 이승만	전진한 · 유기태 · 주종필 · 조광섭 · 金龜 · 박증정 · 김중열 · 신동권 · 안병성 · 김태룡		–	유화룡	이득영 유익배	박태순 · 김영호
1950. 3-		전진한	안병성 홍양명 조용기	–	황인수	유화룡	유익배	박증정/ 김구 · 정대천
1952.11		송도원 · 조경규 · 이진수						김두한
1954.4		정대천 · 김주홍 · 김두한		이준수	이상진	이강연	–
1955.9		정대천 · 김주홍 · 이준수		이강연	이상진	유기남	–
1957.10		김주홍 · 하광춘 · 성주갑 · 정대천(고문)		이준수	강태범	유기남	–
1957.12		정대천 · 김기옥 · 하광춘 · 이주기 · 김용학		이상진	이춘희	김사욱	–

　대한노총은 노동자의 권익을 위한 단체가 아니었다. 해방공간에서
김구, 한독당 세력의 임정봉대 반탁 반공 반소 운동의 전위부대로
급조되어 전평 파괴에 동원된 것이 대한노총의 정체였다. 전평이 소
멸되자, 그 후로는 이승만과 자유당에 철저히 예속되어 정권 유지를

위한 보조단체 및 정치적 동원체가 되었다. 그러다 보니 가장 큰 문제로 대두된 것이 실질적인 노동자 그룹과 대한노총을 입신의 발판으로 삼고자 했던 소위 노동운동자 간의 갈등이었다. 아래에 당시 대한노총의 실상을 잘 보여 주는 기사를 소개한다.

"지난 3월 8일 공포 실시된 노동법은 소위 노동운동이라는 미명에 숨어서 오히려 노동자를 착취하고 기업주와 야합하고 있는 부류의 일부 사이비 노동운동자의 망동을 봉쇄하고 노동운동을 진정한 노자간의 공정한 이익분배로 이끄는 방향으로 발전시키기 위하여 노동조합의 간부는 직접노동을 하고 있는 노동자가 아니면 안 된다고 명기되어 있거니와 이 법령이 공포되자마자 직접 노동에 종사하지 않고 있던 일부 기성 노동 운동자와 직접노동에 종사하고 있는 신흥 노동운동자간에 노동운동의 지도권을 에워싼 맹렬한 쟁탈전이 각지에서 벌어지고 있어 신노동법이 목표한바 노동운동의 발전은 저해당하고 있다."[262]

김두한이 대한노총에 본격적으로 개입하기 시작한 것은 1952년 6월 경이다. 대한노총의 주도 세력 변천은 정치권의 흐름과 밀접한 관계가 있다. 출범할 무렵인 1946년 3월은 임정봉대 반탁을 내세운 김구 계열의 전성기였다. 대한독립촉성노동총연맹 출범의 두 주역인 홍윤옥(위원장)은 안재홍이 대표였던 국민당 청년부 차장을 역임했었고,

---

262) 신 노동법 공포로 노동운동 내분 격화, 「조선일보」, 1953.7.25

김구(金龜, 부위원장, 金九와 다른 인물임)는 한독당 출신이었다.263) 그러나 대한노총이 조직될 무렵, 두 당은 합당이 된 상태였다. 대한노총 출범의 배후에는 김구가 있었다는 뜻이다. 김구의 세력 하에 있었던 대한민청 서청과 대한노총의 연대가 자연스럽게 형성된 배경이다.

홍윤옥(洪允玉)·김구(金龜) 체제 였던 대한노총은 1946년 5월, 메이데이 동원에 실패한 책임을 지고 홍윤옥이 위원장에서 물러난 뒤 전진한(錢鎭漢)이 등장 하면서 새로운 체제를 맞게 된다. 전진한은 김구 대신 이승만을 배경으로 등장했는데, 그로선 탁월한 선택이었다. 하지만 그는 오랫동안 홍윤옥·김구 및 그들을 추종하는 세력과 헤게모니 다툼을 해야 했다. 1948년 8월 정부수립 이후 모든 것이 이승만에게 귀속된 이후로도 그랬다. 홍윤옥은 1946년 10월 31일 전진한 규탄성명을 내고 대한노총에서 탈퇴하지만, 홍윤옥과 같은 국민당 조직부 차장 출신인 유기태(劉起兌)가 등장하여 김구(金龜)와 연대하며 전진한과 헤게모니 쟁탈전을 끊임없이 이어갔다. 이들이 제거된 것은 한국전쟁을 통해서였다. 유기태는 전쟁 발발 직후 살해되었고, 김구·안병성·홍양명·황인수·김광준·김종원 등은 피살, 납치 혹은 행방불명되었다.264)

대한노총의 설립 멤버, 즉 김구 및 안재홍 계열의 몰락 이후에도 심지어 한국전쟁 와중에도 대한노총의 주도권 쟁탈은 변함없었다. 이번에는 전진한과 주종필(朱鍾泌)의 싸움이었다. 계기는 1951년 12월

---

263) 서중석, 『조봉암과 1950년대(상)』, 역사비평사, 1999, pp.497-498
264) 서중석, 『조봉암과 1950년대(상)』, 역사비평사, 1999, p.499

김두한 출세기

15일에 시작되어 1952년 3월13일까지 전개된 조방쟁의였다.

조방쟁의와 자유당 결성으로 분열된 대한노총 파벌싸움은 정기대회에서 그대로 재현됐다. 전진한 중심의 조방파는 1952년 5월 27일에, 주종필 조광섭 중심의 정화파는 1952년 5월 31일에 대대를 따로 열었다.265) 결국 사회부의 조정으로도 해결이 되지 않자 이승만이 직접 개입하여 사태를 마무리하였다.

즉, 전진한과 주종필이 모두 물러난 상태에서 최고위원에 송원도(조방파) 조경규(조방파)와 이진수(정화파)를, 감찰위원장에 박중정·김영주를 추천했으나 모두 사퇴해 결국 김두환에게 돌아갔다.266) 전진한, 홍윤옥, 김구, 유기태, 주종필 등 대한노총 초창기의 주도세력이 죽거나 대부분 몰락한 상태에서 김두환은 감찰위원장(감찰책임위원)이란 요직에 등용될 수 있었다. 한국전쟁이 김두한 제기의 발판이 된 셈이다. 그러면 김두한은 그저 어부지리로 최고위원 자리에 올랐을까? 그것은 아닐 것이다. 사실 김두한은 나름대로 치열하게 쟁취한 것으로 보인다.

1952년 6월 9일 부산 시내 동아극장에서 제5차 전국대의원대회 개최되었을 때, 전진한파와 주종필파 간의 대립으로 분란이 발생하자 김두한은 백의사 단원이었던 옛 동료 백관옥(白寬玉)과 함께 몸을 아끼지 않는 분투 끝에 부상을 당한 바 있다.267) 아마 이러한 공로가

---

265) 서중석, 『조봉암과 1950년대(하)』, 역사비평사, 1999, pp.502-505

266) 대한노총, 전국통일대회 개최하고 집행부 선출, 「부산일보」, 1952.11.11

267) 대한노총 錢鎭漢파, 제5차 전국대의원대회 개최, 「민주일보」, 1952.6.9

인정되어, 11월 8일 개최된 대한노총 전국통일대회에서 감찰책임위원에 선출된 것으로 짐작된다.

감찰책임자가 된 후, 대한운수노조 대회석상에서 권총을 쏘는 등 왕년의 폭력배 기질을 그대로 드러내기도 했다. 하지만 그의 당면 목표는 최고위원 취임이었을 것이다. 1953년 2월 9일 전국 사회단체중앙협의회 창립대회 개최 장소에서, 노총 대표위원 선정을 문제 삼아 동 대표 선출에 있어 비합법적인 것이 있다고 지적하는 저돌성을 보인다.268) 그리고 큰돈을 들여 유명 일간지 광고란에 성명서를 게재했다.269) 국회의원이란 신분을 방패막이로 최고위원에 선정된 이진수에 대한 공격의 일환이었다. 이제껏 볼 수 없었던 김두한의 새로운 모습이었다.

1953년 12월 14일 「동아일보」 광고란에 게재된 김두한의 성명서, 같은 광고가 「경향신문」에도 실렸다.

---

268) 전국 사회단체중앙협의회 창립대회 개최, 「조선일보」, 1952.2.9
269) 성명서, 「동아일보」, 1953.12.14

김두한 출세기

김두한은 기어코 대한노총의 최고위원이 되었다. 1954년 4월 1일 2일 양일 간 열린 대한노총 제7회 전국대의원의회에서였다. 3인의 최고위원은 김두한외 정대천, 김주홍이 선출되었다.270) 사실 김두한의 선출은 의외였다. 원래의 예상은 정대천(전력)·김주홍(철도)·이준수(광산) 세 사람이었으나, 노동운동 전력이 전혀 없는 김두한이 '토건노조' 출신이라고 주장하며271) 참가하여 의외로 당선되는 이변을 일으켰다.272) 이준수는 사무총장으로 선출되었으나, 다음 해 (1955년 9월 15일) 열린 (수습)대회에서는 결국 최고위원이 된다.

대한노총 최고위원 선출은 자유당 파견 중앙위원을 선출하는 선거이기도 했다.273) 그런데 갑자기 이변이 일어났다. 1954년 5월 13일, 자유당 중앙본부에서 김두한을 중앙위원직에서 해임하고 만 것이다.274) 해임 사유는 다음과 같다.

> 자유당 중앙당당부에서 13일 공표한 바에 의하면 동당 중앙위원 김두한 씨가 제명처분 되었다고 한다. 13일 발표된 동당 공표는 김두한 씨가 중앙위원으로서 당정책에 순응하지 않고 종로 을구에 입후보함에 있어 극렬적인 반당행위를 하였으므로 감찰세칙에 의거해서 제명했다고 되어 있다. 자유당 중앙부측

---

270) "단결은 노동자의 자본" 대한노총 전국대의원대회 폐막, 「조선일보」, 1954.4.4
271) 대한부흥건설단의 미군기지 건설 등의 이력을 내세웠던 것으로 짐작된다.
272) 노동운동 회고 鼎談, 대한노총 결성 전후, 「노동공론」, 1972년 6월호, pp.209-210
273) 노총대회서 중앙위원 선출, 「경향신문」, 1954.4.3
274) 자유당 중앙위원 金斗漢 씨를 제명, 「조선일보」, 1954.5.16

이 언명한 바에 의하면 김두한 씨는 공동정견발표 석상에서 자
유당에서 추진하고 있는 개헌안을 비난하고 국회부의장 조봉
암 씨를 찬양하는 연설을 행하였다고 한다.[275]

김두한은 이승만에게 반기를 드는 모험을 감수하고 1954년 5월,
제3대 민의원(국회의원) 배지를 달게 된다. 정치인 김두한의 탄생이었
다. 하지만 그의 본질은 변하지 않았다는 에피소드도 있다.

4·19혁명 직후 민주파인 전국노협의 조직화가 가속화되면서 대한
노총 간부들이 사퇴하고 있을 때였다. 김두한은 대한노총 기존 세력
에 대항해 '부정축재처리 긴급대책 노동권익 투쟁위원회'라는 명의를
내걸고 등장, 무력으로 소공동에 위치한 '노동회관'(노총회관 전신)을
접수했다. 김두한 세력이 자진해서 물러나 일단락된 사건이지만, 이
에 대해 『한국노총 50년사』는 "정치적 영향력을 강화하기 위해 수단
과 방법을 가리지 않았다는 점에서 기존 세력과 동일한 입장에 있었
던 것으로 보인다."고 평가했다.[276] 아무튼 대한노총은 정치가로 변
신한 김두한의 큰 받침돌이었음은 확실하다.

275) 김두한 씨 제명처분 자유당 중앙당부에서, 「경향신문」, 1954.5.15
276) 〈이얘기 저얘기〉 '대한노총 간부' 김두한, 「매일노동뉴스」, 2002.10.29

김두한 출세기

적산과 역산, 김두한이
기증한 부동산의 출처는 어디인가

전쟁이 끝났다. 그리고 김두한에겐 애증의 관계였던 대한청년단(한청)이 1953년 9월 10일부로 해산이 되었다. 그러나 김두한의 신분은 전혀 변함이 없었다. '대한노총중앙감찰위원회 책임위원'이 그의 직함이다. 김두한이 대한노총으로 방향을 튼 것은 행운이자 탁월한 선택이었다는 것은 앞글에서 이미 말한 바 있다. 이 무렵, 세간의 이목을 집중시킨 기사가 보도되었다.

女醫大에 土地
金斗漢氏寄贈

이번종합대학으
(어醫大) 재단에 지난 一
로 설립하게된 「여의대」
日 정대한청년단감찰국
장 金斗漢씨가 시가약五
천만환에 해당하는 토지
를 기증하였다고 한다 그
중 떨치는 서울시내 東
大區와 東大門區에 소재
하는 약八만평에 달하는
밭과 東大門區내 「중앙
시장」 대지 一만四천평및
慶安郡내淸溪面 덕정
望雲面에소재한영천(靈
田) 二六○만평 등약 五
만환상당의 것이라고한다

1954년 3월 5일자 「동아일보」

제4부 정치인 김두한의 실체

333

이번 종합대학으로 새 출발하게 된 "여의대" 재단277)에 지난 1일 전 대한청년단 감찰국장 김두한 씨가 시가 약 5천만 환에 해당하는 토지를 기증하였다고 한다. 기증된 토지는 서울 시내 성동구와 동대문구에 소재하는 약 8만 평에 달하는 밭과 동대문구내 "중앙시장" 대지 1만 4천 평 및 무안군 내 청계면, 경면, 망운면에 소재하는 염전 260만 평 등 약 5천만 환 상당의 것이라 한다.278)

살인, 폭행, 횡령, 불법구금, 불법무기소지 등의 죄목으로 낙양의 지가를 올리던 김두한이 엄청난 부동산을 여자의대에 기증했다는 보도다. 비록 「동아일보」에만 단신으로 처리되었지만 이 기사가 의미하는 바는 크다. 이제 머지않아 대한노총 최고위원이 될 것이고 곧 국회의원으로 등원할 김두한이다. 바로 작은 이 기사가 정치인 김두한의 출범을 알리는 신호탄이었던 것이다.

서울 요지의 밭 8만 평과 대지 1만 4천 평 그리고 염전 260만 평……. 요즈음 시가로 환산하면 어느 정도의 금액이 될까? 아무튼 이 엄청난 부동산을 사학재단에 기부했다고 한다. 궁금한 것은 자금의 출처다. 물려받은 재산이 없고 재산을 증식시킬 사업체를 경영한 적도 없었던 그가 어떻게 상기 부동산을 취득할 수 있었을까?

서울 수복과 거의 동시에 김두한은 서울로 돌아왔다. 그가 입경할

---

277) 현 고려의대의 전신인 서울여자의과대학을 말한다.

278) 女醫大에 土地 金斗漢氏 寄贈, 「동아일보」, 1954.3.5

무렵 대한의용건설단이란 사설 단체를 조직하였다는 것은 이미 서술한바 있다. 김두한이 서울로 입성한 시기와 비슷하게 국회도 서울로 돌아왔다. 국회는 10월 7일 서울에 도착하여 피난 전에 의사당으로 사용하던 중앙청에 있는 의사당에 짐을 풀었다. 8일 아침 첫 회의가 개회되자 국회사무처장은 신익희 의장을 비롯한 국회의장단과 상임위원장단 전원이 사임서를 제출했다고 보고했다.

신익희는 전쟁과 관련하여 국회차원에서 사전 대비를 소홀히 했고 전쟁 발발 후 사후조치를 제대로 수행하지 못한 것에 대해 도덕적 책임감을 느끼고 사임한다고 밝혔다. 국회의장단 및 상임위원장단의 이런 행동은 다분히 이승만과 장관들에 대한 시위적 성격으로 '당신들도 책임을 지고 물러나라'는 메시지를 주기 위한 것이었다. 의장단 및 상임위원장단의 사표 수리 문제는 부결되었고, 국회는 10월 9일부터 정식으로 회의를 시작했다.[279]

정부는 아직 서울로 돌아오지 않았지만 1950년 10월 31일 개최된 국회는 당시로서 시급한 현안이었지만 대단히 민감한 사항을 다루었다. 국회의장 신익희, 부의장 조봉암을 제외하고 이날 발언한 의원은 조광섭(서울 영등포갑, 대한노동총연맹)·박제환(부천군, 무소속)·조대연(충주군, 무소속)·이상철(청양군, 무소속)·박정근(전주시, 무소속)·임기봉(목포시, 대한노동총연맹)·박영출(의성군 갑, 대한국민당)·최헌길(강릉군을, 민주국민당)·신중목(거창군, 무소속) 등이다. 의안은 "사형(私刑)금지법과 부역행위특별처리법안 제의안"이었다. 이날의 발언

---

279) 양동안, 《대한민국 국회이야기, 제10화 피난국회》, 국회사무처, 2010.5.20

중 조광섭과 박제환의 입을 빌어 서울과 경기 지역의 당시 상황을 알아보기로 한다.

.[조광섭]

… 공비들에 인해 가지고 여기에서 사상당한 분이 1,799명으로 나타나 있습니다. 이것은 28일 현재로서 되었고, 그동안 납치당하고 행방불명의 시민의 수가 4,020명으로 되어 있습니다. 그리고 그동안 이 전화로 부상당한 시민 수가 7,008명으로 되어 있고, 이번의 폭격으로 눌려 소사한 인원수가 2,935명입니다. 그다음은 파편과 유탄에 맞아서 사망된 분이 4,160명입니다. 그다음에 무엇에 눌려 가지고 죽은 분, 한강교량 절단으로 인하여 추산된 수 594명입니다. 추산된 수는 확정된 것으로 낸 것으로, 시 사회국에서 그 당시에 여러 가지를 참작해 가지고 각 동회를 통해 가지고 나온 수입니다. 그래 가지고 여기에 인명살해 수효가 2만 516명입니다. …

전소된 건물 상황이 여기에 나타나 있는 숫자는 1만 2,149호로 되어 있습니다. 이 건물 하나로 기준해 가지고 나온 것이고, 그다음에 한 절반 바서진 것은 1,259호로 되어 있고, 파괴, 그동안 이리 부서지고 저리 부서진 것이 7,109호로 되어 있습니다. 그래서 건물 파괴된 것이 2만 514호로 되어 있습니다. 이것을 세대 수로 분석해 보면 이 집에 살고 있는 세대 수가 4,061호입니다. 세대 수로 여기에 살고 있는 시민 총수가 22만 3,811명입니다. …

김두한 출세기

서울경찰서와 합동수사본부에서 얻은 자료입니다만, 28일 현재로 지금 검속되어 있는 소위 '부역자'라고 해 가지고 서울시만이 1만 924명이 여기에 수감되어 있습니다. 그다음 벌써 빠르게도 기소된 것이 이 중에도 6,313건이 기소되었습니다. 기타 지금 취조 중이요 보류 중에 있는 사건이 4,611건으로 되어 있습니다.… 벌써 그동안에 수도 서울을 유린하고 이 민족을 못살게 굴던 여기에 진정한 진짜 민족의 반역자들은 아마 멀리 도피하고 갔다면 만주 시베리아 가까이 갔으리라고 봅니다. 나머지 구복(口腹)이 원수나 먹고살아야 될 테니 강제로 직장에 끌려 나갔고 이 수도 서울은 여러 의원이 아시겠습니다마는, 한강 다리가 끊어진 다음 전 서울시를 강제부역을 시켜 가지고 동원해서 마포 강에서부터 영등포에 이르는 동안…

아니나 다를까, 우리들이 부산과 여러 등등지(等等地)에서 가장 격전한 군과 경찰이 이러한 폐해를 없애기 위해서 여기에 사형(私刑)금지법안을 통과시켰고, 다시 거기 가서 부역자에 대한 처단을 하기 위해서 이러한 심사위원회 등등을 했습니다만, 오늘날 그네들은 그네들 멋대로 날뛰고 놀고 있기 까닭에 국회가 이러한 충정으로 나왔다는 이것만은 언제라도 기억에 남아 있을 것이고,…

이렇게 쌀이 들어온다고 하더라도 군과 경찰과 청년단체가 식량배급소를 위협하고 공갈하는 이러한 일이 많이 있어서…

일선에 갔다가 왔다는 군경이라고 해 가지고 그동안 빈집은 이유는 덮어 놓고 군경이 우선적으로 점유한다고 하니 이러한 법

규와 이러한 조례를 어디서 발견했는지 서울시에 쓸 수가 있는 집은 거지반 군과 경찰과 혹은 여기에 득세부리는 이러한 부류에 속할 수 있는 이 사람들이 가지고 있고…

아까 사상동향 등의 서울시로서 가장 중대한 문제로 한 가지 말씀드린 것이 있습니다마는, 집 비우고 나갔던 그동안에 서울시에서는 시장 명으로 시민증 발부라고 하고 있습니다. 이 시민증 발부는 어디서 하느냐고 하면 청년단체원들이 그 시민들의 자격심사를 해 가지고 이 사변 도중에 어떠한 사상 동향이 있느냐 해 가지고 여기에도 크나큰 위세를 쓰고 있어서 그 집안 안에서 의용군 한 사람이 끌려 나갔다고 하더라도 그 가족 전체에 시민증 교부하는 것을 중지하고 있습니다.

여기에 강제로 끌리어 나간 가족 한 사람만 있어도 그네들이 가지고 있는 재물을 불법하게 역도 공산당에 못지않은 이러한 잔악한 일로서 몰수하는 일이 실제 있습니다. 이것은 제가 당하고 있는 지역의 일입니다만, 소위 역도의 취조라고 해 가지고 피의자의 시계라든지 혹은 장안에 있는 이러한 금품까지 빼앗아 가는 것을 듣고 확신했기 때문에 이것을 경찰의 책임자와 청년운동의 책임자들이 극형에 처해 가지고 나온다는 일이 있습니다마는, 서울시에서는 이 역도처단 문제로 해 가지고 과연 눈물 아니고는 볼 수 없는 이러한 정황이 이모저모에서 일어나고 있습니다.…

[박제환]

… 첫째, 피해상황인데 경기도 인구는 6·25사변 직전에 약 280만이 있었습니다. 이번 사변 중에 살상을 당한 것이 약 1만 8,000명, 행방불명이 약 3만 2,000명, 그래서 총계가 약 5만 명이 지금 상상 또는 행방불명이 되어 있는 것으로…

그간 공무원 또 시군의 공무원 동향을 조사해 보면 도 직원 수가 253명이 있었는데 그중에서 피살 또는 납치당한 자가 다섯 사람, 경기도지사 구자옥 씨도 피신해서 있다가 납치가 됐습니다. 그다음에 도 직원으로서 이미 소위 인민공화국의 계통에 협력한 자로 말씀하면 154명, 전원 수에 대해서는 약 6할 강(强)의 인원이 적의 기관에 협력을 했습니다. 시군 직원 수는 2,335명인데 피살 도는 납치당한 것이 23인 그리고 적의 기관에 협력한 자가 54명 4할 2푼 강입니다.…

그리고 경찰이 들어오기 전에는 각 지방에서 자치대니 혹은 자경대니 자위대니 이러한 명칭으로서 지방에서 치안을 담당하고 있어요. 현재에도 각 지방에 이러한 단체가 남아 있어 가지고 경찰권을 일부 행사하고 있습니다.…

시일이 경과함에 따라서 이것은 처음에 처단되어 오던 것이 거기에는 차차 사감(私感) 혹은 사형(私刑) 이러한 것이 혼합되어 가지고 현재에 있어서는 비난의 대상이 되고 있는 것 같습니다. 구체적으로 예를 들어 말씀할 것 같으면 자위대라든지 주로 청년단 관계입니다만, 부역자를 체포하고 구금하고 폭력으로서 이것을 고문이라고 할까 폭력을 행사하고 있습니다.…

또 소위 역산(逆産)이라고 해 가지고 부역행위를 한 사람의 가옥 혹은 기타 재산을 차압을 하고 그래서 그 가족에 대해서 식량도 주지 아니하고 또 농량미(農糧米) 같은 것도 전부 차압을 해놓는 또는 심한 것으로 말할 것 같으면 가족을 축출하고 그래서 이것을 이러한 재산을 소위 역산이라고 해 가지고 또 일부 권력을 가진 사람 혹은 자위대니 이러한 간부 사람들이 그 가옥을 들고 재산을 상당히 이것이 불법으로 처리된 것도 있는 것 같습니다.

또 청년단이라든지 이러한 자위대에 대해서 무기를 준 지방도 상당히 있는데, 이 무기를 군이나 경관이 아닌 민간단체에서 무기를 가지고 있는 관계에 대해서 여기에 피해가 또 상당히 나오고 있습니다. 다시 말씀할 것 같으면 사형이 지금도 백주에 감행되고 있고 한편으로는 비법으로 재산이라든지 기타가 처리되고 있는 이러한 극도의 곤란을 일으키고 있습니다.····**280)**

조광섭, 박제환 두 의원은 구체적인 숫자까지 제시하며 한국전쟁 발발부터 서울 수복까지의 피해현황을 면면히 설명하고 있다. 그리고 각종 청년단체들의 행패와 부역자 및 가족들에게 가해지고 있는 인권유린과 재산 갈취 등을 지적하고 있다. 박제환의 발언 중 특히 눈에 띄는 단어가 있다. 바로 '역산(逆産)'이란 단어다. 역산(逆産)이란 부역자나 역적의 재산을 뜻한다. 사전에는 있으나 그 뜻을 알고 있는

---

280) 《제8회 국회임시회의속기록 제39호》, 국회사무처, 1950.10.31

김두한 출세기

이는 극히 드문, 이제는 거의 사어(死語)가 된 용어다.

그러나 한국전쟁 무렵으로 달력을 되돌리면, 세간의 관심이 집중되었던 사회적 용어라는 것을 확인할 수 있다. 귀속재산(敵産)의 처리문제와 토지문제는 미군정 시기뿐 아니라 이승만 정부 수립 이후까지 가장 첨예한, 한국사회구조의 문제였다. 한국전쟁은 이 두 가지현안에 덧붙여 '역산(逆産) 처리'라는 새로운 과제를 안겨 주었다.

사실 부역자 처리와 연좌제 문제 그리고 적산 처리 등은 상당히 심각했던 모양이다. 상기 회의는 비공개로 처리되었지만, 열흘 후쯤인 1950년 11월 10일 계엄사령부는 역산 처리에 관한 방침을 발표하였다. 아래는 그 내용을 보도한 기사다.

계엄사령부에서는 괴뢰군이 서울을 도주한 후 공산도당에게 부역행위를 한 부역자의 역산 처리에 대하여 연구 중이든 바 정식으로 국회에서 역산처리에 관한 법률이 제정 공포될 때까지 임시조치를 다음과 같이 역산에 대하여 처리하게 되었다고 10일 발표하였다.

"즉, 부역행위로써 또는 도주하여 역산관리에 곤란한 역산 중 동산에 대하여서는 그 관리를 시·군에 일임하여 보관케 하고, 그중 부패물 또는 계절물(농장물 등속)은 시·군에서 換價 처분하여 특별회계로 보관케 한다. 그리고 역산 한도 내에서 부역자 가족의 생활을 보장해 주도록 한다."[281]

---

281) 계엄사령부, 逆産처리에 대한 방침 발표, 「동아일보」, 1950.11.11

불행하게도 역산 처리에 관한 법률은 제정되지 못했다. 어쩌면 법이 제정되었다 하더라도 별 성과가 없었을 것이다. 빨갱이를 때려잡는다는 명분 앞에서는 법과 질서도 소용이 없는 시대였다. 사실 계엄사령부의 성명 이전에도 유사한 조치가 몇 번 발표되었다. 이를 정리해 보자.

① 1950년 10월 1일

정일권 계엄사령관은 '탈환지구 국가재산 조치에 관한 포고령'을 발표했는데, 그 주요 내용은 "권력을 빙자하여" "합법적 절차 없이" "국가재산이나 개인재산을 불법점유 또는 파괴"하는 자는 극형에 처한다는 것이었다가 현저한 자의 점유재산이라도 소관 관청에 합법적 수속을 취하지 않고 불법점유 또는 파괴를 감행한 자"를 처벌한다고 선포했다.[282]

② 1950년 10월 3일

경인지구계엄사령관 이준식 준장은 "역산 물자는 군경에게 반환하라"는 내용의 포고문을 발표했다.[283]

③ 1950년 10월 4일

대통령 이승만은 국방장관과 내무장관에게 9·28 수복 후 인민군으로부터 노획한 물품을 서울시장에게 인도하라는 지시를

---

282) 『한국전란 1년지』, 1950.10.1, C15쪽 《신기철, 『금정굴 사건으로 본 민간인 학살』, 2011, pp.340-341》에서 재인용

283) 「서울신문」, 1950.10.5. 《신기철, 『금정굴 사건으로 본 민간인 학살』, 2011, p.341》에서 재인용

김두한 출세기

내렸다.284)

④ 1950년 10월 12일

헌병사령관 장창국 대령은 "근간 정당한 수속 없이 군경의 역산 점거 입주를 엄금한다. 만일 정당한 수속 없이 양도를 강요하거나 구출할 때는 곧 헌병사령부에 신고하여 주기 바란다.", "청년단체는 군경수사기관에 연락, 협조의 임무밖에 없다. 부역자라 할지라도 불법구속 하여 구타할 때는 그 책임자는 물론 담당자는 엄중 처벌한다." 등의 담화를 발표했다.285)

⑤ 1950년 10월 19일

서울시경찰국장 이익홍은 "잘 먹지도 못하고 24시간을 근무하는 경찰관의 노고를 잘 알고 있다. 우리는 국민을 위하여 희생하자. 요즘 역산 가옥에 입주하는 자 중에는 경관의 수가 나날이 늘어 간다는 비난이 있다. 우리는 먼저 전재민에게 양보하고 군인에게 양보하자. 우리는 원칙적으로 역산에 입주치 않기를 바란다. 그러나 유가족으로 부득이 입주하여야 될 경우에는 본관에게 직접 허가를 제출키 바란다."라는 훈시를 시달하였다.286)

⑥ 1950년 10월 30일

관재청장 서리는 "항간에서는 소위 역산과 적산을 혼동하는

---

284) 대통령 지시, 「노획품 처리에 관한 건, 1950.10.5. 《신기철, 『금정굴 사건으로 본 민간인 학살』, 2011, p.341》에서 재인용

285) 역산 불법점거 등 장헌병사령관 담화발표, 「동아일보」, 1950.10.14

286) 역산은 국민과 군인에게 경찰관 입주는 삼가라, 「동아일보」, 950.10.20

듯하나 귀속재산은 일체 그 소유권이 정부에 귀속되어 있으므
로 소위 역산이 될 수 없으며 또한 역산에 관하여는 별도 법률
이 결정되는 데 따라 처리될 것으로 믿는다."라고 담화를 발표
하였다.[287]

대통령, 계엄사령관, 경인지구계엄사령관, 헌병사령관, 서울시경
찰국장, 관재청장 등이 유사한 내용의 역산 처리 방안을 발표했다.
그리고 헌병사령관은 청년단체에게도 경고를 하였다. 역산문제가 그
만큼 심각했다는 뜻이다. 이러한 배경 하에 국회는 "사형(私刑)금지
법과 부역행위특별처리법안 제의안"과 함께 역산 처리 문제를 논의
했던 것이다. 계엄사령부가 역산처리에 관한 방침을 발표한 것에 대
해서는 앞에서 이미 설명하였다.

하지만 이러한 포고나 훈시, 담화 등은 본질적 문제 해결방안이 될
수 없었다. 어쩌면 국민무마용 언론 플레이를 하지 않았나 하는 의심
을 거둘 수가 없다. 왜냐하면 각종 조치가 발표된 후 사후 처리를 어
떻게 했는가에 대한 정보가 전혀 없기 때문이다. 참고로 휴전이 임박
한 서울시의 풍경을 그린 기사를 아래에 소개한다.

귀속재산불하의 진척과 함께 최근 특히 현저해진 복귀시민의
격증은 적산가옥과 역산가옥을 중심으로 추잡하고도 격렬한

---

287) 관재청장서리, 귀속재산의 수선과 불법 점거 등에 대해 담화 발표, 「서울신문」,
    1953.10.30

김두한 출세기

쟁탈전을 자아내어 '땅에 떨어진 이 나라의 도의'를 다시 한 번 통탄케 하고 있는데, 표면에 나타난 소청사건만 해도 16일 현재 120여 건이나 되고 있다. 그중 현저한 것이 임시 입주증을 얻어 현재 적산가옥에 들어 있는 사람의 경우와 부역자의 재산이라고 해서 강제 입수한 것과 기업체에 대한 관리인의 경질에 의한 사건 등등인데 관재청 관리국 소청과를 통해본 귀속재산 쟁탈전의 실태는 다음과 같은 것이었다.

9·28 이후 남편 金炯魯(성악가)를 잃은 음악가 金順愛 씨는 세 자녀를 거느리고 피난생활을 하다가 이번에 서울에 복귀해 왔는데 6·25 전까지 살던 용산구 후암동(용산구 후암동 257의 11호)의 적산가옥에는 서대문 경찰서 魏光造 사찰형사가 역산가옥으로 취급해서 입주해 있었다. 이에 명도를 요청하였으나 응하지 않아 소청까지 하게 되었는데, 이러한 사건은 120여 건 소청사건의 대부분을 차지하고 있다는 것이다.

이같이 역산으로 몰아 적산가옥에 입주해 있는 경우 부역자가 아닌 그의 가족이나 친권자가 나타나 명도를 요구할 때에는 명도요구에 응해야 한다는 것이다. 그래서 이 경우에도 현 입주자 위형사는 명도에 응하기로 되었다는바 그간에 가옥을 수리한 비용으로 2만 환을 지불하기로 소청자와 피소청자 사이에 합의가 성립되었다 한다.

한편 남영동 84의 李景秀씨는 6·25 전에 동 주소 적산가옥의 계약인인 金 모씨와 합의를 보아 입주하고 있다가 사변으로 그간 피난 소개하여 이번에 복귀했는데, 복귀해 보니 용산경찰서 근무 趙鳳善 씨가 역산가옥으로 간주해서 이미 입주해 있었다. 이에 명도를 요구했으나 "계약인이 부역자라 서울에 없는 것이 아니냐."는 이유로 이를 거부해서 소청을 하게까지 되었다. 이에 대해서는 소청과로서는 이경수 씨가 6·25 전에 입주하게 된 경위에 부정이 없는 한 이씨가 입주하도록 하기로 하였다 한다.

그리고 또 한 경우는 시내 갈월동 75에 장회사(場屋醬油공장)의 전 관리인 金 모씨가 소청을 제기한 것으로, 전 관리인이 시관재위원회에서 복귀 개업하라는 권고가 있었음에도 불구하고 이에 응하지 못해서 관리인을 경질시켰는데 이에 대해서 현 관리인과 김시장을 상대로 전 관리인이 소청해 온 것인바 이 경우도 □ □ □므로 관리인이 적당하지 않다고 인정되어 경질을 명했을 때에는 그에 응하지 않으면 안 될 것이니까 별다른 이유가 없는 한 소청은 효력을 발생하지 못할 것이라 한다.

그러나 소청과의 처결에 불복이 있을 경우에는 국무총리 직할의 귀속재산 소청심의회에 재소할 수도 있을 것이요. 여기서도 불복이 있을 경우에는 행정소송을 제기할 수도 있을 것이다.

그런데 9·28 직후와 재수복 이래 사회부와 관재청 공동으로 발행한 임시 입주증을 가진 사람이 명도를 안 해 주어 소청문제를 제기하고 있는 것은 도대체 문제가 되지 않는 것이라고 관재청 차장 申씨는 말하고 있는바 신씨 談에 의하면 "동 임시 입주증은 한층 법적 근거가 없는 것으로 주택문제가 핍박했을 때 임시긴급조치로써 집 없는 사람에게 주인이 돌아왔을 때에는 무조건 명도해 줄 것을 조건으로 임시 입주할 것을 허용한 것이니까 이제 와서 본 주인이 요구하는 명도를 거부할 수는 없을 것."이라 한다.288)

6·25동란을 계기로 발생한 전국 각지에 있는 상당수에 달하는 소위 逆産 처리문제에 대하여 당국의 그 처리방법이 크게 주목되고 있었는데, 최근 정부의 환도에 따라 피난민의 원주지 복귀를 계기로 하여 역산가옥에 기입주자와 동연고자간의 소유권을 둘러싼 분쟁이 심해지고 있다 한다.

그런데 관재당국이 전하는 바에 의하면 서울지구에서는 적산인 동시에 역산인 동산 부동산의 관리 및 소유권문제로 상당한 분규가 야기되어 있다는데, 이를 일층 혼란케 하고 있는 것은 아직도 효력을 발생하고 있는 사회부 당국의 9·18 당시에 공포 실시된 난민구호 임시조치법에 의한 입주권 인정과 관재당국 발행의 입주권이 서로 대립되는 점이라고 하는 바 동 문제의 원만 해결은 우리나라 경제의 중심이 되고 있는 상당액의 소위 적산 처리문제 해결과 더불어 앞으로의 귀추가 주목되고 있다.289)

---

288) 서울시, 환도와 함께 적산 가옥과 역산 가옥을 둘러싼 쟁탈전 치열, 「서울신문」, 1953.7.17

289) 逆産 처리문제 혼란 심각, 「민주신보」, 1953.7.5

서울이 처음으로 수복되었던 시기에 역산 처리문제는 대통령, 국회, 군, 정부 등이 모두 심각하게 생각했던 것이 분명하다. 그러나 시간이 지날수록 이 문제는 점차 수면 밑으로 가라앉게 된다. 1·4 후퇴 후 서울이 다시 수복된 1951년 3월 14일 이후 역산문제로 몇 가지 조치를 내렸으나290) 역시 사후처리에 대한 기록은 없고, 언론조차 거의 관심을 보이지 않았다. 이제 역산문제는 과거의 유산이 되어 버렸다. 빼앗긴 자, 빼앗은 자 모두 침묵을 지키고 있는 것이다.

다시 김두한 이야기로 돌아가자. 김두한이 적산이나 역산을 갈취하여 치부하였다는 명백한 증거는 없다. 그러나 국회를 비롯하여 대부분의 관계자들이 지적하는 문제가 청년단체들의 횡포였다. 사실 수복 무렵 진성 좌익들이 어떻게 서울에 남아 있을 수 있었겠는가? 조광섭 의원의 발언을 다시 들어 보자.

벌써 그동안에 수도 서울을 유린하고 이 민족을 못살게 굴던 여기에 진정한 진짜 민족의 반역자들은 아마 멀리 도피하고 갔다면 만주 시베리아 가까이 갔으리라고 봅니다. 나머지 구복(口腹)이 원수이나 먹고살아야 될 테니 강제로 직장에 끌려 나갔고 이 수도 서울은 여러 의원이 아시겠습니다마는, 한강 다

---

290) 서울 駐在 제101헌병대대 중대장 魯元泰소령 담 "逆産물자 취급에 대해서는 누구를 막론하고 역산물자를 발견하면 곧 當 헌병대에 신고하여 주면 곧 시당국에 보존케 하겠다." 「서울신문」, 1951.4.17. 서울시 사회국 담 "6 25 후 오늘까지의 사이에 역산 취급되었던 것은 행정상 이를 무효로 하고 이번 사회부장관 지시에 의하여 엄밀한 조사에 착수할 것이며 그전에는 군 경 민 수하를 막론하고 자유 입주를 절대 불허하며 역산이라고 발견될 때에는 사회국 주택계에 신고하여 주기 바란다.", 「서울신문」, 1951.7.8

김두한 출세기

리가 끊어진 다음 전 서울시를 강제부역을 시켜 가지고 동원해
서 마포 강에서부터 영등포에 이르는 동안…

어떻게 보면 청년단체들의 가혹 행위는 당시 최고의 권력을 가진
자들이 조장했다고 볼 수 있을 것이다. 쏟아지는 대 국민성명과 달리
계엄사령부는 부역자 색출을 반원연대 책임 하에 철저히 적발하라는
지시를 내렸고,[291] 조광섭 의원이 지적했듯 서울시는 청년단체원들
에게 시민증 발부 자격심사를 맡겼다. 또 청년단, 자위대 등에 무기
를 준 사례를 박제환 의원이 고발한 바 있다. 이웃을 서로가 고발하
게 하고, 폭력배들에게 총·칼을 지니게 하여, 조광섭 의원의 표현
처럼 "역도 공산당에 못지않게 재물을 불법하게 몰수"하는 사례가 일
어났다.
　이러한 시기에 김두한은 〈대한의용건설단〉이란 사설단체를 이끌
고 입경하였다. 그러나 〈대한의용건설단〉이 그 명칭에 걸맞게 의용
군을 모집하여 전선에 나갔다든가 폐허가 된 서울의 복구를 위해 건
설을 하였다는 흔적은 없다. 그러면 이 단체는 무엇을 하였을까? 서
울여자의과대학에 거액의 부동산을 기부했다는 미담은 몇 년 동안이
나 잊혔다가, 1958년 5월 2일 실시된 총선거에서 낙선하고 난 뒤 갑
자기 불거져 나왔다. 자금의 출처를 추궁하는 것이 아니고, 5·2선거
선전문 중 "서울여의대 후원회장을 역임하였다."는 허위사실 기재 혐
의다. 당시 보도된 기사를 아래에 소개한다.

---

291) 부역자는 우리 손으로 20일내 반 단위로 적발, 「동아일보」, 1950.10.12

종로 을구에서 입후보하였다가 낙선된 김의원의 구속은 5·2선
거 후 입후보자로서 처음으로 구속된 것인데, 경찰에서 말하
는 김씨의 혐의는 다음과 같다.

- 선거법 위반: 5·2선거 기간 중 김씨는 유권자에게 배부한
  인사장 속에 시내 모 여자대학 후원회 회장에 취임한 일도
  없으면서 허위기재한 것이 밝혀졌다고 한다.
- 공무집행방해사건: 이하 생략
- 상해사건: 이하 생략292)

이 사건은 상해사건만 혐의가 인정되어 징역 6월이 선고되고 선거
법 위반은 무죄로 결론 났다. 관심이 가는 것은 모 여자대학 관련 건
이다. 김두한은 이 건에 대하여 1958년 5월 14일 첫 공판에서 "현 여
의대 학장 이갑수 씨가 자유당 중앙위원인 점에 비추어 야당의 격렬
분자인 나를 녹이려는 자유당 측의 연극이다."라고 진술했다.293)

고려대 의과대학의 전신인 경성여자의학전
문학교 부속병원의 모습. 경성여의전은 서
울여자의과대학(1948년), 수도의과대학
(1957년), 우석대학 의대(1964년) 등의 변
천을 거쳐 1971년 고려대학에 합병되었다.

---

292) 김두한씨도 구속, 「경향신문」, 1958.5.6
293) 선거법 위반건 자유당의 연극이다, 「경향신문」, 1958.5.15

김두한 출세기

그러나 당사자인 서울여의대 학장 이갑수가 21일 개최된 제2회 공판에서 "수복 직후(4-5년 전) 김두한 씨를 중심으로 한 서울여의대 후원회가 조직되어 약 3-4개월 동안 지속되었다." 또한 "그 당시 김두한 씨가 막대한 자금을 기부하고 있었으니까 아마 동 재단 책임자로 있었을 것이라"고 증언하고,294) 「경향신문」도 "과거 김씨가 서울여대 후원회장을 역임한 바 있다."라고 좀 더 확실하게 보도함으로써295) 더 이상의 논란을 차단하고 말았다.

그건 그렇고 김두한은 왜 서울여의대에 거액의 자금을 기부했을까 하는 의문이 남을 것이다. 이 점은 서울여의대의 당시 소재지가 김두한의 지역구내였다는 것으로 간단히 정리가 된다. 그러나 이 글의 서두에서 지적했던 자금의 출처는 지금껏 미궁에 빠져 있다.

한편, 고려대 의대 측의 반응도 이해되지 않기는 마찬가지다. 전신인 서울여의대가 존속할 수 있었던 것은 김두한의 기부가 큰 역할을 했을 터이다. 하지만 이 학교 역사물 어디에도 "성동구와 동대문구에 소재하는 약 8만 평에 달하는 밭과 동대문구내 중앙시장 대지 1만 4천 평 및 무안군 내 청계면, 경면, 망운면에 소재하는 염전 260만 평"을 기부했다는 기록은 보이지 않는다. 혹시 이 부동산의 출처가 역산 처리 등의 부작용으로 인해, 어떤 말 못할 사정이 있었지 않았을까 하는 의문을 제기해 본다.

---

294) '女醫大의 財團責任은 事實' 金斗漢被告公判서 李甲秀氏 證言, 「동아일보」, 1958.5.22

295) 선거법 위반 혐의에 유리한 증언, 「경향신문」, 1958.5.22

민의원 김두한,
'친일파 두목 이승만'이라고 발언하다

1954년 5월 22일자 「동아일보」

김두한 출세기

김두한이 드디어 금배지를 달았다. 지역구 출마자 중에서 최연소 (36세)로서 한근조(58세, 조선민주당), 여운홍(62세, 무소속) 등 정계 거물들을 제치고 당선되는 기쁨을 누렸다. 무학에 가까운 초등학교 중퇴 학력으로 변호사(한근조), 미국유학(여운홍), 의사(김옥천) 등 쟁쟁한 학력의 소유자들을 낙선시킨 인간승리였다. 더욱이 무소속 출마였다.

원래 김두한은 자유당 소속으로 입후보하였다.296) 그러나 자유당 중앙당부에서 그를 제명하자 무소속으로 출마할 수밖에 없었다.297) 제명 이유는 제3대 국회에서 처리하기로 한 개헌문제에 동의하지 않았고 게다가 조봉암을 찬양했다는 등의 이유를 들고 있으나 확실한 사유는 알 수 없다.298)

어쩌면 가진 자 배운 자들의 오만이 빚어낸 결과였을지도 모른다. 이승만 및 자유당 고위 인사들은 이제 용도 폐기된 김두한이 언감생심 주제넘게 국민의 선량을 노리고 있다고 생각하거나, 그들에게 김두한은 단지 빨갱이 사냥 때에 필요했던 폭력배였을 따름이라고 판단했을 것이다. 어쨌든 김두한은 종로 을구를 대표하는 민의원이 되었다.

그는 당선이 확정된 지 한 달도 채 지나지 않아 구속되면서 험난한 의정생활을 예고했다. 혐의는 대한부흥건설단 창립을 다룬 제2장

---

296) 5 · 20 총선거 입후보자 군상, 「경향신문」, 1954.5.9

297) 자유당 중앙위원 金斗漢씨를 제명, 「조선일보」, 1954.5.16

298) 김두한씨 제명처분 자유당 중앙당부에서, 「경향신문」, 1954.5.15

에서 언급한 사건이다. 건중친목회 소속 김관철 살인미수 건이었다. 지역구 유지들이 경무대에 탄원을 하고,299) 구속적부심을 거쳐 석방되기는 했지만300) 이는 예고편에 불과했다. 그 이후로도 김두한은 공무집행방해와 상해(1954년 6월), 횡령 및 배임(1955년 6월), 선거법 위반·특수협박·병역법위반(1956년 1월), 이중매매 사기(1956년 4월), 사세청장 구타사건(1957년 12월) 등의 혐의로 기소 혹은 송치되곤 했다. 즉 김두한은 구치소와 의사당을 교대로 들락거리며 4년 임기를 보낸 셈이다. 주목할 것은 사건 중간 중간에 입당과 탈당을 반복했다는 점이다. 3대 민의원으로 재임 중 소속 정당 변경은 다음과 같다.

제3대 민의원 자유당 소속으로 출마 → 중앙당 제명으로 무소속 출마 → 자유당 입당 → 자유당 제명 탈당 → 진보당 입당 → 진보당 탈당 → 혁신통일운동 탈퇴 성명 → 노농당 입당 및 제4대 총선 출마

불과 4년 동안에 이루어진 김두한의 당적 변경 이력이다. 그러면 그의 의정생활은 어떠했을까? 김두한의 의정생활 중 가장 돋보이는 부분은 이승만의 영구집권을 위한 개헌대열에 불참한 점이다. 제3대 민의원이 출범한 1954년은 그 유명한 사사오입 개헌이 이루어진 해다. 초대 대통령에 한해서 중임 제한 철폐를 골자로 한 헌법 개

---

299) 金斗漢씨 석방요구. 선거구유지, 경무대에 탄원, 「조선일보」, 1954.6.5
300) 金斗漢씨 8일 저녁 출감. 구속적부심사의 결과로 석방, 「조선일보」, 1954.6.10

김두한 출세기

정안이 11월 8일 상정되고 11월 27일 표결에 붙여졌을 때 결과는 재적 203명 가운데 찬성 135, 반대 60, 기권 7표로 집계되었다. 사회자인 최순주 부의장은 개헌 정족수에 1표가 미달되었다고 보고하며 부결을 선포하였다.301)

1표차로 개헌안이 부결되었다고 보도한 1954년 11월 29일자 「동아일보」

그러나 11월 29일 열린 본회의에서 난투극 끝에 야당의원들이 모두 퇴장하고 자유당 의원과 무소속 강세형 의원만이 남아 있는 가운데 최순주 부의장이 전날의 부결을 취소하고 개헌안의 통과를 선포하였다.302)

---

301) 개헌안부결, 「동아일보」, 1954.11.29
302) 국회서 난투극, 「경향신문」, 1954.11.30

사사오입 개헌 선포를 보도한 1954년 11월 30일자 「경향신문」

　1954년 5월 20일 치러진 제3대 민의원 선거의 결과는 자유당의 압
승으로 끝났다. 203석의 선거구 중 자유당은 112명의 당선자(공천후
보 98명, 비공천후보 14명)를 배출했고, 민국당 15명, 기타 정당 7명, 무
소속 69명 순이었다. 그러나 개헌정족수 136명에는 한참 모자랐다.
우여곡절 끝에 개헌정족수를 맞춘 것은 무소속 25명을 영입한 6월 초
였다. 무소속 25명 중에는 김두한을 비롯하여 민관식, 정준모 등이
포함되었다. 투표 당일 자유당 소속 의원은 136명이었다. 자유당 내
의 분란이 없고 특별한 이변이 없는 한 개헌이 가능한 숫자를 어쨌든
끼워 맞춘 셈이다.
　그런데 이변이 일어났다. 정족수에 딱 1명이 모자란 135명만이 찬

김두한 출세기

성표를 던진 것이다. 이 1명이 누구인가는 지금도 논란이 구구하다. 그런데 사후 자유당의 조치를 보면 1명 이상의 의원이 부표를 던지고 그만큼의 야당의원들이 찬성투표를 한 것으로 보인다.

사사오입 개헌 이후 손권배, 도진희 등이 탈당하는 가운데 자유당 중앙당부는 7명의 의원을 제명 처분하였다. 이 7명 중에 김두한이 포함된다. 김두한 외 나머지는 박영종, 도진희, 손권배, 민관식, 김형덕, 김지태다. 사사오입 개헌으로 자유당은 이승만의 임기 연장이라는 실익을 거뒀지만, 정치적 명분은 야당에게 빼앗겨 버린 셈이 되었다. 김두한 역시 이 무렵부터 야당투사 이미지를 대중들에게 인지시키게 된 것으로 보인다. 아무튼 자유당 제명을 계기로 김두한의 긴 야당 생활이 시작된다.

제3대 민의원 김두한은 임기 동안 수없이 감옥을 들락거렸지만 의정활동을 외면한 것은 아니었다. 자신의 명의로 법안을 발의하거나 동의안에 서명을 한 경우는 그리 많지 않았지만,[303] 본회의에서 발언을 24회나 할 정도로 적극적인 참여를 했다. 출석율과 발언회수에 한정한다면, 김두한의 의정활동은 그리 나쁜 편이 아니다. 김두한이 제3대 민의원으로 재임 중 본회의에서 발언한 목록은 다음과 같다.

① 제3대 국회 제19회 제25차 국회본회의 (1954년 07월 16일)

---

303) 김두한은 제3대 민의원으로서 건의안 및 결의안에 세 차례 참여했다. 《① 효창공원운동장설치공사중지에관한건의안(김두한의원 외 10인)… 1956년 6월 9일(원안가결) ② 이기붕의장사직권고에관한결의안(김두한의원 외 15인)… 1956년 8월 1일(철회) ③ 내무부장관 장경근 불신임결의안(김두한의원 외 45인)… 1957년 6월 13일(부결)》

⑬ 제3대 국회 제21회 제83차 국회본회의 (1956년 02월 14일)

　1. 회의록 통과에 관한 건

⑭ 제3대 국회 제22회 제1차 국회본회의 (1956년 02월 21일)

　1. 제22회 국회개회식에 보낸 대통령 「멧세-지」에 관한 건

⑮ 제3대 국회 제22회 제27차 국회본회의 (1956년 06월 07일)

　2. 의장ㆍ부의장 선거에 관한 건

⑯ 제3대 국회 제22회 제29차 국회본회의 (1956년 06월 09일)

　2. 효창공원운동장 설치에 관한 건의안

⑰ 제3대 국회 제22회 제39차 국회본회의 (1956년 06월 23일)

　2. 대한방직노동쟁의에 관한 건의안

⑱ 제3대 국회 제22회 제65차 국회본회의 (1956년 08월 16일)

　1. 지방의회의원선거에 관한 보고

⑲ 제3대 국회 제22회 제66차 국회본회의 (1956년 08월 17일)

　2. 의원 발언 취소에 관한 건

⑳ 제3대 국회 제22회 제77차 국회본회의 (1956년 10월 01일)

　2. 의원 발언 취소에 관한 건

㉑ 제3대 국회 제22회 제77차 국회본회의 (1956년 10월 01일)

　1. 국무위원 출석 요청에 관한 건(내무ㆍ법무)

㉒ 제3대 국회 제22회 제78차 국회본회의 (1956년 10월 02일)

　2. 의원 발언 취소에 관한 건

㉓ 제3대 국회 제22회 제99차 국회본회의 (1956년 11월 28일)

　2. 의원 밀수사건 관련 여부 진상조사 및 사직원 수리 보류
　에 관한 건

㉔ 제3대 국회 제25회 제12차 국회본회의 (1957년 06월 15일)
   2. 국무위원불신임결의안(내무부장관 장경근)

　민의원 김두한의 발언은 거칠고 대체로 길었으며 가끔 야유를 받을 정도로 조리 없이 장광설을 늘어놓는 경우가 대부분이었으나, 직설적인 화법으로 인기를 끌기도 했던 모양이다. 특히 대정부 공격을 할 때는 거리에서 싸움을 하듯 거친 용어를 쏟아내었다. 더욱이 이승만에 관한 비판은 아슬아슬하기까지 했다. 국회 속기록에 기록된 김두한의 발언을 소개한다.

　… 친일파와 민족반역자에 대한 두목 이승만 박사에 대한 조치는 금후에 우리 한국 청년이 가령 이 동력이 끊어지지 않으면 금후의 역사는 어떻게 뜯어 고칠까, 만약 이렇게 얘기할 때에는 당신네들은 무어라고 답변 하겠는가…(중략)…대한민국 독립운동이라고 하는 것은 이승만 박사 자기 한 사람이 한 것이 아니고 유구(悠久)한 선열의 피와 눈물 토대 가운데에서 이 나라의 독립과 정신이 살아 있거든 이 박사는 자기에 대한 동료와 자기에 대하여는 독립에 있는 동지를 일제히 말살시켜 버리고 친일파 하던 놈이며 민족반역자에 대하여는 그네들을 고대 광실 높은 집과…**304)**

---

304) 제3대국회 제22회 제77차 국회본회의(1956년10월01일) 속기록, 《국회 속기록》, 국회사무처

김두한 출세기

부통령 장면의 이승만 비판이 사건의 시작이었다. 김두한으로부터 "친일파 두목 이승만"이라는 발언이 나오게 된 과정을 짚어 보자.

① 1956년 8월 16일
부통령 장면이 UP기자와의 회견에서 이승만과 자유당 정권을 비판함305)

② 1956년 8월 20일
주미대사 양유찬이 장면의 부통령 취임사와 외신 기자회견을 비판함306)

③ 1956년 9월 26일
정부통령 기자회견 담화에 대한 경고에 관한 결의문 상정307)

④ 1956년 9월 27일-1
정부통령 기자회견 담화에 대한 경고에 관한 결의안308)
민주당측이 자유당 의원 강세형에게 김성수에 대한 모욕발언을 취소하라고 요구하자 강 의원은 "만일 강세형이가 대정익찬회에서 있었다는 것이 오늘날 여기 와서 문제가 된다고 하면 인촌 김성수 선생이 보성전문학교라는 이름을 갈아 가지고

---

305) 정부통령 UP기자와 단독 기자회견, 「경향신문」, 1956.8.18

306) 양대사의 망언을 계(戒)함, 「경향신문」, 1956.8.21

307) 제3대국회 제22회 제75차 국회본회의(1956년9월26일) 속기록, 《국회 속기록》, 국회 사무처

308) 제3대국회 제22회 제76차 국회본회의(1956년9월27일) 속기록, 《국회 속기록》, 국회 사무처

까지도 그 일제의 식민지 정책에 협조했다는 것은 무엇으로 답변하려고 하느냐 말이에요. 또 「매일신보」에 지원병으로 나가라는 글을 쓴 사람은 누구냐 그 말이야…서로 여기서 네가 잘했다 내가 잘했다, 너는 친일파이고 나는 친일파가 아니다, 누가 그런 말을 한 사람이 있어요. 이후에는 딱 덮어 두어 버려라 그 말이에요. 조금만 내놓도 그 야단이야…그때에 이범석 군하고 인촌선생하고 밀회를 3차나 했어요. 적어도 내가…"라는 발언을 함

⑤ 1956년 9월 27일-2

국회본회의 석상에서 정성태 의원이 강세형 의원의 뺨을 갈김 **309)**

⑥ 1956년 9월 28일

시공관에서 열린 민주당 전당 대회에서 장면 피습 당함(왼쪽 손 관통상)**310)**

장면은 부통령 이전에 야당인 민주당 소속 의원이다. 당연히 여당인 자유당과 대통령을 비판할 수 있다. 그러나 자유당 소속 의원들의 입장은 달랐다. 기어코 국회차원의 경고문을 발송하겠다고 고집하면서 분란이 시작되었다. 그런데 상황이 묘하게 바뀌게 된다. 어쩌면 금기사항이라고도 할 수 있는 과거의 친일이력 문제가 불거져 나온

---

309) 단상단하, 「동아일보」, 1956.9.29
310) 장부통령 피습 좌수에 관통상, 「경향신문」, 1956.9.29

김두한 출세기

것이다.

　민주당 모 의원이 강세형 의원의 친일이력 즉 대정익찬회311) 활동 여부로 시비를 걸자, 강 의원은 자기보호 차원에서 전 부통령 김성수의 친일이력을 거론한다. 보성전문학교를 통해 일제의 식민지정책에 협조했다, 「매일신보」에 학병지원 권고안을 기고했다.… 김성수가 누군가? 비록 고인이 되었지만, 민주당의 전신인 한민당을 만든 창업자요, 후원자가 아니었던가. 게다가 이철승, 정성태 등은 김성수가 교주였던 보성전문 출신이었다. 그들은 김성수를 보호하는 발언을 하였고, 이제 국회는 민주당과 자유당의 폭로경쟁으로 아수라장이 되어버렸다. 서로 간의 이전투구 와중에 정성태는 강세형의 뺨을 때렸다한다. 그리고 다음 날엔 장면 암살미수 사건이 일어났다.

　자유당과 민주당의 이전투구 가운데 등장한 인물이 무소속 김두한 의원이다. 처음에는 점잖게 정성태의 폭력행위를 꾸짖었다. 그 후 김성수의 업적을 칭송하다가 튀어나온 말이 앞에서 인용한 "친일파 두목 이승만 박사" 발언이었다. 물론 김두한을 비롯해 문제 발언을 한 의원들은 그들의 발언을 대부분 취소한다. 본질적인 문제는 강세형이 지적했듯이 당시 의정단상에 있던 절대 다수가 친일문제로부터 자유롭지 못한 처지에 있었다는 점이다. 어쩌면 자신들의 부일이력은 남들이 모를 것이라고 생각했을지 모른다. 아니면 자신의 부일친일 행위 자체를 스스로 합리화하거나 외면했을 것이다. 김두한 역

---

311) 대정익찬회(大政翼贊會)는 1940년(쇼와 15년) 10월 12일부터 1945년(쇼와 20년) 6월 13일까지 존재하였던 일본 제국의 관제 국민통합 단일기구였다.

시 '반도의용정신대' 등을 통한 자신의 친일이력을 그 무렵에는 잊었는지도 모른다. 모든 것이 반민특위 와해의 응보였다.

김두한이 의정단상에서 발언할 때 단골로 사용하는 말이 있다. "교동공립보통학교 3년 동안에 2년 낙제" 그리고 "글을 읽지 못해 부인에게 책을 읽어 달라고 했다" 등 자신이 배우지 못했음을 고백하는 장면을 수없이 연출했다. 그러나 그의 발언을 분석해 보면 생각 외로 전문적인 단어를 많이 사용한 흔적이 발견된다. 이것은 나름대로 공부를 했다는 증거다.[312] 그렇다면 그의 본질인 폭력성은 어떠했을까?

이 점 역시 절제를 많이 한 듯싶다. 그는 의정단상에서 폭력을 휘두른 적이 없다. 하지만 언어폭력은 그의 과거를 연상케 하는 장면이 상당히 등장한다. 예를 하나 들겠다. 1957년 6월 15일, 장충단집회 방회 사건으로 내무부 장관 장경근에 대한 불신임 결의안이 상정되었을 때의 장면이다. 제안 이유를 설명하는 가운데 이러한 구절이 나온다.

그러나 그전에도 본 의원이 여기에서 말한 바와 마찬가지로 정치라고 하는 것은 종교와 다른 것입니다. 종교는 '예수 그리스도'가 살아 있으며 석가여래의 자비가 있지마는 정치는 3천만

---

312) CIC문서에 다음과 같은 내용이 있다. "김두한은 교육의 기회를 갖지 못했고 그의 이름을 정확하게 쓸 수 없을 만큼 무식했다. 이승만 정권에 의해 출옥했을 때, 어느 부유한 한국 여인의 보호 하에 들어갔고 그녀는 그에게 한국 고전과 한국 기사도를 가르쳤다." 《Counter Intelligence Corps, p.95》

의 민의를 위해서 소수의 불평분자와 국가민족을 좀먹는 자가
있다면 무자비한 희생을 시키더라도 그 국가를 바로잡는 것이
오늘날 우리나라에서 남북통일이라는 대과업을 앞둔 우리나라
의 건국의 초창기인 이 나라 정치의 근본이념이 아닌가, 본의
원은 그렇게 생각합니다. 313)

철저한 반공주의자요 내무차관으로 재직하던 중 친일경찰 세력들
에게 반민특위를 습격하도록 지시한적 있는 극우 정치인이 바로 장
경근이다. 그를 성토하는 자리에서 빨갱이들을 때려잡을 때 사용했
던 논리를 왜 제기했는가는 모를 일이다. 그리고 장충단 집회 방해와
남북통일이 왜 관련이 있는지도 모르겠다. 다만 자신과 의견을 달리
하는 자는 빨갱이처럼 때려잡겠다는 저의가 보여 섬뜩할 따름이다.
　제3대 민의원 김두한의 의정생활은 이정도 소개로 그친다. 아마 이
글을 읽는 독자들은 한 가지 의문을 갖고 있으리라 본다. 김두한과
이승만의 관계다. 대개 이 두 사람은 상당히 가까운 사이라고 알고
있을 것이다. 하지만 지금까지 등장한 김두한의 모습은 물불을 가리
지 않는 야당 투사였다. 이에 대한 답변이 다음 장의 주제다.

---

313) 제3대국회 제25회 제12차 국회본회의(1957년6월15일) 속기록, 《국회 속기록》, 국회
　　사무처

1918   1972

자유당에서 진보당까지,
헷갈리는 김두한의 정치노선

정치인으로 변신한 김두한은 국회의원 선거에 6번 출마하여 2번 당
선하고 4번 낙선했다. 서울 종로구 을에서 무소속으로 나와 제3대 민
의원으로 활동한 것은 이미 말했다. 그 후 같은 선거구에서 노농당
소속으로 제4대 총선에 임했으나 낙선했고, 제5대에선 지역구를 김
좌진의 고향인 충남 홍성군으로 바꾸고, 제6대 보궐선거에는 다시
종로구로 돌아와 재기를 모색했으나 모두 실패했다.

1965년 6월 22일 조인된 한일기본조약(韓日基本條約)에 대한 항의로
민중당 소속 서민호가 의원직을 사퇴하여 결원이 된 용산구 보궐선
거에서 승리하여 의사당에 복귀하였다. 이때는 백범 김구의 유산인
한국독립당으로 출마하였다. 제6대 의원 재임 시 국회 오물 투척 사
건으로 인해 의원직을 사퇴했음은 모두 아는 일이다. 그 후 제7대 총
선에서 신민당의 공천을 받아 수원시를 지역구로 의원직에 다시 도

전했으나 꿈을 이루지 못했다. 김두한의 간략한 정치이력이다.

대략 20년 가까운 세월을 정치인으로 활동했으니 폭력배와 정치깡패로 활동한 기간보다 정치인으로 생활한 기간이 더욱 긴 셈이다. 이기간 동안 김두한이 소속되었던 정당은 자유당, 진보당, 노농당, 한국독립당, 신민당 등이고 지역구는 서울 종로, 충남 홍성, 서울 용산, 경기 수원시 등이었다. 제3대 민의원 시절 자유당에 1년가량 적을 두었던 것을 제외하면 야당 혹은 재야에서 대부분 정치생활을 하였다.

사실 김두한만이 아니다. 이승만을 떠받든 기둥이었던 한민당 출신 정치인들 그리고 이승만에게 충성을 다짐했던 자들 중 상당히 많은 이들이 야당으로 변신하였다. 김성수, 신익희, 조병옥, 장택상, 김준연, 김도연, 유진산, 전진한, 윤보선, 장면……. 그러면 이들은 왜 야당 정치인으로 변신하지 않으면 안 되었을까?

소위 '제헌국회'라고 불리는 제1대 국회는 '여'와 '야'라는 개념이 없던 시절이었다. 좌익은 물론 중도 우익세력까지 남한만의 단독정부를 거부하고 총선에 불참했으니, 선거에 참여하는 자는 분단고착화 세력으로 비난받던 시기였다. 여와 야로 갈리기 이전에 단정 참여에 대한 명분 쌓기가 오히려 시급했다는 뜻이다. 제3대 국회 본회의에서 정중섭 의원이 다음과 같은 발언을 한 적이 있다.

대한민국이 어떻게 해서 독립이 되었습니까? 대한민국이 독립이 될 때에 유엔 조사단이 이 나라에 왔습니다. 이 나라에 와서 이승만 박사, 고 인촌 김성수 선생, 김구 선생, 김규식 씨

이 네 분을 초청하지 않았습니까? 그때에 이 나라 문제를 논의
할 때에 이승만 박사와 김성수 두 선생님은 남한만일지라도…
남한만일지라도 국한된 선거를 행해서 독립을 주어야 된다고
하고 강조했습니다.… 만일 그때에 김성수 선생이 이승만 박
사와 같이 남한 독립을 주장하지 않았던들 대한민국이 있을 수
없었고 대한민국이 없었다고 하면 강세형 박사도 여기에 나와
있지 못했을 것입니다.314)

　　김성수, 즉 한민당의 협조가 없었다면 남한 단독정부가 수립되지
못했을 것이며 이승만뿐 아니라 단상에 있는 자유당 의원 당신들도
대통령이니 민의원이니 하는 감투를 쓰지 못했을 것이라는 주장이
다. 맞는 말이다. 지금은 야당이지만 우리들 덕분에 여당으로서 권
력을 갖고 행세하고 있지 않느냐 하는 말 속에는 이승만에 대한 분노
가 섞여 있음을 짐작할 수 있다.
　　이승만에 대한 불만은 앞에서 언급한 "친일파 두목 이승만", "민족
반역자 이승만"이라고 발언한 김두한의 사례를 통해서도 알 수 있을
것이다. 장택상은 좀 더 구체적으로 이승만의 실정을 비판하여 국가
원수 모독 발언으로 징계를 받은 바 있다. 1957년 1월 25일 제23회
11차 본회의장에서의 발언이 문제가 된 것이다. 장택상의 발언은 민
주당 핵심 인사의 한 명으로서 그리고 과거 이승만의 수족이었던 인

314) 제3대국회 제22회 제76차 국회본회의(1956년9월27일) 속기록, 《국회 속기록》, 국회
　　사무처

김두한 출세기

물 중의 한 사람으로서 역사적으로 대단히 중요한 내용을 포함하고 있다. 상당히 길지만 아래에 전문을 인용하고자 한다.

의사일정변경긴급동의안
이대통령에 대한 경고 결의안

주문: 행정권의 수반인 이승만 대통령은 8여 년의 집정에 있어 위헌 위법을 자행하고 경찰권을 사용하여 공명선거를 방해하였으며 소수특권계급을 제외한 국민경제를 총파탄의 위기에 몰아넣게 하였으며 경찰의 장부통령저격모의에 대한 국회의 정치책임 추궁에 간섭하고 기타 실정을 거듭함으로써 대한민국의 법질서 및 민주건설에 많은 과오를 끼쳤다. 이에 대하여 민의원은 국민의 이름으로 경고하는 동시에 그 시정을 촉구할 것을 결의한다.

단기 4290년 1월 25일
제안대표 장택상 외 56인

금번 이대통령께 경고결의안을 본회의에서 제안하고 그 제안한 동기 기타 요지를 이 결의안 자체를 정중하게 하기 위해서 구두로 설명하는 것보다 서면으로 설명해 드리는 것이 가장 옳을 것 같아서 그 요지를 의원동료 여러분에게 말씀을 올리는 동시에 이 나라 민주주의와 자유주의를… 앞으로 우리 자손만

대에 발전시키는 동시 이것을 육성하기 위하는 정신으로 여러분이 여야를 초월하고 가장 정의감에 비추어서 만장일치로 찬성해 주시기를 여러분에게 간절히 바라는 동시에 이 사람이 어째서 이대통령께 경고결의안을 내는 그 제안 설명의 책임을 맡은 그 고뇌 그것도 여러분이 동시 양해해 주시기를 빌어 마지 않습니다.

우리나라는 해방 직후에 여러 선배동지들이 인간의 정도를 다 마치지 못하고 비명에 우리들과 여읜 것을 아마 여러분들이 아마 다 아실 것입니다. 고하 송진우 선생을 비롯하여 설산 장덕수 선생과 백범 김구 선생 같으신 위대한 애국자이시고 따라서 우리 민족의 지도자이신 이런 분들은 흉한의 총탄에 맞아서 다 쓰러졌습니다. 그런데 그 흉한들의 성분을 살펴볼 때에 이 자들이 공산주의자들이냐, 아닙니다.

이 자들은 오로지 노예근성을 가진 공명심에 고무되어서 범행을 감행하였고 금번 장부통령을 저격하는 데 그 모의에 참가하고 따라서 그 지시를 받아서 장부통령에게 총 부리를 댄 그자들도 역시 노예근성의 공명심에 고무되어서 천인이 공노할 이 범죄를 자행한 것입니다. 그러면 우리들은 과거에 우리들과 여읜 선배들과 비중을 따져 볼 때에 물론 그 인품이라든지 또는 역량의 정도의 차이가 있다손 하더라도 쓰러져 가는 이 나라 민주주의를 위해서 앞장서서 이런 구국운동을 하는 이 사람들도 어느 날 어느 시간에 누구의 총을 맞을는지 우리가 알 수 없는 것입니다.

본의원도 해방 후에 공산도배들의 폭탄세례를 8-9차례나 받았지만 불행인지 행인지 모르지만 오늘날 잔명이 유지되어서 불행스럽게도 이대통령에게 경고장을 내는 그 책임을 맡지 않고는 안 될 이런 입장에 선 이 고뇌를 여러분은 또 양해해 주시기를 빌어 마지않습니다.

이 사람은 과거에 이대통령 정부에서 장관도 지내고 국무총리도 맡아 봤지마는 어째서 오늘날 이대통령과 정치노선을 달리하고 이대통령의 정책을 반대치 않고 안 되는 그 입장에 선 그 고충을 본인으로서는 가장 심각하다고 생각합니다. 이것은 오직 나라를 위하고 민족을 위하는 그 정신에서 나온 것이지, 나는 아무 다른 뜻도 없습니다.

이대통령이 8년간 집정한 동안 어째서 자기 밑에서 장관도 지내고 국무총리도 지낸 사람이 그와 노선을 달리하고 반대 입장에 섰다는 그것은 오직 국민의 심판을 기다릴 뿐입니다. 개인의 설명보다도 대개 국민이 그런 심판을 가지고 있다고 이 사람 굳게 믿고 있습니다. 여러분! 이 대통령이 8년 동안 그 치적을 국민 앞에 전개시킬 때에 허다한 사건에 대해서 그 위헌성이 많다는 것은 아마 민의원 의원뿐만 아니라 우리나라 2천만이 다 알고 있고 모든 여기에 따라서 우리 민의원 의원으로서는 당연히 탄핵소추의 대상이 된다고 생각하지마는 불행히도 양원제가 아직 실시되고 못 있는 까닭에 우리는 양보해서 경고안쯤은 내도 타당하다는 것을 나는 여기서 부르짖어 마지않습니다.

내가 이승만 박사라는 개인에게는 만공의 경의를 표하고 또 그의 관록에 대해서도 나는 무조건 고개를 숙이는 사람입니다. 하지마는 대한민국에 행정수반으로 대통령이라는 이 대통령께는 한없는 불만을 가지고 이 제안 설명을 여러분이 양해해 주시기를 바랍니다.

내가 이 제안한 동기를 여러분에게 설명할 때 열 가지로 나누어서 여러분에게 말씀을 올릴 텝니다. 이 열 가지에 여러분은 아까 말씀올린 바와 같이 여야를 초월하고 이 나라 이 민족을 위해 가지고 여러분이 부단한 노력을 하신 데 더 가일층해 가지고 만장일치로 이것을 통과시켜서 오늘 더 이상 더 충분한 설명을 들어 주시기를 여러분에게 빌어 마지않습니다.

첫째로 말하자면 이 대통령은 자신의 권력을 확대 연장하기 위하여 헌법 제정 당시 책임내각제를 완강히 거부하고 대통령 중심제로 급변시켰고 1952년에 간접선거로써 재선에 곤란한 형세에 이르자 소위 정치파동을 일으켜 대통령 직선제개헌안의 통과를 강요하였으며 1954년에는 사사오입 개헌 파동을 일으켜서 그 종신집정을 가능케 하는 개헌을 강행했습니다.

둘째로는 이 대통령은 확정 법률을 자의(恣意)로 공포하지 아니하며 예산안은 법정 기간 내에 제출하지 아니하고 기타 헌법 위반의 사례가 불소하였으며 이 대통령 정부는 헌법에 보장된 국민의 기본 권리를 침해하고 따라서 권력행사가 헌법에 명시된 한계를 넘어 무법 불법을 강행한 사례가 허다하다는 것은 2천만이 다 아는 사실입니다…(장내 소연)

셋째로는 이 대통령은 정당을 부인하다가 1951년에 와 가지고 관력(官力)으로 자유당을 조직하고 비민주적 1인 정치를 무조건 지지케 하는 반면에 비자유당 국민에게는 무상한 탄압을 가했다는 것은 이것은 2천만이 다 아는 사실입니다.

넷째로는 이승만 정부는 각종 각급 선거에 있어 국가 권력 특히 경찰권을 사용(私用)해서 갖은 수단과 방법으로 비자유당 계열에 대한 가혹한 선거 간섭을 감행하였고 민주 정치의 기초인 공명선거를 방해하고 경찰국가의 감을 국민에게 주었다는 것도 엄연한 사실입니다.

다섯째로 국방에 관한 정보와 조치를 소홀히 하여서 불의의 6·25 기습을 당하였고, 따라서 막대한 인명과 재산의 희생이 되었음에도 불구하고 그 책임을 느끼지 않았다는 것은 엄연한 사실입니다. (장내 소연)

여섯째, 무위무책한 편파적이고 산만한 재정 경제 행정을… 극소 정부 특권 계급에 대하여 귀속 재산의 불법 처리, 불법 금융 기타 중첩(重疊)적 특혜로써 극소수 독점재벌을 조성시켜 가지고 그 외에 농촌 경제의 파탄, 중·소 상공업체의 쇠퇴, 중산 계급의 몰락, 실업자의 홍수, 인플레 격화, 경제 부흥의 부진 등으로 국민경제를 총 파탄의 위기에 빠뜨렸습니다.

일곱째, 인사 행정의 편파, 졸열, 난맥, 부패에다가 인(人)의 장막까지 쳐가지고 국정을 혼란케 하여 모든 각종 사회단체와 직업단체를 자유당 산하에다가 집어넣고…(장내 소연) 따라서 심지어 종교 문화까지 간섭해 가지고 불교, 유교, 종교단체의

분열을 일으킨 것도 엄연한 사실입니다. (장내 소연)

여덟째로 중립성의 각종 사회단체를 혹은 압력으로 혹은 회유로 모든 단체를 자유당 산하에다가 집어넣고…… (장내소연) 따라서 심지어 종교단체의 분열을 일으킨 것도 이것도 엄연한 사실입니다. (장내소연)

아홉째, 특사권을 남용해 가지고 중죄인을 무단히 석방하고 이를 중용 승진시켜서 사법권에 간섭했다는 것도 엄연한 사실입니다.
열째로 장 부통령 저격을 경찰이 배후 조종한 것이 탄로되어 3명이 이미 구속 기소되었고 그 외의 고급 경찰관 간부 수명이 관련되었다는 증거가 백일하에 드러났음에도 불구하고 대통령은 마땅히 내무장관을 파면시켜야 될 것인데도 이를 두호하여서 자유당에 지시하여 국회에 동 장관을… 불신임안을 부결시킴으로써 이 나라를 무책임과 공포 또는 국민 대중을 대한민국의 보호권 외에 빠뜨렸다는 것이 엄연한 사실입니다.
이 몇 가지를 들어서 대통령경고결의안에 대해서 충분히 더 설명할 기회를 기다리고 여러분은 여야를 초월해 가지고 이 결의안을 만장일치로 통과해 주시기를 여러분께 요청하고 동시에 염원합니다. (장내 소연)**315)**

374   김두한 출세기

장택상 의원 외 56명의 의원이 제출한 '이대통령에 대한 경고 결의 안'은 국가원수에 대해 국회가 제기한 의정 사상 최초의 사건이다. 이승만의 실정은 "당연히 탄핵소추의 대상이 된다고 생각하지마는 불행히도 양원제가 아직 실시되고 못 있는 까닭에 우리는 양보해서" 경고안을 낸다는 장택상의 발언은 놀랍다기보다는 오히려 충격으로 다가온다. 장택상은 누구인가?

하지 미군정사령관의 연설을 통역하고 있는 장택상

　　미군정 시기에는 경기도 경찰청 경찰부장, 제1관구 경찰청장, 수도경찰청장 등으로 활동하였고, 조선공산당과 민전　전평 및 남로당 탄압을 주도하였다. 이 무렵 김두한과 질긴 인연을 맺은 사이가 되었다. 이승만이 주도하는 남한 단독정부 수립을 적극적으로 지지한 바 있다. 이승만 정부에서 제1대 외무장관, 제3대 국무총리를 역임하였으며 제5차 · 6차 UN총회의 대표단으로 파견되기도 했다. 그리고 1952년 5월부터 7월 무렵 피난지인 부산에서 이범석 등과 함께 부산 정치파동에 주동적 역할을 수행하며 발췌개헌안을 통과시키는 데 적극 앞장선 전력이 있다.

이러한 이력을 가진 장택상이 이제 야당의원이 되어 이승만에게 비수를 들이대고 있다. 사실 장택상이 지적한 이승만의 비리와 실정은 대부분 옳다. 그러나 공감에 앞서 눈살이 찌푸려지는 것은 자신의 책임이 가볍지 않은 사항에 대해서도 모두 이승만에게 책임을 전가하려는 모습이다. 첫째 항에서 지적한 부산정치파동이 그 대표적 예다. 그러함에도 이 경고결의안은 많은 점을 시사해 주고 있다. 특히 한국전쟁 과정의 책임을 이승만에게 물은 것은 역사적 발언이라고 하지 않을 수 없다. 그리고 송진우, 장덕수, 김구 등의 암살범이 공산주의자들의 소행이 아니라고 한 것도 중요한 발언 중의 하나였다. 물론 아쉬운 점도 있다. 제주도 4 · 3사건, 여순사건, 국민방위군 사건, 보도연맹 사건 등에서 자행된 민간인 학살에 대한 책임을 묻지 않은 것은 그의 한계일 터이다.

사실 장택상은 신익희, 조병옥, 김도연, 백남훈 등에 비해 상당히 늦게 야당에 합류했다. 어쩌면 뒤늦게 야당 정치인이 된 장택상이 선명성 경쟁을 하기 위해 이승만 경고 결의안에 주도적으로 나선 것이 아닌가하는 의문도 든다. 어쨌든 장택상이 대표로 제의한 "이대통령에 대한 경고 결의안"은 역사적으로 평가받아야 할 사안이라고 본다. 아쉽게도 이 결의안은 131인 중 가에 50표 부에 72표로 부결되었다. 김두한도 경고결의안을 제출한 56명 의원 중의 한 명이다.

　　　　　　　　　　　　　　　　　　　　　　　김두한 출세기

[표16 1~3대 국회진출정당316)]

제1대국회			제2대국회			제3대국회		
구분	수	비율	구분	수	비율	구분	수	비율
무소속	85	42.5	무소속	126	60.0	무소속	68	33.5
대한독립촉성국민회	55	27.5	대한국민당	24	11.4	자유당	114	56.2
한국민주당	29	14.5	민주국민당	24	11.4	민주국민당	15	7.4
대동청년단	12	6.0	국민회	14	6.7	국민회	3	1.5
조선민족청년단	6	3.0	대한청년단	10	4.8	대한국민당	3	1.5
대한노동총연맹	1	0.5	대한노동총연맹	3	1.4			
대한독립촉성농민총연맹	2	1.0	사회당	2	1.0			
조선민주당	1	0.5	일민구락부	3	1.4			
대한청년당	1	0.5	민족자주연맹	1	0.5			
한국독립당	1	0.5	대한부인회	1	0.5			
교육협회	1	0.5	불교	1	0.5			
단민당	1	0.5	대한여자국민당	1	0.5			

316) 중앙선거관리위원회, 『역대국회의원선거상황(제1~11대)』, pp.251-252

대성회	1	0.5							
전도회	1	0.5							
민족통일 본부	1	0.5							
조선 공화당	1	0.5							
부산일오 구락부	1	0.5							
	200	100		210	100			203	100

　최초의 여당이 자유당이라면, 최초의 야당은 민주국민당일 것이다. 전신은 한민당이다. 한민당이 민주국민당으로 변신하는 과정을 설명하기 전에 그들이 야당을 선택할 수밖에 없었던 원인을 심지연의 주장을 빌어 소개한다.

> 　정권 획득을 위해 한민당은 온갖 수단을 동원하였으나 예기치도 못했던 이승만으로부터 소외를 당하는 바람에 정부 수립 후 야당으로 전락하고 말았고 실추된 당의 이미지를 만회할 길이 없어 '민주국민당'이라는 명칭을 내걸고 재기를 도모했다. 그러나 이미 정치적 기반의 상실로 재기가 어려웠으며 토지라고 하는 경제적 기반마저 토지개혁 과정에서 유지할 수 없어 한국 정당사에서 '보수야당'이라는 모태라는 평가만 남겨 놓고 재기에 실패, 소멸하고 말았다.**317)**

317) 이기택, 『한국야당사』, 백산서당, 1987, pp.21-22《심지연의 『한국민주당연구』참조》

　　　　　　　　　　　　　　　　　　　　　　　　김두한 출세기

민주국민당은 임정·한독당 출신의 대한국민당 신익희, 족청의 이 범석 등을 영입하여 당세를 확장하고자 했으나 친일정당이라는 한민 당의 태생적 한계를 극복하기 어려웠다. 결과는 선거를 통하여 고스 란히 드러났다. 상기 표에서 보듯 제2대 총선에서 24석, 제3대에서 15석으로 한민당 시절보다 오히려 뒷걸음을 쳤다. 이승만이 독재를 하고 실정을 거듭해도 소위 제1야당이라는 민주국민당은 왜 국민의 신임을 얻지 못했을까? 단지 부정선거 탓이었을까?

김두한의 사례는 좀 더 특이한 경우다. 김두한이 언제부터 정치권 에 관심을 가졌는가는 불명확하다. 제1대 총선 때는 살인혐의로 형 무소에 복역 중이었으니 출마 자체가 불가능했고, 제2대 역시 국가 보안법 위반, 공갈, 협박, 공금횡령 등의 죄목에 대한 형사 건이 진 행 중인 상황이었으므로 역시 선거에 나올 수 없었다. 이 무렵만 해 도 국회의원이 되겠다는 야심은 없었던 것으로 짐작된다.

김두한은 대한청년단(한청)이 조직될 무렵부터 이승만 정부가 자신 을 홀대하고 있다고 느끼기 시작한 것으로 보인다. 아마 자신은 부단 장이나 적어도 감찰국장 정도의 직위를 원했을 것이다. 감찰부국장 그리고 건설국장이라는 정도의 직함은 자신을 무시하고 있다고 판단 했을 것이다. 그 후 청년방위대와 국민방위군 조직 시에도 김두한이 설 자리는 없었다. 이러한 상황 하에서 대한의용건설단, 대한부흥건 설단을 만들고 대한노총에서 재기를 시도했다는 것은 이미 앞 장에 서 설명했다.

기본적인 학력을 갖추진 못한 김두한으로선 관계진출은 아예 불가 능했을 터이고, 그가 선택할 수 있는 길은 선출직인 국회밖에 없었을 것이다. 결국 소망대로 그는 제3대 민의원이 되었다. 그가 이승만 및 자유당과 첨예하게 대립했음은 이미 거론했지만, 민주국민당과의 관계 역시 그리 순탄하지 않았다.

김두한은 제3대 민의원으로 재임 시 대부분 민주국민당과 노선을 함께했다. 사사오입개헌, 이기붕 의장 권고사퇴안, 장경근 내무장관 불신임안, 이익흥 내무장관 불신임안, 7·27 의원 데모, 장충단집회, 이승만 대통령에 대한 경고 결의안 등 정치권 현안이 대두될 때마다 민주국민당과 함께 행동했다.

그러나 민주당은 김두한을 동료라고 여기지 않았던 모양이다. 선거철이 되면 민주당은 늘 김두한의 적이 되었다. 김두한은 노농당 같은 군소정당 혹은 무소속으로 출마하여 민주당과 싸울 수밖에 없었다.

[표17 4~6대 국회진출정당318)]

제4대국회			제5대국회			제6대국회		
구분	수	비율	구분	수	비율	구분	수(지역/비례)	비율
무소속	26	11.2	무소속	49	21.0	민주 공화당	110(88/22)	62.9
자유당	126	54.1	민주당	175	75.1	민정당	41(27/14)	23.4
민주당	80	34.3	사회 대중당	4	1.8	민주당	13(9/4)	7.4
통일당	1	0.4	자유당	2	0.9	자유민주당	9(6/3)	5.2
			한국 사회당	1	0.4	국민의당	2(2/0)	1.1

318) 중앙선거관리위원회, 『역대국회의원선거상황(제1~11대)』, pp.251-252

김두한 출세기

			통일당	1	0.4			
			헌정 동지회	1	0.4			
	233	100		233	100		175(131/44)	100

민주국민당은 제4대 총선(1958년 5월 2일)을 맞아 지난 총선 당시 김두한에게 석패했던 한근조를 종로 을에 다시 공천하며 설욕하려고 했다. 김두한은 노농당이란 군소정당으로 나섰으나 한근조에게 분패하였다. 4·19혁명 후 치러진 제5대 총선(1960년 7월 29일)은 지역구를 홍성으로 바꿔 출마했으나 역시 민주국민당 김영환에게 패했다.

5·16쿠데타 이후 처음 치러진 제6대 총선(1963년 11월 26일)은 정치인으로 변신한 김두한이 출마하지 않았던 유일한 선거였다. 김두한은 집권당인 공화당뿐 아니라 민주국민당에서 갈라진 민정당, 민주당 등 야당의 공천도 받지 못한 것이 이유로 짐작된다. 하지만 윤보선의 대통령 당선으로 궐석이 된 종로 갑 보궐선거에 무소속으로 다시 출마했다. 그러나 대한노총과 노농당에서 함께 활동을 했던 그의 선배이자 동료였던 전진한의 벽을 뚫지는 못했다.

한편, 민주국민당에는 자신이 동지요 선배라고 생각했던 신익희, 조병옥, 장택상, 유진산 등이 중진으로 활동하고 있었다. 그러나 민주국민당이 김두한의 입당을 추진한 흔적을 찾을 수 없다. 그렇다면 자유당뿐 아니라 민주당 역시 김두한을 소모품이자 이용물 그 이상도 이하의 존재도 아니었다고 생각한 것은 아닐까?

1918   *1972*

애국단 단장 김두한,
민정이양 반대 선봉에 서다

    자유당과 민주국민당으로부터 소외당한 김두한은 폭력계대부로서의 지위도 상실했다. 대한노총과 대한부흥건설단을 기반으로 국회에 진입하여 제3대 민의원으로 좌충우돌하고 있을 때, 한국의 조직폭력배 세력은 새로운 판도를 형성하기 시작했다. 크게 나누면 청계천을 경계로 하여 이화룡 정팔을 중심으로 하는 명동파 세력과 이정재를 두목으로 하는 동대문시장파를 중심으로 연합한 종로파로 나누어졌다. 1957년 서울시 경찰국 특수계가 파악한 폭력배의 분포상황은 다음과 같다.[319]

---

[319] 폭력배의 분포상황 완전히 파악.경찰 곧 세력약화공작에 착수, 「조선일보」, 1957.7.17

김두한 출세기

명동파: 홍영철(100명, 대한실업협회, 소공동 지역), 이화룡(80명, 청계천 남쪽 및 명동), 정팔(40명, 중앙극장 및 수도극장 주변)

종로파: 이정재(100명, 동대문 시장과 청계천 북부), 최창수(40명, 서대문 동양극장 주변), 심종현(30명, 문화극장 주변)

이들 세력 중 특히 이정재가 중심이 되고 이기붕과 결탁하여 구성된 화랑동지회는 미군정 시절 대한민청의 김두한 못지않은 악명을 떨쳤다. 이정재가 관여한 주요 정치폭력사건을 소개한다. **320)**

① 1953년 12월
이갑성의 보디가드 김상도(후에 자유당 국회의원 역임)에 대한 테러
② 1954년 1월
자유당 서울시 당위원장 선출시 무력시위로 이기붕 당선에 조력함
③ 1954년 4월
야당 후보자의 등록서류 탈취 및 야당선거운동원 테러
④ 1954년 6월
자유당 총무부장 임홍순 테러
⑤ 1954년 11월

---

320) 조성권, 한국조직범죄의 기원과 특성(1953-1960), 「형사정책연구」 제8권제3호, 1997 가을호, p.158

사사오입개헌안 통과 시 국회의사당 방청석에서 무력시위

⑥ 1955년 1월

정계요인 40명 암살사건모의로 이정재 구속, 곧 석방됨

⑦ 1955년 7월

종로 시천교당에서 개최된 자유당창당동지간담회발기회(족청계 이갑성 배은희 주도)에 납입, 테러

⑧ 1956년 8월

국회에서 김두한 의원에게 난동

⑨ 1956년 9월

민주당 윤보선 강연회 방해

⑩ 1957년 3월

진보당 서울시당 및 경기도당 결성대회 난입 테러

⑪ 1957년 5월

장충단공원에서 거행된 민주당 시국강연회 난입 테러

⑫ 1958년 7월

진보당 당수 조봉암의 선고 공판 시 반공청년을 가장하여 법원에 난입함

⑬ 1960년 4월

고려대 학생 데모대 테러

1958년 5월 2일 치러진 제5대 총선 이전까지가 이정재의 시대였다면 그 후부터는 임화수, 유지광의 차례였다. 김두한에 이어 폭력배 출신으로서 국회의원이 되겠다는 이정재의 야심이 화근이었다. 이정

재는 지역구 이천을 이기붕에게 빼앗긴 것에 그치지 않고 정치깡패 총수의 자리도 자신의 부하 임화수에게 양보하지 않을 수 없는 처지가 된 것이다. 이정재의 부상과 몰락을 쳐다보면서 김두한은 무슨 생각을 했을까?

김두한 옛 부하들의 마지막 잔치는 대한반공청년단의 결성이었다. 1959년 1월 22일 명동 시공관에서 반공청년단의 결성식이 열렸다. 총재에 이승만, 부총재에 이기붕 그리고 단장에는 제2대 국회의원(서대문구 갑) 및 제6대 국방부 장관을 역임한 김용우가 선출되었다.[321] 그러나 자유당 내부의 갈등으로 인해 김용우는 별다른 활동도 못하고 단장 자리는 뒤늦게(1959년 7월) 입당한 신도환의 차지가 되었다.[322] 보도에 따르면 1959년 12월말 현재 반공청년단의 규모는 135만 명에 이르렀다고 한다.[323]

사실 대한반공청년단은 국민방위군 사건의 여파로 1953년 9월 10일 해산된 대한청년단(한청)의 재탄생이었다. 한청과 마찬가지로 총재는 이승만이었고 부총재, 단장을 비롯한 고위직은 대부분이 정치인, 즉 이승만을 철저히 추종하는 자유당 인사들로 채워졌다. 감찰 및 규율 부서가 주로 폭력배들로 구성되었던 것도 마찬가지다. 달라진 것은 새로운 정치깡패들의 등장이었다. 홍영철, 임화수, 유지광 등이 그들이다. 이들 중 상당수가 5·16쿠데타 이후 형장의 이슬로 사라지게

---

321) 김용우씨 선출 반공청년단 단장에, 「동아일보」, 1959.1.23

322) 반공청년단은 여당의 기간단체인가?, 「동아일보」, 1959.8.14

323) 서준석(성균관대 석사학위 논문), 〈1950년대 후반 자유당 정권과 정치깡패〉, 2010

되니, 정치권력과 정치깡패의 유착은 언제나 정치깡패들의 몰락으로 끝날 수밖에 없는 구조였다.

그러면 이 무렵 김두한은 무엇을 했을까? 1958년 5월 선거가 끝나자마자 김두한은 긴 송사에 휘말린다. 선거 전에 서울사세청장(司稅廳長) 김모(金某)를 거만하다는 이유(理由)로 구타한 폭행사건에 선거법 위반까지 덧붙여 기소된 것이다.324) 1심에서 선거법은 무죄로 판결났으나 폭행관계로 징역 6월이 언도되었다. 죄명은 공무집행방해였다.325) 김두한은 항소를 하였고 보석으로 풀려났다.326) 이 재판은 해를 넘겨 이듬해 1959년 3월까지 끌다가 2심에서 징역 1년 집행유예 2년으로 종결되었다.327) 거의 1년 동안 진행된 재판이었다. 이러한 와중에 김두한은 대한부흥건설단이라는 친위조직을 잃게 되었고, 노농당도 탈퇴하고 말았다.328) 이제 다시 적수공권이 된 셈이다. 김두한이 자유의 몸이 되었을 즈음 대한반공청년단이란 청년단체가 막 태동하고 있었다. 물론 김두한과는 전혀 상관도 없는 조직이었고, 아마 상의하는 사람도 없었을 것이다.

김두한은 1959년 5월 별도로 반공의거총본부(反共義擧總本部)란 조

---

324) 金斗漢氏, 7일 구속송청, 「조선일보」, 1958.5.8

325) 公務妨害로 實刑六月 選擧法違反엔 無罪로 金斗漢被告 暴行에 有罪判決, 「동아일보」, 1958.6.12

326) 도주우려 등 없다고 金斗漢氏 보석, 「조선일보」, 1958.6.17

327) 懲役 1年에 執猶二年言渡 金斗漢被告 傷害事件, 「동아일보」, 1959.3.3

328) 勞農黨서 脫退 金斗漢氏, 「동아일보」, 1958.12.3

김두한 출세기

직을 구상해 보았으나 해프닝으로 끝나고 만다.329) 세월이 바뀐 것이다. 대한민청 시절 김두한에겐 김구, 이승만이라는 거물 정치인과 장택상, 조병옥 등의 고위 경찰관료 그리고 한민당 등의 후원이 있었지만, 1959년의 김두한은 전직 야당 국회의원이라는 훈장밖에 내세울 게 없는 흘러간 인물이었을 따름이다. 4·19혁명 후 치러진 총선에서 재기를 모색했으나 실패한 것은 이미 언급했다. 자유당에 버림받고 민주당도 적이 되었고 예전의 부하들마저 딴 살림을 차린 김두한에게 또 한 번의 기회가 주어졌다. 1961년 5월 16일 군부의 쿠데타가 일어난 것이다.

5·16쿠데타가 발생하자 김두한은 오랫동안 숨을 죽이고 있었다. 당연하다. 1945년 8월 15일 그날처럼 세상이 다시 바뀌게 된 것이므로 조심스럽게 정국의 추이를 살펴볼 수밖에 없었을 것이다. 하루가 멀다않고 언론에 보도되던 김두한의 구속 재판 관련 뉴스가 1962년 11월경 부정수표(不正手票) 문제로 구속 기소될 때까지 2년 가까이 잠잠했다.330) 사실 한 치 앞도 제대로 볼 수 없는 새로운 군정시기였다. 해방공간과 달라진 것은 미군 대신 국군이 정권을 잡고 있다는 것뿐이었다. 2년 7개월간의 군정시기 중 주요 사건을 정리해 보자.

① 1961년 5월 16일
박정희 등 일부 군인 군사혁명위원회를 조직

---

329) 反共義擧總本部 金斗漢氏가 推進, 「동아일보」, 1959.5.8
330) 金斗漢씨 구속 기소, 「조선일보」, 1962.11.30

② 5월 18일

장면내각 총사직, 민족일보 강제 폐쇄

③ 5월 19일

군사혁명위원회를 국가재건최고회의로 개칭

④ 5월 20일

군인내각 발족

⑤ 5월 22일

각 정당 및 사회단체 해산 명령

⑥ 5월 26일

미국, 군사정권지지 성명

⑦ 5월 28일

언론정화 명목으로 일간신문 등 834개사의 언론사 강제 폐쇄

⑧ 7월 3일

반혁명음모로 장도영 최고회의 의장을 체포, 박정희 최고회의
의장 취임

⑨ 8월 12일

박정희, 1963년 여름까지 민정이양 성명 발표

⑩ 8월 28일

민족일보 조용수 사장 등 3명에게 용공분자 명목으로 사형 선고

⑪ 9월 14일

사회당 간부에게 사형을 비롯한 중형 선고

⑫ 10월 20일

제6차 한일회담, 동경에서 개최

⑬ 11월 15일

박정희 케네디 공동성명, 1963년의 민정이양 재확인

⑭ 12월 21일

혁명재판소 민족일보 조용수 외 8명에게 사형 집행

⑮ 1962년 1월 10일

반혁명음모사건으로 장도영에게 사형 선고

⑯ 3월 1일

독립유공자들에게 건국훈장 수여식 거행

⑰ 3월 22일

윤보선 대통령 사직

⑱ 4월 16일

재야정치인 4천여 명을 1968년까지 6년간 정치활동 금지 선포

⑲ 6월 10일

통화개혁을 단행해 대혼란을 초래함, 10:1의 화폐개혁('환'을
'원'으로 바꿈)

⑳ 6월 16일

송요찬 내각수반 사직

㉑ 11월 12일

김종필 중앙정보부장과 오히라 마사요시 일본 외상, 김종필-
오히라 메모 작성

㉒ 12월 26일

군정, 제3공화국의 신헌법을 공포

㉓ 1963년 1월 21일

김동하 최고위원, 김종필 일파의 독주를 비난하며 사직

㉔ 2월 18일

박정희, 민정불참 성명

㉕ 2월 25일

김종필, 제1차 외유

㉖ 2월 27일

박정희, 민정불참을 국민에게 선서함

㉗ 3월 16일

박정희, 군정4년 연장 성명

㉘ 4월 18일

박정희, 군정4년 연장 철회

㉙ 10월 15일

박정희 대통령 선거에서 승리

㉚ 11월 26일

제6대 국회의원 선거 시행

㉛ 12월 16일

최고회의, 2년7개월간의 군정통치를 마감하고 해산함

　1961년 5월 16일 새벽4시 30분경, KBS방송국 박종세는 행진곡이 울려 퍼지는 가운데 여섯 가지 항목의 혁명공약을 낭독했다. 그중 첫째 항목은 "반공을 국시(國是)의 제일의(第一義)로…" 시작된다. 이 부분이 읽힐 때 김두한의 가슴은 뛰었으리라 짐작된다. 자신이야말로 빨갱이 때려잡는 선수가 아니던가. 이제 미군정 하 대한민청 시절처

럼 자기에게 다시 새로운 기회가 올 수도 있을 것이라고 생각했을지
모른다. 그리고 사태추이를 숨죽이며 지켜보고 있는 가운데, 김두한
이 가장 관심 있게 지켜본 것은 혁명재판의 결과였을 것이다. 혁명재
판에 연루된 이들은 결코 자신과 무관하지 않은 이들이 다수였기 때
문이다.

"나는 깡패입니다. 국민의 심판을 받겠습니다."라는
플래카드와 함께, 그 앞에 이정재가 걸어가고 있다.

5월 21일 오후 정치깡패들의 서울시가지 행진은 김두한에게 복잡
한 심경을 선사해 주었으리라 본다.[331] 특히 이정재는 애증의 대상

---

331) 악의 생활을 청산, 「경향신문」, 1961.5.22

이었을 것이다. 결국 이정재는 형장의 이슬로 사라졌다. 혁명재판에 의해 사형이 확정된 이들은 다음과 같다.

최인규(내무부 부정선거사건) · 곽영주(경무대 앞 발포사건) · 이정재(정치깡패사건) · 임화수(고려대학생습격사건) · 신정식(동양극장 앞 학생살해사건) · 조용수(민족일보사건) · 최백근(사회당 반국가행위사건) · 한필국(특수밀수사건)

1962년 3·1절 기념식을 끝내고 기념촬영을 한 김두한과 박정희 의장

이들 8명 중 이정재·신정식은 1961년 10월 19일 집행되었고,[332] 최인규·곽영주·조용수·임화수·최백근 등은 12월 21일[333] 그리고 한필국은 이듬해인 1962년 4월 25일 사형이 집행되었다.[334] 미군정 시절 사형언도를 받았지만 형 집행이 이루어지지 않다가 1948년 정부수립 후 사면을 받았던 김

332) 이정재 · 신정식 사형집행, 「경향신문」, 1961.10.20

333) 최인규 · 곽영주 · 조용수 · 임화수 · 최백근 사형집행 확인, 「경향신문」, 1961.12.21

334) 한필국에 사형집행, 「동아일보」, 1962.4.27

김두한 출세기

두한이다. 이정재 등의 집행소식을 듣고 그는 무슨 생각을 했을까?

　전전긍긍하던 김두한에게 어느 날 갑자기 행운이 찾아왔다. 박정희와 나란히 사진을 찍는 기회가 주어진 것이다. 1962년 3·1절 기념식장에서였다. 쿠데타 이듬해인 1962년, 박정희 국가재건최고회의 의장은 건국훈장령을 갑자기 부활시켰다. 1947년 4월 27일 대통령으로 공포된 이 법령은 간간히 외국인들, 즉 제임스 밴 플리트(1953년 1월 28일, 미국)·장제스(1953년 11월 25일, 중화민국)·하일레 셀라시에 1세(1955년 11월 2일, 에티오피아)·응오딘지엠(1957년 9월 21일, 베트남)·아드난 멘데레스(1958년 4월 26일, 터키) 등에게 외교의 목적으로 수여되었으나, 1949년 8월 15일 이승만 자신과 부통령 이시영에게 수여되는 것을 끝으로 한국인들에겐 전혀 적용되지 않고 거의 사문화된 상태였다. 이 법령에 의해 박정희는 당시 명목상의 대통령이던 윤보선과 함께 208명의 독립유공자들에게 훈장을 수여했다.335) 이 훈장의 수여식은 1962년 3월 1일 제43회 3·1절 기념식장인 서울운동장에서 거행했고, 이 자리에서 김좌진을 대신하여 참석한 김두한이 박정희를 만난 것이다. 김좌진은 건국훈장중장(현 대한민국장)이 수여된 18명 중의 1인이었다. 김두한은 최고로 명예로운 독립운동가의 후손 행세를 하게 된 셈이다.

　김두한과 박정희 군부세력이 이 행사를 계기로 밀접한 관계로 발전하였는지는 불확실하다. 다만 이 무렵부터 김두한이 5·16쿠데타의

---

335) 해방 후 최대의 성사, 독립유공자 208명 포상, 「경향신문」, 1962.2.24

정당성을 옹호하는 입장으로 선회한 것만은 틀림없다.

이듬해인 1963년은 박정희의 민정참여 여부가 정가의 최대 이슈였던 해였다. 겉으로 드러난 박정희의 행보는 갈팡질팡하는 것으로 보여 도무지 그의 속내를 알 수 없었다. 그는 2월 18일에 민정불참을 분명히 선언했다. 게다가 같은 달 27일에는 국민에게 선서까지 했다. 그러다가 보름정도 지난 3월 16일에 갑자기 군정을 4년이나 연장하겠다는 폭탄선언을 한다. 그리고 한 달 후인 4월 18일에는 군정연장 철회를 발표한다. 결국 대통령 선거 참여를 위한 명분 쌓기였다.

박정희 쿠데타 세력의 민정참여 공작이 한창 진행 중이던 그 무렵 김두한이 의외의 행동을 했다. 1963년 3월 23일자 「경향신문」 광고면에 애국단 단장 김두한 명의로 장문의 시국선언문이 실린 것이다.336) 함께 감상해 보자.

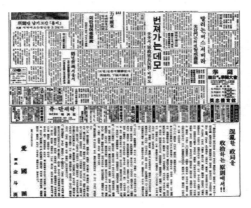

1963년 3월 23일자 「경향신문」 7면 전단광고

---

336) 혼란한 정국을 수습하는 원칙에서, 「경향신문」 광고, 1963.3.23

김두한 출세기

혼란한 정국을 수습하는 원칙에서!!

1. 역사적 조류인 세대교체를 위하여 때 묻은 구정치인은 정계
에서 물러서라!

민주주의 사고방식에는 극한투쟁이란 있을 수 없는 것이니 상
호의존의 원칙인 제의, 타협 및 호양정신에 입각하여 국가의
안전 보장이라는 명제 아래 우리들의 지혜와 역량을 집중시켜
당면한 난국을 수습함이 절실히 요청됨에도 불구하고 정권 장
악에만 혈안이 되어 밖으로는 외세에 아부하여 민족자주역량
을 말살하는 언동을 자행하는가 하면 안으로는 자극적 언동을
일삼아 국민을 현혹케 하고 심지어는 정치인을 자처하는 허정
씨는 국가의 간성인 60만 국군의 분열을 조장하는 것과 같은
발언을 공공연히 하고 있으니 이는 비애국적반역으로 규정하
고 감히 국민의 이름으로 이를 규탄한다.

2. 3·16성명을 가져온 요인은 과연 무엇일까?

군 쿠데타음모와 데모 사건 등이 정국에 미친 파문과 더불어
이에 편승하여 집권 야욕만을 충족시키려는 구정치인들의 반
성 없는 행동에 대하여 국민대중은 증오와 염증을 느끼고 반발
기운이 바야흐로 싹트려는 징조와 혼탁된 정치풍토 아래서의
민정이양은 구악환원의 비극이 재연될 우려가 명확하므로 이
를 간과할 수 없는 박의장은 2·27선서를 스스로 깨트리지 않
으면 안될 만큼 "선서의 신의와 장래할 국운"을 저울질하면서
분연히 "나라 망한 뒤에 애국자보다는 차라리 나라 살리기 위

한 역적의 길"을 택하고 3·16성명을 민족국가대의에 쫓아 발표한 것으로 그의 애국충정을 우리는 이해해야 한다!

3. 우리나라 객관정세의 추이는 선서의 신의나 또는 명분론 따위로는 좌우될 수 없을 만큼 초비상사태에 놓여 있으니 규탄받는 정치인들은 일선정계에서 후퇴하고 과거범죄역정을 반성하여 자숙하는 것만이 3·16성명을 박의장이 걷어들일 수 있는 첩경으로 생각한다. 만일 이와 같은 주장을 끝내 이해치 못하고 물러서지 않는다면 국가반역으로 규정하고 그들이 즐겨하는 극한투쟁을 그들에게 무자비하게 전개할 것을 선언한다.

4. 3·16성명이 기정화된 사실이라면 그 테두리 안에서 정국안정의 최선의 길을 모색하고 그것이 실현불가능이라면 차선의 길을 좇는 것이 현실정치의 요체인바 국민대다수가 의사표시 없는 가운데서도 때 묻은 구정치인의 환원을 절대 혐오하고 세대교체라는 시대적 요청에 순응하여 참신한 인물의 출현을 은연히 기대하고 있다.

5. 국가재건의 새 터전을 썩은 구민주당계열에게 또다시 맡겨야 될 것인가?
4·19학생의거의 덕택으로 집권한 민주당은 신·구파의 분열을 노정하여 권력분배의 추잡한 투쟁으로 시종하였고 급기야는 부패·무능으로 5·16혁명을 자초하여 청사에 일대오점을

남긴 것은 우리의 기억에 새로운 바 없지 않다. 그럼에도 불구
하고 외세에 아부하여 새로운 탈을 쓰고 구 민주당은 '신정당'
으로, 또 구 신민당은 '민정당'으로 변모하여 국민을 현혹케 하
고 민주주의는 마치 자당의 전유물인양 광분하고 있으나 국민
은 또다시 그들의 집권을 위한 제물이 되지 않을 것이다.

6. 시대착오를 일으킨 구정치인 윤·허 양씨는 그들의 비장한
각오 아래 결단하였다는 저항데모가 수천 관중의 조소를 받으
면서 '가두산책'이란 초현대판 술어를 창작하여 시대의 조류에
서 버림받는 최후 장면을 장식하였으니, 민심의 소재를 통찰
하고 일편의 양심이 있다면 황혼의 여생이나 즐기기를 간곡히
충고하는 바이다.

끝으로 현하 정국안정을 위하여 구 신민당을 변모한 민정당,
구 민주당을 변모한 신정당, 즉 윤·허 양당은 외세 앞에 추태
를 연출치 말고 자숙 퇴진하라. 국민은 또다시 그네들의 제물
이 되지 않을 것이다.

서기 1963년 3월 23일
애국단
단장 김두한

이 광고는 박정희의 군정연장선언 발표 후 일주일가량 지난 뒤에

게재된 것이다. "3·16성명은 민족국가대의에 좇아 발표한 것으로 세대교체를 위하여 구정치인은 물러나라"는 대략적인 내용이다. 특히 허정과 윤보선 두 사람의 실명을 거론하며 자숙, 퇴진할 것을 요구했다. 그리고 "(박정희의) 주장을 끝내 이해치 못하고 물러서지 않는다면 국가반역으로 규정하고 그들이 즐겨하는 극한투쟁을 그들에게 무자비하게 전개할 것을 선언한다."라는 섬뜩한 협박도 보인다. 이 광고로 인하여 〈애국단〉이라는 정체불명의 단체가 정가의 화제가 된 모양이다.

그러나 〈애국단〉은 폭력배 출신 전직 국회의원인 김두한의 치기어린 돌발행동으로 만든 단체가 아니었다. 광고가 나간 이틀 후, 「동아일보」는 3월 27일 하오 2시, 중앙청 회의실에서 정부대표와 정당 및 사회단체 대표가 참석하는 시국회의를 개최할 예정이라고 보도하였다.337) 초청 대상 단체는 민주공화당, 민정당, 신정당 등 주요 정당과 한국경제인협회, 대한상공회의소, 대한체육회 등 44개 단체인데, 〈애국단〉

야쓰기 가즈오(矢次一夫)와 그의 친필 사인,
좌측은 김사목(金思牧)

이 여기에 포함된 것이다. 많은 사람들이 호기심을 넘어 경계의 눈초리를 보낼 수밖에 없는 연유다. 〈애국단〉의 정체를 파악하기 전에 김사목(金思牧)이란 인물에 주목할 필요가 있다.

---

337) 수습회의 참가 범위 결정, 「동아일보」, 1962.3.25

김두한 출세기

김사목(金思牧)의 생몰연대는 정확하지 않다. 다만 4·19혁명 후 치러진 참의원 선거 등록 시 그의 나이가 69세로 기록된 것으로 보아 1892년생으로 추정된다.[338] 그가 언론의 주목을 받게 된 것은 야쓰기 가즈오(矢次一夫, 1899-1983)와의 관계 때문이다. 야쓰기는 1958년 5월경 기시 노부스케(岸信介, 1896-1987) 수상의 특사자격으로 이승만을 방문하여 한일회담 관계를 의논한 바 있다. 야쓰기의 방한을 추진하는 데 배후조정 역할을 한 것이 바로 김사목이라고 당시 언론들은 보도했다. 야쓰기 역시 그 관계를 부인하지 않았으며, 재작년 (1956년)부터 한일교섭의 조정을 했다고 발언했다.[339]

대개의 언론들은 야쓰기 가즈오를 '일본정계의 최대 괴물(怪物)'로, 김사목을 '한국 최대의 괴걸(怪傑)'로 불렀던 모양이다.[340] 괴물, 괴인, 괴걸 등의 표현을 사용한 것은 일정 직책이 없었음에도 정식 외교 통로 이상의 영향력을 가졌다는 뜻일 터이니 정계 막후의 흑막 정도가 되겠다.[341] 두 사람의 공통점은 철저한 반공주의자라는 점이다. 한국과 일본의 공산화를 막기 위해선 옛날의 원한을 잊고 한일양국이 평화협약을 맺어야 한다는 것이 그들의 논지다. 김사목은 "한일회담의 결론이 나지 않는 것은 배후에 일본을 본거지로 한 국제공산당의 음모가 있다."라고 주장하는 내용을 기고하기도 했다.[342]

---

338) 참의원 입후보자 등록, 「경향신문」, 1960.7.3

339) 귀일 후 성과 발표, 「경향신문」, 1958.5.21

340) 김일평, 한국최대의 괴걸, 아세아인 김사목, 「신태양」69, 58년 6월호, pp.130-146

341) 1958년 5월 21일자 「경향신문」의 '여적'이라는 칼럼 참조

342) 김사목, 한일회담의 배후관계, 「신태양」78, 59년 4월호, pp.90-95

한일회담은 박정희 군부정권시절 전격적으로 조인된 것으로 알려져 있지만 실제로는 이승만 때부터 접촉이 시작되었다. 이승만과 요시다 시게루 수상의 만남을 맥아더가 주선했다고 하는 등 한일회담 비화를 문예춘추 신년호 특별호에 기고한 전 중의원 의장의 기고문을 아래에 소개한다. 이 글에도 문제의 인물인 김사목이 등장한다.

한일화평의 실마리를 찾으려고 맥아더 사령관은 이승만 대통령을 동경에 초청한 일이 있다. 이때 요시다 시게루 수상은 이 대통령과 만났지만 어쩐지 이들 둘은 서로 서먹서먹 잘 맞지 않았다. 요시다 수상이 먼저 "지금도 한국에는 호랑이가 있습니까?"라고 색다른 질문을 던졌다. 그러자 이 대통령은 "지금은 없다. 옛날에는 있었지만 일본의 가또 기요마사가 모두 잡아갔기 때문에 지금은 없다." 이 대화는 아무튼 이승만 대통령의 승리로 끝난 셈이다. 여러 가지 말은 오고 갔지만 당시 요시다, 기시 내각과의 사이에 한일문제가 진척될 기미는 없었다. 오가다 다께도라 씨가 별세한 지 얼마 안 돼 한국에서 김사목이란 사람이 밀항해서 나를 찾아왔다.

"나는 오가다 씨가 살아 있을 때 오가다 씨로부터 이 대통령에게 보내는 편지를 부탁받은 바 있다. 이 편지에는 오가다 씨가 직접 한국에 건너가 이 대통령과 만나 기탄없이 이야기를 나누고 싶다는 내용이 적혀 있었는데, 이 대통령에게 전달하기 전에 오가다 씨는 사망했다. 듣는바에 의하면 당신이 오가다 씨의 뜻을 계승하는 정치인으로 알려지고 있다. 한일화평을 위해 또 한 번 당신이 이 대통령 앞으로 편지를 쓸 용의는 없는가. 나와 이 대통령과는 반일 운동을 벌인 친구 간이며 지금은 한국 발전을 위해 어떻게 해서든지 일본과 손을 잡지 않으면 안 될 때라고 생각한다."는 이야기였다.

몇 개월 지난 후 김유택 특사가 일본에 왔다. 당시 나는 자민당의 총무회장을 맡고 있었다. 그는 바로 나를 찾아와 "이 대통령의 명령으로 일본에 왔다. 먼저 평화선을 일본 측이 인정할 것을 전제로 해서 이야기를 나누자."는 것이었다. 이에 대해 나는 "그것은 이야기가 다르다. 한국이 평화선을 주장한다면 일본이 새로운 일본선을 내세울지 모른다. 내가 대통령과 만나겠다고 나선 것은 평화선을 없애겠다는 것이다. 한국이 평화선을 주장하는 것은 일본 어업보다 열세인 한국 어업을 언제까지든 이 상태로 보호하겠다는 소극적인 생각에서 나온 것이다. 나는 한국과 일본이 같은 힘으로 어업을 할 수 있게끔, 배를 만드는 자금이 필요할 때는 돈을 꾸어 주고, 기술이 필요하면 기술을 제공하면서 서로 어족이 멸종하지 않도록 협동으로 연구하자는 것이다. 그래서 한일양국이 어깨를 나란히 해나가자는 뜻이다. 다시 한 번 대통령과 이야기한 다음 만나자."고 말하고 헤어졌다.

이것을 듣고 김특사는 곧 귀국했다. 수개월이 지나도 아무런 소식이 없었다. 크게 노했는가 하고 있을 때 반년 만에 김특사가 다시 일본에 왔다. 우선 나를 만난 다음 외무대신을 예방하겠다는 것이고 "평화선은 취소할 터이니 내년 3월부터 무조건 일본정부와 평화조약교섭에 들어가자."는 내용이었다. 당시의 외무대신은 후지야마 아이이찌로 씨였다.

상대방이 깐깐하기 때문에 이 교섭은 1-2년은 걸릴 것이 아닌가 생각했었지만 막상 체결될 때까지는 그 후부터 무려 10년이나 걸렸다. 기시 내각, 이께다 내각이 지난 다음 사또 내각 때 겨우 조인이 이뤄졌다. 나는 그때 법무대신으로서 이 조약에 관여하고 조인에 참여했다. 인연이 깊었기 때문에 한층 마음이 즐거웠다. 그때 이 대통령은 하와이로 쫓겨 가 노환으로 병원에서 여생을 지내고 있었다.[343]

지금까지 소개한 김사목이 애국단의 총재였다.[344] 김두한과 김사목이 어떤 경로로 만나 〈애국단〉을 창립하게 되었는가는 확실하지 않다. 다만 〈애국단〉창설 3·4개월 전인 1962년 11월 2일, 김종필 중앙정보부장과 오히라 마사요시 일본 외상이 비밀리에 소위 "김종필-오하라 메모"를 작성한 것으로 보아 이 무렵 김사목이 어떤 역할을 하지 않았을까 짐작해 본다. 어쨌든 김두한과 김사목은 반공을 제1의 국시로 한다는 박정희 노선을 지지한다는 면에서 의기투합했을 것이다.

그러면 〈애국단〉은 어떠한 일을 했을까? 박정희의 군정 연장을 적

---

343) 두 번 쓴 편지, 전 일본 중의원 의장이 겪은 이승만 시절의 한일교섭, 「동아일보」, 1972.12.12

344) 시국 수습회의에 초청된 44개 단체의 편예, 「동아일보」, 1963.3.27

김두한 출세기

극 지지하며 윤보선·허정 등 구 정치인의 퇴출을 요구하는 광고를
게재하는 데 그치지 않고 군사정부가 주최하는 시국회의에도 초청
되자, 야당 측은 〈애국단〉의 동향에 촉각을 세우지 않을 수 없었다.
3월 27일 개최된 시국회의에서 김두한이 발언한 내용은 군사정부와
김두한의 관계를 더욱 의심이 가게 만들었다. 이날 김두한은 "군정을
1년 연장하고 구정치인을 10년간 공민권을 정지하도록 국민투표에
붙이자."라고 했을 뿐 아니라 "나는 국가적으로 해독을 미치는 자에
대해서는 무자비하오! 그것들이 군정반대 극한투쟁을 한다면 나는
데모하지 않고 간단히 처리하는 방법이 있소! 나는 무자비하오!"라고
외치는 등 관계자를 아연케 했다.**345)**

자신이 무자비하다고 선포한 김두한은 실제 어떠한 일을 했을까?
애국단이 가장 먼저 행동으로 옮긴 것은 전 대통령 윤보선을 비난하
는 벽보를 서울시내 곳곳에 붙이는 일이었다.**346)** 해괴한 것은 박정
희가 군정4년 연장을 철회한 4월 18일 이후의 일이다. 전남도청 각
국장실에 송부된 팸플릿의 내용을 살펴보면 지금까지 주장하던 반공
이라는 최소한의 명분도 없었다. 게다가 며칠 전까지만 해도 군정 연
장을 외치던 단체가 더 이상 군정연장 문제는 거론하지 않고, 이제는
노골적으로 박정희 대통령 만들기에 앞장선 것이다.

이 팸플릿은 애국단(대표 김두한) 명의로 친여진영 지도자에게만 올
리니 외비(外秘)로 해달라는 주문을 붉은 글씨로 후면에 쓰여 있었고,

---

345) 비분강개의 발언시종, 「경향신문」, 1963.3.28
346) 윤보선씨 비난 벽보 서울시내 여러 곳에, 「경향신문」, 1963.4.12

제목은 "역사를 바로잡는 길"이라고 되어 있다고 보도되었다.[347] 이 단체가 만들어 뿌린 삐라의 내용 일부를 소개한다.[348]

- 본단은 본단의 특수조직을 통한 야당측의 내부분열공작을 강화한다.
- 8월 중 백만 조직을 완료한다.
- 본단은 63년 2월 발족하여 초당적 위치에서 민족중흥과업을 완수한다.
- 만일 우민의 표가 뭉쳐 야당이 집권한다고 가정하면 민족중흥이란 역사적 과업은 한갓 그림의 떡으로 될 것이다.
- 여하튼 선거는 승리에로 이끌어야 하며, 정국안정에의 기틀을 잡아야 한다.
- 본단은 혁명세력과 공동운명체로서 무보(武步)를 같이 한다.
- 조직활동의 제1목표: 구정치세력(민정, 신정, 민주, 민우 등)들의 재집권을 목숨을 걸고 저지한다.
- 단의 행동강령

① 친여세력의 전위부대로서 야당세력의 허점(죄상)을 찔러 그 기능을 둔화시킨다.
② 구악의 환원을 분쇄하기 위해 대중의 기억에서 사라져가는

---

347) 구정치인재집권 금지, 「경향신문」, 1963.8.6
348) 이색적인 애국단 팜플렛, 「동아일보」, 1963.8.6

기성정치인의 과거 죄상을 폭로한다.

③ 이를 위해 본단은 임전태세를 갖추고 허정 과정에서 729난
동선거를 거쳐 장정권 몰락까지의 부정부패를 공개함으로써
다가올 선거전에 있어 그들의 전투기능을 마비시킨다.

　팸플릿의 내용도 충격적이지만 〈애국단〉의 주도인물이 김두한이라
는 점이 더욱 문제가 되었을 것이다. 당연히 야당 측에서 '제2의 백
골단', '땃벌떼의 난무'라고 경고를 하자,[349] 공화당 쪽에선 자신들은
전혀 모르는 일이라고 발뺌을 했다.[350] 이렇게 되자 야당 및 각 언론
들은 〈애국단〉의 정체를 밝힌다고 야단법석을 떨었던 모양이다.[351]
　〈애국단〉의 실체를 두고 이렇게 갑론을박하고 있을 때 황당한 일이
벌어졌다. 정작 김두한은 공화당 의장 윤치영의 집을 거의 매일 드나
들었으며,[352] 기자가 윤 의장과의 관계를 질문하자 "반공 투쟁할 때
우리 오야붕이기 때문에 자주 만날 뿐"이라고 접촉 사실을 부인하지
않았다.[353] 더욱이 윤치영 역시 김두한에 대하여 "김두한 군은 독립
운동자야. 그런 애국자 5천 명만 있으면 걱정 없이 국난을 타개할 수

---

349) 야, 애국단 언동 경고, 제2의 백골단, 「동아일보」, 1963.8.7

350) 애국단 정체 몰라, 공화당 측 전위자청해도 안 받을 터, 「경향신문」, 1963.8.10.

351) 애국단의 정체는?, 「동아일보」, 1963.8.6. 애국단의 정체를 밝혀라, 「경향신문」,
　　1963.8.10.

352) 할 말 있으면 서울서 하지, 「경향신문」, 1963.8.7

353) 애국단의 정체는?, 「동아일보」, 1963.8.6.

있는데……."라고 김두한의 활동에 힘을 실어 줬다.354) 지금 우리는 제5대 대통령 선거 2달 전의 풍경을 감상하고 있는 중이다.

박정희는 10월 15일 치러진 이 선거에서 470만여 표를 얻어 454만여 표를 얻은 윤보선 후보를 가까스로 물리치고 대통령으로 당선되었다. 겨우 15만 표 차이로 당락이 결정된 것을 보고 김두한은 어떻게 생각했을까? 자신이야말로 박정희 당선의 일등공신이라고 생각하지는 않았을까? 아래에 〈애국단〉의 정체를 심층 취재한 「동아일보」의 기사 전문을 소개한다.

파시즘은 반동의 한 특수형태라고 한 사람이 있지마는 멀리는 이태리의 흑의대, 독일의 나치스 그리고 최근 일본의 극우 단체로 이름난 애국당 등 가지각색의 파시즘이 낳은 행동대의 발호는 혼란한 사회를 배경으로 여러 나라의 정계를 테러로 물들이고 있다. 극우 또는 국수주의적 정치 강령이 자유민주주의를 위협해 온 실례를 외국에서만 찾을 것이 아니라 까닥하면 우리 주위에서 손쉽게 체험하게 될 날이 올지도 모른다.
민정이양을 앞둔 요즈음 애국을 도맡고 나선 애국단이라는 이름의 단체가 정계표면에 떠올라 물의를 일으키기 시작했다. 세상은 애국단 그 자체보다도 이러한 단체가 나오는 정치적 소지를 매우 궁금히 여기고 있다. 외비의 딱지가 무수히 붙은 애국단의 수다한 문서와 같이 매사를 비밀주의로 치러 나간다는

354) 윤의장 총애받는 김두한씨, 「경향신문」, 1963.8.10

애국단의 그 비밀 속을 들여다본다.

일본의 괴물이오, 한국의 괴인이라고 한때 그 정체를 몰라 세상을 떠들썩하게 했던 화제의 인물 김사목 옹을 총재로 삼고, 한때 거리의 사나이이자 종로 을구 출신 4대 민의원이었기도 한 김두한 씨를 단장으로 애국단은 한마디로 구정치인의 재기를 철저히 저지시키기 위해 김두한씨가 상당한 공작비를 뿌리며 이끄는 단체다.

외비로 된 내규의 사무관장에 보면 연쇄처란 기묘한 부서 밑에 물색국, 침투국, 분해국이 있는가 하면 심리처엔 가공국, 신경국이란 기명의 부서가 즐비한 이 애국단은 지난 5월 7일 등록번호 25호로써 공보부에 사회단체등록을 마쳤다.

애국단은 37만 당원을 목표로 시도간부 조직을 마쳤고 9월 10일까지는 군단위 조직을 끝낼 예정이라고 김두한 단장이 9일 밝혔는데 서울에만도 3만 단원을 확보해 놨으니 데모 저지쯤은 문제없다고 큰소리쳤다.

김두한 씨는 또 애국단이 국민을 기만한 민주당 신구파와 그 밖의 모든 구정치인을 고발하겠다고 말하고 그 죄상으로서 부산정치파동 이후의 모든 부정 불법 사건을 상세히 기록한 2천 6백여 종의 필름을 가지고 있으니 이를 사진화보로 만들어 시각전으로 두들기겠다고 말했다. 김씨는 이어 자기 밑에 당수, 유도 유단자 및 재향군인 2만 7천 명의 별동대가 있으므로 언제든지 동원할 수 있다고 말하고 야당이 만일 까불면 없다고 호언했다.

한편 애국단은 야당에 대한 공작으로 탈당, 폭로, 포섭, 매수, 설득, 내분조작, 대립분열, 침투공작을 꾀할 방침인데 김단장은 야당을 결코 파괴시키지는 않으며 야당이 데모나 극한투쟁을 벌일 때 이를 저지할 뿐이라고 말하고 있다. 김씨는 자기 부하가 이미 재야정당 어디든지 침투해 있다고 자랑하면서 8일의 민정당 청년당원 데모도 자기가 사주했다고 밝히고 분열공작은 5파가 얽힌 국민의 당에서 또다시 일어날 것이라고 예언했다.

자기가 애국자임을 거듭 강조하고 "이제는 결코 폭력은 안 쓴다."고 말해 놓고는 이야기하다가 흥분하자 "신문이 선동해서 서울에 데모나 폭동이 일어나면 4대신문사는 휘발유를 끼얹어 한 시간 안에 잿더미로 만들겠다!"고 호통을 쳤다. 김씨는 이어 "하지만 신문이 때려야 할 맛이 날 거고 나 자신도 맞아야 큰다!"고 껄껄거렸다.

자신의 비밀 아지트라는 종로2가 국일관 자리에서 기자와 만난 김두한 씨는 "운동자금은 어디서 생기느냐?"는 질문에 장사하는 부하들한테 얻어 쓰거나 나의 옷가지 등을 전당잡혀 쓰지요. 나는 생리적으로 돈 안 먹으며, 혁명정부나 여당에서 돈받으면 끄나풀이 되므로 싫소. 만일 내가 그들에게 쓴 커피 한 잔이라도 얻어먹었으면 배를 가르겠소."라고 말하면서 전당잡혔다는 증서 한 뭉치를 기자에게 보여 주기도 했다.

김씨는 공화당의 윤치영 의장과의 관계를 설명하며 "반공투쟁할 때 우리 오야붕이기 때문에 자주 만날 뿐"이라고 말했는데

윤의장은 같은 날 대전에서 "김두한은 애국자요, 반공투사이며 독립투사"라고 추켜올리면서 "야당에 그런 애국자가 한 사람이라도 있느냐?"고 반문하여 옛날의 의리 관계를 상기시켰다.

"야당은 애국단이 5·26 정치파동 때의 백골단이나 땃벌떼와 같다고 걱정하는데요?"라고 묻자 김단장은 "천만에 백골단장은 이범석 씨지, 왜 납니까?"라고 대답하고는 애국단은 민족중흥의 길을 열기 위한 애국단체라고 말하고 하도 신문과 야당에서 때리기 때문에 애국단과 함께 가칭 독립당이라는 정당도 따로 발족시킬 방침이라고 털어놓으면서 자신은 "출마해서 떨어지면 창피하니까 비례대표제로 나갈 생각"이라고 기염을 토했다.

시내 관훈동 198의 1 계성빌딩에 자리 잡고 있는 애국단총본부에는 옛날 김씨의 부하였던 4-5십대의간부급 단원 5-6명이 전화 두 대가 있는 사무실을 지키고 있고 김두한 단장은 늘 국일관 비밀 아지트에서 비밀공작에 열중하고 있다는 것이다.

한편 애국단의 정체가 드러나자 야당은 입을 모아 "선거를 앞두고 이런 야만적 방식을 들고 나선다는 것은 선거의 전망을 흐리게 하는 짓"이라고 비난하면서 애국단의 즉각 해체를 요구하고 나섰는데" 앞으로의 문제는 사회단체등록 군소단체들이 무궤도한 정치행동을 감행할 때 건전한 정당 활동이 받는 막대한 피해를 어떻게 막을 수 있을 것이냐 하는 것이다.

야당측의 한 인사는 애국단이 일본의 극우단체인 애국당과 흡사하다고 건설상(建設相)인 하야일랑(河野一郎) 씨가 최근 나수

고원 목장의 길을 닦다가 어용저의 소나무 몇 그루를 다쳤다고 하야(河野) 사저에 방화하여 불태워 버린 일을 상기시키면서 경계의 빛을 감추지 못하고 있었다.

이 애국단이 앞으로 과연 어떠한 정치적 행각으로 정계에 무슨 작용을 할지 아직은 미지수이지만, 현재까지 나타난 애국단의 부서라든지 김단장의 언동으로 보아 아슬아슬한 정치선을 타고 적지 않은 실적(?)을 남길 가능성이 짙다.[355]

---

355) 애국단의 정체는?, 「동아일보」, 1963.8.6.

김두한 출세기

1918　　　　1972

보궐선거에서의 승리와
'한독당 내란음모 사건'

　〈애국단〉조직으로 5·16쿠데타 주도세력과의 밀월을 시도하였지만 결과는 그리 신통하지 못했다. 대통령 선거에 이어 치러진 제6대 국회의원 선거의 결과와 그 후 진행되는 정치 일정을 보면, 김두한 홀로 짝사랑했거나 일방적으로 이용당하지 않았나 하는 의혹을 거둘 수 없다. 쿠데타 세력에 대한 김두한의 유화적인 입장은 〈애국단〉 이전에도 흔적이 여럿 남아 있다. 〈애국단〉 창설 이전 김두한의 행적을 알아보자.

　반혁명 사건은 대부분 군 내부의 숙청작업이었지만356) 구 민주당

---

356) 반혁명 혐의로 발표된 사건은 대략 10여건 내외였는데, 특히 사회적 파장이 컸던 것은 일명 '텍사스 토벌작전'으로 불렸던 1961년 7월 9일 발표된 장도영 및 평안도 군부세력 제거 사건과 세칭 '알래스카 토벌작전'이라고 알려진 박임항, 박창암, 김동하 등의 함경도 출신 군부세력의 숙청작업을 들 수 있다. 물론 이들 대부분의 관련자들은 짧은 복역

계열의 정치인 제거 작업도 병행되었다. 대표적인 예가 '구민주당 사건' 혹은 '이주당사건(貳主黨事件)'으로 불리는 사건이다. 장도영 및 평안도 일부 군부세력의 제거가 목적이었던 소위 '텍사스 토벌작전'이 일단락되어 가던 1962년 6월 1일, 중앙정보부장 김종필이 갑자기 쿠데타음모사건의 전모를 발표했다.357) 김상돈, 조중서 등 구 민주당계가 중심이 되어 6월 13일을 거사일로 결정하여 작년 11월경부터 효창공원을 아지트로 40여 차례에 걸쳐 모의를 해왔다는 것이다. 김상돈, 조중서를 포함하여 41명이 구속되어 취조 중이라는데, 이들 중 전 백의사 요원 이성렬이 포함되어 있었다.

1962년 8월 21일자 「경향신문」

기간을 거쳐 석방되었다. 군 내부의 갈등을 봉합하는 과정에서 박정희와 김종필 중심의 권력구조를 강화하기 위한 방편으로서 반혁명이란 용어를 사용했던 것이다.

357) 쿠데타음모사건전모 발표, 「경향신문」, 1962.6.1

김두한 출세기

관심 있게 볼 것은 김두한의 증언이다. 1962년 8월 21일 민주당 계반혁명사건 14회 공판(재판장 이근양 준장)시 검찰관 측의 증인으로 나선 김두한은 "쿠데타 계획을 들었다."[358], "거사자금 요청받았다."[359] 등의 발언을 함으로써 피고로부터 강력한 항의를 받았다. 김두한의 진술이 끝난 다음 변호인 신청에 의해 피고 이성렬과의 대질신문을 시키려 했으나 김두한은 응하지 않았고, 재판부의 강권에 의해 대질신문을 했으나 이때는 묵비권을 행사했다고 한다.

김두한의 이러한 행태에 분노한 이성렬은 과거 백의사 시절 동료였던 김두한을 위증죄로 고발하겠다고 했다. 김두한이 자의로 위증을 했는지, 아니면 중앙정보부의 위협에 어쩔 수 없이 거짓말을 했는지, 그 진실은 알 수 없다. 다만 쿠데타로 권력을 찬탈한 군부세력에 협조한 것만은 틀림없는 사실로 보인다. 이 사건의 육군고등군법회의(재판장 박형훈 소장) 결과는 조중서(전 민주당 조직부장) 사형, 김용옥(전 서청훈련부 차장) 무기징역, 이성렬(전 백의사 사원) 무기징역, 인순창(전 서청 간부) 무기징역, 김인즉(예비역 대령) 무기징역 등이다.[360] 물론 이들 중 제대로 형을 살은 사람은 아무도 없다. 사형이 언도된 조중서나 무기형의 이성렬도 얼마 지나지 않아 모두들 풀려나왔다.

옛 동료에게 결정적으로 불리한 진술을 하고난 얼마 후, 김두한은 몇 가지 송사에 또 휘말린다. 이번에는 부정수표 남발혐의로 구속된

358) 쿠데타 계획 들었다, 「경향신문」, 1962.8.21
359) 거사자금 요청받았다, 「동아일보」, 1962.8.21
360) 공소를 기각, 「동아일보」, 1963.2.16

것이다.361) 정말 이해되지 않는 것은, 그렇게 수없이 구속되었어도 제대로 형을 살고 나온 적이 거의 없다는 점이다. 이번 역시 곧 보석으로 풀려나왔다.362) 하지만 횡령혐의로 또다시 수사의 대상이 되었다.363) 그러나 이 사건도 곧 흐지부지된다. 이 무렵부터 착수한 애국단 조직 구성 작업이 그를 보호해 준 것으로 짐작된다. 민정이양 시기에 애국단이 어떠한 역할을 했는가는 앞장에서 이미 언급했다. 문제는 대통령 선거 이후였다.

1963년 10월 15일 박정희가 제5대 대통령으로 당선된 이후 치러진 제6대 국회의원 선거에 김두한은 출마하지 않았다. 그 이유는 확실하지 않다. 다만 「동아일보」 기자가 김두한을 인터뷰했을 때 "출마해서 떨어지면 창피하니까 비례대표제로 나갈 생각"이라고 기염을 토하면서 "애국단과 함께 가칭 독립당이라는 정당도 따로 발족시킬 방침"이라고 털어놓은 것을 고려하면,364) 공화당이 자신을 비례대표 후보로 추천해 줄 것을 기대했었는지 모른다. 그러나 비례대표는 고사하고 김두한을 공천해 줄 정당마저 없었다. 구 민주당 계열(민중당, 민주당, 자유민주당, 국민의 당)과는 제4대, 5대 선거와 5·16쿠데타 이후의 행적으로 인해 원수지간이 되어 버렸고, 공화당도 트러블 메이커인 김두한에게 공천을 줄 리 없었다. 물론 그가 발족시키겠다고 한

361) 金斗漢氏를 구속, 부정수표 남발혐의로, 「조선일보」, 1962.11.21

362) 金斗漢氏 보석, 「조선일보」, 1963.1.17

363) 횡령혐의로 金斗漢氏 수사, 「조선일보」, 1963.1.24

364) 애국단의 정체는?, 「동아일보」, 1963.8.6.

독립당은 창당 시도조차 하지 못했다.

아마 이 무렵의 김두한은 정치권 전체를 향하여 분노를 품었을지 모른다. 자신은 이용만 당하고 있다는 자괴감이 들었을 것이다. 하지만 실의에 빠진 김두한에게 다시 기회가 주어졌다. 보궐선거가 열리게 된 것이다.

대통령선거와 총선에서 승리한 공화당은 제3공화국 시대를 열었다. 박정희 정권은 집권 초부터 여론을 무시한 정책을 쏟아내기 시작했다. '반공'이라는 이데올로기에 '경제'라는 명분을 덧칠하여 자유, 인권, 평등, 자존심 등을 주장하는 이들의 목소리를 원천적으로 차단하고자 했다. 가장 문제가 된 것은 월남파병과 한일협정 조인이다. 특히 한일기본조약 체결은 4월 혁명 못지않은 민중의 저항을 초래했다.

1965년 6월 22일 한일기본조약이 정식으로 조인되고, 8월 14일 여당 단독으로 열린 국회에서 한일기본조약이 비준되자, 그 후유증의 하나로 야당 의원 8명이 의원직을 사퇴하였다. 윤보선, 서민호, 김도연, 정일형, 정성태, 윤제술, 김재광, 정해영 등이 그들이다. 이들 중 비례대표인 윤보선, 김도연, 정해영을 제외한 나머지 다섯 명 지역구의 후임을 선출하는 보궐선거가 11월 9일 치러졌다. 선거구는 서울 중구(정일형), 서대문구 갑(김재광), 서대문구 을(윤제술), 용산구(서민호), 광주 갑(정성태) 등이었고, 공화당은 정책상 후보를 내지 않았으므로 야당들 간의 이전투구가 다섯 선거구에서 치열하게 전개되었다.

김두한을 비롯하여 하용선(추풍), 민정기(민중), 남송학(자유), 이

홍렬(보수), 김현국(정민), 최영철(신민) 등이 용산구에 출사표를 던졌다. 당초 대부분의 언론은 민중당의 민정기와 자유당의 남송학 2파전으로 예측했던 모양이다. 민중당이 거당적으로 이곳에 집중공세를 펴고 있으며, 오랜 지연과 이곳에서 자유당 조직으로 두 번 당선된 일이 있는 남씨의 재기도 만만치 않다고 본 것이다.[365] 그러나 결과는 김두한의 승리였다. 김두한은 차점자인 민정기를 270표 차이로 누르고 제6대 국회의원이 되었다. 김두한은 12,049표, 민정기는 11,779표, 남송학은 10,976표였다.[366]

투표자가 없어 선거관리들만이 투표함을 바라보고 있다고
보도한 1965년 11월 15일자 「경향신문」

365) 냉랭한 선거 종반전, 「경향신문」, 1965.11.5
366) 보선 개표스케치, 「경향신문」, 1965.11.9

김두한 출세기

27.6%(용산구 25.3%)라는 유래 없이 저조한 투표율367)은 정치에 대한 무관심을 넘어 극도의 혐오감을 드러내고 있음을 의미한다고 당시 언론들은 11·9보선의 결과를 진단한 바 있다.368) 무엇보다 선거의 결과에 대해 이의를 제기한 측이 아무도 없었다는 점이 이해하기 어려울 정도다. 당락 여부는 대리투표 유무에 있다는 지적이 있었고,369) 특히 용산구의 경우 겨우 270표 차이로 당선이 확정되었지만 누구도 문제 삼지 않았다. 한일협정비준을 둘러싸고 투쟁에 실패한 야당이 스스로의 약점을 극복하지 못하고 오히려 자체의 모순만 드러내며 이전투구하는 모습에 국민들이 염증을 느꼈기 때문으로 보인다. 집권여당이 빠진 채 야당만의 선거에서 누가 당선되더라도 별 의미가 없다고 생각했을지 모른다.

이 선거의 후일담이 있다. 2011년 10월 27일, '김두한이 부정투표로 당선되었다'라는 기사가 보도되었다. 출처는 선거 당시 김두한의 선거본부 선전부장이었다는 모세원이다. 모세원이 주장하는 요점은 아래와 같다.370)

• 기자시험을 준비 중이던 나에게 4·19 이후 전국대학생 공명선거투진위원회의 위원장이 된 박상원과 함께 일할 때에 만

---

367) 11·9 보선 당선자 확정, 「경향신문」, 1965.11.10
368) 정치허점, 불신의 저류, 「경향신문」, 1965.11.15
369) 당락은 대리투표 유무에, 「경향신문」, 1965.10.18
370) 부정투표로 당선되다, 「브레이크뉴스」, 2011.10.27

나 친밀하게 지내던 사이인 이영일이 찾아왔다.

- 조경한이 재 창당한 한국독립당의 사무총장 역할을 하던 이영일이 조 당수를 대리하여 김두한에게 공천장을 수여하고, 나에겐 용산구 국회의원 보궐선거 후보 김두한의 선거본부 선전부장으로 임명했다.
- 안기부, 경찰, 군 첩보대 등 정보기관들의 정보를 취합한 결과 김 후보는 남송학에게 3~4백표 차이로 차점으로 낙선한다는 것이었다.
- 나를 따르던 청년 10여 명을 시켜 투표통지표 7백여 장을 모았다.
- 대리투표수를 최종 집계한 결과 5백여 표였다. 정보기관들의 정보가 정확한 것이고, 대리투표수 보고가 거짓이 아니라면 김두한 후보가 2백여 표 차로 당선될 것이라고 나는 믿었다.
- 새벽 2시 넘어 개표가 끝나자 김 후보는 2위보다 2백 30여 표를 더 얻은 12,049표로 6대 국회의원에 당당하게 당선되었다.

모세원의 증언에는 남송학(南松鶴), 김원만(金元萬), 김봉재(金奉才) 등과 경쟁했다고 되어 있으나 김원만, 김봉재는 용산구 보궐선거에 출마하지 않았다. 이것은 제6대 총선 본 선거에 출마한 것을 착각한 것으로 보인다. 그 외 차점자는 남송학이 아니고 민정기였고, 표 차이도 270표였다. 하지만 이런 오류를 감안하더라도 모세원의 증언은

김두한 출세기

대단히 구체적이다. 선거가 끝난 지 50년 가까이 되고, 당사자인 김두한이 작고한 지 40년이 되는 시점에 그가 왜 이러한 발언을 했는지 이유는 알 수 없다. 대리투표 때문이건 부정선거로 당선되었건, 아무튼 김두한은 제6대 국회의원이 되었다.

불똥은 엉뚱한 곳에서 튀었다. 김두한이 국회에서 보선당선의원 선서를 한 그날(1965년 11월 17일)을 전후하여 같은 당 출신 박상원(朴商源)을 비롯하여 자신의 선거운동원 송원도(宋元道) 등이 정부비방 등의 혐의로 연행, 구속되는 사건이 터진 것이다.[371] 김두한도 불구속 입건 상태로 있다가 이듬해 1월 10일 국가보안법 위반 등의 혐의로 서울교도소에 수감되었다.[372] 도대체 무슨 일이 일어난 것일까? 빨갱이 때려잡기 최고의 선수로 자타가 공인하고 있는 김두한이 국가보안법으로 구속된 이 사건을 흔히들 "한독당내란음모사건"이라고 하고 있는 모양인데, 사건의 흐름을 추적해 보기로 하자.

① 1964년 5월 27일(경향신문)
말썽 난 구국선언문 박상원 등 기초자 2명, 당국에 연행(28일 석방)
② 1965년 7월 9일(경향신문)
남산에 항일독립군 군상, 김좌진 장군을 핵심 모델로

---

371) 박상원씨 등 연행, 정부비방혐의로, 「동아일보」, 1965.11.16. 낙선된 한독당 입후보자 박씨 등 5명 구속, 「경향신문」, 1965.11.18
372) 김두한 의원 구속, 「동아일보」, 1966.1.10

③ 10월 12일(경향신문)

한독당 3명 공천, 김두한(서울 용산) 박상원(서울 중구) 김상순(서울 서대문갑)

④ 11월 13일(동아일보)

박순천 씨 피소, 선거법 위반 혐의로 박상원 씨가 고소함

⑤ 11월 16일(동아일보)

박상원 씨 등 연행, 정부비방 혐의로

⑥ 11월 18일(동아일보)

한독당을 수사, 박상원씨 반공법위반 등 혐의로 구속

⑦ 11월 19일(동아일보)

예비역 중령 등 5명 또 구속

⑧ 11월 20일(경향신문)

한독당원 내란음모 사건 "5단계폭력혁명 모의", 김두한도 관련 혐의, 서민호 씨 등 30여 명 입건

⑨ 11월 22일(경향신문)

자금출처 조사, 폭발물 아직 찾지 못해, 김두한, 박상원과 김중태가 모의하여 제조한 사제폭탄 자금지원 혐의

⑩ 11월 26일(경향신문)

구속만기일이 되었으나 공소유지에 필요한 폭발물 등 직접 증거물을 찾지 못함

김두한 소환, 자금제공 여부를 추궁함

북한산성에서 실험했다고 전해진 폭발물 종류는 '몰로토프 칵테일'이라는 것임

김중태가 서울대 문리대 화공과 고 모로 부터 배워 실험결과가
성공적이었다고 박상원에게 이야기했다고 함

5단계 폭력혁명이란 폭력혁명, 이념혁명, 정책혁명, 행정혁
명, 문화생활혁명 등을 말하는 것으로, 이승만 암살 미수범 김
재호(62)의 지론이라고 함

⑪ 11월 27일(경향신문)

포섭대상으로 종교계, 교수 등 만여 명 동원 모의

⑫ 11월 29일(경향신문)

모의녹음 테이프 압수

⑬ 11월 29일(동아일보)

혐의사실 부인, 한독당 사건 11명을 심문

⑭ 1965년 12월 3일(경향신문)

구속적부심 기각, 한독당 박상원 씨

⑮ 12월 14일(동아일보)

9명 구속 기소, 한독당 사건

⑯ 1966년 1월 10일(경향신문)

김두한 의원 구속, 48번째의 교도소행

⑰ 1월 13일(경향신문)

김의원 석방결의안 진형하(陳馨夏) 의원 등 제출

⑱ 1월 29일(경향신문)

김두한 의원 석방 결의, 백 16표 중 가 백 6표, 공화당의원도
거의 찬표

⑲ 1월 31일(동아일보)

김두한 의원 출감

⑳ 3월 11일(경향신문)

한독당 사건 첫 공판

㉑ 4월 28일(경향신문)

한독당 사건에 구형 : 박상원(28세, 한독당 서울 중구 낙선, 무기)·
박후양(49세, 한독당 선거위 부위원장, 10년)·김재호(62세, 3년)·
송원도(49세, 김두한 선거참모, 10년)·김덕규(25세, 박상원 선거참
모, 7년)·김상진(60세, 김두한 선거 경리, 3년)·박치덕(51세, 김두
한 선거 사무장, 3년)·이영일(28세, 서울문리대 졸업, 7년)·김유진
(24세, 계몽사 직원, 7년)·김두한(51세, 국회의원, 5년)

㉒ 9월 17일(경향신문)

전원에 무죄, 한독당 사건 선고

㉓ 12월 27일(경향신문)

무죄 확정 한독당 10피고

㉔ 1967년 10월 6일(경향신문)

한독당 사건 무죄 판결 6명에게 보상금 지급 판결 : 박상원(4만
6백 원)·박후양(4만 6백 원)·김유진(1만 6천 9백 원)·김상진(1만
4천 7백 원)·김덕규(1만 7천 5백 원)·김재호(1만 7천 5백 원)

　재판 결과를 보면 너무나 허망한 사건이었다. 1965년 11월 16일 정
부비방 혐의로 박상원이 연행되면서 시작된 '한독당 사건'은 1966년
9월 17일 피고인 전원에게 무죄가 선고됨으로써 종결되었다. 1심 선
고 형량은 무기형부터 적게는 3년형이었으나 단 한 명도 범죄가 입증

된 사람이 없었다. 최소한의 증거물조차 확보하지 않고 무리하게 기소한 이 사건은 시작부터 여론의 거센 반발을 받았다. 더욱이 현역 국회의원을 구속함으로써 여당인 공화당의 지지조차 확보하지 못한 사건이었다.

알 수 없는 것은 신생 박정희 정부가 왜 이렇게 무리한 사건조작을 했는가 하는 의문이다. 그리고 더욱 큰 의문은 현역 의원이자 공화당 정부에 하등 위협이 되지 않는 김두한을 이 사건에 엮었다는 점이다.

먼저 알아볼 것은 이 사건의 명칭문제다. 지금은 이 사건을 '한독당 내란음모 사건'으로 부르고 있지만 사건 당시 대부분의 언론들은 '한독당 사건'으로 보도했다. 사건의 명칭만 고려하면, 한독당이 정부 전복을 기도한 사건이 된다. 그러나 이 사건으로 인해 당 수뇌부나 한독당 자체에 대한 수사나 기소가 없었다는 점이 고개를 갸우뚱거리게 만든다. 그 무렵 한독당의 상황을 살펴보자.

1930년 1월 25일 조소앙, 홍진 등이 중심이 되어 중국에서 창립된 한국독립당(韓國獨立黨)은 한국민주당과 함께 해방공간에서의 양대 보수정당이었다. 그러나 권력의 축이 이승만으로 옮겨 가고 특히 김구가 피살되고 난 후 사멸의 길로 들어서고 말았다. 조완구가 한독당의 당위원장으로 추대되었지만, 정당으로서의 역할은 이미 끝난 상태였다.

거의 소멸되었던 한독당이 재기를 모색한 것은 1960년 4월 혁명 후다. 조경한, 김학규, 나재하 등 3인은 한국독립당수습대책 중앙본부

대표를 자임하고373) 1960년 7월 29일 치러진 제5대 총선에 참여했으나 단 한 명의 의원도 배출하지 못했다. 유명무실해진 한독당을 김홍일이 다시 살려보고자 노력해보았으나 결과는 참담했다. 1963년 2월 12일, 김홍일은 구 한독당을 조직의 모체로 가칭 통일독립당 창당을 준비하고.374) 10월 30일, 정당 등록을 하여 제6대 총선에 임하였다.375) 그러나 당의 중진이었던 조경한이 공화당으로 소속을 옮겨 출마하는 등 조직이 무력화된 가운데376) 제5대 총선과 마찬가지로 당선자는 전무(全無)했다. 공천주식회사로 언론의 비아냥거림을 받던 것이 바로 한독당의 현실이었고 그나마 명망가였던 김홍일, 조경한마저 당을 떠나 조각산(趙覺山, 1893-1974) 등이 이름만 지키고 있던 것이 그 무렵 한독당의 실정이었다.

한독당은 보궐선거 예정 5개 지역구 중 서대문구갑(김상순), 용산구(김두한), 중구(박상원) 등 3개 지역구에 공천을 하여 김두한이 당선되었다.377) 한독당도 이제 원내 의원을 가진 정당이 된 것이다. 김두한이 어떤 인연, 어떠한 과정을 거쳐 한독당에 입당했는가는 알 수 없다. 다만 짐작할 수 있는 것은 박상원과의 관계다.

언론에 보도된 박상원의 이력을 살펴보면, 1960년 5월 '전국대학생민주수호 공명선거추진위원회'의 핵심으로서 활동했고, 스위스의

373) 한독당의 선거공약, 「경향신문」, 1960.6.24

374) 김홍일 씨 창당준비, 「경향신문」, 1963.2.12

375) 대한민국 연표, 1963-10-30

376) 趙擎韓씨 공화당에 입당, 「조선일보」, 1963.8.20

377) 한독당 3명 입후보, 「동아일보」, 1965.10.12

김두한 출세기

'크로으스타(클로스터, Kloster)'에서 1960년 8월 21일에서 30일까지 열흘간 개최된 제9차 국제학생대회에 한국대표로 참가하여 4월 혁명의 의의와 실정을 역설한 바 있다.378) 박상원은 5·16쿠데타에 대해선 긍정적으로 보았던 것 같다. 쿠데타를 주도한 군부세력은 그들의 정치권 진입을 위한 발판으로 '정치활동정화법'을 만들고,379) '정치정화위원회'를 구성하여 정치활동적격자를 선별 심판하는 만행을 저질렀다.380) 박상원은 첫 번째로 적격심판을 청구함으로써 언론의 관심을 끈 바 있다.381) 그 후 1964년 5월 25일 학생궐기대회 등에 관여했으나382) 한일회담 반대 운동에 주도적으로 참여한 것 같지는 않고 오히려 정치권 진입을 위해 노력했던 것으로 보인다. 남산에 항일독립군 군상건립을 추진한 것이 한 예다.383) 바로 이 무렵 박상원과 김두한이 인연을 맺은 것으로 보인다.

두 사람이 1965년 11월 9일에 치러진 보궐선거에 한독당 후보로 출마한 것은 앞에서 이미 거론했다. 정작 문제가 불거진 것은 선거 후다. 서울 중구에서 민중당의 신인우 후보와 접전 끝에 낙선한 박상원은 민중당 대표최고위원 박순천을 선거법 위반으로 고소했으나,384)

---

378) 제9차 국제학생대회 보고,「경향신문」, 1960.9.29

379) 정치활동정화법 공포,「경향신문」, 1962.3.16

380) 정치정화위 오늘 활동을 개시,「경향신문」, 1962.3.19

381) 바른 역사 창조를 기대,「경향신문」, 1962.4.2

382) 5·25학생데모 연행자 3명을 석방,「동아일보」, 1964.5.28

383) 남산에 항일독립군 군상, 김좌진 장군을 핵심 모델로,「경향신문」, 1965.7.9

384) 박순천 씨 피소, 선거법 위반했다고,「동아일보」, 1965.11.13

오히려 본인이 구속되었다. 죄목은 정부비방 혐의와 반공법 위반 등이었다.[385] 소위 한독당 사건의 시작이었다. 앞글에서 이미 거론했지만 김두한, 박상원 등을 비롯하여 이 사건에 연루된 사람들은 모두 무죄 판결을 받았다. 그러면 이 사건이 발생한 원인과 이유는 무엇일까?

모세원은 두 가지 사항을 지적했다. "첫째는 그 당시 박정희 정권 반대 학생데모의 대부라는 딱지가 붙었던 김중태와 박상원 등을 연결시킴으로써 학생데모를 철저히 탄압하려는 공화당 정권의 분명한 의지를 내외에 천명한 것이었다. 두 번째는 김두한 의원과 김종필 당의장의 관계를 차단하려는 김종필 반대세력이나 견제세력에 의한 책략이라는 소문이 있었다."[386] 모세원의 분석에 수긍이 간다.

사건에 연루된 박상원, 이영일 등이 당시 학생운동의 주도적 인물이었지만 한독당 사건 후엔 학생운동권과 일정 거리를 둔 것이 그 방증이다. 그렇다면 '한독당 사건' 혹은 '한독당 내란음모사건'으로 불리는 이 사건은 다른 명칭으로 수정되어야 할 것이다. 궁금한 것은 김종필과의 관계다. 이 문제는 다음 장에서 다시 거론하기로 한다.

---

385) 낙선된 한독당 입후보자 박씨 등 5명 구속, 「경향신문」, 1965.11.18
386) 한독당내란음모사건, 김두한의원 구속막후, 「브레이크뉴스」, 2011.10.31

1918 1972

'국회 오물 투척 사건'
다시 짚어 보기

김두한이 뿌린 오물로 아수라장이 된 국회의사당의 발언대
(1966년 9월 22일자 「경향신문」)

김두한의 일생에서 가장 드라마틱한 이벤트는 아무래도 '국회 오물 투척 사건'일 것이다. 1966년 9월 22일, 삼성 재벌의 밀수사건에 대한 대정부 질의 도중, 김두한 의원이 국무위원석에 앉아 있던 정일권 국무총리, 장기영 부총리 등 수 명의 각료들을 향해 인분을 투척하는 사건이 발생했다. 몇 년 전 드라마를 통해 이 사건이 묘사됐을 때 상당수 시청자는 '통쾌하다'는 반응을 보였고 지금도 동영상(YouTube) 등을 통해 확대 재생산되고 있는 중이다. 오물 투척 사건은 정치권이나 언론 그리고 대중들의 그 당시 반응과는 무관하게, 난세를 거칠게 통과한 '야인(野人)' 김두한의 이미지로 각색이 되어 이제는 전설이 되어 버렸다.

　　이 사건을 본격적으로 검토하기 전에 오류 사항 하나를 먼저 지적하는 것이 순서일 듯하다. 상기 인용한 드라마를 보면 이만섭(공화당)이 가장 먼저 발언하고 뒤를 이어 김대중(민중당) 그리고 마지막으로 김두한이 발언한 것으로 되어 있다. 드라마뿐 아니다. 김두한의 회고록 『피로 물든 건국 전야』를 재발간한 『김두한 자서전』에서도 발언 순서를 이만섭, 김대중, 김두한으로 기록했다.387) 그뿐 아니라 강준만의 『한국 현대사 산책』에도 대정부 질문 첫 발언자로 민주공화당 이만섭이 나섰다고 소개하고 있다.388)

　　그러나 1966년 9월 22일 국회 본회의에서 처음 발언한 사람은 권오석(權五錫, 1923-2002) 공화당의원이다. 이런 오류가 생긴 가장 큰

---

387) 김두한, 『김두한 자서전 2』, 메트로신문사, 2003, p.213
388) 강준만, 『한국 현대사 산책 3』, 인물과 사상사, 2004, p.84

김두한 출세기

책임은 이만섭이다. 그는 한국일보에 연재한 《나의 이력서》에서 다음과 같이 말했다.

나는 이날 대정부 질문의 첫 발언자로 연단에 올랐다. 물 한 모금을 천천히 들이킨 뒤 말을 꺼냈다. "여러분이 아시다시피 이병철(李秉喆) 씨가 천인공노하게도 사카린을 밀수해 온 국민을 격분시켰습니다. 그러나 국회는 서울시의 육교가 어떠니 저떠니 하면서 시간을 허비했습니다. 이런 중차대한 때에 여야 총무단은 무얼 하고 있습니까. 나는 이것이 불만입니다." 내 발언이 심상치 않은 조짐을 보이자 당 지도부는 난감해하는 모습이 역력했다. 야당의 공세에 여당 의원이 불을 지핀 셈이니 좌불안석일 수밖에.

나는 카랑카랑한 목소리로 발언을 이어 갔다. "이병철 씨를 왜 구속하지 않습니까. 법정 최고형을 적용해야 합니다. 부산세관장은 왜 잡아넣지 않습니까. 그 사람은 직무유기를 하지 않았습니까. 지금 정부에서 수사하는 것을 보면 송사리만 잡는다는 인상을 주고 있습니다." 의사당 안은 갑자기 찬물을 끼얹은 듯 조용해졌다. 야당 의원들은 발언이 끝나자 큰 박수로 나를 격려했다. 여당 의원들도 대다수 공감한다는 표정들이었다. 내 뒤를 이어 민중당의 김대중(金大中) 의원도 이병철 씨의 즉각 구속을 주장하며 나를 거들었다. 의사당 분위기는 바야흐로 폭풍 전야의 고요함 속으로 빠져들기 시작했다. 그리고 마침내 그 다음으로 연단에 올라간 한국독립당 김두한 의원의

발언 때 국회 사상 전무후무한 일이 벌어졌다. 그 유명한 의사 당 인분 투척 사건이다.[389]

　그는 2010년 6월 22일 평화방송 라디오 《열린 세상, 오늘 이석우입니다》에 출연해서도 "옛날 6대 국회에서 사카린 밀수사건이 있었다. 나도 발언하고 김대중 의원이 발언하고 세 번째 김두한 의원이 똥물을 뿌리지 않았느냐. 이 오물 사건과 총리가 무슨 상관이 있나. 그때 정일권 총리가 사표를 냈다. 모든 정치적 책임은 총리가 져야 한다."[390]라고 수년 전과 마찬가지로 왜곡했다. 정확하게 말하자면 1966년 9월 22일 당일 이만섭이 삼성밀수에 관하여 발언을 한 것은 맞다. 다만 '특정재벌밀수사건에 관한 대정부질문'의 첫 발언자가 아니고 '정당법 선거관리위원회법 대통령선거법 국회의원선거법중개정법률안심사 특별위원회 구성에 관한 결의안' 질문 중 의사진행 발언이었다. 발언 내용은 「한국일보」에 실린 기사와 대동소이하다. 첫 번째 발언자인 권오석 의원을 언급하지 않고 왜 자신이 첫 발언자라고 했는지 이유는 모르겠다. 착각을 했는지 무언가의 목적을 위해 거짓말을 했는지는 알 수 없다. 이제 사건 당시로 돌아갈 차례다.

389) 이만섭, 나의 이력서: 사카린 밀수사건上, 「한국일보」, 2002.7.29
390) 이만섭 "국회 난장판, 역사기록에 남기려고?", 「데일리안」, 2010.6.23

　　　　　　　　　　　　　　　　　　김두한 출세기

삼성이 사카린을 밀수했다는
1966년 9월 15일자 「동아일보」

5대 사회악을 뿌리 뽑겠다는 박정희의 연두교서

1966년 9월 15일, 온 국민을 경악케 하는 기사가 보도되었다. 경향
신문은 "또 재벌밀수"라는 제목으로 3면에 그리고 「동아일보」는 7면
에 "삼성재벌서 밀수"라고 삼성의 밀수사건을 세상에 폭로하였다.
한국 최고의 재벌이 밀수를 했다는 충격과 아울러 이 사건은 "부정
공무원은 가차 없이 처벌하며 특히 밀수, 탈세, 도벌, 마약, 폭력범
등은 5대 사회악으로 규정, 기어코 뿌리 뽑겠다"[391]는 같은 해 1월
18일 국회 본회의에서 발표한 박정희의 연두교서 내용과 오버랩 되
어 시민대중들의 분노를 증폭시켰다.

한편, 5·16쿠데타 이후 소위 '혁명재판'으로 형장의 이슬로 사라
진 8명의 사형수들 중 밀수왕 한필국이 포함되었음을 기억하는 이들

391) 안정기조위에 경제성장, 「경향신문」, 1966.1.18

도 있었을 것이다. 박정희 군부정권은 부정선거 관련 혐의로 최인규(崔仁圭, 3.15 선거당시 내무부장관) 경무대 앞 시위대에 대한 발포사건 관련자 곽영주(郭永周, 당시 경무대 경무관) 등 관료 2명과 좌익사범으로 조용수(趙鏞壽, 당시 민족일보사장), 최백근(崔百根, 사회당간부) 그리고 정치깡패 및 폭력범으로 이정재(李丁載), 임화수(林和秀) 등을 처형하였다. 그 외 잘 알려지지 않은 2명의 인물도 교수형에 처해졌는데, 서울 동양극장 앞에서 부정선거를 규탄하는 시위학생을 때려 숨지게 한 폭력배 신정식(申廷湜)과 당시 혁명정부가 사회기강 확립 차원에서 엄벌한 밀수범 한필국(韓弼國)이 당사자다.392) 밀수혐의로 사형당한 최초의 사례가 발생한 셈이다.393) 그러면 한필국과 삼성 이병철의 밀수행위를 비교해 보면 어느 쪽이 좀 더 악질적이며 무거운 범죄를 저질렀을까? 처벌의 결과는 극과 극이었다. 이병철의 경우 기소는커녕 재판정에 증인으로도 나타나지 않은 반면 한필국은 37세의 나이로 생을 마감했다. 아래는 한필국의 상고 이유서 중 일부다.

> …피고인보다도 훨씬 더 규모가 크고 악질적인 밀수자가 얼마든지 있는 것이다.394)
> …밀수자는 그 하수인이라 볼 수도 있겠거늘 이제 그중의 작은 하수인 하나를 잡아 놓고 대통령 이하 전 국민이 져야 할 책

---

392) 〈화제〉 '5.16재판'사형수 8인 마지막 모습 공개, 「연합뉴스」, 1995.9.18
393) 밀수범에 사형제1호, 「동아일보」, 1962.4.25
394) 한필국 상고 이유서, 『한국혁명재판사 제4집』, 한국혁명재판사편찬위원회, 1962, p.824

김두한 출세기

임을 이 한 사람에게만 사형으로 묻는 것은 가혹한 일이 아
닌가?**395)**

물론 한필국의 범죄 행위에 면죄부를 주자는 것이 아니다. 밀수사
범에 극형을 서슴지 않았던 군사정권이 어쩌면 보다 악질적이었던
범죄에는 그렇게 관대했는가 하는 의문 때문이다. 물론 정답은 대부
분 알고 있을 것이라 믿는다. 사실 한비 밀수사건은 재벌의 밀수행위
못지않게 중요한 범죄는 재벌과 정치권의 야합으로 이루어진 정치자
금 문제다. 삼성과 박정희 정권 사이의 거래는 당시 중앙정보부장이
었던 김형욱과 이병철의 장남 이맹희의 증언으로 밝혀지는데, 아래
에 소개한다.

> "저도 사실은 박대통령 각하에게 정치자금을 5억 원이나 바쳤
> 는데 이럴 수 있습니까? 억울합니다." "5억 원을?… 그건 억울
> 하면 대통령 각하에게 가서 따지시오"**396)**

> 처음부터 우리가 밀수를 생각했던 것은 아니었다. 문제의 발
> 단은 리베이트 1백만 달러의 반입이 쉽지 않았다는 점이었
> 다.… 처음, 아이디어를 낸 사람은 박대통령이었다. 즉, "그

---

395) 한필국 상고 이유서, 『한국혁명재판사 제4집』, 한국혁명재판사편찬위원회, 1962,
p.831
396) 김형욱 박사월, 『김형욱 회고록 제2부』, 아침, 1985, p.178

렇게 돈을 가져오는 것이 힘들면 물건을 사 와서 여기서 처분을
하면 될 것이 아니냐?"는 이야기였다. 덧붙여 박대통령은 돈을
만든 다음 1/3은 정치자금으로, 1/3은 부족한 공장 건설 대금
으로, 1/3은 한비의 운영자금으로 하자는 안까지 내어놓았다.
쉽게 말해서 그 돈을 단순하게 운반할 게 아니라 그 돈을 다시
한 번 부풀려서 이용하자는 것이 박대통령의 아이디어였다.[397]

　일국의 대통령이 최고의 재벌에게 밀수를 권유했고 수억 원대의
정치헌금을 받았다는 증언이다. 국정감사 정도가 아니라 대통령의
탄핵 사유로까지 비화될 사안이다. 하지만 김형욱의 증언은 사건 후
20년이 지난 시점이고 이맹희는 30년 가까이 흐른 후에야 고백을 하
였다. 아무튼 이 사건은 「동아일보」와 「경향신문」의 보도 이후 상당
기간 언론을 뜨겁게 달구었다. 흥미로운 것은 「중앙일보」와 「조선일
보」, 「동아일보」, 「경향신문」 등 각 신문사 간의 보도 경향이다.

밀수사건이 직원 개인의 비리라는 한국비료 측의 해명을 담은 「중앙일보」(1966년 9월 16일)와
삼성재벌 계열 한국비료가 사카린을 밀수했다고 보도한 「경향신문」(1966년 9월 15일)

397) 이맹희, 「묻어둔 이야기」, 청산, 1993, pp.137-138

　　　　　　　　　　　　　　　　　　　　　　　　김두한 출세기

대다수의 언론은 "외자도입법에도 맹점", "한국비료 전용 하역장 통해", "밀수사건 추궁 재경위서도", "그 많은 돈을 이상무가" "의사당 주변 다방가에서도 사카린 설탕 친 커피 사절 붐", "재벌밀수는 빙산의 일각", "의혹 짙은 정부측 해명", "삼성측 해명은 거짓", "이병철 씨 귀국 사카린 밀수 모르는 일이라고" 등의 제목을 뽑아내며 삼성과 정부를 맹렬히 규탄하였다.

반면 삼성은 중앙일보와 동양방송, 동양라디오 등 계열 언론사를 총 동원하여 자신들의 밀수 행위를 변호 비호하기에 사운을 걸다시피 했다. 이 무렵 중앙매스컴의 행위에 대하여 김형욱은 다음과 같이 말했다.

> 그의 휘하에 있는 언론기관인 중앙매스컴 산하의 신문, 방송 및 텔레비전을 동원하여 정부가 자유기업을 간섭한다고 꽤 거센 반발을 보여 왔다. 이병철 밑에서 돈을 받아먹고 있는 명색 지식인이란 사람들이 텔레비전에 나와 사카린 밀수를 옹호하고 있는 것이란 실로 목불인견이었다. 그들은 "어느 나라 재벌치고 이런 정도의 부정이 없는 데가 있겠는가." 또는 "2천만 원의 밀수란 2백억 원의 재벌에겐 재산의 천분의 일에 불과한 것이다."라고 강변하면서 "이 정도를 가지고 재벌을 욕하는 것은 자본주의를 욕하는 것이고 그것은 곧 국시인 민주주의에 대한 반역"이라고 들고 나왔다. **398)**

398) 김형욱 박사월, 『김형욱 회고록 제2부』, 아침, 1985, p.176

사건이 이처럼 일파만파 퍼져 나가자 국민의 선량이라는 국회도 가만히 있을 수 없게 된 모양이다. 1966년 9월 19일 국회는 공화당과 민중당의 공동제안(민병권, 이상돈 외 44명)으로 관계 국무위원을 출석시켜 재벌밀수관계(三星 및 板本)에 대하여 21일부터 대정부질문을 하기로 합의했다는 소식이 전해졌다.399) 국회에서 발생한 소동을 언급하기 전에 먼저 짚고 넘어가야 할 사안이 있다.

이 밀수사건은 지난 5월에 발생하여 이미 법률처리가 끝난 사안이라는 주장, 즉 일사부재리의 원칙에 위배된다는 주장에 대해서다. 맞다. 한비 밀수사건은 표면화된 9월보다 훨씬 전인 5월에 발생한 사건이었다. 당시 재무부는 "주모자는 이창식(도피 중) 씨이며 한국비료상무 이일섭(현재 퇴직) 씨가 협조해서 사카린을 공장건설자재로 가장, 지난 5월 5일 일본 환(丸)으로 울산에 입하… 부산 세관은 시가 3천만 원의 사카린 원료를 단돈 5백만 원으로 감정하고 약 4배인 2천 2백 3십만 원의 벌과금을 매겼는데 벌과금은 즉각 납부했다."라고 발표했다.400) 재무부의 발표는 주모자가 이일섭과 이창식이라는 것만 빼고 나머지는 옳다. 다만 이해할 수 없는 것은 5월에 종료된 사건이 어떻게, 어떤 과정을 거쳐 4개월 후인 9월에 대대적으로 공개되었는가 하는 의문이다. 당시 사건 주범 중의 한 명이었던 이맹희의 도움을 받아 사건의 실체를 규명해 보자.

---

399) 21일에 대정부 질의, 「경향신문」, 1966.9.19
400) 재무부 발표, 하수인은 한비, 「동아일보」, 1966.9.16

김두한 출세기

이 사건이 최초로 외부에 알려진 것은 그 훨씬 이전인 그해 5월이었다. 4개월 전에 이 사건이 알려졌을 때는 정치권에서 이 사건을 유야무야 해버렸다. 나중에 밝히겠지만, 정부 내에서 밀수를 같이 진행했던 세력이 곧 이 사건을 덮어 버린 것이다. 그런 상태에서 9월에 다시 이 사건이 터져 나왔다. 사건이 다시 알려졌을 때도 초기엔 정부도 적극적으로 삼성을 감싸 주려고 했다. …(중략)…

그러면 정부에서도 묵인하기로 했던 밀수가 이미 5월에 한 차례 문제가 된 이후 9월에 다시 문제가 된 이유는 무엇일까? 핵심은 역시 정치자금에 있었다. …(중략)…

다른 사람들은 아무런 말이 없는데 당시 공화당의 실력자이면서도 대통령이나 이후락, 고 김형욱 씨와는 사이가 벌어져 있던 김모씨가 삼성에 손을 벌린 것이다. 즉, 대통령 라인과는 별도로 정치자금을 요구하고 나온 것이다. …(중략)…

김씨측의 요구가 있은 후, 박대통령에게 그 상황을 전했더니 박대통령은 웃으면서 '형편되는 대로 한 5천만 원 정도 주라'고 해서 내가 5천만 원을 전한 적도 있었다. 그러나 김씨측에서는 그걸로는 만족할 수가 없었던 모양이다. …(중략)…

나쁜 관계는 계속 겹치고 있었다. 우리가 OTSA를 공급한 회사인 금북화학은 공교롭게도 김씨의 형과 관련이 있었다. …(중략)…

그동안 일정량을 가져다 쓰던 금북화학이 어느 날 갑자기 OTSA를 가져가지 않자 이상하다 싶어 김씨의 형이 조사를 해보니 금북화학에서 자신들의 물건 대신 삼성에서 공급하는 OTSA를 더 싼 가격에 사서 쓰고 있었던 것이다.…(중략)…

저간의 사정을 다 알고 호시탐탐 기회를 노리던 김씨측에서 비밀리에 사람을 보내 추적하다 OTSA를 실은 삼성의 트럭을 잡은 곳은 부산 진입로의 검문소에서였다. 밀수품을 실은 트럭을 잡은 사람은 부산 세관 감시과의 직원으로 발표되었지만 김씨의 정보망과 김씨의 형이 이면에 개입되어 있었음은 물론이다.…(중략)…

삼성은 당시 성상영 사장의 책임 아래 벌금 2천 4백만여 원을 납부한 후, 완전히 그 사건으로부터 벗어났다고 믿고 있었다.…(중략)…

약 4개월간은 그대로 끝이 나는 걸로 생각했다. 그러나 9월 중순 다시 문제가 불붙기 시작했다. 역시 다시 불을 지른 것은 김씨측이었다. 김씨측에서는 5월의 사건을 통해서 자신들이 원했던 대로 일을 진행시키지 못하자 그 후 오랫동안 절치부심, 물밑에서 칼날을 세우고 있었던 것이다. 나는 지금도 그렇게 다시 매스컴에 한비 사건이 터져 나온 것은 바로 김씨가 자신의 정치적 입지를 강화하기 위해 일으킨 일이라고 믿고 있다. 이 글에서 나중에 밝히겠지만 삼성의 중앙일보를 둘러싼 여타 매스컴의 경계심과 김씨측의 정치적 입지 강화 욕심 등 정계와 언론계의 요구가 맞아떨어지면서 이 사건은 시작되었다.

실제 나는 5월의 사건 이후 그와 관련된 여러 가지 징후를 볼 수 있었다. 우선, 일본에서 발행된 '다카라(寶)'라는 잡지에 김씨의 형이 실은 기사가 바로 그것이다. 일차 한국에서 삼성의 밀수 사건을 터뜨린 후에 별 반응이 없자 김씨측은 일본의 매스컴에 그 사건을 널리 알리려 노력했던 것 같다. …(중략)…

이 이면에는 일본의 극우세력의 보스인 고다마 요시오와 당시 한국 정부와 친분이 있었던 재일교포 정모씨도 개입되어 있었던 것으로 알고 있다. …(중략)…

이렇듯 불은 완전히 꺼진 상태가 아니었다. 겉으로는 꺼진 것 같았지만 내연하고 있던 불씨가 그해 9월에 다시 불을 당기게 된다. 삼성으로서는 무슨 수를 쓰든지 피하고 싶었지만 다시 문제가 드러났을 때는 그게 불가능했다. …(중략)…

당시 밀수 사건에 대한 아버지의 발언들을 잘 살펴보면 뭔가 정치권에 대해서 할 이야기가 있지만 결코 말할 수 없다는 냄새가 풍긴다. 자서전에는 정치권이 강온 양파가 연결된 사건이라는 비교적 구체적인 묘사도 있다. 이 말은 이미 밝혔듯 사실이다. 박정희 대통령과 이후락, 김형욱, 장기영씨 등이 한쪽을 형성하고 있고 한비 사건을 다시 들추어낸 김모씨가 다른 한 편이었다. 이 두 계파는 '64년 무렵 한 차례 큰 마찰을 빚었다가 '66년 한비 사건을 중심으로 다시 대결을 한 셈이었다. 그리고 삼성은 그 와중에 한쪽 편과 한비 밀수를 촉매로 손을 잡고 있다가 예기치 않은 함정에 빠진 것이다.

박대통령은 그리 쉽게 결단을 내리지 못했다. 자신도 알고 있는 상태에서 같이 시작한 일이니 당연히 덮어두고 지나가야 할 일이었지만 외부 사정이 그렇지 않았다. 각 신문들과 정치권의 한쪽 귀퉁이에서 삼성의 밀수를 두고 거세게 밀어붙이는 상황이니 그로서도 밀수 문제를 마냥 덮어 둘 수는 없었다. 선택의 여지는 없었던 셈이다. 그리고 박대통령은 결국 삼성을 등지기로 결심했다.[401]

요약하자면, 대통령이 그 나라의 최고 재벌과 야합을 하여 밀수를 권유하고 정치자금을 조성하고자 했고, 집권당 당의장은 정치자금을 요구하다가 뜻대로 되지 않자 밀수정보를 세관에 흘렸고 그 후로도 만족할 만한 결과가 나오지 않자 극우세력 및 야쿠자들과 공모하여 일본의 언론을 통해 삼성의 밀수사건을 먼저 터뜨리고 결국은 한국의 언론에서도 크게 다루게 만들었다는 내용이다.

놀라운 내용이다. 이맹희의 증언은 몇 가지 변명에도 불구하고 구체적이며 상당히 신뢰할만하다고 판단된다. "박정희에게 이용만 당하고 배신당했다."라는 것이 이맹희의 결론으로 짐작된다. 김형욱 역시 "이병철로서는 박정희에게 배신감을 느끼고 있었을 것이다."라고 했다.[402] 그러나 그 후 박정권과의 관계를 보면 삼성이 그렇게 분노감을 표출할 사안은 아니다. 왜냐하면 한비사건 3년 후인 1969년 박정희는 보다 큰 선물을 주었기 때문이다. 오늘의 삼성이 있게 만든 전자산업 진출 허용이 그것이다. 한비사건으로 물러났던 이병철이 경영일선에 돌아왔던 것은 당연한 결과였다. 일단 이 정도의 숨겨진

401) 이맹희, 『묻어둔 이야기』, 청산, 1993, pp.147-160
402) 김형욱 박사월, 『김형욱 회고록 제2부』, 아침, 1985, p.178

김두한 출세기

정보를 숙지하고 1966년 9월의 국회 본회의장으로 무대를 옮기도록
한다.

1966년 9월 21일 오전 10시, 6대국회제58회13차 본회의가 열렸다.
안건은 '특정재벌 밀수에 관한 질문'이다. 사회는 이상철 부의장이 맡
았고 공화당의 민병권 의원과 민중당 이상돈 의원이 제안 설명을 하
였다. 정부측 국무위원은 경제기획원 장관 장기영, 재무부 장관 김정
렴, 법무부 장관 민복기, 상공부 장관 박충훈 등이 출석하였다.[403]

1966년 9월 21일자 「동아일보」 제1면

---

403) 《6대국회제58회13차 본회의 속기록》

그리 특출난 내용은 없었다. 이미 보도된 기사, 시중에 널리 알려진 소문 등의 재판이었다. 두 의원의 발언 중 눈에 띄는 부분을 아래에 소개한다.

다방에서 양담배 하나 잘못 피우다 2천 원, 3천 원 벌금 내는 것 잘 아시지요? 보따리 장사가 외래품을 취급했다고 해서 순경한테 붙들려갈 적에 살려 달라고 미친 개 끌려가듯 하면서 길에서 손발이 닳도록 빌면서 하는 그 참혹한 광경의 사람은 잡아가고 어째서 이와 같이 대재벌이 밀수 행위한 것은 떳떳이 대로를 활보하게 하느냐. (민병권)

5월 16일에 청년장교들이 총칼을 가지고 제일 먼저 한 것이 밀수품을 방지한다고 다방에서는 커피를 먹지 못하게 하고 조그만 배로 가져온 화장품을 전부 빼앗아 여수라든지 인천 같은 데서 불태우지 않았습니까? 그때 그 기백은 어디로 사라졌는지. (이상돈)

국회의원들의 질문에 국무위원들은 "죄송하다.", "철저히 조사하겠다."만 되풀이한 것이 대정부 질의 첫날의 풍경이었다. 파란은 둘째 날 일어났다. 특정재벌밀수사건에 관한 질문에 관한 본 의제가 아직 상정도 되지 않았는데 이만섭 의원이 "지금은 이병철 씨를 즉각 구속해가지고 법이 허용하는 범위 내에서 최고의 형을 적용을 해야 될 것입니다." 등의 돌출 발언을 함으로써 분위기를 뜨겁게 달구

김두한 출세기

기 시작했다. 계속해 진행된 이날의 두 번째 의제 '특정재벌밀수사건에 관한 질문'에서 첫 번째 발언자인 공화당 권오석 의원은 "자기 죽을 길이 왔다고 보아요. 왔다면 마땅히 죽을 일을 했으면 죽을 일이 옳다고 저는 생각합니다."라는 발언을 함으로써 이병철의 자결 요구를 암시하기도 했다. 이병철의 구속에서 자결까지 요구하는 분위기가 그날의 풍경이었다. 이날 본회의의 모습을 언론들은 다음과 같이 보도했다.

> 국회본회의는 22일 상오 삼성, 판본(阪本) 등 특정재벌의 밀수사건에 관한 대정부 질문을 벌이고 사건 진상을 신랄히 추궁했다. 정일권 국무총리, 장기영 경제기획원 장관, 김정렴 재무, 민복기 법무, 박충훈 상공장관 등을 출석시킨 이날 본회의에서 권오석 의원(공화), 김대중 의원(민중), 김두한 의원(한독) 등은 질문을 통해 "대재벌들이 밀수행위를 하는 것은 엄벌에 처해야 한다."고 지적하고 특히 야당은 "삼성재벌의 이병철 씨와 판본재벌의 서갑호 씨를 즉각 구속하는 한편 내각은 이번 사건에 책임을 지고 총사퇴하여 국민 앞에 사죄하라."고 요구했다. 정부측 답변은 23일에 듣기로 했다. 이날 의원들의 질문은 다음과 같다.

• 권 오석 의원(공화)
1. 이병철 씨는 양심이 있다면 즉각 자결해야 한다.
2. 앞으로 차관도입 사업에 특혜를 어떻게 배제할 것인가.

3. 재벌의 사고방식을 새로운 기업가 정신으로 무장시키기 위한 장관의 소신을 밝혀라.

4. 이대로 나가다가는 선량한 기업체 및 기업가들이 경제윤리를 지키는 일이 없어질 것이며 결국 자멸하고 말 것이다.

5. 외자도입법에 있는 쌍벌 규정을 한비밀수 사건에 적용하겠는가.

6. 이 사건의 총책임자는 이병철 씨의 둘째아들 이창희 씨가 아닌가.

7. 정부 당국은 이번 사건을 외면하고 은폐하려는 저의가 있는 것 같다.

8. 이 밀수사건의 책임자인 이병철 씨를 세종로에서 극형에 처해 명랑한 사회를 이룩해야 할 것이다.

9. 이병철 씨의 아들 이창희 씨가 밀수 책임 같은데 그를 구속할 용의가 없는가.

• 김대중 의원(민중)

1. 특권재벌의 육성은 오로지 공산주의온상을 만들 뿐이다.

2. 이번 사건에 있어 정부가 취한 태도는 가증스럽기만 하다.

3. 이번 사건을 계기로 경제시책의 방향을 전환할 생각은 없는가.

4. 미온적인 태도를 취한 행정 책임자를 어떻게 인사조치 하겠는가.

5. 재벌의 사회적 책임을 촉구하기 위해 '재벌에 대한 경고백

서'를 발표할 용의는 없는가.

6. 박순천 민중당 대표가 요구한 3개 항목에 대한 정부의 태도를 밝혀라.

7. 한비에 대한 지보(支保)를 취소할 용의는 없는가.

8. 재무부는 삼성이 도입한 자재의 횡류 여부를 전면 조사할 용의는 없는가.

9. 가공인물 이창식이가 바로 이창희 씨다.

10. 이일섭 상무를 왜 체포하지 않고 있는가.

• 김두한 의원(한독당)

재벌들에게 특혜를 주는 한 이 나라는 공산주의자에게 이길 수 없다.**404)**

"6·25 이후 2백억 원대의 재산을 번 이병철 씨는 무엇을 해서 그 재산을 벌었는가. 이번 밀수 사건 자체가 한비의 사장인 이 씨는 물론 그의 둘째 아들인 한비의 자재 담당 상무이사인 이창희 씨(일본 미쓰이 재벌 상무의 사위)도 관련된 것이 아닌가. 밀수 사건의 죄상이 드러나면 이들을 극형에 처해야 한다."(권오석)

"2차 6개년 계획은 재벌독재국가를 만들기 위한 계획이 아닌가. 이 사건에 책임을 지고 내각이 총사퇴할 용의는 없는가."(김대중)

---

404) 재벌밀수 규탄 신랄, 「경향신문」, 1966.9.22

"나는 배우지 못해서 말은 못하나 행동으로 부정과 불의를 규탄하겠다. 여기 앉은 각료들은 3년 동안이나 부정과 부패를 한 피고들이다."(김두한)**405)**

주요한 내용이 몇 가지 보도에 빠졌다. 권오석 의원의 발언 중 주목할 만한 내용을 아래에 인용한다.

"과연 거기에 2백억 원까지 벌기에는 온당한 세금을 물었으며 온당한 길을 밟아 가지고 그만한 한국에 으뜸가는 재벌이 되었겠느냐 하는 것도 저는 이 자리에서 밝혀주시길 부탁합니다."
"제일제당에서 작년 재작년에 '3분폭리'라는 문제 가지고 온 세상을 한번 떠들썩하게 했습니다. 그 당시에 제일제당이라는 데에는 자기가 떳떳했고 한일이 옳다고 했고 자기네 주장을 한없이 내 왔습니다."
"2년밖에 안 되는 중앙일보가 수십 년 간의 역사를 가지고 있는 그 언론계보다 부수를 많이 능가(凌駕)할 수 있는 입장에 있기 때문에 하나의 시기(猜忌)에서 하나의 라이벌에서 나온 애기다 하는 애기를 저는 들었습니다. 여러분! 이것이 하나의 시기에서 하나의 질투에서 언론계에서 없는 것을 조작해서 신문에 냈다는 것입니까?"

---

405) 삼성밀수 내각책임지라 이씨 즉각 구속하도록, 「동아일보」, 1966.9.22

김대중 의원도 다음과 같은 폭로를 했다.

"삼성재벌의 한국비료 하나를 위해서 우리 국민은 6천백만 불의 빚을 졌습니다. 6천백만 불은 우리 원화로 환산하면 약 백팔십 억의 돈입니다. 백팔십 억이라는 돈은 우리 국민에게 뿌린다고 할 것 같으면… 이병철 씨의 비료공장 건설을 위해서 일본에 대해서 한 사람이 천 원씩의 빚을 지고 있는 것입니다.… 십 원짜리가 없어서 국수를 못 사 먹고 백오십 원이 없어서 맞아 죽은 사람까지도 이병철 씨를 위해서는 천 원씩 빚을 지고 있는 것입니다."

"삼성재벌은 원금이자 합쳐서 6천백만 불의 지불보증을 받았습니다. 기계도입만 해서 원금이 4천5백만 불입니다. 그런데 여기에 일본의 주간 「운춘」 6월 13일호를 제가 가지고 왔습니다마는 제가 이번에 일본 갔을 때에도 이것을 널리 듣고 온 얘기입니다. 삼성재벌이 당초에는 고베에 있는 고베세이코를 통해서 이 비료공장을 도입하려고 했습니다. 그러나 그 후로 어떤 일인지 이것이 다시 미쓰이 계통으로 바꾸어졌습니다. 이래서 이런 일본 내부의 업자의 갈등으로서 이 사실이 폭로되고 여기에 말하는 이 오다마 요시오(고다마 요시오의 오타, 兒玉譽士夫, 1911-1984)라는 사람은 여러분이 아시다시피 우리 국내에 와서 본인이 알기에는 우리나라 정계의 특히 여당의 고위 간부들은 거의 다 만나고 간 사람입니다.

이 사람은 이 한일문제에 있어서 일본에게 큰 이면의 작용을 한 사람입니다. 아마 장 장관도 이 사람 잘 알 것입니다. 이 사람이 폭로해 놓은 바에 의하면 이 비료공장 건설에 있어서 4천 5백만 불로 나갔는데 실제 결재대금은 3천 5백만 불이다, 일천만 불을 떼 가지고.…일천만 불이라고 말할 것 같으면 약 30억의 돈입니다. 이 돈을 떼 가지고 일본에 재산 도피를 시키고 한일양국의 정치인을 매수하는 데 썼다 이것입니다.

이 사람은 자기가 한일문제에 대해서 그렇게 발 벗고 나선 것은 한국에 자기가 가 보니까 공부하고 싶은 어린이들이 공부를 못하고 굶주린 사람들이 있고 그래서 과거에 자기가 한국에 대해서 일본이 지은 죄를 속죄 하겠다 해서 이렇게 앞장서 가지고 일본서 얼마만큼의 돈이라도 보내서 그 사람들이 조금이라도 나아지면 좋겠다. 이렇게 했으나 결국 결과가 이 꼴이 되었다. 이래가지고 이와 같이 모처럼의 배상금이 한국의 발전에 도움이 되지 못했다, 피가 되고 살이 되지 못하고 아편이 되어 버렸다. 무엇 때문에 우리가 도대체 고생하면서 한일회담을 밀었는지 모르겠다. 이러면서 통곡을 하고 있습니다. 그래서 이 사람은 정치에 실망을 하고 정계의 은퇴를 선언하고 나갔습니다.

이 점에 대해서 이 한국비료의 기계도입 가격이 비싸다는 것은 이미 주지의 사실입니다.

이와 같이 이 한일문제에 있어서 밀접히 관계했던 사람들이 이천만 불이라는 어마어마한 거액을… 30억이라는 거액을 국민이 부담해준 거액을 빼돌렸다는 것이 상대 국가의 잡지에 공공연히 이렇게 나오는데, 이것이 6월 13일입니다. 한국에도 이 잡지가 들어와 있어!

정부는 그 동안 이 점에 대해서 얼마만큼 알아보았고 또 지금까지 알아본 상태가 어떠한가? 장 장관은 소신을 가지고 그와 같은 일이 없다고 증언할 수 있는가? 이 점에 대해서 제1차적으로 답변해 주시기 바랍니다."[406]

권오석의 발언은 다분히 감상적 주장이었지만 김대중은 사건의 핵심을 찌른 엄청난 폭로였다. "공장 건설 명목으로 4천 5백만 불이 나갔다고 되어 있지만 실제로 지불한 것은 3천 5백만 불이다. 차액 천만 불을 일단 일본으로 재산 도피를 지키고 그 후 한일양국의 정치인을 매수하는 데 사용했다.…" 김대중의 지적이 옳다면 '한비 밀수사건'이라고 알려진 사건의 명칭부터 바꾸어야 할 것이다. 그러면 당시 천만 불 즉, 30억 원은 현 화폐로 환산하면 어느 정도 될까? 국수 한 그릇이 십 원 정도라고 한 김대중의 발언을 참고하고 2015년 현재 국수가격을 3천 원으로 계산하면 대략 9천억 원 정도가 된다. 한국비료 공장 건설을 빙자하여 약 1조 원의 비자금을 챙겼다는 뜻이다.

이 비자금 문제에 관하여 이맹희는 그의 회고록에서 건드리지 않았다. 몰라서 그랬는지, 아니면 너무 엄청난 사안이라 판단하여 언급하지 않았는지 정확한 사정은 알 수 없다. 그러나 당시 중앙정보부

---

406) 이상 권오석, 김대중의 발언은 《6대국회제58회14차 본회의 속기록》에서 발췌

부장이었던 김형욱은 사건의 실체를 어느 정도 고백한 바 있다. 김형욱의 증언을 들어 보자.

> 그것은 한일 간 경제유착의 어두운 면을 드러내는 첫 번째 사건이었다. 이 사건의 발단은 이병철의 한국비료가 부총리 장기영의 중재를 통하여 미쓰이 물산으로부터 요소비료공장 건설을 위한 민간상업차관 4천 3백 90만 달러를 얻게 된 것으로부터 비롯되었다. 이 차관은 4년 거치, 연리 5.5퍼센트, 1할의 두금(頭金, 계약금)이란 조건이었는데 당초에 한국국회의 승인을 얻을 때부터 시비가 있었다. 꼭 같은 규모의 비료공장 건설이 일본 현지에서는 2천 2백만 달러면 해결됐고, 특히 일본은 같은 규모의 비료공장을 소련에 2천 8백만 달러에 판매한 전례가 있었기 때문이었다. 적어도 그중 1천만 달러의 자금을 일본에 도피시켜 이 흑막에 관계된 한일정치가들의 정치자금으로 흘러들어간 것이 아니냐고 김대중이 국회본회의에서 추궁하고 나올 정도였으니 말이다. **407)**

김형욱의 말이 옳다면 비자금 규모는 더욱 커지게 된다. 김대중의 발언 그리고 이맹희, 김형욱 등의 증언을 참조하면 이 사건의 실질적인 배후는 박정희였고 하수인은 당시 비서실장 이후락으로 짐작된다. 문제는 청와대가 김종필을 배제하고 진행했다는 점이다. 알다시

---

407) 김형욱 · 박사월, 『김형욱 회고록 제2부』, 아침, 1985, p.174

김두한 출세기

피 한일회담 타결의 실질적인 주역은 김종필이었다. 한일회담의 조약이 이루어지지 않았더라면 한비건설에 일본자금의 유입이 원천적으로 없었을 것이고, 미쓰이의 커미션 백만 불과 천만 불 단위 비자금을 조성한다는 계획자체가 불가능했을 것이다. 결국 김종필은 자신의 힘을 과시하기로 결심한 것으로 보인다.

일본 잡지에 기사가 나온 것을 김대중은 경쟁에 탈락한 '고베세이코'사의 폭로로 본 모양이지만, 김종필이 배후라고 단정한 이맹희의 판단에 좀 더 신뢰가 간다. 왜냐하면 일개 회사가 부담하기에는 사건이 너무 크고 폭로 내용도 회사 차원에서 수집이 불가능할 정도로 구체적이기 때문이다. 반면 이맹희의 주장대로 김종필이 고다마 요시오(兒玉譽士夫)와 재일교포 정모씨408)와 모의하여 이 사건을 기획했다면 어느 정도 이해가 된다. 김종필과 아울러 고다마 요시오와 정건영 두 사람 역시 한일회담 타결의 숨은 주역을 자처하고 있기 때문이다. 그러나 흑막의 배후와 사건의 진실은 영원히 묻혀 버렸다. 김두한의 해프닝 탓이 크다. 이제는 전설이 되어 버린, 김두한이 오물을 투척한 그날의 현장으로 장소를 옮겨 보자.

1966년 9월 22일 오전 10시 20분, 6대 국회 제58회 제14차 본회의가 개회되었다. 이날의 안건은 '정당법 · 선거관리위원회법 · 대통령선거법 · 국회의원선거법중개정법률안심사 특별위원회 구성에 관한 결의안'과 '특정재벌밀수사건에 관한 대정부질문'이었다. 사회는 이상철 국회부의장이 맡았다. 국무총리 정일권, 경제기획원장관 장기

---

408) 정건영(町井久之, 本名 鄭建永. 1923-2002)으로 추정됨

영, 법무부장관 민복기, 재무부장관 김정렴 등은 정부측 출석 인사다. 첫 번째 안건 질의도중 이만섭이 의제에 상관없이, 이병철을 즉각 구속하고 법정 최고형을 적용해야한다는 돌출 발언을 했음은 이미 거론했다. 문제의 밀수사건은 오전 10시 24분부터 질문이 시작되었다. 발언 순서 문제로 김두한이 문제 제기를 하는 등 잠시 소란이 있었으나[409] 공화당 권오석, 민중당 김대중의 순으로 진행되었다. 다음은 김두한이 등장할 차례다.

김두한은 등장하자마자 특유의 장광설, 즉 자신이 왜 무식한지 그 이유와 투쟁경력 그리고 사실과 거리가 먼 역사 강의로 주어진 시간을 다 소비하고 말았다. 보다 못한 사회자가 시간이 다되었는데 향후 발언이 어느 정도 걸리겠느냐고 하자 15분 정도 걸리겠다는 답변에 결국 시간을 연장해 주었다. 오후 1시 2분경부터 김두한의 발언이 이어졌다. 추가 시간이 주어졌지만, 안건과는 무관한 내용으로 일관하기는 마찬가지였다. 그러다가 드디어 문제의 사건이 발생한 것이다. 오물 투척 전 김두한의 발언을 소개한다.

> 그렇기 때문에 시간이 없어서 나는 대통령이 여기에 나왔으면
> 호되게 한번 따지고 싶지만 국무총리가 여기 대통령을 대리하
> 고 여기 장관이 나와 있으니까 나는 이 사람을 내각으로 보지
> 않고 오늘날 3년 몇 개월 동안 부정과 불의를 하는 것을 합리

---

409) 김두한은 사회자인 이상철 부의장에게 "순서가 공화당하고 민중당하고 무소속하기로 했는데 껑충 그 따위로 하면 당신 좋지 않아! 노인이니까 그냥두지 장의장같이 유도깨나 쓰면 날릴 테야"라는 폭언을 했다.

김두한 출세기

화를 시켜 버린 하나의 피고로서 오늘 이 시간서부터 다루겠습니다. (웃음소리, 笑聲)

이것이 도적질 해 먹는 국민의 모든 재산을 도적질해서 합리화하고 합리화시키는 이 내각을 규탄하는 국민의… 국민의 사카린이올시다. 그러니까 이 내각은 고루 고루 맛을 보여야 알지… 똥이나 처먹어, 이 새끼들아! (장내 소란) ('산회 선포해요' 하는 이 있음)

결국 사회자 이상철 국회부의장이 산회를 선포하고 말았다. 시간은 오후 1시 6분이었다. 똥물을 뒤집어 쓴 사람은 익히 알려진 대로 정일권, 장기영, 민복기, 김정렴 등이다. 그러면 그 후 정국의 흐름은 어떻게 흘러갔을까? 그리고 여론의 반향은 어떠했을까? 세계적으로 유래가 없는 국회 오물 사건이 발생한 지 이틀 후인 9월 24일 「경향신문」은 이병철의 은퇴선언, 김두한의 행위, 전 각료의 총사퇴 결의 등 3개 항목에 대하여 앙케트를 실시하였다. 태윤기(변호사), 김대중(민중당 국회의원), 김수한(신한당 대변인), 백경남(가정주부), 최익순(의사), 이장우(필름상회 경영), 이병희(공화당 국회의원), 김종성(변호사), 배용수(중앙대 학생), 백철(평론가) 등 10명이 대상이었다. 이 중 김대중의 답변을 소개한다.

한마디로 창피하기 짝이 없는 일이고 김 의원의 처사는 단순히 정부 각료에 대한 모독 해위로서만 볼 것이 아니라 신성한 국회를 국회의원 자신의 손으로 모독하고 그 권위를 실추시켰다는 데 그 과오가 더 크다 할 것이다. 더욱이 이번의 김 의원 사건은 얼핏 보아 가장 강력하게 국민감정을 표시한 것 같지만, 김 의원의 그와 같은 무모한 행동으로 모처럼 정부와 재벌의 죄과를 발본색원할 수 있는 천제일우의 기회를 크게 망쳐 버림으로써 결과적으로 그들을 크게 이롭게 하고 말았다는 것은 한심한 일이다.410)

국회 오물 사건 후 각계의 반향을 보도한 「경향신문」 1966년 9월 24일 기사

---

410) 앙케트, 「경향신문」, 1966.9.24

김두한 출세기

김대중은 사건의 핵심을 지적했다. 겉으로 드러난 이 사건은 삼성과 사카모토(板本) 두 재벌의 밀수행위였지만, 그보다 본질적인 것은 정치인과 재벌의 유착관계였다. 차관을 매개로 엄청난 비자금이 정치권으로 흘러갔다는 뜻이다.

오물 투척이 일어난 그날, 김대중은 천만 달러의 비자금 조성에 대한 의문점을 거론했다. 분위기도 괜찮았다. 무엇보다 공화당 국회의원인 이만섭, 권오석 등이 정부와 이병철에 대하여 맹공을 퍼붓고 있는 중이었다. 그러나 오물 사건을 기점으로 상황이 묘하게 변하기 시작했다. 이쯤에서 잠깐 김두한의 인터뷰 장면을 살펴볼 필요가 있다. 김두한은 오물 사건 이튿날 「동아일보」와의 대담에서 의미심장한 발언을 한 바 있다.

"재판을 받는 자리에서 다 폭로하겠지만 공화당의 한 파에서 정치자금 1억 원을 요구했다가 삼성에서 5천만 원만 주고 청와대에 찔러 버려 돈을 반환당하고 화풀이로 뒷조사를 해서 터진 것"

"지난 63년 선거 때 사카모토(阪本)와 삼성재벌로부터 수억 원의 정치자금을 받은 공화당 정권이 그들을 잡아넣을 수 있겠느냐"[411]

첫 번째 발언은 앞에서 소개한 이맹희의 증언과 유사한 내용이다.

---

411) 교도소갈 각오되어 있다, 「동아일보」, 1966.9.23

이맹희는 박정희의 권유에 따라 5천만 원을 주었으나 김종필 측은 그 정도의 돈에 만족하지 않았다고 했으나, 김두한은 삼성이 박정희에게 고발하는 바람에 공화당의 한 파는 이미 받았던 5천만 원을 반환당했다고 했다. 세세한 내용은 다르지만 5천만 원정도의 정치자금이 삼성과 공화당의 한 파 사이에 오간 것 그리고 김종필측이 삼성에 대하여 불쾌한 감정을 가지고 있었다는 점 등의 내용은 일치하고 있다.

그다음 발언은 이병철이 박정희에게 5억 원의 정치자금을 주었다는 김형욱의 증언과 거의 정확하게 일치한다. 수억 원과 5억 원, 표현의 차이뿐이다. 김두한은 천만 불 단위의 비자금은 몰랐지만, 상당한 금액의 정치자금이 오고가는 와중에 공화당 내부의 계파싸움이 있었다는 정도는 알고 있었던 것으로 보인다. 공화당의 분열문제는 24일 개최된 본회의에서 재차 거론된다. 김두한은 국회의원으로서의 마지막 발언이 되는 '신상발언'에서 다음과 같이 말했다.

> …하나로 되어야 하는 당이 두 개가 있어 여당이 두 개가 있다 말이에요. 청와대 이후락이가 통(通)해 하는 여당 하나에 대한 파벌정당이 여당이 있고 실제로다가 국민을 대변해 나가는 이것이 이후락이보다 이것 쓰질 못한다 말이에요. 이러니 여기에서 이후락이를 중심삼은 하나의 당 이에 따라가는 내각은 이대로 도저히 용납할 수 없다 이것이에요. **412)**

---

412) 《6대국회제58회16차 본회의 속기록》에서 발췌

김두한 출세기

요령부득의 말이지만, 국회 속기록에 기록되어 있는 그대로 인용하였다. 내용은 이후락의 전횡에 초점이 맞춰 있다는 것을 알 수 있을 것이다. 김두한의 이러한 발언 탓에 김종필 사주설이 세간에 떠돌고 있는 것으로 짐작된다. 국회 오물 사건의 배후에 김종필이 있다는 주장에 대하여 이만섭은 다음과 같은 글을 남겼다.

김 의원의 오물 투척 사건은 당시 실세였던 김종필(金鍾泌)씨를 모략하는 데 이용됐다. 사건 직후 나는 박정희(朴正熙) 대통령의 저녁 식사 초대를 받고 청와대에 갔다. 그 자리에는 정일권(丁一權) 국무총리와 엄민영(嚴敏永) 내무장관, 이후락(李厚洛) 청와대 비서실장, 김형욱(金炯旭) 중앙정보부장이 와 있었다. 그 자리에서 김형욱 부장이 느닷없이 이런 얘기를 하는 게 아닌가.

"각하, 이번에 김두한이 오물을 뿌린 것은 김종필이가 시켜서 한 짓이 틀림없습니다." "그럴 리가 있나. 김 부장이 잘못 알았겠지." 박 대통령은 믿으려 하지 않았지만 김형욱 부장은 계속 말을 이었다.

"틀림없습니다. 사카린 밀수 사건을 처음 보도한 것이 경향신문인데, 그건 JP 계열인 김용태(金龍泰) 의원이 정보를 흘려주었기 때문입니다. 그리고 김두한이 형무소에 갈 때도 역시 JP 계열인 김택수(金澤壽) 의원이 5만 원짜리 수표를 건네주었습니다. 또 그날 연설 내용을 보더라도 이후락 부장 등은 심하게 공격하면서도 김종필은 동정하는 투였습니다." 이후락 실장도 김형욱 부장의 말에 공감을 표했다. 나는 속으로 '이게 아닌데' 라고 생각했다. 그러나 분위기가 워낙 한쪽으로 쏠려 그냥 듣고 있을 수밖에 없었다. 그때 박 대통령이 입을 열었다. "그렇다면 김 부장이 김두한이를 끝까지 다그쳐서 자백을 받아 내." 큰일 났다는 생각이 뇌리를 스쳤다. '이런 사람들이 대통령 주위를 에워싸고 있으니 결국 대통령도 오판을 하는구나.' 하는 생각이 들었다.413)

앞 장의 "한독당 내란음모 사건"에서 모세원도 거론했지만 김두한과 김종필 사이에는 모종의 끈이 있었고, 이 두 사람의 관계를 차단하고자 하는 세력이 있었음은 분명한 듯하다. 모세원은 김종필의 경쟁자를 정일권으로 보았고414), 이만섭은 김형욱을 그 중심으로 파악한 듯싶다.

김두한의 일탈행위에 김종필이 배후역할을 했는가 하는 것은 단정을 내리기 어렵다. 다만 김종필을 견제하는 세력과 김종필 측과의 중간에 김두한이 존재했음은 틀림없는 사실로 보인다. 어쩌면 양 세력의 갈등에 김두한이 이용당하지 않았나 하는 추측도 든다. 사건의 후처리 과정을 짚어 보면 이러한 의심은 더욱 짙어진다. 먼저 삼성과 이병철의 경우를 살펴보자.

---

413) 이만섭, 나의 이력서: 사카린 밀수사건下 ; 「한국일보」, 2002.8.1
414) 모세원, 김두한 의원 국회에서 오물 뿌린 비화공개, 「브레이크뉴스」, 2011.11.10

김두한 출세기

1966년 9월 22일자 「동아일보」에 실린 이병철의 은퇴 광고문

　김두한이 인분을 뿌린 지 1시간 후인 오후 2시경, 이병철은 중앙
일보 3층 간부 회의실에서 기자회견을 자청했다. "한국비료를 국가
에 바치겠다. 대표로 있는 동양라디오, 동양TV, 학교법인을 비롯한
모든 사업 경영에서 손을 떼겠다." 등이 회견문의 주요 내용이다. 그
후 이어진 기자들과의 질의응답에서 "지금의 심정이 5·16때의 심경
과 꼭 같다.", "은퇴 후 앞으로 농장 경영을 하겠다." 등의 발언을 했
으나 밀수사건의 관련 여부에 대해선 "여러분의 상식에 맡긴다."라고
말함으로써 일말의 여운을 남겼다.415) 기자회견 시 국회에서의 오물
소동을 전해 들었는지 알 수 없지만, 같은 날 신문에 실린 광고문 그
리고 기자들의 질문에 오물 사건에 관한 내용이 없는 것으로 보아 이
병철의 은퇴 선언은 김두한의 인분 세례 사건과 관계없이 준비된 것
으로 보인다. 이병철의 은퇴 선언은 5·16직후 전 재산을 헌납하겠다
는 약속과 마찬가지로 국민을 희롱한 쇼였다는 것은 이 글에서 더 이

---

415) 이병철씨 회견, 「동아일보」, 1966.9.22

상 자세히 거론하지 않겠다.

무엇보다 정가의 움직임이 궁금할 것이다. 오물을 뒤집어쓰는 희대의 봉변을 당한 국무총리 정일권은 그날 하오 5시 삼청동 총리공관에서 국무회의를 개최했다. 1시간 40분 동안 대책을 논의한 끝에 전국무위원이 총사퇴하기로 합의하고 사표를 제출했다. 총사퇴 결의에 대하여 홍종철 공보부 장관은 다음과 같은 담화를 발표했다.

> 국회의사당 내에서 국정을 논의하는 가운데 오늘과 같은 폭언
> 과 폭행을 당하고는 행정부의 권위와 위신을 위해 국정을 보좌
> 할 수 없으므로 전국무위원은 총사퇴할 것을 결의했다[416]

주목할 것은 공화당 의원총회의 분위기다. 일련의 사태의 근본원인이 삼성의 밀수행위이므로 이병철의 구속을 당의장 김종필이 대통령 박정희에게 촉구하겠다는 결론을 내렸다 한다.[417] 야당의 분위기도 별반 다르지 않았다. 민중당, 신한당 등 야당은 내각의 총사퇴 결의를 "삼성밀수와 그로인해 정부에 쏠리는 공격의 초점을 흐리려는 저의"라고 공격하며, 김두한의 소행 자체를 모종의 음모일지도 모른다고 그 배후를 캐겠다고 나섰다.[418]

그러나 박정희가 국회에 보낸 특별공한은 대정부 강경 투쟁의 기세

---

416) 어제 저녁 정내각, 총사퇴 결의, 「경향신문」, 1966.9.23
417) 이병철씨 구속주장, 「동아일보」, 1966.9.23
418) 밀수공격 회피책, 「동아일보」, 1966.9.23

를 대부분 꺾이게 만든다. 박정희는 "이 불상사는 신성해야 할 국회 의사당을 모독한 행위일 뿐 아니라 삼권분립의 헌정질서를 근본적으로 짓밟고 행정부로 하여금 더 이상 참을 수 없게 하는 모욕적 행위라고 단정치 않을 수 없다."라고 김두한의 행위를 질타하면서 이번과 같은 불상사가 향후 없을 것이라는 보장이 없는 한 국무위원의 국회 출석을 거부할 것이라는 협박성 태도를 보였다.[419]

김두한의 경솔한, 소영웅주의적 행위는 이렇게 본말이 전도되어 버린 결과를 낳게 만들었다. 박정희의 추상같은 호령 앞에 공화당 의 총의 결의 사항 같은 것은 휴지통 속으로 들어갈 수밖에 없었다. 이러한 흐름 때문에 오물 사태 자체가 모종의 음모일지도 모른다는 주장이 야당 일각에서 나왔을 것이다.

역사에 가정은 없다. 하지만 김두한이 오물 사건을 일으키지 않고 자신이 알고 있던 몇 가지 사실 즉 5천만 원 정치자금 반환설과 공화당이 사카모토(阪本)와 삼성재벌로부터 수억 원의 정치자금을 받은 사례 등을 국회에서 폭로했다면 한국의 정치 지형도는 어떻게 변했을까 하는 상상을 해 본다. 김두한과 김대중의 발언은 상호보완적인 측면이 강했다. 게다가 이 무렵 김종필이 당의장으로 있던 공화당 주류 세력 역시 정일권, 이후락, 김형욱이 주도하고 있던 행정부와 각을 세우고 있던 점을 감안한다면 1967년 대선과 총선의 큰 변수로 작용할 수 있었을 것이라는 상상도 해 본다.

안타깝게도 김두한의 인분세례 사건은 향후의 정치 지형도를 박정

---

419) 박대통령 국회에 특별공한, 「동아일보」, 1966.9.23

희의 의도대로 흘러가게 만들고 말았다. 재벌밀수에 대한 책임으로 사퇴해야 할 국무위원들이 오히려 국회를 압박하는 공세의 입장에 서게 되었고, 박정희는 국무위원의 국회 불출석이라는 협박을 거리낌 없이 자행할 수 있게 되었다. 박정희의 대 국회 특별공한 발송 이후의 정국 흐름을 짚어 보자.

- 같은 날인 9월 23일 오후, 국회 의장단과 운영위원회는 김두한을 징계하기로 결정하고 제적여부는 24일 본회의에서 처리하기로 함
- 9월 24일, 김두한이 자진 사퇴함으로써 본회의서 표결에 부침(재석 155명 중 가 111표, 부 18표, 기권 22표, 무효 4표로 가결됨)
- 24일 오후 3시 50분, 자택에서 김두한을 연행하여 밤 10시경 국회의장(國會議場) 모욕(형법 제138조)과 공무집행방해 혐의로 서울교도소에 수감됨
- 26일 오전 박정희는 국무위원들의 일괄사표를 반려하는 한편 민복기 법무, 김정렴 재무 두 명을 삼성밀수사건에 대한 '도의적인 책임'을 지워 해임하고, 권오병 문교를 법무로 전임 그리고 후임문교에 문홍주 법제처장을 임명하고 김학렬 경제기획원 차관을 김 재무의 후임으로 기용함

결국 박정희는 내각 누구에게도 책임을 묻지 않았다. 가장 책임이 큰 부서에 있었던 경제기획원 장관 장기영을 유임시켰고, 민복기 김정렴의 해임 이유도 '도의적인 책임'이었다. 사실 박정희 자신이 주범

김두한 출세기

이었으니 누구를 문책할 수 있었겠는가? 나름대로 고민이 많았을 난제를 김두한이 시원하게 해결해 준 셈이다.

그 후 9월 27일부터 10월 6일까지 다섯 차례 더 본회의에서 다루고 10월 13일 '특정재벌밀수사건진상조사 특별위원회 구성에 관한 결의안'을 거쳐 12월 23일 '특정재벌밀수사건진상조사보고'를 끝으로 삼성밀수사건은 공식적으로 종료되었다. 하지만 모든 과정이 요식절차에 불과했다. 일부 국회의원이 이병철의 형인 이병각의 국보급 도굴 사건과 부인의 100억 불 보석류 밀수 사건을 거론하며[420] 이병철의 즉각적인 구속을 촉구하기도 했지만, 삼성밀수사건의 본질은 이미 증발한 뒤였다. 이병철은 구속되지 않았고 정부의 누구도 공식적으로 책임진 사람 없이 이 사건의 진실은 어둠에 묻혀 버렸다.

여담이 둘 있다. 이는 모두 이맹희의 주장이다. 그중 첫 번째 이야기는 삼성밀수사건 이듬해인 1967년 12월에 발생한 밀수사건에 박정희가 다시 개입했다는 증언이다. 내용 중 일부를 소개한다.

나일론 백 위장 수출 사건은 처음부터 김형욱 부장이 면밀하게 준비를 해서 시작한 것이었다. 박대통령도 처음부터 개입이 되어서 윤필용 장군이 보고를 해도 건성으로 들으며 그렇지, 그렇지 하고는 전혀 조치를 취하질 않았다. 박대통령은 이 사건을 묵인하면서 김형욱 부장에게 돈을 받았고 그걸 정치자금으로 이용한 걸로 알고 있다.

---

420) 삼성재벌 일대기, 양조에서- 설탕- 사카린까지, 「매일경제」, 1966.9.29

재일교포의 돈 1억 원을 가지고 나일론 원사 밀수를 시작했는데, 그 과정에서 인천 세관 직원들에게 3천만 원을 주었고 중정 직원들에게도 2천만 원, 3백만 원, 5백만 원씩을 주었으며 개입된 전 과정에 뇌물이 뿌려졌다. 그러나 그런 상황을 다 알고 있는 박대통령은 윤필용 장군이나 박종규 실장이 올린 정보는 듣고는 그만이었다.

여러 번 말썽이 나고 시끄럽게 되자 결국 취한 조치라는 것이 그 사건에 연관된 중정 직원들을 바깥도 아니고 자체 구치소에 넣었던 것인데 그게 다시 「중앙일보」를 통해서 보도가 되고 말썽이 나자, 중정 직원 두 명을 청량리 경찰서에 하루 재운 정도였다. 묘하게도 청량리 구치소에서 하룻밤을 보냈던 중앙정보부 직원 중 한 사람이 내 친구여서 나는 양쪽을 통해서 사건의 전말을 다 들을 수가 있었다.[421]

그리고 두 번째 이야기는 삼성과 이병철의 복수담이다. 자신이 경영일선에 물러났고 둘째 아들 이창희가 구속된 것에 대하여 이병철은 내심 억울하고 수치심과 함께 자신의 분노를 어딘가에 표출해야만 했던 모양이다. 이병철은 장남을 불러 김종필계 출마자인 이만섭과 권모, 민모 등 5명을 꼭 낙선시키라고 지시했다는 것이 이맹희의 증언이다.[422] 이맹희에 의하면 이만섭은 안타깝게도 낙선 시키지 못

---

421) 이맹희, 『묻어둔 이야기』, 청산, 1993, pp.221-222
422) 이맹희, 『묻어둔 이야기』, 청산, 1993, pp.180-182

김두한 출세기

했지만 나머지 4명은 모두 낙선했다고 한다.

그러면 이 4명의 김종필계 인사들은 과연 누구일까? 이맹희가 지적한 권 모는 권오석 그리고 민 모는 민관식으로 짐작된다. 민관식은 국회 본회의 석상에서 삼성밀수에 관한 발언은 하지 않았다. 그러나 김종필계의 핵심으로 오랫동안 활약했음을 고려하면, 장외에서 삼성 밀수 규탄에 큰 활약을 했던 모양이다. 그렇다면 민관식 역시 삼성측의 제거 명단에 당연히 올랐을 것이다.

민관식은 동대문 갑구에서 송원영(신민당)과 대결하여 참패하였다 (송: 46,197표, 민: 32,207표). 선거 다음 날인 6월 9일, 기묘한 기사 한 꼭지가 실렸다. 느닷없이 이병철 규탄 데모가 열렸다는 소식이다. 6월 9일 오전 10시 40분경 민관식 후보의 선거운동원 40여 명이 이병철의 집에 몰려가 "밀수왕 이병철이 나오라."는 소란을 피우다 경찰에 의해 해산되는 해괴한 사태가 벌어졌다. 이들의 주장은 "지난번 한비 밀수사건 때 민관식 후보가 앞장서서 밀수를 규탄한데 원한을 품고 이씨가 자기 매스컴을 동원, 6·8선거에서 민 씨에게 불리한 보도를 했다."는 사연이다. 423) 이맹희의 고백 내용과 정확히 일치한다.

권오석의 경우는 좀 더 자극적이다. 국회 오물 사건이 일어난 그날, 자살 운운하면서 이병철에게 극언을 마다하지 않았던 것은 앞서 소개하였다. 당연히 삼성의 타깃이 될 수밖에 없었을 터이다. 하지만 삼성의 낙선공작에도 불구하고, 권오석은 신민당의 김형일에게

---

423) 이병철씨 규탄데모, 「동아일보」, 1967.6.9

접전 끝에 202표 차이로 당선되었다.424) 그러나 이 선거는 개표과정부터 심상치 않은 조짐이 보였다. 먼저 신민당 측이 이의를 제기했다. 개표종사원이 김형일 후보의 표에 인주를 묻혀 무효로 만들었다는 항의다. 중단 끝에 개표는 다시 속개되었으나 그 와중에 발생한 권오석의 촌극이 쓴웃음을 짓게 만든다. "개표종사원을 못 믿는 이런 선거에서 국회의원이 돼서 무엇 하겠느냐."고 권오석 후보가 후보 사퇴서를 내자 선관위는 반려했다고 한다. 인주로 인해 무효 처리된 표가 약 2천 표는 될 것이라는 신민당 측의 주장에 따라 결국 투표함 보전 신청이 받아 들어진 추악한 선거가 바로 6·8선거의 현장이었다.425)

우여곡절 끝에 당선자의 신분이 되었던 권오석에게 날벼락이 떨어졌다. 박정희의 명에 의해 6월 12일 열린 공화당 당기위원회에서 권오석을 비롯한 3명을 제명 처분한 것이다. 나머지 2명은 민관식의 지역구인 동대문 갑구의 조직부장과 선전분과 위원장이었다. 현역 의원으로서 유일하게 제명된 권오석은 당선사퇴서를 제출할 수밖에 없었고 곧 구속되었다.426) 결국 권오석은 3년 형을 선고받게 된다.

권오석의 숙당 및 구속 배경에 삼성이 있었는가는 알 수 없다. 다만 민관식의 경우와 비교할 때 그의 정치이력이 좀 더 험난했다는 것을 살펴보면, 삼성의 힘이 지속적으로 작용했다는 것을 믿게 만든

424) 전국 각 후보 득표 상황, 「동아일보」, 1967.6.10

425) 신민표에 인주 묻혀 무효화, 「동아일보」, 1967.6.10

426) 수원교도서 수감, 「경향신문」, 1967.6.12

다. 이맹희는 "나중에 민모 의원과는 화해를 하고 친분을 다시 다졌지만 아마 당시 국회의원 후보들은 심하게 고생을 했고 삼성과 아버지, 그리고 나에 대해서 섭섭한 감정을 가졌을 것이다."[427]라는 고백을 한 바 있다. 실제 민관식은 곧 재기를 하게 된다. 그는 1971년 제20대 문교부 장관으로 화려하게 복귀하고 유신시절인 1979년에는 국회부의장까지 지냈다. 반면 권오석은 출감 후에도 긴 야인 생활을 지내다가 다시 재기하게 되는 것은 20여 년이 흐른 후인 1990년 3월이 되어서다. 그는 이희일이 사직한 제13대 신민주공화당 전국구 비례대표 자리를 승계 받았다.

국회 오물 사건은 이처럼 정치권의 지형을 바꾸는 데도 일조했지만 사건의 진실은 깊게 숨겨진 채 대중에게 카타르시스를 제공한 김두한의 영웅담으로 변질되어 버렸다. 무엇보다 안타까운 것은 재벌과 정치권의 유착을 단절시킬 절호의 기회를 놓쳤다는 점이다. 적어도 이병철의 구속이 이루어졌다면 한국 정치계의 풍토가 많이 바뀌었을 것이다. 밀수, 차관을 이용한 비자금 조성으로 권력 유지의 밑천을 만든 박정희 군부정권이 어쩌면 이 사건을 계기로 무너졌을지도 모른다.

---

427) 이맹희, 『묻어둔 이야기』, 청산, 1993, p.182

1918   1972

정치인 김두한의
마지막 모습

　김두한 역시 낙선했다.　그의 마지막 선거를 짚어 보기 전에 오물 투척 이후의 모습을 잠시 살펴보기로 하자. 국회의장모욕　공무집행 방해 혐의로 구속이 집행될 때 "이제 정치에서 손을 떼겠다."[428]고 선언하며 김두한은 교도소 정문을 향해 들어갔다. 김두한은 구치소에서도 유별났다.

　공화당 국회의원 김택수로 부터 받은 돈 일부를 간수에게 주었다가 그 간수가 구속되게 만들었고,[429] 옥중에서 할복을 기도하는 기행을 저지르기도 했다.[430] 게다가 공판정에선 부친의 훈장을 반납하겠다

428) [호외] 45번째의 교도소행, 金斗漢씨의 입소표정 - 부인과 굿바이키스, "정치에서 손
　　떼겠다", 「조선일보」, 1966.09.25

429) 金斗漢씨 돈받은 간수를 구속, 「조선일보」, 1966.10.8

430) 수감중인 金斗漢씨 할복기도, 「조선일보」, 1966.11.9

김두한 출세기

고 울먹이는 등 끊임없이 뉴스를 제공했다.431) 결국 병보석으로 김
두한은 석방되었다.432) 그동안 여러 번 지적했지만, 김두한은 끊임
없이 감옥을 들락거렸지만 제대로 형을 산적은 단 한 번도 없다. 이
번 역시 마찬가지였다. 고혈압과 신장염으로 병보석 된 김두한은 "앞
으로 정치를 그만두겠다."고 기자들에게 재차 선언했다.433) 그러나
이 결심은 두 달이 채 되지 않아 번복되고 만다.

　1967년 2월 7일 시민회관에서 개최된 민중당과 신한당 합당 대회
장에 김두한이 갑자기 등장한 것이다.434) 그리고 같은 달 27일, 신민
당에 용산구 지역위원장 선출 신청서를 접수했다. 이제 제1야당 신민
당 당원으로서 정치를 재개한다는 뜻이다. 또 한 번의 변신이었다.

　사실 김두한과 신민당은 그리 유쾌한 관계가 아니다. 1962년 6월
중앙정보부가 정치인 제거 작업을 할 때 거짓증언으로 신민당의 전
신인 구 민주당을 곤혹스럽게 한 것을 비롯하여 선거 때마다 범 민주
당계열과 부딪히곤 했었다.

　김두한 개인으로도 불쾌한 기억이 많았다. 그가 초선 의원이었던
제3대국회 시기, 민주국민당과 노선을 함께하며 자유당과 이승만을
향한 공격의 선봉에 서곤 했지만 그가 민주국민당으로 부터 정치인
으로 인정받은 적은 거의 없었다. 그간의 갈등은 앞장에서 이미 거론

---

431) 金斗漢씨, 오물 사건공판정서 흐느끼며 부친훈장 내놔, 「조선일보」, 1966.12.8
432) 金斗漢피고 병보석출감, 「조선일보」, 1966.12.22
433) 김두한씨 병보석, 앞으로 정치 그만두겠다고, 「경향신문」, 1966.12.22
434) 통합대회 '기쁘다'로 넘쳐, 「동아일보」, 1967.2.7

했다. 하지만 오물 사건 후처리 과정에 공화당에 배신감을 느끼고 신민당에 입당한 것으로 짐작된다. 공화당 역시 김두한을 무시하기는 마찬가지였기 때문일 것이다. 이해할 수 없는 것은 그를 공천해 용산구 보궐선거에 입후보할 수 있도록 해 준 한독당을 왜 떠났는가 하는 의문이다. 아무튼 김두한은 신민당을 선택했다.

그러나 신민당에서의 새로운 출발도 그리 순조롭지 못했다. 용산구의 보궐선거에 당선된 이력이 있는 김두한은 당연히 같은 구에 지역구 위원장 신청을 했다.435) 결과는 탈락이었다. 대신 그에게 주어진 지역은 전혀 연고가 없는 수원이었다.436) 결국 공화당의 이병희와 격돌했으나 등원에 실패한다. 선거철만 되면 김두한을 옭아매는 것은 고소, 고발 건이다. 그에게 가장 흔한 혐의는 폭행이다.

1967년 5월 3일 제6대 대통령선거가 치러졌다. 애국단을 만들어 박정희를 열렬히 지지했던 김두한이 이번에는 신민당의 수원 조직책으로서 박정희의 낙선을 위해 전국을 누비고 다녔던 모양이다.437) 사고는 선거 당일에 일어났다. 투표가 끝난 후 그의 지역구인 수원시 매상동 제3투표소에서 선거관리위원장과 투표소 출입 여부로 다툰 와중에 그를 폭행한 혐의로 입건된 것이다.438)

김두한은 스스로 선관위와 검찰의 요주의 대상이 되는 길을 선택

---

435) 신민당 지구당 위원장 신청자 명단, 「동아일보」, 1967.2.27

436) 신민, 4개구조직책 임명, 「경향신문」, 1967.4.4

437) 신민당 영남 유세 일정, 「동아일보」, 1967.4.11

438) 김두한씨 입건 선관위원장에 폭행, 「동아일보」, 1967.5.4

김두한 출세기

한 셈이다. 결국 또 다른 꼬투리가 잡히고 말았다. 이번에는 반공법 위반혐의다. 국회의원 선거를 열흘쯤 앞 둔 5월 26일, 유세 도중 김두한은 "북괴에는 농촌에까지 전기가 들어와 있는데 우리 농촌은 헐벗고 있다."는 요지의 연설을 함으로써 반공법 위반혐의로 입건되었다.439) 그냥 넘어갈 수도 있는 사안이었다. 자칭 반공투사이며 빨갱이 때려잡던 선수가 바로 김두한이 아니었던가. 하지만 박정희 공화당 정권에 미운 털이 단단히 박혔던 모양이다. 투표가 끝나자마자 김두한은 바로 구속되었다.440) 6월 9일 새벽2시 반, 서울지검 공안부는 반공법 4조1항(북괴에의 찬양 고무)위반혐의로 김두한을 구속했다. 지난 보궐선거 후는 국회의원 신분으로, 이번에는 개표도중 구속되었다. 두 번 모두 공안사범이었다.

선거결과도 공화당의 이병희 후보에게 패하고 말았다. 25,982표 대 21,770표가 개표결과였다. 낙선자의 신분으로 그리고 죄명도 무시무시한 '북괴에의 찬양·고무' 혐의였지만, 이번 역시 그의 형무소 생활은 그리 오래가지 않았다. 구속 6개월쯤 후인 1967년 11월 8일, 서울형사지법합의3부의 구속집행정지결정으로 서울구치소에서 출감했다. 이번에도 병보석이었다.441)

출감 후 김두한의 행적은 뚜렷하지 않다. 뉴스 메이커 김두한이 언론에 등장하는 횟수가 점차 줄어들었다. 잠잠하던 김두한이 다시 등

---

439) 김두한 후보 입건 반공법 위반혐의, 「동아일보」, 1967.5.27
440) 김두한씨 구속 반공법 위반혐의, 「경향신문」, 1967.6.9
441) 김두한씨 병보석, 「동아일보」, 1967.11.9

장한 것은 2년 후 가을 무렵이다. 이번에는 그의 목소리가 장안을 들 끓게 했다. 1969년 10월 4일 오후 10시 10분, 동아방송을 통하여 첫 전파를 탄 김두한의 《노변야화》는 역사적 사실 여부와 관계없이 그의 입심에 힘입어 장안의 화제가 되었다. 다가오는 선거에서 다시 재기를 하는 것이 아닌가 하는 기대감을 갖기에 충분한 반응이었다. 제8대 총선은 1971년 5월 25일에 치러질 예정이었다. 그런데 황당한 일이 일어났다.

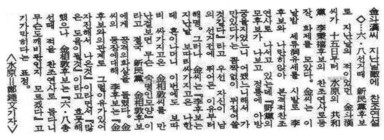

김두한이 지난 선거의 경쟁자 공화당 이병희 후보의 찬조연설자로 나섰다는 「동아일보」 기사

일부 단체에서 김두한을 민주투사로 조명하고자 하는 움직임이 있는 것으로 알고 있다. 국회오물 사건과 공안사범으로 두 번 구속된 이력 등을 내세우면 어느 정도 동조 세력을 모을 수 있을 것으로 짐작된다. 여기에 덧붙여 김두한의 죽음에 대한 의혹을 제기하곤 한다. 하지만 박정희 정부로부터 그렇게 모진 수난을 당했다는 김두한이 공화당 출마자의 찬조연사로 등장한 사실을 어떻게 설명해야할까?

「동아일보」의 보도에 의하면 5월 15일부터 수원의 공화당 이병희 후보의 찬조연사로 등장하여 화제를 모으고 있다고 한다.442) 이병희가 누구인가? 4년 전 치열하게 싸웠던 적장이 아니었던가? 기자의 호기심 어린 질문에 "야당의 모 후보가 나보고 정릉에 아방궁을 지었느니 어쨌느니 해서 가만있다가는 꼼짝없이 뒤집어쓸 것 같다."라고 찬조 연설에 나선 배경을 설명했다고 한다. 너무나 궁색한 변명이다.

만약 그러한 누명을 쓰고 있다면 오히려 여당을 멀리해야 정상적인 행동이 아닐까? 루머의 근원이 야당이라는 김두한의 주장도 실소를 자아내게 만든다. 그의 말이 옳다면, 동지가 왜 그를 비난했을까? 출소 후의 김두한은 이미 신민당을 져버렸다는 뜻이 아닌가? 자신이 진정 결백하다면 야당의 모 후보란 사람을 만나 직접 해명해야지, 권력과 돈의 원천인 여당 국회의원 후보 더욱이 과거 자신의 정적이었던 사람을 위하여 찬조연설을 하면서 자신의 결백을 해명하고자 했을까?

김두한이 정치인 생활을 하는 동안 그의 노선 변경을 짚어 보면 어지럽기만 하다. 첫출발은 자유당이다. 무소속을 제외하고 그가 몸담 았던 당만 해도 노농당, 진보당, 한독당, 신민당 등이다. 공화당의 경우도 당적만 없었지 김종필계와 상당기간 친분을 유지했고, 자유 당 시절엔 민주국민당과 동지로서 활동했다. 공식적으로 그의 마지막 당적은 신민당이다. 그러나 김두한의 마지막 정치 행위는 신민당에게 비수를 들이댄 배신이었다.

---

442) 김두한씨 지난날 적에 찬조연설, 「동아일보」, 1971.5.17

김두한의 빈소 모습을 보도한 1972년 11월 22일자 「경향신문」

1972년 11월 22일, 공화당 후보 이병희의 찬조연설을 끝으로 정치 무대에서 사라진 김두한이 작고했다는 소식이 전해졌다.[443] 고혈압 심장병으로 입원했다는 기사가 보도된 지 4개월 후다.[444] 예상 밖으로 언론이 너무 조용했다. 몇몇 신문이 고인의 일생을 간략히 보도하기는 했지만, 평소 김두한과 가깝게 지내던 지인들의 추도사 한 편 실리지 않았다. 빈소도 쓸쓸했던 모양이다. 「경향신문」은 가족들만

443) 3,6대 국회의원 김두한씨 별세. 「동아일보」, 1972.11.21
444) 김두한 전국회의원 입원, 「동아일보」, 1972.7.21

김두한 출세기

이 쓸쓸히 빈소를 지키고 있다고 보도했다.445)

성북구 정릉동 자택에서 광복회장으로 치러진 영결식에 관한 보도
는 더욱 심했다. 윤치영이 조사를 그리고 광복회장 조시원이 추도사
를 낭독했고, 민관식 문교부 장관, 김신 교통부 장관, 이병희 무임
소 장관 등이 참석한 영결식이었는데도 대부분의 언론은 외면했고,
보도한 「동아일보」와 「경향신문」도 7면 귀퉁이에 단신으로 취급했
다.446) 후속 기사 역시 없었다. 다만 「경향신문」의 연말 기획기사인
'1972년에 작고한 인물(이범석, 전진한, 김학열, 박동희, 고복수 등)'의 한
명으로 조그맣게 보도되었을 뿐이었다.447)

알 수 없는 일이다. 김두한이 사망한 날은 유신 쿠데타의 산물인
유신헌법의 찬반여부를 묻는 '국민투표일'이었다. 그날은 그렇다 치
자. 하지만 그 후로도 언론이 외면했다는 것은 도무지 이해되지 않는
다. 김두한이야말로 뉴스 메이커이자 늘 화제를 몰고 다녔던 언론의
단골손님이 아니었던가?

이 점으로 미루어 봤을 때, 유족들의 주장처럼 타살 의혹도 검토할
필요가 있다고 본다.448) 김두한은 1971년 총선에서 공화당을 지지했
다고 앞의 글에서 설명했다. 하지만 유족의 주장처럼 유신 권력자들

---

445) 가족들만이 쓸쓸히 지키는 김두한씨의 빈소, 「경향신문」, 1972.11.22

446) 김두한씨 광복회장 엄수, 「경향신문」, 1972.11.25.고 김두한씨 광복동지장 엄수,
「동아일보」, 1972.11.25

447) 김두한씨 잇단 물의로 유명, 「경향신문」, 1972.12.26

448) 당시 모든 언론에서 김두한의 죽음 원인을 지병인 고혈압, 심장병 등으로 보도했으나,
김을동은 뇌출혈로 작고했다고 주장하고 있다. '지금이라도 의혹을 풀어주세요!' 「김두한
자서전-2」, pp.221-228

이 "언제 터질지 모르는 폭탄" 같은 존재로 인식하여 김두한을 제거했을 가능성도 열어 두어야 할 것이다. 왜냐하면 1972년의 10월 유신으로 인해 김두한의 마음이 변했을 가능성을 배제할 수 없기 때문이다. 김두한의 죽음과 무관하게 그가 대중들에게 화려하게 부활하는 과정은 이미 거론했다. 지금은 역사의 진실 앞에 김두한을 세워야 할 때다.

김두한 출세기